Sistemas, Organização e Métodos

O GEN | Grupo Editorial Nacional – maior plataforma editorial brasileira no segmento científico, técnico e profissional – publica conteúdos nas áreas de ciências sociais aplicadas, exatas, humanas, jurídicas e da saúde, além de prover serviços direcionados à educação continuada e à preparação para concursos.

As editoras que integram o GEN, das mais respeitadas no mercado editorial, construíram catálogos inigualáveis, com obras decisivas para a formação acadêmica e o aperfeiçoamento de várias gerações de profissionais e estudantes, tendo se tornado sinônimo de qualidade e seriedade.

A missão do GEN e dos núcleos de conteúdo que o compõem é prover a melhor informação científica e distribuí-la de maneira flexível e conveniente, a preços justos, gerando benefícios e servindo a autores, docentes, livreiros, funcionários, colaboradores e acionistas.

Nosso comportamento ético incondicional e nossa responsabilidade social e ambiental são reforçados pela natureza educacional de nossa atividade e dão sustentabilidade ao crescimento contínuo e à rentabilidade do grupo.

Djalma de Pinho Rebouças de Oliveira

Sistemas, Organização e Métodos

Uma abordagem gerencial

21ª Edição

O autor e a editora empenharam-se para citar adequadamente e dar o devido crédito a todos os detentores dos direitos autorais de qualquer material utilizado neste livro, dispondo-se a possíveis acertos caso, inadvertidamente, a identificação de algum deles tenha sido omitida.

Não é responsabilidade da editora nem do autor a ocorrência de eventuais perdas ou danos a pessoas ou bens que tenham origem no uso desta publicação.

Apesar dos melhores esforços do autor, do editor e dos revisores, é inevitável que surjam erros no texto. Assim, são bem-vindas as comunicações de usuários sobre correções ou sugestões referentes ao conteúdo ou ao nível pedagógico que auxiliem o aprimoramento de edições futuras. Os comentários dos leitores podem ser encaminhados à **Editora Atlas Ltda.** pelo e-mail faleconosco@grupogen.com.br.

Direitos exclusivos para a língua portuguesa
Copyright © 1986 by
Editora Atlas Ltda.
Uma editora integrante do GEN | Grupo Editorial Nacional

Reservados todos os direitos. É proibida a duplicação ou reprodução deste volume, no todo ou em parte, sob quaisquer formas ou por quaisquer meios (eletrônico, mecânico, gravação, fotocópia, distribuição na internet ou outros), sem permissão expressa da editora.

Rua Conselheiro Nébias, 1384
Campos Elíseos, São Paulo, SP — CEP 01203-904
Tels.: 21-3543-0770/11-5080-0770
faleconosco@grupogen.com.br
www.grupogen.com.br

Capa: Leonardo Hermano

Editoração eletrônica: Set-up Time Artes Gráficas

DADOS INTERNACIONAIS DE CATALOGAÇÃO NA PUBLICAÇÃO (CIP)
(CÂMARA BRASILEIRA DO LIVRO, SP, BRASIL)

Oliveira, Djalma de Pinho Rebouças de
Sistemas, organização e métodos: uma abordagem gerencial / Djalma de Pinho Rebouças de Oliveira. – 21. ed. – [3. Reimpr.]. - São Paulo: Atlas, 2019.

Bibliografia.
ISBN 978-85-224-8210-8

1. Administração de empresas – Metodologia 2. Gerência I. Título.

94-1303
CDD-658.402

Índice para catálogo sistemático:
1. Administração de empresas : Organização e métodos 658.402
2. Métodos e organização : Administração de empresas 658.402
3. Organização e métodos : Administração de empresas 658.402

À
Heloísa

*"Todos os efeitos são recíprocos e nenhum elemento
age sobre outro, sem que ele próprio seja modificado."*

Jung

Sumário

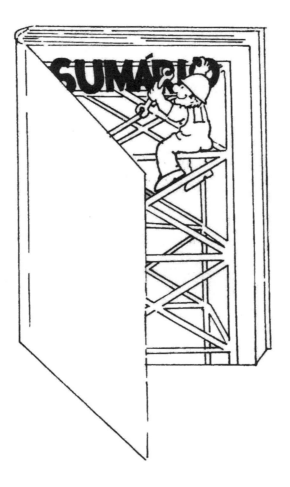

"A história da humanidade é a história das ideias."
Ludwig Von Mises

Prefácio, xxi

Estrutura do livro, xxv

Parte I – SISTEMAS, 1

1   Sistemas administrativos, 3
   1.1   Introdução, 5
   1.2   Evolução histórica, 5
   1.3   Sistema e seus aspectos básicos, 6
   1.4   Evolução da aplicação dos sistemas, 17
   Resumo, 17
   Questões para debate, 18
   Caso – Análise sistêmica da FAG – Faculdade de Administração Gama, 19

2   Sistema de informações gerenciais, 21
   2.1   Introdução, 23
   2.2   Conceitos básicos, 24
   2.3   Modelo proposto, 25
   2.4   Importância dos sistemas de informações gerenciais para as empresas, 27
        2.4.1   Alguns aspectos que podem fortalecer o sistema de informações gerenciais nas empresas, 28
        2.4.2   Técnicas auxiliares dos sistemas de informações gerenciais, 30
   2.5   Alguns aspectos das decisões, 34
        2.5.1   Classificação das decisões, 34
        2.5.2   Elementos do processo decisório, 35
        2.5.3   Condições de tomada de decisões, 36
   2.6   Esquema básico do sistema de informações gerenciais, 36
        2.6.1   Descrição das funções e atividades, 37
               2.6.1.1   Áreas funcionais fins, 38
               2.6.1.2   Áreas funcionais meios, 38
               2.6.1.3   Decomposição das áreas funcionais, 39
   2.7   Estruturação dos relatórios gerenciais, 52
   Resumo, 54
   Questões para debate, 54
   Exercício: Sistema de informações com base nas áreas funcionais de uma empresa, 55
   Caso – Sistema de Informações na Farma – Indústria Farmacêutica S.A., 56

Parte II – ORGANIZAÇÃO, 59

3   Estrutura organizacional, 61
   3.1   Introdução, 63
   3.2   Estrutura organizacional, 63
        3.2.1   Estrutura formal e estrutura informal, 65

X Sistemas, Organização e Métodos • Rebouças

        3.2.1.1   Estrutura informal, 65
        3.2.1.2   Estrutura formal, 68
  3.2.2   Elaboração da estrutura organizacional, 69
        3.2.2.1   Tipos de estrutura organizacional, 70
        3.2.2.2   Metodologia de desenvolvimento, implementação e avaliação da estrutura organizacional, 70

3.3   Considerações básicas sobre os componentes, condicionantes, níveis de influência e níveis de abrangência da estrutura organizacional, 74
  3.3.1   Componentes da estrutura organizacional, 74
        3.3.1.1   Sistema de responsabilidades, 74
        3.3.1.2   Sistema de autoridades, 75
        3.3.1.3   Sistema de comunicações, 78
        3.3.1.4   Sistema de decisões, 84
  3.3.2   Condicionantes da estrutura organizacional, 84
        3.3.2.1   Fator humano, 85
        3.3.2.2   Fator ambiente externo, 85
        3.3.2.3   Fator objetivos, estratégias e políticas, 86
        3.3.2.4   Fator tecnologia, 86
  3.3.3   Níveis de influência da estrutura organizacional, 87
        3.3.3.1   Nível estratégico de influência, 87
        3.3.3.2   Nível tático de influência, 88
        3.3.3.3   Nível operacional de influência, 88
  3.3.4   Níveis de abrangência da estrutura organizacional, 88
        3.3.4.1   Nível de abrangência da empresa, 89
        3.3.4.2   Nível de abrangência do negócio, 89
        3.3.4.3   Nível de abrangência da corporação, 89

3.4   Plano de implantação da estrutura organizacional, 89
3.5   Avaliação da estrutura organizacional, 91
  3.5.1   Etapas da avaliação da estrutura organizacional, 92
  3.5.2   Políticas para avaliação da estrutura organizacional, 93

Resumo, 94

Questões para debate, 94

Caso – Análise da estrutura organizacional da Portpholio – Indústria e Comércio S.A., 95

4   Departamentalização, 99

4.1   Introdução, 101
4.2   Tipos de departamentalização, 103
  4.2.1   Departamentalização por quantidade, 103
  4.2.2   Departamentalização funcional, 105
  4.2.3   Departamentalização territorial ou por localização geográfica, 108
  4.2.4   Departamentalização por produtos ou serviços, 110
  4.2.5   Departamentalização por clientes, 111
  4.2.6   Departamentalização por processos, 112
  4.2.7   Departamentalização por projetos, 114

4.2.8   Departamentalização matricial, 116
4.2.9   Departamentalização mista, 119
4.3   Estabelecimento da melhor departamentalização, 120
4.4   Organograma linear, 121
4.5   Organograma vertical, 123
4.6   Estrutura para rotina e para inovação, 123
4.7   Estrutura para resultados, 125
     4.7.1   Algumas vantagens e precauções no uso de UEN, 128
     4.7.2   Algumas perguntas básicas, 129
     4.7.3   Atuação da empresa na filosofia de UEN, 131
     4.7.4   Algumas premissas no delineamento da UEN, 132
     4.7.5   Amplitude de uma UEN, 134
4.8   Outras modernas formas de estruturar as empresas, 135
     4.8.1   Governança corporativa, 135
     4.8.2   Rede de integração de empresas, 142
Resumo, 145
Questões para debate, 145
Caso – Poupança Plena S.A., 146

5   Linha e assessoria, 149
5.1   Introdução, 151
5.2   Diferenças das atividades de linha e de assessoria, 151
5.3   Algumas considerações sobre a atuação da assessoria, 153
5.4   Algumas considerações sobre a atuação da linha, 156
5.5   Aspectos conflitantes entre linha e assessoria, 156
5.6   Assessoria interna e assessoria externa, 157
Resumo, 158
Questões para debate, 158
Caso – Departamento de Pesquisa e Desenvolvimento da Solber – Mecânica de
    Precisão S.A., 159

6   Atribuições das unidades organizacionais, 163
6.1   Introdução, 165
6.2   Considerações básicas, 165
6.3   Manual de organização, 167
     6.3.1   Constituição do manual de organização, 168
     6.3.2   Ficha de funções, 169
     6.3.3   Quadro de competências, 170
     6.3.4   Comitês ou comissões, 172
          6.3.4.1   Atribuições dos integrantes do comitê, 174
6.4   Questionário de levantamento da estrutura organizacional, 175
6.5   Estudo e distribuição dos trabalhos, 183
Resumo, 187
Questões para debate, 187
Caso – Análise Estrutural da Indústria e Comércio Brascar S.A., 188

xii Sistemas, Organização e Métodos • Rebouças

7 Delegação, centralização e descentralização, 191
7.1 Introdução, 193
7.2 Delegação, 193
    7.2.1 Questionário para avaliar a qualidade da delegação, 197
7.3 Centralização, 200
7.4 Descentralização, 201
Resumo, 207
Questões para debate, 207
Caso – Novo Modelo de Gestão na Indústria de Plásticos Palestrini Ltda., 207

8 Amplitude de controle e níveis hierárquicos, 211
8.1 Introdução, 213
8.2 Amplitude de controle, 213
8.3 Níveis hierárquicos, 217
Resumo, 219
Questões para debate, 219
Exercício – Complemento ao caso apresentado no Capítulo 7, 219
Caso – Reestruturação organizacional da Corumbatá Indústria e Comércio
    S.A., 219

Parte III – MÉTODOS, 223

9 Metodologia de levantamento, análise, desenvolvimento e implementação de métodos administrativos, 225
9.1 Introdução, 227
9.2 Fases do desenvolvimento do projeto de sistemas, 228
    9.2.2 Estudo da viabilidade e de alternativas, 233
    9.2.3 Levantamento e análise da situação atual, 236
        9.2.3.1 Técnicas de levantamento, 237
            9.2.3.1.1 Técnica da observação pessoal, 237
            9.2.3.1.2 Questionário, 238
            9.2.3.1.3 Entrevista, 239
        9.2.3.2 Síntese da localização de deficiências de um
            sistema, 246
    9.2.4 Delineamento e estruturação do novo sistema, 248
        9.2.4.1 Algumas considerações complementares sobre os
            objetivos do sistema, 250
    9.2.5 Detalhamento do novo sistema, 251
        9.2.5.1 Algumas técnicas auxiliares, 252
    9.2.6 Treinamento, teste e implementação do novo sistema, 253
    9.2.7 Acompanhamento, avaliação e atualização, 255
9.3 Participação do pessoal envolvido, 257
Resumo, 257
Questões para debate, 258
Exercício – Estabelecimento dos critérios de eficiência de um sistema, 259

10 Técnicas de representação gráfica, 261
   10.1 Introdução, 263
   10.2 Técnica do fluxograma, 264
      10.2.1 Vantagens do fluxograma, 266
      10.2.2 Informações básicas de um fluxograma, 266
      10.2.3 Análise pelo fluxograma, 267
      10.2.4 Simbologia do fluxograma, 268
      10.2.5 Tipos de fluxogramas, 269
         10.2.5.1 Fluxograma vertical, 269
         10.2.5.2 Fluxograma parcial ou descritivo, 275
         10.2.5.3 Fluxograma global ou de coluna, 276
            10.2.5.3.1 Áreas de responsabilidade, 291
            10.2.5.3.2 Técnicas de desenho, 292
   Resumo, 298
   Questões para debate, 298
   Caso – Estudo do sistema de contas a receber da Marina Industrial Ltda., 300

11 Formulários, 307
   11.1 Introdução, 309
   11.2 Atribuições do analista de formulários, 311
   11.3 Requisitos de um bom modelo de formulário, 313
   11.4 Metodologia de elaboração de formulários, 315
      11.4.1 Levantamento e análise das necessidades, 315
         11.4.1.1 Questionário para levantamento e análise de
                  formulários, 316
      11.4.2 Elaboração do novo formulário, 317
         11.4.2.1 Identificação do estilo de administração da
                  empresa, 318
         11.4.2.2 Identificação das informações importantes, 319
         11.4.2.3 Identificação do *layout* do formulário, 321
         11.4.2.4 Identificação do formato do papel, 321
         11.4.2.5 Identificação do tipo e da qualidade do papel, 326
         11.4.2.6 Identificação do peso do papel, 328
         11.4.2.7 Identificação da cor do papel, 329
         11.4.2.8 Identificação das fibras do papel, 331
         11.4.2.9 Identificação dos padrões para as margens dos
                  formulários, 331
         11.4.2.10 Identificação do número de vias dos formulários, 332
            11.4.2.10.1 Identificação do processo de
                        transferência de informações, 334
         11.4.2.11 Estruturação da redação do texto do formulário, 336
      11.4.3 Trabalhos de gráfica, 338
         11.4.3.1 Arte-final, 338

xiv Sistemas, Organização e Métodos • Rebouças

11.4.4   Recebimento, treinamento e controle de formulários, 339
Resumo, 341
Questões para debate, 342
Caso – Estruturação de um Sistema de Informações na Orfarma – Laboratórios
   Farmacêuticos S.A., 342

12 Arranjo físico, 347

12.1   Introdução, 349
12.2   Objetivos do arranjo físico, 349
12.3   Etapas de um projeto de arranjo físico, 350
   12.3.1   Levantamento da situação atual, 351
   12.3.2   Estudo das soluções alternativas, 353
   12.3.3   Consolidação da solução escolhida, 358
   12.3.4   Implantação e avaliação do arranjo físico escolhido, 358
12.4   Princípios do estudo do arranjo físico, 359
12.5   Arranjo físico de fábricas, 360
Resumo, 362
Questões para debate, 362
Exercício: Estudo de arranjo físico, 362

Parte IV – CONSOLIDAÇÃO, 363

13 Manuais administrativos, 365

13.1   Introdução, 367
13.2   Vantagens e desvantagens do uso de manuais administrativos, 367
   13.2.1   Principais vantagens do uso de manuais administrativos, 368
   13.2.2   Principais desvantagens do uso de manuais administrativos, 369
   13.2.3   Requisitos básicos de utilização de manuais administrativos, 369
13.3   Roteiro para a elaboração do manual administrativo, 370
13.4   Tipos de manuais administrativos, 371
   13.4.1   Manual de organização, 371
      13.4.1.1   Finalidades, 372
      13.4.1.2   Conteúdo, 372
   13.4.2   Manual de normas e procedimentos, 373
      13.4.2.1   Finalidades, 373
      13.4.2.2   Conteúdo, 373
   13.4.3   Manual de políticas e diretrizes, 374
      13.4.3.1   Finalidades, 375
      13.4.3.2   Conteúdo, 375
   13.4.4   Manual de instruções especializadas, 375
      13.4.4.1   Finalidades, 376
      13.4.4.2   Conteúdo, 376
   13.4.5   Manual do empregado, 376
      13.4.5.1   Finalidades, 376
      13.4.5.2   Conteúdo, 377
   13.4.6   Manual de finalidade múltipla, 377

13.4.6.1 Finalidades, 377
13.4.6.2 Conteúdo, 378
13.5 Estrutura de um manual, 378
13.6 Fases da elaboração do manual administrativo, 381
13.6.1 Definição dos objetivos do manual administrativo, 381
13.6.2 Escolha do(s) responsável(is) pela preparação do manual administrativo, 382
13.6.3 Análise preliminar da empresa, 382
13.6.4 Planejamento das atividades, 382
13.6.5 Levantamento de informações, 382
13.6.5.1 Relevância e veracidade das informações, 384
13.6.6 Elaboração propriamente dita, 385
13.6.6.1 Redação, 385
13.6.6.2 Diagramação, 390
13.6.6.3 Formato, 390
13.6.6.4 Codificação, 391
13.6.6.5 Impressão, 392
13.6.6.6 Encadernação, 394
13.6.6.7 Teste-piloto, 394
13.6.7 Distribuição, 394
13.6.8 Instrução aos usuários, 395
13.6.9 Acompanhamento do uso, 396
13.7 Processo de atualização do manual, 396
13.8 Avaliação dos manuais administrativos, 397
13.9 Alguns formulários para manuais administrativos, 398
Resumo, 402
Questões para debate, 403
Exercício: Estruturação de manual administrativo, 403

14 **Controle e avaliação, 405**
14.1 Introdução, 407
14.2 Conceitos básicos, 407
14.3 Finalidades da função controle e avaliação, 409
14.4 Informações necessárias ao controle e avaliação, 411
14.4.1 Decisão e processo de controle e avaliação, 413
14.5 Fases do processo de controle e avaliação, 414
14.5.1 Estágios do processo de controle e avaliação, 416
14.5.2 Níveis de controle e avaliação, 416
14.5.3 Periodicidade das revisões, 418
14.6 Análise de consistência, 418
14.7 Avaliação de sistemas, 419
14.8 Resistências ao processo de controle e avaliação, 425
Resumo, 426
Questões para debate, 426
Caso – Sistema de Informações da Otran – Oficina de Transmissão Automática Ltda., 426

xvi Sistemas, Organização e Métodos • Rebouças

15 Mudança planejada, 429
15.1 Introdução, 431
15.2 Conceito de desenvolvimento organizacional, 431
15.3 Premissas do desenvolvimento organizacional, 433
15.4 Subsistemas da empresa, 437
    15.4.1 *Iceberg* organizacional, 439
15.5 Doenças empresariais, 440
    15.5.1 Diagnóstico da saúde organizacional, 441
    15.5.2 Disfunções nas empresas, 442
15.6 Agente de desenvolvimento organizacional, 443
    15.6.1 Agente interno e agente externo, 444
    15.6.2 Modelo de intervenção do agente de DO, 445
15.7 Mudanças organizacionais e das pessoas, 448
    15.7.1 Efeito das mudanças sobre as pessoas, 449
    15.7.2 Causas de resistência à mudança, 450
    15.7.3 Processos para reduzir a resistência às mudanças, 451
15.8 Atuação do executivo perante as mudanças, 451
15.9 Condições para o fracasso e para o sucesso do desenvolvimento organizacional, 452
Resumo, 453
Questões para debate, 454
Exercício – Autoavaliação quanto ao processo de mudanças, 454

16 Profissional de sistemas, organização e métodos, 455
16.1 Introdução, 457
16.2 Filosofia de atuação da área de sistemas, organização e métodos, 457
16.3 Posicionamento da área de sistemas, organização e métodos na estrutura organizacional da empresa, 458
16.4 Habilidades do analista de sistemas, organização e métodos, 459
16.5 Novos rumos do profissional de sistemas, organização e métodos, 460
16.6 Atribuições da área de sistemas, organização e métodos, 465
Resumo, 469
Questões para debate, 469
Exercício – Plano de carreira como analista de sistemas, organização e métodos, 470

Glossário, 471

Bibliografia, 481

Índice de Figuras

1.1   Componentes de um sistema, 8
1.2   Ambiente de um sistema empresarial, 10
1.3   Níveis de um sistema, 11
2.1   Modelo proposto do sistema de informações gerenciais, 25
2.2   Áreas funcionais básicas de uma empresa, 39
2.3   Atividades da área funcional de administração de marketing, 41
2.4   Atividades da área funcional de administração da produção, 42
2.5   Atividades da área funcional de administração financeira, 44
2.6   Atividades da área funcional de administração de materiais, 46
2.7   Atividades da área funcional de administração de recursos humanos, 48
2.8   Atividades da área funcional de administração de serviços, 50
2.9   Atividades da área funcional de gestão empresarial, 51
2.10 Modelo de relatório gerencial, 54
3.1   Funções da administração, 64
3.2   Componentes, condicionantes, níveis de influência e níveis de abrangência
      da estrutura organizacional, 73
3.3   Amplitude de autoridade, 75
3.4   Autoridade hierárquica, 77
3.5   Autoridade funcional, 78
3.6   Tipos de planejamento nas empresas, 87
4.1   Departamentalização por quantidade, 104
4.2   Departamentalização funcional, 105
4.3   Departamentalização territorial ou por localização geográfica, 109
4.4   Departamentalização por produtos ou serviços, 110
4.5   Departamentalização por clientes, 112
4.6   Departamentalização por processos, 113
4.7   Departamentalização por projetos, 114
4.8   Departamentalização matricial, 117
4.9   Departamentalização mista, 120
4.10 Departamentalização por UEN, 128
4.11 Departamentalização por governança corporativa, 136
5.1   Linha como executante e assessoria como conselheira, 152
5.2   Linha como atividade-fim e assessoria como atividade-meio, 152
5.3   Funções de assessoria e níveis hierárquicos, 155
6.1   Modelo de ficha de funções, 169
6.2   Quadro de competências, 171
8.1   Algumas situações de níveis hierárquicos, 218
9.1   Sete fases da metodologia de levantamento, análise, desenvolvimento e
      implementação de métodos administrativos, 229
9.2   Formulário de identificação de sistemas, 233

xviii Sistemas, Organização e Métodos • Rebouças

10.1 Exemplo de fluxograma parcial ou descritivo, 277
10.2 Símbolo de terminais, 279
10.3 Símbolo de um documento, 279
10.4 Símbolo de emissão de documento, 279
10.5 Símbolo de aparecimento de um documento novo no fluxograma, 280
10.6 Símbolo de documentação com múltiplas vias, 280
10.7 Símbolo de documentação com múltiplas vias (destino único), 280
10.8 Documentação de emissão ou recebimento simultâneo, 281
10.9 Documento com quantidade indefinida de vias, 281
10.10 Documento com quantidade indefinida de uma mesma via, 281
10.11 Símbolo de registro em livros ou fichários, 282
10.12 Símbolo de uma cópia adicional, 282
10.13 Uso do conector, 283
10.14 Uso de conector com indicação da página de continuidade, 283
10.15 Exemplo de uma operação, 283
10.16 Símbolo alternativo de operação, 284
10.17 Simbologia de arquivos, 285
10.18 Simbologia de arquivos provisório e definitivo, 285
10.19 Outra simbologia de arquivos provisório e definitivo, 286
10.20 Símbolo de arquivo, 286
10.21 Simbologia de arquivos quanto ao controle, 286
10.22 Símbolo de conferência, 287
10.23 Representação de decisão, 288
10.24 Alternativas simultâneas de decisão, 288
10.25 Sentido de circulação de documentos, 289
10.26 Sentido de consulta verbal, 289
10.27 Indicador de fluxo e de unidade organizacional, 290
10.28 Símbolo de demora ou atraso, 290
10.29 Símbolo de material, 291
10.30 Símbolo de destruição de documento, 291
10.31 Exemplo de áreas de responsabilidade, 292
10.32 Simbologia de cruzamento de linhas, 294
10.33 Exemplo de notas explicativas, 296
10.34 Área de deficiências e problemas, 297
10.35 Chave para indicação conjunta de símbolos, 298
10.36 Exemplo de fluxograma global ou de colunas, 299
11.1 Exemplo de fluxo de informações, 320
11.2 Exemplo de sequência de informações em bloco, 320
11.3 Formato de papel-padrão internacional série "A", 323
11.4 Linha de corte do formato "A", 324
11.5 Padrões brasileiros para modelos de base 2-B, 325
11.6 Instruções de encaminhamento na parte inferior do formulário, 331
11.7 Impedimento de transferências de informação de cópia para cópia, 336
11.8 Registro de formulários, 339
11.9 Ficha técnica do formulário, 340

13.1	Redação de matriz, 389
13.2	Modelo de folha de um manual de procedimentos, 390
13.3	Codificação dos sistemas, 392
13.4	Modelo de controle de distribuição de manuais, 395
13.5	Exemplo de folha de atribuições gerais de uma unidade organizacional, 399
13.6	Exemplo de folha de atribuições específicas de uma unidade organizacional, 401
13.7	Exemplo de uma folha de manual de normas e procedimentos, 402
14.1	Conceituação geral da função controle e avaliação, 408
14.2	Processo decisório e processo de controle, 413
14.3	Níveis de controle e avaliação, 416
15.1	Variáveis no processo de otimização das empresas, 435
15.2	Aspectos da mudança planejada nas empresas, 435
15.3	Processo de condicionamento do comportamento humano, 436
15.4	Mudanças comportamentais, 436
15.5	A empresa como sistema sociotécnico aberto, 437
15.6	Subsistemas de uma empresa por meio de suas unidades organizacionais, 438
15.7	Principais subsistemas e suas dimensões, 438
15.8	*Iceberg* organizacional, 439
15.9	Etapas da intervenção do agente de DO, 446
15.10	Efeito das mudanças sobre as pessoas, 450
16.1	Hipótese de alocação da área de sistemas, organização e métodos, 459
16.2	Interação entre as necessidades das empresas e a capacitação profissional, 461

Índice de Quadros

3.1 Comunicados internos sobre o Cometa Halley, 83
4.1 Organograma linear, 122
4.2 Organograma vertical, 123
4.3 Características das estruturas de rotina e de inovação de acordo com os condicionantes da estrutura, 124
4.4 Características das estruturas de rotina e de inovação de acordo com os componentes da estrutura, 125
5.1 Razões mais comuns do conflito linha × assessoria, 156
6.1 Aspectos gerais das comissões ou comitês, 173
6.2 Modelo de questionário de levantamento da estrutura organizacional, 176
7.1 Obstáculos para a delegação, 195
7.2 Diferenças entre descentralização e delegação, 203
7.3 Condicionantes da estrutura organizacional e fatores de descentralização, 205
7.4 Avaliação do nível de descentralização, 206
8.1 Relações possíveis pela fórmula de Graicunas, 216
10.1 Simbologia do fluxograma vertical, 271
10.2 Exemplo de fluxograma vertical, 273
10.3 Formulário para análise de sistema pelo fluxograma vertical, 274
10.4 Simbologia do fluxograma parcial ou descritivo, 275
10.5 Simbologia do fluxograma global ou de coluna, 278
10.6 Exemplo de informações básicas, 293
10.7 Exemplo de agrupamento das áreas, 293
10.8 Estabelecimento de rotinas e de sub-rotinas, 295
11.1 Medidas externas da série formato "A", 324
11.2 Medidas externas da série formato "B", 325
11.3 Medidas externas da série formato "C", 326
11.4 Outros formatos básicos no Brasil, 326
11.5 Grau de legibilidade para combinação de cores, 330
11.6 Sentido de orientação das fibras do papel, 331
11.7 Padrões para margens de formulários, 332
12.1 Principais símbolos para plantas baixas, 353
12.2 Padrões de área para arranjo físico de escritórios, 354
12.3 Padrões de distância para arranjo físico de escritórios, 354
12.4 Interligações preferenciais, 355
12.5 Exemplo de interligações preferenciais, 356
15.1 Exemplos de doenças e sintomas empresariais, 441
16.1 Interação das necessidades organizacionais das empresas e os novos conhecimentos, 462
16.2 Interação das necessidades de métodos das empresas e os novos conhecimentos, 463
16.3 Capacitação atual e futura do analista, 463
16.4 Atribuições do departamento de sistemas, organização e métodos, 465

Prefácio

"Uma grande verdade é aquela cujo contrário é, igualmente, uma grande verdade."

Niels Bohr

A decisão básica de escrever este livro está correlacionada à falta de uma obra que abordasse *todos* os aspectos inerentes às atividades de sistemas de informação, de organização e de métodos nas empresas.

O que, normalmente, se encontra são livros que, basicamente, tratam dos **métodos** da atividade de O&M, deixando relativo vazio na parte da ***organização***, que é representada, principalmente, pela estrutura organizacional das empresas.

Um segundo aspecto que reforça a validade deste livro é seu desenvolvimento dentro de uma abordagem gerencial, pois é importante que os executivos considerem a atividade de sistemas, organização e métodos como um instrumento facilitador do processo decisório, bem como da operacionalização das decisões tomadas e do controle e avaliação dos resultados obtidos.

Por tudo isso, este livro apoia sua validade nos ensinamentos acadêmicos e, principalmente, nas atividades profissionais dos analistas de organização e métodos, ou de sistemas de informação das empresas, bem como dos usuários dos serviços desses analistas.

Com referência à estruturação dos sistemas de informações e do processo decisório, analisar o livro *Sistemas de informações gerenciais:* estratégicas, táticas, operacionais, dos mesmos autor e editora.

Para análise mais detalhada das questões organizacionais, inclusive com formas mais complexas de estruturações, tais como governança corporativa e rede de integração entre empresas, bem como de uma metodologia detalhada para o desenvolvimento e implementação da estrutura organizacional nas empresas, ler o livro *Estrutura organizacional*, dos mesmos autor e editora.

O livro *Administração de processos:* conceitos, metodologia e práticas, também dos mesmos autor e editora, mostra a estruturação dos métodos – fluxogramas, rotinas e procedimentos – dentro do contexto dos processos administrativos.

É importante evidenciar a atuação dos usuários dos serviços de sistemas, organização e métodos, pois, de forma sempre crescente, esses profissionais são obrigados a conhecer, pelo menos em sua abordagem sistêmica, os aspectos básicos das atividades de sistemas, organização e métodos pois, somente dessa forma, haverá uma contribuição para a maior eficiência, eficácia e efetividade das empresas. Ou seja, somente com o conhecimento, ainda que relativo, por parte dos usuários dessas atividades, os analistas de sistemas, organização e métodos podem trabalhar *junto* com o usuário, evitando trabalhar *para* o usuário, o que pode representar uma situação desfavorável para as empresas.

Djalma de Pinho Rebouças de Oliveira

Estrutura do livro

"Para predizer o que vai acontecer
é preciso saber o que ocorreu antes."
Nicolau Maquiavel

A estrutura do livro possibilita ao leitor uma visão geral dos vários aspectos nele tratados, bem como de suas interligações, criando condições para um perfeito entendimento da obra.

Este livro está dividido em quatro partes, cada uma com um conjunto de capítulos correlacionados ao assunto básico da parte considerada.

A Parte I enfoca o assunto *sistemas* e contém dois capítulos.

O Capítulo 1 apresenta os aspectos básicos sobre os sistemas administrativos, partindo da Teoria de Sistemas, a qual é uma das mais importantes teorias da administração. Portanto, apresenta os conceitos básicos para o entendimento do conteúdo deste livro.

O Capítulo 2 aborda os aspectos dos sistemas administrativos voltados para o processo decisório, ou seja, os sistemas de informações gerenciais. O entendimento deste capítulo é básico para o enquadramento do leitor na abordagem deste livro, que é gerencial, ou seja, preocupa-se com a utilização do instrumento administrativo de O&M – Organização e Métodos – como facilitador e controlador do processo decisório nas empresas.

A Parte II trata do assunto *organização* e contém seis capítulos (Capítulos 3 a 8).

O Capítulo 3 explana, com relativa profundidade, um modelo de desenvolvimento e implementação da estrutura organizacional nas empresas. Os pormenores complementares dos principais aspectos da estrutura organizacional são expostos, com profundidade, nos Capítulos 4 a 8.

O Capítulo 4 examina, com detalhes, os tipos, características, vantagens e precauções no uso das várias formas de departamentalização da estrutura organizacional nas empresas.

O Capítulo 5 expõe os aspectos básicos de utilização das unidades organizacionais de linha e de assessoria nas empresas.

O Capítulo 6 focaliza uma forma estruturada de se efetuar o levantamento, análise e apresentação das atribuições das unidades organizacionais, por meio das correspondentes fichas de funções.

O Capítulo 7 discorre, pormenorizadamente, sobre os aspectos principais da delegação, da descentralização e da centralização nas empresas, com suas características, diferenças, vantagens e precauções em seu uso.

O Capítulo 8 trata, com o nível de detalhe necessário a seu perfeito entendimento, dos aspectos básicos dos vários níveis hierárquicos da empresa e da amplitude de controle das unidades organizacionais.

A Parte III aborda o assunto *métodos* e contém quatro capítulos (Capítulos 9 a 12).

O Capítulo 9 preocupa-se em expor uma metodologia para se efetuar o levantamento, a análise, o desenvolvimento e a implementação dos métodos administrativos nas empresas.

O Capítulo 10 cuida das várias técnicas de representação gráfica que o analista pode utilizar em seus trabalhos inerentes aos métodos administrativos, com suas características, vantagens e precauções no seu uso.

O Capítulo 11 explana, com o nível de detalhamento necessário, os aspectos básicos para o estudo, o desenvolvimento e a aplicação dos formulários nas empresas.

O Capítulo 12 enfoca o arranjo físico ou *layout*, o qual propicia condições para melhor operacionalizar as atividades de sistemas, organização e métodos nas empresas.

A Parte IV enfoca os assuntos principais que facilitam a consolidação da atividade de sistemas, organização e métodos nas empresas. Essa parte contém quatro capítulos (Capítulos 13 a 16).

O Capítulo 13 expõe os tipos, as vantagens e as desvantagens dos manuais administrativos, os quais possibilitam a formalização de vários aspectos dos sistemas, organização e métodos nas empresas.

O Capítulo 14 cuida das maneiras de se efetuar o controle e a avaliação dos sistemas da organização e dos métodos implementados nas empresas.

O Capítulo 15 trata dos aspectos básicos do desenvolvimento organizacional, pois é importante que ocorra um processo de mudança planejada para a implementação da nova organização (estrutura organizacional) e dos novos métodos (rotinas e procedimentos).

E, finalmente, o Capítulo 16 apresenta o *perfil* e as atribuições do profissional de sistemas, organização e métodos, bem como o estudo de sua interação com os usuários de seus serviços nas empresas.

Para encerrar, consta deste livro um glossário dos termos técnicos utilizados. Não é intenção afirmar que as definições apresentadas são as únicas, mas, simplesmente, enquadrar o leitor no *linguajar* mais corriqueiro dos profissionais de organização e métodos e/ou de sistema de informações gerenciais.

Também são apresentadas as referências bibliográficas que proporcionaram maior sustentação ao conteúdo desta obra.

Salienta-se a existência de vários casos, exercícios e questões para debate ao longo dos capítulos do livro, facilitando o processo de entendimento pelos leitores.

Com a leitura da estrutura do livro, acredito que o entendimento do conteúdo da obra seja muito facilitado e, portanto, a sua aplicação prática nas empresas ocorra de maneira natural e simples.

Djalma de Pinho Rebouças de Oliveira

Parte I
SISTEMAS

*"Alguns homens veem as coisas como são e perguntam: Por quê?
Eu sonho com as coisas que nunca existiram e pergunto: Por que não?"*

Bernard Shaw

1
Sistemas administrativos

"Toda a arte é uma questão de seleção pela qual encontramos a agulha da verdade no palheiro da experiência."

Thomas Rogers

1.1 INTRODUÇÃO

Neste capítulo, são apresentados os principais aspectos da Teoria de Sistemas, que servirão de base para o perfeito entendimento dos assuntos abordados neste livro.

Este é um capítulo com forte abordagem teórica, mas se torna necessário, para *enquadrar* o leitor no contexto da Teoria de Sistemas, a qual proporcionou toda a sustentação para os estudos inerentes a sistemas, organização e métodos nas empresas.

No fim deste capítulo, o leitor poderá responder a algumas perguntas, tais como:

- Qual a conceituação de sistemas?
- Qual sua importância para os executivos, em seus trabalhos nas empresas?
- Quais seus aspectos básicos?
- Como foi a evolução dos estudos de sistemas?
- Quais as contribuições específicas da Teoria de Sistemas para o analista de sistemas, organização e métodos?

1.2 EVOLUÇÃO HISTÓRICA

Com o avanço da Física, da Mecânica e da Matemática no século XVII, as pessoas passaram a interpretar a si próprios e a sociedade sob o prisma dos mesmos métodos, conceitos e suposições que tais ciências utilizavam. Desse modo, começaram a rejeitar, em parte, a teologia e o misticismo de outras formas de interpretação das pessoas e da sociedade.

Surge, assim, o modelo mecanicista e burocrático de interpretação social, pelo qual se encaram as sociedades como espécies de máquinas complexas, cujas ações e processos podem ser analisados na ação recíproca das causas naturais, na possibilidade da plena identificação dos elementos componentes e de seus diversos inter-relacionamentos, bem como na previsão dos efeitos daí decorrentes.

Variações conceituais ocorreram durante os séculos subsequentes e foram introduzidos conceitos de transformações sociais. Nesse contexto, adiciona-se ao conceito mecanicista existente a ideia de que existem elementos com mútuas inter-relações, que podem achar-se em estado de equilíbrio, de tal maneira que quaisquer alterações moderadas nos elementos ou em suas inter-relações, afastando-os da posição de equilíbrio, são contrabalançadas por alterações que tendem a restaurá-la.

Assim como o aparecimento do modelo mecanicista aconteceu numa era de progresso da Física, o modelo orgânico da sociedade foi inspirado pelos progressos da Biologia.

Trata-se de um princípio de mútua dependência das partes, assemelhando--se a sociedade a um organismo vivo. Fundamentalmente, podem-se fazer analogias entre as sociedades e o organismo dos seres vivos, comparando-as aos organismos individuais e a sua fisiologia.

Portanto, o moderno enfoque dos sistemas empresariais procura desenvolver:

- uma técnica para lidar com o grande e complexo conjunto de atividades da empresa;
- um enfoque único do todo, que não permite a análise separada das partes do todo, em virtude das complexas inter-relações das partes entre si e com o todo; e
- um estudo das relações entre os elementos componentes dos sistemas, em preferência ao estudo isolado dos elementos, destacando-se o processo e as probabilidades de transição, especificados em função de seus arranjos estruturais e da dinâmica de atuação destes elementos.

Esta parte inicial, com conceitos teóricos básicos, serve, única e exclusivamente, para proporcionar uma visão histórica da Teoria de Sistemas e sua influência na administração das empresas. Se o leitor tiver maiores curiosidades a respeito, pode ler o livro *Teoria geral da administração,* dos mesmos autor e editora.

1.3 SISTEMA E SEUS ASPECTOS BÁSICOS

> Sistema é um conjunto de partes interagentes e interdependentes que, conjuntamente, formam um todo unitário com determinado objetivo e efetuam função específica.

Neste ponto, devem-se fazer algumas considerações sobre os componentes de um sistema, os quais complementam o entendimento desse assunto para o analista de sistemas, organização e métodos, bem como para os usuários de seus serviços. Salienta-se que, em qualquer trabalho profissional em empresas, o leitor terá condições de identificar os seis componentes básicos de um sistema empresarial apresentados, de forma resumida, a seguir.

Os componentes do sistema são:

- os objetivos, que se referem tanto aos objetivos dos usuários do sistema, quanto aos do próprio sistema. O objetivo é a própria razão de existência do sistema, ou seja, é a finalidade para a qual o sistema foi criado;
- as entradas do sistema, cuja função caracteriza as forças que fornecem ao sistema os materiais, as informações e as energias para a operação ou o processo de transformação, o qual gera determinadas saídas do sistema que devem estar em sintonia com os objetivos anteriormente estabelecidos;
- o processo de transformação do sistema, definido como a função que possibilita a transformação de um insumo (entrada) em um produto, serviço ou resultado (saída). Esse processo é a maneira pela qual os elementos componentes do sistema se interagem, a fim de produzir as saídas desejadas. O processo de transformação deve considerar a entropia, tanto positiva, que aborda o desgaste dos elementos utilizados, quanto negativa, que considera o incremento tecnológico no referido processo, acabando com o desgaste nos elementos do sistema;
- as saídas do sistema, que correspondem aos resultados do processo de transformação. As saídas podem ser definidas como as finalidades para as quais se uniram objetivos, atributos e relações do sistema. As saídas devem ser, portanto, coerentes com os objetivos do sistema; e, tendo em vista o processo de controle e avaliação, as saídas devem ser quantificáveis, de acordo com critérios e parâmetros previamente fixados;
- os controles e as avaliações do sistema, principalmente para verificar se as saídas estão coerentes com os objetivos estabelecidos. Para realizar o controle e a avaliação de maneira adequada, é necessária uma medida do desempenho do sistema, chamada indicador ou padrão; e
- a retroalimentação, ou realimentação, ou *feedback* do sistema, que pode ser considerado como a reintrodução de uma saída sob a forma de informação. A realimentação é um processo de comunicação que reage a cada entrada de informação, incorporando o resultado da *ação resposta* desencadeada por meio de nova informação, a qual afetará seu comportamento subsequente, e assim sucessivamente. Essa realimentação é um instrumento de regulação retroativa, ou de controle,

em que as informações realimentadas são resultados das divergências verificadas entre as respostas de um sistema e os parâmetros previamente estabelecidos. Portanto, a finalidade do controle é reduzir as discrepâncias ao mínimo, bem como propiciar uma situação em que esse sistema se torna autorregulador.

Os componentes de um sistema podem ser visualizados na Figura 1.1:

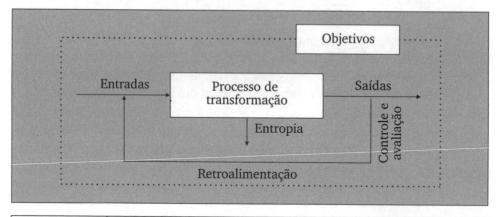

| **Figura 1.1** | *Componentes de um sistema.* |

Para facilitar o entendimento pelo leitor, ele deve se visualizar trabalhando em uma área de uma empresa, onde os trabalhos realizados:

- devem atender aos objetivos e resultados anteriormente estabelecidos;
- necessitam de algumas "entradas" provenientes de outras áreas da empresa ou de fora dessa para que esses trabalhos sejam realizados;
- sofrem transformações e complementações na área onde o leitor trabalha;
- os resultados desses trabalhos são para uso interno na área considerada mas, principalmente, são enviados para outras áreas da empresa ou para fora dessa;
- necessitam ser controlados e avaliados quanto aos objetivos e resultados anteriormente estabelecidos; e
- sofrem um processo natural de aprimoramento, pois a área onde o leitor trabalha recebe informações constantes a respeito dos trabalhos

realizados e utilizados internamente, entregues a outras áreas da empresa ou para fora dessa.

Outro aspecto a ser abordado é o ambiente do sistema, quer seja quando o sistema considerado é a empresa inteira (no caso da estrutura organizacional – Parte II deste livro), quer seja quando é um procedimento específico (no caso de métodos – Parte III deste livro).

Verifica-se, nesse caso, que o sistema pode estar em diferentes níveis de análise e, nesse contexto, pode-se definir sistema de outra maneira.

> Sistema é o foco do estudo ou núcleo central do que está sendo analisado.

E, com base nessa situação, existem os limites do sistema, dentro do qual se analisa como o ambiente influi ou é influenciado pelo sistema considerado.

> Ambiente de um sistema é o conjunto de todos os fatores que, dentro de um limite específico, se possa conceber como tendo alguma influência direta ou indireta sobre a operação do sistema considerado.

Portanto, ambiente de um sistema é o conjunto de fatores que não pertencem ao sistema, mas:

- qualquer alteração no sistema pode mudar ou alterar esses fatores externos; e
- qualquer alteração nos fatores externos pode mudar ou alterar o sistema que é foco de análise.

Salienta-se que essa segunda situação é mais fácil de ocorrer do que a primeira situação.

O ambiente de um sistema, representado por uma empresa, pode ser visualizado na Figura 1.2:

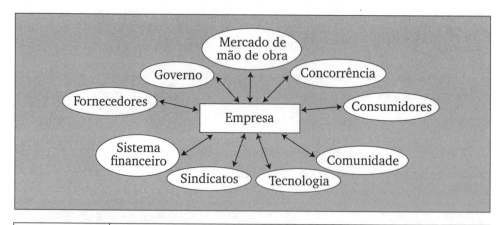

| Figura 1.2 | Ambiente de um sistema empresarial. |

O ambiente é também chamado de meio ambiente, meio externo, meio ou entorno.

O analista de sistemas, organização e métodos deve considerar três níveis na hierarquia de sistemas:

- *sistema*: é o que se está estudando ou considerando;
- *subsistema*: são as partes identificadas de forma estruturada, que integram o sistema; e
- *supersistema* ou *ecossistema*: é o todo – e o sistema é um subsistema dele –, bem como inclui o ambiente do sistema.

Fica evidente que, dentro do conceito de que sistema é o que se está estudando ou analisando, quando o analista de sistemas, organização e métodos estiver analisando toda a estrutura organizacional da empresa, essa é o sistema; quando estiver analisando a atividade de contabilidade de custos, esse é o sistema; e assim por diante.

Os três níveis de um sistema podem ser visualizados na Figura 1.3:

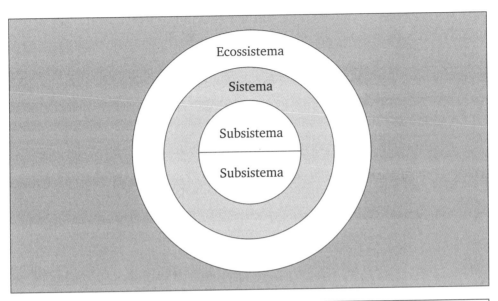

Figura 1.3 | *Níveis de um sistema.*

Nesse ponto, apresentam-se algumas considerações sobre os sistemas abertos; e, como exemplo, citam-se as empresas que estão em permanente intercâmbio com seu ambiente e caracterizam-se por um equilíbrio dinâmico. Esse intercâmbio é constituído de fluxos contínuos de entradas e saídas de matérias, energias e/ou informações, consolidando, dessa forma, o equilíbrio dinâmico, com base em uma adaptação, direta e espontânea, da empresa em relação a seu ambiente.

As empresas são sistemas planejados que mantêm a integridade de sua estrutura interna por intermédio de laços psicológicos. Tal integridade é conseguida por intermédio de padrões formais de comportamento obtidos pela imposição de regras e normas que, por sua vez, são justificadas pelos seus valores, os quais correspondem às crenças e às posturas éticas das pessoas. Assim, funções, normas, processos e valores fornecem bases inter-relacionadas para a integração das atividades em uma empresa, o que não ocorre com os sistemas físicos.

O grau de complexidade de integração dos elementos componentes do processo de transformação de um sistema decorre da complexidade e da dinâmica de funcionamento dos subsistemas que o integram.

Os subsistemas empresariais variam de empresa para empresa, pois a natureza das mesmas é a mais diversa possível, demandando, portanto, os mais variados tipos de subsistemas, os quais contribuem para que os objetivos empresariais sejam alcançados com a máxima eficiência.

Podem-se, desse modo, classificar os subsistemas da seguinte forma, por exemplo:

a) Subsistemas principais: subsistema técnico de produção; e
subsistema mercadológico.

b) Subsistemas complementares: subsistema contábil;
subsistema financeiro; e
subsistema de recursos humanos.

c) Subsistemas de apoio: subsistema de informática;
subsistema de organização e métodos; e
subsistema jurídico.

Essa classificação é genérica, e é necessária ao analista de sistemas, organização e métodos para verificar a melhor forma de decomposição em sua empresa. Na seção 2.6, é apresentada, com detalhes, outra forma de decompor e apresentar os subsistemas da empresa, especificamente para o caso de informações gerenciais.

Existem dois conceitos (Von Bertalanffy, 1972, p. 194) que facilitam o entendimento da empresa como sistema aberto e sua integração com o ambiente:

- equifinalidade, segundo a qual um mesmo estado final pode ser alcançado, partindo de diferentes condições iniciais e por maneiras diferentes; e

- entropia negativa, que mostra o empenho dos sistemas em se organizarem para a sobrevivência, por meio de maior ordenação.

O processo entrópico decorre de uma lei universal da natureza, na qual todas as formas de organização se movem para a desorganização e a morte. Entretanto, os sistemas abertos – como as empresas – podem gerar entropia negativa, por intermédio da maximização da energia importada, o que pode ser obtido via maximização da eficiência com que o sistema processa essa energia, sendo que o analista de sistemas, organização e métodos pode ter forte e interessante atuação nesse processo evolutivo nas empresas. Assim, os sistemas sociais – como as empresas – podem deter, quase indefinidamente, o processo entrópico. Apesar dessa possibilidade, é grande o número de empresas que, ao longo da história, deixaram de existir.

Quando do estudo do processo entrópico, normalmente se considera esse processo em sua forma negativa. A entropia, entretanto, também pode estar em sua forma positiva, ou seja, na afirmação da desorganização e do desgaste.

A realidade das empresas é extremamente dinâmica, alterando-se a cada instante, por intermédio de modificações ocorridas nos níveis de influência e de abrangência e nos elementos condicionantes e componentes da estrutura organizacional (ver Capítulo 3). Desse modo, as constantes microalterações podem determinar, ao longo do tempo, uma total desorganização dos sistemas, levando-os a promoverem elevada entropia e consequente desaparecimento, desde que os mesmos não sejam ajustados à nova realidade existente.

As microalterações são muito piores do que as macroalterações, pois, enquanto essas alertam os executivos para os fortes desajustes existentes entre os sistemas e a realidade de que cada sistema trata, aquelas só serão percebidas após certo período de tempo, durante o qual as pequenas alterações podem ter gerado grande dose de ineficiência e entropia positiva.

Assim, o planejamento empresarial é um instrumento de fundamental importância, pois visa antecipar-se às alterações da realidade por intermédio do planejamento da mudança, decorrente da evolução dos sistemas (ver Capítulo 15).

Para melhor evitar o processo entrópico, a empresa deve planejar a trajetória dos sistemas e subsistemas pela aplicação da análise e previsão da evolução das variáveis ambientais ou não controláveis, e da análise e planejamento da evolução das variáveis controláveis e semicontroláveis, adaptando as últimas às primeiras, por meio de um processo interativo.

A equifinalidade e a entropia negativa podem facilitar o entendimento de uma das características dos sistemas abertos, ou seja, a tendência à diferenciação, em que configurações globais são substituídas por funções mais especializadas, hierarquizadas e altamente diferenciadas (Katz & Kahn, 1973, p. 41); esse é, por exemplo, o caso das empresas.

O conceito de adaptação é definido por Ackoff (1974, p. 12) como a resposta a uma mudança – estímulo – que reduz, de fato ou potencialmente, a eficiência do comportamento de um sistema; sendo que uma resposta pode ser interna – dentro do sistema – ou externa – em seu ambiente. Portanto, o referido autor admite que possa haver mudanças no sistema analisado, refletindo-se no seu ambiente ou no próprio sistema. Assim, adaptação é a habilidade do sistema para se modificar ou modificar seu ambiente, quando algum deles sofreu uma mudança. Resultam, então, quatro tipos de adaptação, para os quais o analista de sistemas, organização e métodos deve estar atento:

a) Adaptação ambiente *versus* ambiente: ocorre quando um sistema reage a uma mudança ambiental, modificando o ambiente. Por exemplo, quando uma modificação na legislação do Imposto de Renda das pessoas jurídicas provoca alterações no sistema de contabilidade da empresa e, por consequência, modificações nos valores pagos pelas empresas, influenciando o nível de receita do governo federal.

b) Adaptação ambiente *versus* sistema: ocorre quando um sistema se modifica para reagir a uma mudança no seu ambiente, que é não controlável. Por exemplo, quando a empresa tem de modificar sua estrutura organizacional para melhor atuar e reagir às ações de um grupo de concorrentes no mercado onde atuam.

c) Adaptação sistema *versus* ambiente: ocorre quando um sistema reage a uma mudança interna, modificando o ambiente. Por exemplo, quando um grupo empresarial constrói uma nova usina de açúcar e álcool e, como consequência toda a região sofre alterações, tais como uma nova estrada para escoamento da produção, aumento do número de moradores na comunidade, chegada de novos investimentos.

d) Adaptação sistema *versus* sistema: ocorre quando um sistema reage a uma mudança interna, modificando a si mesmo. Por exemplo, o sistema administrador do processo de controle de qualidade de determinado produto pode adaptar-se às novas necessidades e exigências estabelecidas por novas máquinas e equipamentos de controle.

Outro aspecto importante quando se consideram os sistemas adaptáveis é seu comportamento intencional, visando a certas finalidades, entre as quais podem estar a manutenção dos valores de determinadas variáveis do sistema ou seu direcionamento a objetivos almejados. Esse comportamento pode estar baseado na preservação do caráter do sistema, na natureza das transformações ou na tendência para sistemas mais complexos e diferenciados.

A preservação do caráter ou disciplina de atuação do sistema estabelece que o ciclo de eventos de um sistema pode conduzi-lo a um estado firme ou a um processo entrópico. A eficiência com que o sistema trabalha pode conduzir a uma relação saídas *versus* entradas cada vez maior ou menor (entropia).

O estado firme caracteriza a constância da relação saídas *versus* entradas, isto é, caracteriza a constância no intercâmbio de energia com o ambiente.

Conquanto a tendência de um estado firme, em sua forma mais simples, seja homeostática, ou seja, apresente equilíbrio, o princípio básico é o da preservação do caráter do sistema, com a intenção de fazer com que o mesmo continue a ser coerente com os objetivos a serem alcançados. Na prática, essa representa uma questão para a qual o analista de sistemas, organização e métodos sempre deve estar atento.

Entretanto, é desejável que tanto o estado homeostático, como a preservação do caráter do sistema sejam levados a efeito de forma dinâmica, isto é, de modo que hajam contínuos ganhos de eficiência e de eficácia do processador, que podem ser expressos pela relação das saídas *versus* entradas.

Pela natureza das transformações, o processador de um sistema, conjunto de elementos inter-relacionados e interagentes que transformam as *entradas* em *saídas*, pode apresentar-se de forma bastante clara ou, substancialmente, obscura.

Apesar de o processador ser entendido como uma forma particular de processar a transformação das entradas, as quais podem ser ou não facilmente identificadas e compreendidas, sempre se deve lembrar que mediante a ocorrência de certas entradas podem-se prever as saídas, por meio de uma correlação entre ambos (entradas e saídas).

Portanto, por intermédio de previsões existe a possibilidade de se estabelecer a trajetória dos sistemas e subsistemas ao longo do tempo. Pode-se, ainda, pela adequada utilização de instrumentos de planejamento e organização, determinar a trajetória desejada, sendo esse um aspecto importante nos trabalhos inerentes a sistemas, organização e métodos nas empresas.

A tendência para sistemas mais complexos e diferenciados estabelece que os sistemas empresariais são particularmente dinâmicos, variando, entretanto, a velocidade e as maneiras pelas quais os mesmos vão tornando-se complexos e diferenciados ao longo do tempo. O avanço tecnológico, o crescimento dos mercados, o aumento de concorrência, o aumento da complexidade e da efervescência dos aspectos econômicos, políticos e sociais levam os sistemas mais simples a se transformarem em complexos, caracterizando-se, em consequência, por um volume maior de entropia e desagregação, e exigindo, do analista de sistemas, organização e métodos, técnicas mais avançadas para evitar o envelhecimento e a morte dos referidos sistemas empresariais.

A homeostase, que é obtida pela realimentação, ou *feedback*, procura manter os valores das variáveis dentro de uma faixa estabelecida, mesmo na ocorrência de estímulos, para que ultrapassem os limites desejados. É o caso de uma empresa estabelecer determinados mecanismos para que os custos dos produtos se mantenham sempre dentro de determinados níveis.

Entretanto, um sistema pode sair de uma homeostase para outra homeostase bastante diferente. Esse processo denomina-se heterostase, que pode explicar para os sistemas empresariais os processos de crescimento, diversificação, entropia negativa e outros. Nesse caso, como novos níveis de equilíbrio são estabelecidos, consequentemente o sistema passará a ter novos objetivos e, portanto, o analista de sistemas, organização e métodos pode ter de readaptar os trabalhos anteriormente realizados.

Existe o conceito de estado quase estacionário, pelo qual a permanente adaptação dos sistemas nem sempre os traz de volta a seu nível primitivo. Isso se deve ao fato de que sistemas vivos buscam importar mais energia, matéria e informações do que o estritamente necessário para que permaneçam no estado estacionário, esforçando-se para garantir sua sobrevivência por meio do acúmulo de uma reserva de segurança. Esse conceito é importante para entender a validade do processo contínuo de análise da estrutura organizacional e dos métodos administrativos – normas e procedimentos – em cada uma de suas revisões, bem como do processo evolutivo das empresas no ambiente, que é externo e não controlável.

Outro aspecto importante é o da informação, a qual está correlacionada à redução de incerteza que existe no ambiente do sistema. O intercâmbio de um sistema aberto – como a empresa – com seu ambiente se processa por matérias, energias e informações. O fluxo desses componentes – matérias, energias e informações – entre dois sistemas processa-se por meio de seus canais de comunicação, que correspondem às interfaces dos sistemas.

Existe, ainda, o conceito dos sistemas como ciclos de eventos, pois, em geral, os sistemas administrativos possuem um caráter cíclico, isto é, o produto ou serviço exportado para o ambiente supre as fontes de energia para a repetição das atividades do ciclo. Assim, o método básico para a identificação da estrutura dos sistemas é o de seguir a corrente de energia dos eventos, a partir da entrada de energia, e continuar por intermédio do processo de transformação – processador – até o ponto de fechamento do ciclo.

Quando se considera a empresa como um sistema, pode-se visualizá-la como composta de vários subsistemas, tais como:

- o de coordenação das atividades, para que os resultados esperados sejam alcançados;
- o decisório sobre as informações existentes, para que as ações sejam desencadeadas visando aos resultados a serem alcançados; e
- o de realização das atividades operacionais, que vão *tocar* a empresa em seu dia a dia.

Esses subsistemas aparecem de forma hierarquizada, e Bernardes (1991, p. 57) estabelece os critérios que devem ser seguidos para uma adequada hierarquização de sistemas nas empresas:

- cada tipo de sistema deve ser precisamente conceituado com base em suas características, para que não ocorram dúvidas a respeito do que trata cada um deles;
- as peculiaridades de cada nível de sistema devem ser, claramente, descritas;
- a sequência ordenada dos níveis deve ser estabelecida; e
- a primazia do nível superior e a influência dos níveis inferiores devem ser explicitadas.

Do ponto de vista dos trabalhos do analista de sistemas, organização e métodos pode-se conceituar mais um critério, a saber:

- as interações dos vários níveis de sistemas, de forma horizontal, vertical e diagonal, devem ser explicitadas, entendidas, aceitas e incorporadas.

O conhecimento desses vários princípios pode auxiliar o analista no levantamento, estudo, desenvolvimento e implementação dos sistemas de informações, da estrutura organizacional e dos sistemas administrativos nas empresas.

1.4 EVOLUÇÃO DA APLICAÇÃO DOS SISTEMAS

Os sistemas administrativos sofreram forte evolução em sua análise, desenvolvimento e aplicação nas empresas por meio da moderna técnica de administração de processos. Esse assunto não é abordado neste livro, pois envolve metodologias e técnicas específicas, as quais são apresentadas em outro livro dos mesmos autor e editora, intitulado *Administração de processos:* conceitos, metodologia e práticas.

RESUMO

Levando-se em consideração os objetivos deste livro e tendo como campo de estudo as organizações – empresas em seu contexto mais amplo – sejam elas militares, religiosas, filantrópicas, comerciais, industriais, prestadoras de serviços etc., entende-se a moderna Teoria de Sistemas como uma forma de melhor conhecer, analisar, intervir e racionalizar os sistemas administrativos, bem como criá-los e implantá-los.

Assim, a Teoria de Sistemas proporciona ao estudioso e/ou técnico um método de como lidar com organizações com elevado grau de complexidade e diferenciação, propiciando subsídios ao tratamento planejado da transição, ou seja, da trajetória dos sistemas administrativos ou da mudança propriamente dita.

A importância do estudo, para quem atua na área de sistemas, organização e métodos, reside no fato de que todas as decisões e ações inerentes aos aspectos mencionados podem ser levadas a efeito sob o enfoque da Teoria de Sistemas. Coerentemente, todos os aspectos abordados no livro obedecem aos conceitos, prescrições e características dessa teoria.

QUESTÕES PARA DEBATE

1. Como os diversos modelos de análise evoluíram na moderna Teoria de Sistemas?
2. Quais são as características dos diversos elementos que compõem os sistemas e como os mesmos interagem num todo complexo e consistente?
3. Quais são as formas de se controlar a entropia e como podemos saber se a mesma está sendo controlada?
4. Sob o enfoque da Teoria de Sistemas, estudar sua empresa/organização ou instituição de ensino, abordando todos os aspectos comentados nesse capítulo.
5. Com base no princípio da equifinalidade, explicar um plano resumido de evolução na sua carreira acadêmica ou como profissional de empresa.
6. Identificar e exemplificar os três níveis do sistema empresa ou faculdade onde você está atuando.
7. Identificar e exemplificar os fatores do ambiente do sistema empresa ou faculdade onde você está atuando.
8. Identificar e exemplificar uma situação de homeostase e uma situação de heterostase no sistema empresa ou faculdade que você está atuando.

CASO: ANÁLISE SISTÊMICA DA FAG – FACULDADE DE ADMINISTRAÇÃO GAMA

O diretor da FAG – Faculdade de Administração Gama – quer consolidar uma abordagem sistêmica em seu processo administrativo e, para tanto, contratou você, ex-aluno e formado em sua primeira turma, para realizar um estudo e proposta de solução.

O organograma representativo da estrutura organizacional da FAG é apresentado a seguir:

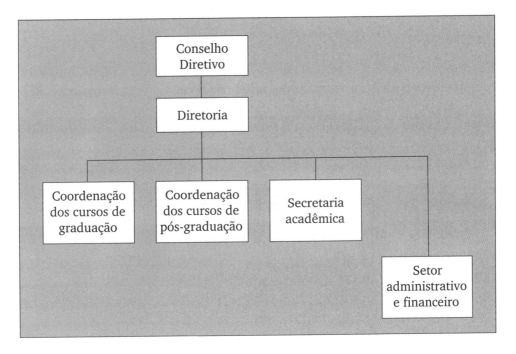

Nesse momento, surge a primeira tarefa para você: estabelecer três responsabilidades básicas para cada uma das áreas ou unidades organizacionais apresentadas no organograma da FAG.

Esse estabelecimento de responsabilidades deve ser realizado no âmbito de seu conhecimento de uma faculdade de administração mas, principalmente, para propiciar condições para seus trabalhos subsequentes. Se quiser pode fazer uma adaptação para um outro tipo de instituição de ensino, de seu maior conhecimento e interesse.

A sua segunda tarefa é estabelecer os componentes do sistema FAG, lembrando que o Conselho Diretor estabeleceu os seguintes objetivos principais para a FAG:

- consolidar cursos de graduação e de pós-graduação que propiciem um diferencial para os formandos, principalmente quanto à maior capacitação profissional; e
- ser um centro de debates de assuntos inerentes à administração, quer seja em seu contexto atual e, principalmente, em seu contexto evolutivo.

Antes de detalhar os componentes do sistema FAG, você pode acrescentar, se julgar válido, alguns outros objetivos.

Lembre-se de que, para trabalhar com os componentes do sistema FAG, você deve, também, estabelecer os diversos fatores do ambiente da FAG, incluindo o estabelecimento de seus níveis de influência recebida e/ou proporcionada.

A sua terceira tarefa é identificar os subsistemas principais, os complementares e os de apoio da FAG e, para tanto, você pode detalhar o organograma apresentado da melhor maneira possível, para facilitar seu trabalho.

A análise da entropia – positiva e negativa – da FAG corresponde à sua quarta tarefa.

E, finalmente, a análise dos quatro possíveis tipos de adaptação que a FAG poderá ter para com seu ambiente corresponde à sua quinta tarefa.

O leitor percebe a importância de acrescentar informações – e situações – específicas para o estudo do *caso* da FAG, o que proporciona um toque pessoal interessante para o melhor raciocínio no contexto empresarial.

A Diretoria, os funcionários e, principalmente, os alunos da FAG – Faculdade de Administração Gama – agradecem, antecipadamente, sua valiosa colaboração.

2
Sistema de informações gerenciais

"Nenhum sistema é melhor do que as pessoas que vão operá-lo."

Autor desconhecido

2.1 INTRODUÇÃO

O executivo, em suas tarefas diárias, tem de ajustar os dados, pois, em geral, esses nunca são insuficientes ou abundantes de forma absoluta; o que ocorre é a escassez de alguns dados relevantes e o excesso de outros dispensáveis.

À medida que aumenta a complexidade interna na empresa e no ambiente em que ela atua, o processo de tomada de decisão tende a tornar-se, também, mais complexo. Para atender a essa situação de maneira adequada, os executivos necessitam de sistemas de informação eficientes e eficazes, que processem o grande volume de dados gerados e produzam informações válidas.

É importante salientar que essas informações devem propiciar a identificação dos problemas e das necessidades organizacionais nos vários níveis da empresa – estratégico, tático e operacional –, bem como fornecer subsídios para avaliar o impacto das diversas decisões a serem tomadas pelos executivos das empresas. Entretanto, nem sempre esse ideal tem sido obtido, apesar do volume de recursos aplicados à concepção e à operação desses sistemas.

Salienta-se que a identificação dos fatores envolvidos no desenvolvimento de sistemas de informações tem sido objeto de inúmeros estudos. Isso porque as constantes alterações nos planos econômico, social, político e fiscal, entre outros, têm provocado a necessidade de constante evolução do conceito dos instrumentos administrativos que permitam uma contínua e efetiva adaptação e aperfeiçoamento da administração das empresas.

Para facilitar esse processo, têm sido desenvolvidos alguns modelos que possibilitam melhor entendimento da empresa. Inclusive, é apresentado um modelo na seção 2.3 com essa finalidade, pois o mais importante para esse entendimento é verificar quais são as informações necessárias e como elas fluem dentro de um processo administrativo nas empresas.

Naturalmente, salienta-se que esse, como a maioria dos modelos existentes, não é completo e sua parcialidade decorre da própria complexidade que caracteriza uma empresa, dada sua condição de sistema dinâmico, social e aberto, sujeito a mutações constantes, por sua contínua interação com seu ambiente, onde estão os fatores não controláveis.

Apesar das limitações que os modelos apresentam na caracterização de qualquer sistema, a grande vantagem de seu uso reside no fato de que eles propiciam um quadro de referências, com base no qual se pode desenvolver uma análise e se ter uma visão abrangente do sistema em estudo.

No fim deste capítulo, o leitor poderá responder a algumas perguntas, tais como:

- Qual o significado e a importância do sistema de informações gerenciais nas empresas?
- Como pode ser estruturado o sistema de informações gerenciais?
- Quais são os aspectos básicos do processo decisório nas empresas?
- Como o sistema de informações gerenciais interage com a estrutura organizacional e os métodos nas empresas?

2.2 CONCEITOS BÁSICOS

Deve-se distinguir dado de informação. O que distingue um dado ou um conjunto de dados de uma informação, que auxilia no processo decisório, é o conhecimento que ela propicia ao tomador de decisões.

> Dado é qualquer elemento identificado em sua forma bruta que, por si só, não conduz à compreensão de determinado fato ou situação.

Portanto, o executivo deve obter o conhecimento com base no dado transformado, o que lhe propicia um processo dinâmico ou um elemento de ação. Essa situação dinâmica permite ao executivo posicionar-se diante de um problema ou de uma situação qualquer que a realidade da empresa lhe apresenta.

> Informação é o dado trabalhado que permite ao executivo tomar uma decisão.

Como exemplo de dados numa empresa, citam-se quantidade de produção, custo das matérias-primas, número de funcionários. A informação seria o resultado da análise desses dados, ou seja, capacidade de produção, custo de venda do produto, produtividade dos funcionários etc. Essas informações, ao serem utilizadas pelo executivo, podem afetar ou modificar o comportamento existente na empresa, bem como o relacionamento entre as várias unidades organizacionais ou áreas da empresa.

Naturalmente, essa é uma forma de conceituar dado e informação. Outra forma é conceituar dado como a informação – que permite a tomada de decisão – registrada. Entretanto, não será utilizada essa definição neste livro.

Outro conceito necessário é o de sistema de informações.

> Sistema de informações é o processo de transformação de dados em informações. E, quando esse processo está voltado para a geração de informações que são necessárias e utilizadas no processo decisório da empresa, diz-se que esse é um sistema de informações gerenciais.

Logicamente, o Sistema de Informações Gerenciais – SIG – considera tanto as informações que foram processadas nos computadores, quanto as processadas manualmente.

Salienta-se que a atuação do executivo frente à informação depende de seu poder de decisão e de seu efetivo conhecimento a respeito do assunto abordado.

2.3 MODELO PROPOSTO

Pode-se considerar, como válido, o modelo de um sistema de informações gerenciais, conforme apresentado na Figura 2.1:

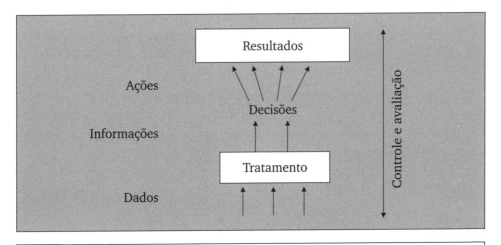

Figura 2.1 | *Modelo proposto do sistema de informações gerenciais.*

> Modelo é qualquer representação abstrata e simplificada de uma realidade em seu todo ou em partes dela.

Pelo modelo apresentado, verifica-se a grande interligação do sistema de informações gerenciais com o processo decisório nas empresas.

O executivo é, antes de tudo, um tomador de decisões, independentemente de seu nível hierárquico na empresa. Portanto, esse executivo ou tomador de decisões precisa de elementos que lhe permitam:

- caracterizar o problema que está exigindo uma ou mais decisões para sua solução;
- compreender o ambiente que cerca as decisões; e
- identificar os impactos que essas decisões podem provocar na empresa.

Verifica-se que o processo administrativo apresenta a tomada de decisões como elemento básico; e, para um adequado processo decisório, é necessário ter um sistema de informações eficiente.

> Decisão é a escolha entre vários caminhos alternativos que levam a determinado resultado.

O processo decisório implica a necessidade de uma racionalidade objetiva que traz, como consequência, a necessidade de o tomador de decisão ajustar seu comportamento a um sistema integrado, por meio de uma visão ampla de alternativas que se lhe afiguram antes da tomada de decisão, da consideração de todo o conjunto complexo de consequências que poderá ser gerado como resultado da escolha de uma alternativa e da própria escolha em face das alternativas disponíveis.

O processo de tomada de decisão implica o conhecimento prévio das condições básicas da empresa e de seu ambiente, bem como a avaliação das consequências futuras advindas das decisões tomadas; e esse conhecimento é propiciado pelas informações de que o tomador dispõe sobre as operações da empresa, de seus concorrentes, fornecedores, mercado financeiro, mercado de mão de obra, políticas governamentais etc.

Outro aspecto a salientar é que a forma de apresentação da informação pode afetar sua aplicação e, portanto, a própria utilização de um sistema para a tomada de decisão. Para tanto, são necessárias algumas considerações sobre o sistema de informações gerenciais e o uso da informática.

Com referência ao uso da informática nas empresas, podem ser identificadas duas situações extremas:

- empresas em que a informática se situa como uma intrusa, causando-lhes muito mais problemas e conflitos do que as soluções esperadas; e
- empresas que possuem a informática totalmente integrada a seus objetivos e que a utilizam na melhoria de sua eficiência, eficácia e efetividade, bem como consideram a informação como importante ativo, não só para atividades operacionais e de controle mas, principalmente, como suporte das decisões táticas e estratégicas.

Embora não seja a única inovação tecnológica desses últimos anos, a informática constitui-se no fator comum que permite e acelera todas as demais. Mais do que isso, à medida que transforma o tratamento e o armazenamento das informações, modifica o *sistema nervoso* das empresas e da sociedade inteira.

Uma das modificações conceituais mais significativas que têm ocorrido no âmbito das empresas é a que trata a informação como um recurso vital, posto que ela afeta e influencia a produtividade, a rentabilidade, a lucratividade e o processo decisório das empresas.

Diante desse enfoque da informação e da evolução tecnológica, novas formas de planejamento, coordenação e controle serão necessárias para uma administração adequada dos recursos tecnológicos e humanos envolvidos no processamento das informações nas empresas.

2.4 IMPORTÂNCIA DOS SISTEMAS DE INFORMAÇÕES GERENCIAIS PARA AS EMPRESAS

Geralmente, tem-se dificuldade de avaliar, de forma quantitativa, qual o efetivo benefício de um sistema de informações gerenciais, ou seja, a melhoria no processo decisório. Entretanto, pode-se trabalhar com base numa lista de hipóteses sobre os impactos dos sistemas de informações gerenciais nas empresas, o que propicia aos executivos um entendimento, ainda que genérico, de sua importância.

28 Sistemas, Organização e Métodos • Rebouças

Nesse sentido, pode-se afirmar que o sistema de informações gerenciais pode, sob determinadas condições, trazer os seguintes benefícios para as empresas:

- redução dos custos das operações;
- melhoria no acesso às informações, propiciando relatórios mais precisos e rápidos, com menor esforço;
- aumento da produtividade;
- melhoria nos serviços realizados e oferecidos;
- melhoria no processo de tomada de decisões, por meio do fornecimento de informações mais rápidas e precisas;
- estímulo para a maior interação entre os tomadores de decisão;
- fornecimento de melhores projeções e análises dos efeitos das decisões;
- melhoria na estrutura organizacional e nos métodos administrativos, para facilitar o fluxo de informações;
- melhoria na estrutura de poder, proporcionando maior poder para aqueles que entendem e controlam o sistema;
- redução do grau de centralização de decisões na empresa; e
- melhoria na adaptação da empresa para enfrentar os acontecimentos não previstos.

O leitor pode complementar essa lista com a sua realidade empresarial, bem como hierarquizar os diversos benefícios proporcionados pelo SIG para as empresas em geral.

2.4.1 Alguns aspectos que podem fortalecer o sistema de informações gerenciais nas empresas

Para que as empresas possam usufruir das vantagens básicas do sistema de informações gerenciais, é necessário que alguns aspectos sejam observados, entre os quais podem ser citados:

a) Envolvimento adequado da alta e média administração com o SIG (Sistema de Informações Gerenciais). Isso porque, se o envolvimento não for adequado, pode provocar uma situação de descrédito para o sistema. O executivo deve lembrar-se de que o SIG é um instrumento básico para o processo decisório e esse se direciona para resultados. Como consequência, o executivo eficaz deve saber trabalhar com o SIG, como instrumento de apoio à otimização dos resultados. Fica evidente que essa situação considera tanto a alta, como a média administração, de forma mais forte, mas não menosprezando os níveis mais operacionais, principalmente como fonte geradora dos dados e informações necessários ao processo decisório.

b) Competência por parte dos profissionais envolvidos no SIG, pois esse, antes de ser um sistema com um conjunto de relatórios, exige competência intrínseca das pessoas que irão utilizá-lo; caso contrário, poderá até gerar problemas, pois essas pessoas podem começar a ter *dificuldades* de apresentar resultados.

c) Uso de um plano-mestre do SIG, o qual deverá ser implementado, adaptado e operacionalizado pelas várias unidades organizacionais da empresa, de acordo com as necessidades de informações, tendo em vista as ações e os resultados desejados.

d) Atenção específica ao fator humano da empresa. Esse aspecto pode ser representado, principalmente, na participação efetiva e com responsabilidade dos vários executivos e funcionários da empresa envolvidos no desenvolvimento e implementação do SIG, bem como no processo decisório da empresa. E, não se deve esquecer a questão da capacitação profissional dos envolvidos.

e) Habilidade dos executivos de empresa para identificar a necessidade de informações. Se isso não ocorrer, o SIG poderá já *nascer morto*, pois ele não será alimentado como sistema.

f) Habilidade dos executivos da empresa para tomarem decisões com informações. Esse aspecto é o *centro nervoso* do SIG.

g) Apoio global dos vários planejamentos da empresa. O fato de o planejamento estratégico considerar toda a empresa, e perante seu ambiente, faz dele o principal instrumento de estabelecimento de resultados esperados, bem como das informações necessárias. Por outro lado, os planejamentos táticos, bem como os planejamentos operacionais, proporcionam os detalhes dos sistemas de informações gerenciais da empresa.

h) Apoio de adequada estrutura organizacional e dos métodos administrativos da empresa. Nesse caso, a estrutura organizacional aparece como um instrumento administrativo do SIG, o qual deverá ser racionalizado por meio de normas e procedimentos (métodos administrativos) (ver Parte III deste livro).

i) Apoio catalisador de um sistema de controladoria (contabilidade, custos, orçamentos e tesouraria). O sistema de controladoria, normalmente, aparece como um instrumento catalisador e de consolidação do SIG nas empresas.

j) Conhecimento e a confiança no sistema de informações gerenciais. Isso pode ser conseguido por intermédio de planejado e estruturado treinamento dos vários usuários e administradores dos sistemas considerados.

k) Existência de dados e informações relevantes e atualizados. Se o SIG não for atualizado periodicamente, poderá ficar numa situação de descrédito perante seus usuários.

l) Adequada relação custos *versus* benefícios. O SIG deve apresentar uma situação de custos abaixo dos benefícios que proporciona à empresa.

2.4.2 Técnicas auxiliares dos sistemas de informações gerenciais

Uma das técnicas que tem sido utilizada, de forma crescente, pelos analistas de sistemas, organização e métodos para facilitar a elaboração dos sistemas de informações gerenciais nas empresas é a análise estruturada.

Entretanto, fica evidente que a apresentação desse assunto neste livro visa, única e exclusivamente, proporcionar ao analista de sistemas, organização e métodos o conhecimento genérico dessa importante técnica, cabendo ao mesmo a verificação da melhor forma de desenvolvimento dos trabalhos, por meio de diferentes técnicas.

O conhecimento dessa técnica de análise, ainda que de forma simplificada, facilita a atuação do analista de sistemas, organização e métodos em sua interação com o analista de informática e os usuários.

> Análise estruturada de sistemas é uma técnica que consiste em construir, graficamente, um modelo lógico para o sistema de informações gerenciais, o qual permite que usuários e analistas de sistemas, organização e métodos encontrem uma solução clara e única para o sistema, de modo que esse transmita as reais necessidades dos usuários.

Essa metodologia apresenta um desenvolvimento do geral para o particular do sistema, começando com um diagrama geral do fluxo de informações e partindo, depois, para um refinamento sucessivo mediante a construção de diagramas de fluxos de informações detalhadas.

A análise estruturada define "o que" o sistema deve fazer e torna-se bastante valiosa no momento de determinar as entradas para os sistemas, de modo que esses fiquem o mais flexíveis possível.

Para que o analista de sistemas, organização e métodos possa desenhar os diagramas de fluxo de informações, é preciso analisar alguns aspectos, tais como:

A – Fatores externos

A consideração dos fatores externos – ou não controláveis pela empresa – propicia ao analista uma abordagem mais ampla – e estratégica – do sistema considerado. Essa situação obriga que a empresa tenha, ainda que de uma forma resumida, um planejamento estratégico estruturado e operacionalizado.

Geralmente, os fatores externos são classes lógicas de atividades e/ou pessoas que interagem com o sistema, sendo fontes ou destinos das informações. Como exemplos, podem ser considerados os clientes, os bancos, os fornecedores etc. Além disso, pode também ser considerado fator externo outro sistema que forneça dados ou informações para o sistema que está sendo descrito, ou que receba dados do mesmo.

Para mais detalhes a respeito do tratamento dos fatores externos ou não controláveis pela empresa, ver livro *Planejamento estratégico:* conceitos, metodologia e práticas dos mesmos autor e editora.

B – Fluxo de informações

Os fluxos de informações devem ser entendidos como um sistema de canalização pelo qual fluem todas as informações do sistema.

Aos fluxos de informações são atribuídos nomes, que devem ser bastante significativos, de forma que se possa identificar o tipo de informação que flui por eles.

Para tornar explícitas todas as informações que ocorrem por meio de um fluxo, esse é descrito no banco de informações – ver item "D" – por uma ficha que contém as seguintes informações:

- nome do fluxo de informações;
- fonte e descrição: referência numérica e o nome de origem de onde parte o fluxo;

- destino e descrição: referência numérica e o nome do destino onde chega o fluxo;
- descrição expandida: descreve quando ou por que o fluxo *carrega* tal informação;
- estruturas de informações pertencentes: são todas as estruturas de informações que podem fluir pelo fluxo; e
- volume de informação: contém, quando possível, a quantidade de informações que costuma fluir pelo fluxo.

Mais detalhes a respeito do fluxo de informações podem ser obtidos no livro *Sistemas de informações gerenciais:* estratégicas, táticas e operacionais dos mesmos autor e editora.

C – Processos

Os processos podem ser considerados, sinteticamente, como as várias atividades realizadas dentro do sistema considerado.

Os analistas podem considerar as seguintes atividades nos processos:

- identificação: é um número atribuído ao processo, exclusivamente para facilitar a sua identificação;
- descrição: é uma frase imperativa, formada por um verbo referente a uma ação – "registre", "controle", "preencha" etc. – seguido por um objeto. Por exemplo: "remeta pagamento atrasado"; e
- localização física: é o nome da unidade organizacional responsável pela atividade, no caso de o sistema ser implementado.

Mesmo quando se referem a atividades específicas, os processos, por si, não são, geralmente, autoexplicativos, ou seja, sua lógica deve ser ainda mais detalhada pela identificação de etapas a serem desenvolvidas. Esse detalhamento é feito por meio de um dicionário de informações, em que as fichas contêm as seguintes informações:

- nome do processo;
- número de referência: é o número atribuído ao processo no diagrama de fluxo de informações;
- descrição: é uma explicação resumida do processo;

- entradas: são todos os fluxos que chegam ao processo;
- saídas: são todos os fluxos que saem do processo; e
- lógica: é uma descrição, passo a passo, da lógica do processo.

Para mais detalhes a respeito deste assunto ver livro *Administração de processos:* conceitos, metodologia e práticas, dos mesmos autor e editora.

D – Banco de informações

São os *armazéns* que guardam dados e informações entre e dentro dos vários processos alocados no sistema considerado.

Os bancos de informações podem ter várias formas, tais como um disquete, um fichário, uma gaveta, enfim, qualquer lugar onde as informações sejam guardadas e fiquem disponíveis para serem consultadas.

Para facilitar o acesso ao banco de informações podem ser utilizadas fichas do dicionário de informações, contendo:

- nome do depósito de dados e informações;
- referência numérica: número atribuído ao depósito para sua melhor identificação;
- fluxos de informações de entrada: são todos os fluxos que chegam ao depósito, isto é, aqueles que alimentam o depósito com informações;
- fluxos de informações de saída: são todos os fluxos que saem do depósito de dados e levam desse alguma informação;
- conteúdo: são todas as estruturas de dados e informações armazenadas num depósito; e
- organização física: no caso de o sistema ser implementado, deve conter a representação física relativa à implementação do depósito, isto é, disco, disquete, arquivo etc.

Fica evidente que a utilização da análise estruturada de sistemas – apresentada, neste livro, de forma resumida e conceitual –, em termos operacionais, é mais difundida para os analistas de informática. Entretanto, dentro do princípio de que os analistas de sistemas, organização e métodos devem atuar no *meio de campo* entre a área de informática e os usuários, o conhecimento dessa técnica é de alta valia para eles.

2.5 ALGUNS ASPECTOS DAS DECISÕES

Quando se consideram as decisões nas empresas, é necessário verificar alguns aspectos que facilitam seu melhor entendimento.

O sucesso de uma decisão pode depender de um processo de escolha adequado, inclusive quanto a suas fases básicas; sendo que uma forma de estabelecer as fases do processo decisório é apresentada a seguir:

- identificação do problema;
- análise do problema, com base na consolidação das informações sobre ele. Para tanto, é necessário tratá-lo como um sistema, ou seja, interligar todas as partes do problema;
- estabelecimento de soluções alternativas;
- análise e comparação das soluções alternativas, por meio de levantamentos das vantagens e desvantagens de cada alternativa, bem como da avaliação de cada uma dessas alternativas, em relação ao grau de eficiência, eficácia e efetividade do processo;
- seleção da alternativa mais adequada, de acordo com critérios preestabelecidos;
- implantação da alternativa selecionada, incluindo o devido treinamento e capacitação das pessoas envolvidas; e
- avaliação da alternativa selecionada por meio de critérios e parâmetros devidamente aceitos pela empresa (ver seção 14.7).

2.5.1 Classificação das decisões

As decisões podem ser classificadas em:

A – Decisões programadas

São as caracterizadas pela rotina e repetitividade, para as quais é possível estabelecer um procedimento-padrão para ser acionado cada vez que ocorra sua necessidade.

São decisões permanentes e caracterizam-se por situações bem definidas, muito repetitivas e rotineiras, para as quais existem informações adequadas; e, geralmente, servem como guia das atividades administrativas, tais como objetivos, desafios, metas, políticas e procedimentos.

B – Decisões não programadas

São as não estruturadas e caracterizam-se, basicamente, pela novidade; isso porque não é possível estruturar o método-padrão para serem acionadas, dada a inexistência de referenciais precedentes, ou então porque o problema a ser resolvido, devido a sua estrutura, é ambíguo e complexo, ou ainda porque é importante que sua solução implique a adoção de medidas específicas.

Normalmente, estão inseridas num contexto de ambiente dinâmico, que se modifica rapidamente com o decorrer do tempo; e, muitas vezes, o impacto dessas decisões é elevado nas empresas.

2.5.2 Elementos do processo decisório

Alguns dos elementos que o executivo pode considerar no processo decisório são:

a) A incerteza, que ocorre tanto no conhecimento da situação do ambiente que envolve a decisão, quanto na identificação e valoração das consequências decorrentes da opção por um curso de ação, em detrimento de outras alternativas.

b) Os recursos do tomador de decisão, que normalmente são limitados, prejudicando a correspondente ação. Essa é uma das razões da necessidade de estabelecer planos de ação inerentes às principais decisões da empresa. Isso porque os cursos alternativos de que a empresa dispõe competem entre si, apesar de, hipoteticamente, estarem voltados para o mesmo propósito, objetivo, meta ou desafio estabelecidos.

Na realidade, o executivo tem visualizado uma situação de crescente dificuldade na tomada de decisões.

Uma tomada de decisão pode ser considerada como uma seleção criteriosa de um curso preferencial de ação, com base em duas ou mais alternativas viáveis.

O processo de tomada de decisão tem alguns fatores de influência, entre os quais podem ser citados:

- complexidade evolutiva do mundo moderno, apresentando, cada vez mais, variáveis complexas;

- redução do tempo disponível para a tomada de decisão, pela influência de algumas variáveis, tais como a concorrência;

36 Sistemas, Organização e Métodos • Rebouças

- velocidade das comunicações; e
- melhoramentos nos processos de informações e com expectativa de resultados a curto prazo.

2.5.3 Condições de tomada de decisões

A decisão pode ser tomada sob determinadas condições.

Considera-se a tomada de decisão como a busca de alternativas que satisfaçam a determinado nível mínimo objetivo, não buscando, necessariamente, a maximização dessa situação.

As situações em que as decisões são tomadas podem ser:

- tomada de decisão sob condição de certeza, em que cada curso de ação possível conduz, invariavelmente, a um resultado específico;
- tomada de decisão em condições de risco, em que cada alternativa possível conduz a um conjunto de resultados específicos associados a probabilidades conhecidas; e
- tomada de decisão em condições de incerteza, quando as probabilidades associadas aos resultados são desconhecidas.

2.6 ESQUEMA BÁSICO DO SISTEMA DE INFORMAÇÕES GERENCIAIS

O esquema básico proposto pretende identificar uma rede de sistemas – ou subsistemas – de informações que demonstre as interações entre eles, em termos de tratamento de dados e de troca de informações.

O sistema de informações é representado pelo conjunto de subsistemas, visualizados de forma integrada, e capazes de gerar informações necessárias ao processo decisório dos executivos nas empresas.

O esquema proposto não detalha o método operacional a ser utilizado na integração entre subsistemas, porém permite caracterizar as informações básicas que serão necessárias à contribuição dos cadastros de cada subsistema, bem como seu relacionamento com os demais subsistemas estabelecidos para a empresa.

Para efeito de elaboração do plano, a empresa deve ser enfocada do ponto de vista de suas funções e atividades, independentemente da estrutura organizacional vigente. Esse enfoque proporciona mais estabilidade ao plano e à sua execução, uma vez que o mesmo fica isento das mudanças organizacionais mais frequentes em razão de fatores internos e externos à empresa.

Conforme pode ser verificado a seguir, o esquema básico do Sistema de Informações Gerenciais – SIG – pode identificar, em um exemplo genérico, as seguintes áreas funcionais:

- administração de marketing;
- administração da produção;
- administração financeira;
- administração de materiais;
- administração de recursos humanos;
- administração de serviços; e
- gestão empresarial.

Essas áreas funcionais subdividem-se em funções que, em seu interior, agrupam atividades correlacionadas, necessárias ao funcionamento de uma empresa qualquer.

É por meio da execução das funções e das atividades que se alcançam resultados bem definidos. Esses resultados, decorrentes de cada função, são passados às demais funções resultando, assim, as grandes cadeias de inter-relações e interdependências das funções da empresa, ou seja, as aplicações práticas.

Do intercâmbio entre as funções formalizam-se as informações, gerando um fluxo formal e racional de informações da empresa. Da análise desse esquema podem-se identificar as origens e os destinos das informações, suas características e frequência.

2.6.1 Descrição das funções e atividades

Inicialmente, efetuam-se a identificação e a caracterização das funções e atividades básicas, bem como seu agrupamento em dois tipos de áreas funcionais: fins e meios.

Fica evidente que as áreas funcionais apresentadas servem, basicamente, como exemplos e não como uma abordagem estática. Nesse contexto, o leitor deve fazer as devidas adaptações às realidades atual e futura desejadas para sua empresa.

2.6.1.1 Áreas funcionais fins

Englobam as funções e atividades envolvidas, diretamente, no ciclo de transformação de recursos em produtos e serviços, bem como de sua colocação no mercado.

Podem pertencer a essa categoria as seguintes áreas funcionais:

- Administração de marketing: é a função relativa à identificação das necessidades de mercado, bem como à colocação dos produtos e serviços junto aos consumidores.

- Administração da produção: é a função relativa à transformação das matérias-primas e dos conhecimentos em produtos e serviços a serem colocados no mercado.

2.6.1.2 Áreas funcionais meios

Congregam as funções e atividades que proporcionam os meios para que haja a transformação de recursos em produtos e serviços e sua colocação no mercado.

Podem ser desse tipo, para uma empresa industrial e comercial qualquer, as seguintes áreas funcionais:

- Administração financeira: é a função relativa ao planejamento, captação, orçamentação e gestão dos recursos financeiros, envolvendo também os registros contábeis das operações realizadas nas empresas.

- Administração de materiais: é a função relativa ao suprimento de materiais, serviços e equipamentos, bem como a normatização, armazenamento e movimentação de materiais e equipamentos das empresas.

- Administração de recursos humanos: é a função relativa ao atendimento dos recursos humanos da empresa, planejamento e gestão desses recursos, de seus desenvolvimentos, benefícios, obrigações sociais etc.

- Administração de serviços: é a função relativa ao transporte de pessoas, administração dos escritórios, documentação, patrimônio imobiliário da empresa, serviços jurídicos, segurança etc.

- Gestão empresarial: é a função relativa ao planejamento empresarial e ao desenvolvimento do sistema de informações.

A Figura 2.2 demonstra as áreas funcionais básicas de uma empresa, considerando os desmembramentos evidenciados neste livro.

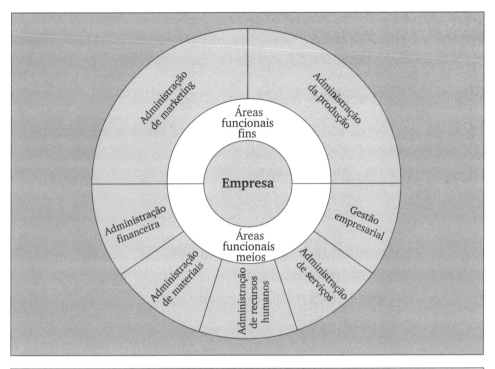

Figura 2.2 | *Áreas funcionais básicas de uma empresa.*

2.6.1.3 Decomposição das áreas funcionais

A seguir, são apresentadas as propostas de decomposições de cada uma das sete áreas funcionais, anteriormente identificadas para as empresas.

É importante lembrar que essas áreas funcionais correspondem a sistemas e não a unidades organizacionais. Portanto, devem ser analisadas, principalmente, quanto a suas existências e interações com base em um enfoque sistêmico para identificação de relatórios, documentos e formulários necessários ao sistema de informações gerenciais da empresa considerada.

Cada área funcional é formada por um conjunto de funções, mediante as quais a empresa consegue alcançar seus objetivos. Por sua vez, em cada função existem grupos de atividades específicas e inter-relacionadas que compõem sua estruturação. Assim, administração de materiais caracteriza uma área funcional

40 Sistemas, Organização e Métodos • Rebouças

na qual existe, entre outras, a função *gestão de materiais e equipamentos*. Uma das atividades por meio da qual essa função é exercida é a análise e controle dos estoques.

As funções e atividades propostas que compõem cada área funcional são descritas a seguir. Esse estudo deverá ser adaptado para cada empresa e situação para posterior consolidação, análise e aprimoramento.

Área funcional: Administração de marketing

As funções e atividades básicas propostas, que devem ser consideradas na análise e no estudo do SIG, são:

- *Função produto*, em que podem ser consideradas as seguintes atividades:
  - desenvolvimento dos produtos atuais;
  - lançamento de novos produtos;
  - estudos de mercado;
  - forma de apresentação dos produtos; e
  - embalagem.
- *Função distribuição*, em que podem ser consideradas as seguintes atividades:
  - expedição;
  - venda direta; e
  - venda por atacado.
- *Função promoção*, em que podem ser consideradas as seguintes atividades:
  - material promocional;
  - promoção;
  - publicidade;
  - propaganda; e
  - amostra grátis.
- *Função preço*, em que podem ser consideradas as seguintes atividades:
  - estudos e análises; e
  - estrutura de preços, descontos e prazos.

As atividades propostas para a área funcional de administração de marketing, de acordo com a exemplificação evidenciada, são apresentadas na Figura 2.3:

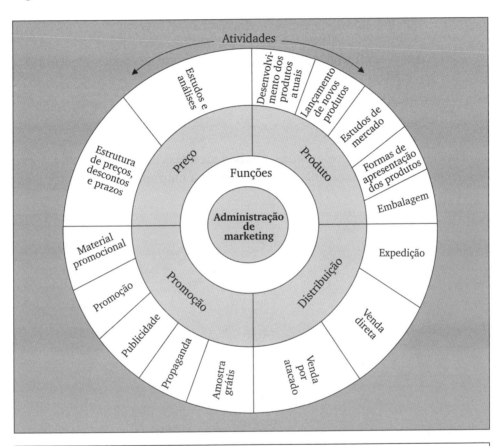

| **Figura 2.3** | *Atividades da área funcional de administração de marketing.* |

Área funcional: Administração da produção

Suas funções e atividades básicas propostas são:
- *Função fabricação*, em que podem ser consideradas as seguintes atividades:
    - processo produtivo;
    - programação; e
    - controle.

- *Função qualidade*, em que podem ser consideradas as seguintes atividades:
    - planejamento;
    - desenvolvimento; e
    - controle.
- *Função manutenção*, em que podem ser consideradas as seguintes atividades:
    - preventiva; e
    - corretiva.

Na Figura 2.4 são apresentadas as atividades básicas propostas para a área funcional de administração da produção de uma empresa.

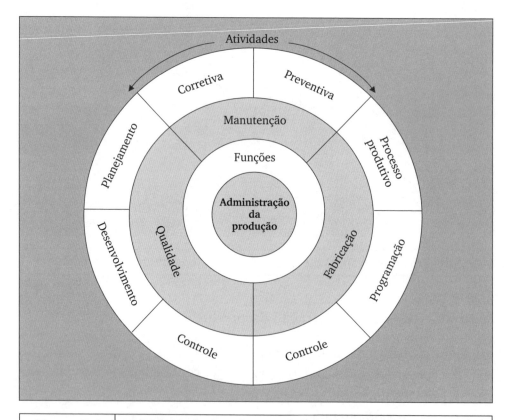

Figura 2.4 | *Atividades da área funcional de administração da produção.*

Área funcional: Administração financeira

Suas funções e atividades básicas propostas, que podem ser consideradas na análise e no estudo do SIG, são:

- *Função planejamento de recursos financeiros*, em que podem ser consideradas as seguintes atividades:
  - orçamentos;
  - programação das necessidades de recursos financeiros;
  - projeções financeiras; e
  - análise do mercado de capitais.
- *Função captação de recursos financeiros*, em que podem ser consideradas as seguintes atividades:
  - títulos;
  - empréstimos e financiamentos (negociações e contratação de recursos); e
  - administração de contratos de empréstimos e financiamentos (prestação de contas aos órgãos financiadores, amortização, correção e encargos financeiros dos contratos).
- *Função gestão dos recursos disponíveis*, em que podem ser consideradas as seguintes atividades:
  - pagamentos (fundo fixo de caixa, controle de vencimentos, borderôs, reajustes de preços);
  - recebimentos (controle de recebimentos, registros);
  - operações bancárias (abertura e encerramento de contas, transferências, conciliações);
  - fluxo de caixa; e
  - acompanhamento do orçamento financeiro.
- *Função seguros*, em que podem ser consideradas as seguintes atividades:
  - análise do mercado securitário;
  - contratação de apólices;
  - administração das apólices; e
  - liquidação de sinistros.
- *Função contábil*, em que podem ser consideradas as seguintes atividades:
  - contabilidade patrimonial (análise, registro patrimonial, depreciação e amortização do ativo fixo);

- contabilidade de custos (apropriação, rateios, relatórios de custos);
- contabilidade geral (registros, contabilidade de contratos de empréstimos e financiamentos, controle de correntistas); e
- contabilidade gerencial (demonstrações financeiras, relatórios contábeis, projeções e análises).

As atividades básicas propostas para a área funcional de administração financeira são visualizadas na Figura 2.5:

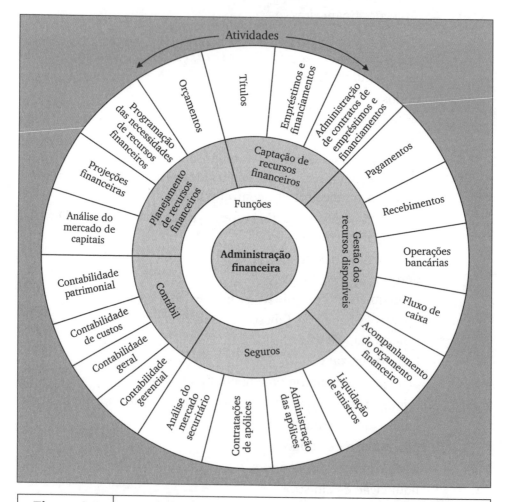

Figura 2.5 | *Atividades da área funcional de administração financeira.*

Área funcional: Administração de materiais

Suas funções e atividades básicas propostas são:

- *Função planejamento de materiais e equipamentos*, em que podem ser consideradas as seguintes atividades:
  - programação das necessidades de materiais e equipamentos;
  - análise de estoques (classificação ABC, lote econômico, estoque de segurança etc.);
  - normatização e padronização; e
  - orçamento de compras.
- *Função aquisições*, em que podem ser consideradas as seguintes atividades:
  - seleção e cadastramento de fornecedores (contatos, coleta de dados sobre fornecedores, avaliação etc.);
  - compras de materiais e equipamentos (licitação, emissão de encomendas, acompanhamento de entregas); e
  - contratação de serviços e obras.
- *Função gestão de materiais e equipamentos*, em que podem ser consideradas as seguintes atividades:
  - inspeção e recebimento (verificação de qualidade, quantidade, especificação etc.);
  - movimentação de materiais (transportes);
  - alienação de materiais e equipamentos;
  - análise e controle de estoques (localização física, controle das entradas, requisições, quantidades em estoque, separação de materiais, armazenagem etc.); e
  - distribuição e armazenagem de materiais e equipamentos (entrega ao requisitante ou a outros almoxarifados).

As atividades básicas propostas para a área funcional de administração de materiais podem ser visualizadas na Figura 2.6:

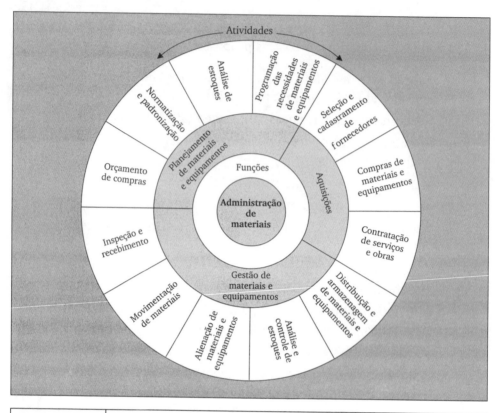

| Figura 2.6 | Atividades da área funcional de administração de materiais. |

Área funcional: Administração de recursos humanos

Suas funções e atividades básicas propostas são:

- *Função planejamento*, em que podem ser consideradas as seguintes atividades:
  - programação de necessidades de pessoal (por que, quem, quando, para onde, quantos);
  - análise do mercado de trabalho;
  - orçamento de pessoal; e
  - pesquisas de recursos humanos.
- *Função suprimento do quadro de pessoal*, em que podem ser consideradas as seguintes atividades:

- cadastro de candidatos a empregos;
- recrutamento;
- seleção (exame psicotécnico, exame médico, teste de conhecimento profissional);
- registro e cadastro dos funcionários; e
- contratação de mão de obra de terceiros.

- *Função gestão de recursos humanos*, em que podem ser identificadas as seguintes atividades:
  - movimentação de pessoal (transferências, promoções, transformação de vagas, admissões, demissões);
  - cargos e salários;
  - controle de pessoal (ponto, distribuição de efetivo, controle de produtividade);
  - acompanhamento de orçamento de pessoal; e
  - relações com sindicatos.

- *Função desenvolvimento de recursos humanos*, em que podem ser identificadas as seguintes atividades:
  - avaliação de desempenho;
  - acompanhamento de pessoal (produtividade, trabalhos em equipes multidisciplinares, motivação); e
  - treinamento e capacitação.

- *Função pagamentos e recolhimentos*, em que podem ser identificadas as seguintes atividades:
  - folha de pagamento;
  - encargos sociais; e
  - rescisão de contratos de trabalho.

- *Função benefícios*, em que podem ser identificadas as seguintes atividades:
  - assistência médica;
  - empréstimos e financiamentos;
  - lazer; e
  - assistência social.

- *Função obrigações sociais*, em que podem ser identificadas as seguintes atividades:

- medicina do trabalho;
- segurança do trabalho;
- ações trabalhistas; e
- relatórios fiscais.

As atividades básicas propostas para a área funcional de administração de recursos humanos são apresentadas na Figura 2.7:

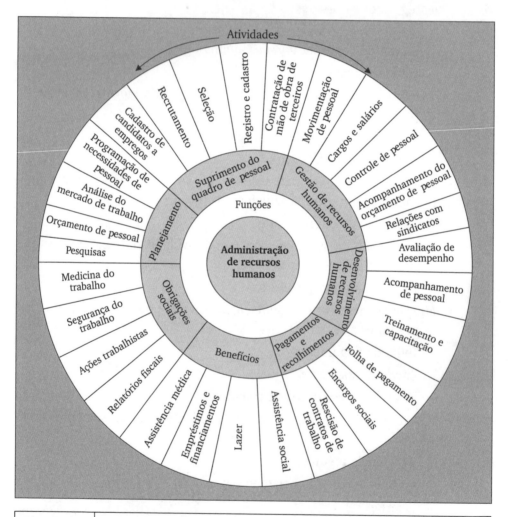

Figura 2.7 | *Atividades da área funcional de administração de recursos humanos.*

Área funcional: Administração de serviços

Suas funções e atividades básicas propostas são:

- *Função transportes*, em que podem ser identificadas as seguintes atividades:
  - planejamento da frota de veículos;
  - normatização do uso da frota da empresa; e
  - administração da frota de veículos (controles, alienações, programação do uso, relatórios sobre acidentes etc.).
- *Função serviços de apoio*, em que podem ser identificadas as seguintes atividades:
  - manutenção, conservação e reforma dos locais e instalações civis, elétricas e hidráulicas;
  - administração de móveis e equipamentos de escritório (normatização, padronização, controle físico, orçamento, inventário);
  - planejamento e operação do sistema de comunicação telefônica;
  - serviços de zeladoria, limpeza e copa;
  - manutenção das correspondências da empresa (recebimento, expedição, classificação, serviços de malote);
  - administração dos arquivos (normatização, padronização e organização de arquivos);
  - serviços de gráfica;
  - relações públicas;
  - segurança;
  - serviços jurídicos; e
  - informações técnicas e acervos bibliográficos.
- *Função patrimônio imobiliário*, em que podem ser identificadas as seguintes atividades:
  - cadastro do patrimônio imobiliário;
  - alienação e locação de imóveis; e
  - administração do patrimônio imobiliário (reformas, modificações, construção de edificações, documentação, regularização).

Na Figura 2.8, são apresentadas as atividades básicas propostas para a área funcional de administração de serviços.

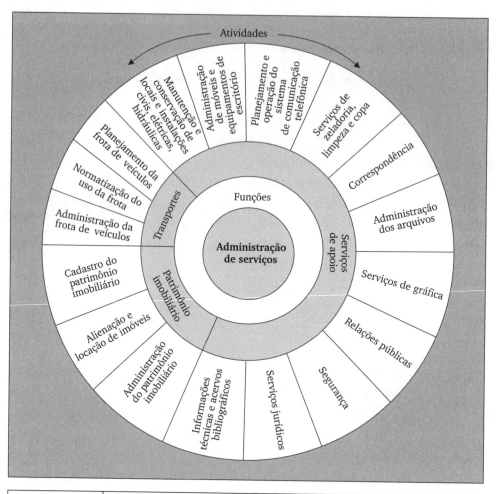

Figura 2.8 | *Atividades da área funcional de administração de serviços.*

Área funcional: Gestão empresarial

Suas funções e atividades básicas propostas são:

- *Função planejamento e controle empresarial*, em que podem ser identificadas as seguintes atividades:
    - planejamento estratégico;
    - planejamentos táticos;
    - planejamentos operacionais;

- acompanhamento das atividades da empresa; e
- auditoria.
• *Função sistema de informações*, em que podem ser identificadas as seguintes atividades:
  - planejamento dos sistemas de informações;
  - desenvolvimento e manutenção dos sistemas de informações;
  - equipamento de informática; e
  - relatórios gerenciais.

As atividades básicas propostas para a área funcional de gestão empresarial podem ser visualizadas na Figura 2.9:

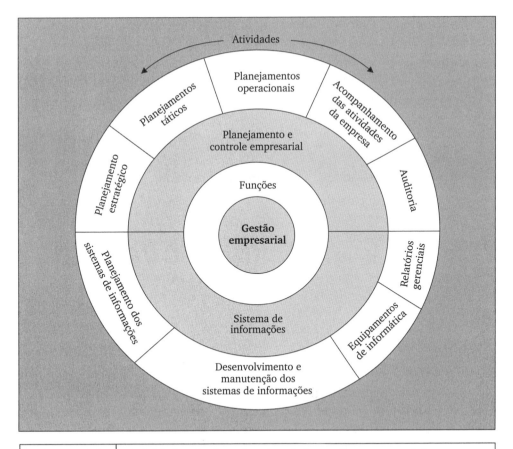

Figura 2.9 | *Atividades da área funcional de gestão empresarial.*

52 Sistemas, Organização e Métodos • Rebouças

Portanto, com base nas áreas funcionais e respectivas atividades identifica-das, o analista de sistemas, organização e métodos tem condições de estruturar o trabalho de identificação, desenvolvimento e implementação dos sistemas de informações gerenciais na empresa.

Fica evidente que o analista de sistemas, organização e métodos deve ter profundo conhecimento da realidade da empresa, tendo em vista estabelecer a *malha* de interligação de dados, informações, decisões e ações, bem como os correspondentes controle e avaliação efetuados.

2.7 ESTRUTURAÇÃO DOS RELATÓRIOS GERENCIAIS

Para a estruturação dos relatórios gerenciais, o analista de sistemas, orga-nização e métodos pode considerar alguns aspectos básicos:

A – Números

Os números devem apresentar a situação atual, bem como outros aspectos, entre os quais podem ser citados:

- o período anterior;
- o mesmo período no ano – exercício – anterior; e
- a situação futura desejada.

Os números devem, sempre, apresentar uma situação de relatividade, principalmente percentual, para que se possa realizar uma análise comparativa entre períodos, entre departamentos, entre filiais, entre empresas etc.

Essa análise de relatividade pode considerar as colunas e as linhas dos relatórios gerenciais.

B – Gráficos

Um aspecto de grande valia para os relatórios gerenciais são os gráficos, pois os mesmos têm a finalidade de facilitar o entendimento do assunto por meio de melhor visualização.

Devem apresentar os níveis de tomada de decisão mediante a indicação das situações máxima, média ou mínima.

Os gráficos, normalmente são de *pizzas* ou de barras.

C – Comentários

As pessoas podem ter, algumas vezes, diferentes interpretações dos relatórios gerenciais, o que pode gerar problemas no processo decisório. Portanto, são válidos os comentários sobre o conteúdo apresentado no relatório.

D – Decisões e ações

De acordo com o modelo proposto neste trabalho, as decisões e as ações tomadas representam o ponto mais importante no relatório gerencial.

A explicitação das decisões e das ações tomadas em relação a determinado assunto força o executivo a tornar claro seu procedimento.

Outro aspecto a ser considerado é o das decisões e das ações alternativas que o executivo poderá adotar no desenvolvimento dos trabalhos.

E – Recursos

Fica evidente a necessidade de explicitar os recursos – tipos, quantidades, qualidades, procedências – de que as decisões e as ações vão necessitar.

F – Resultados

O executivo está em constante busca da otimização dos resultados. Portanto, deve explicitar os resultados que pretende alcançar por meio das decisões e das ações tomadas, com base nas informações apresentadas por meio de números e gráficos.

De forma esquematizada, os relatórios gerenciais da empresa devem apresentar o conteúdo básico conforme modelo da Figura 2.10. Fica evidente que o quadro apresenta todos os aspectos e que, em alguns casos, os números ou os gráficos ou os recursos podem ser suprimidos, mas nunca os "comentários", as "decisões e ações" ou os "resultados".

Planos	Relatório gerencial (modelo geral)	Data __/__/__	Nº
Área: Assunto:			
Números			
Gráficos			
Comentários			
Decisões e ações	Recursos		Resultados

Figura 2.10	*Modelo de relatório gerencial.*

RESUMO

Neste capítulo, foram apresentados os aspectos principais dos sistemas de informações gerenciais, os quais são de fundamental importância para que o analista de sistemas, organização e métodos possa desenvolver seus trabalhos de maneira eficiente, eficaz e efetiva.

O Sistema de Informações Gerenciais – SIG – procura, entre outros aspectos, aproximar os dados das informações, as informações das decisões, as decisões das ações e as ações dos resultados.

QUESTÕES PARA DEBATE

1. Analisar e detalhar o modelo de sistema de informações gerenciais apresentado neste capítulo (seção 2.3).

2. Com base na empresa em que você trabalha, estabelecer as áreas funcionais fins e meios, bem como suas respectivas atividades (seção 2.6).

3. Com base na empresa em que você trabalha ou na faculdade em que você estuda, criar o nível de atividades menores e detalhar as áreas funcionais e suas atividades (seção 2.6.1).

4. Qual o significado da utilização da técnica de análise estruturada de sistemas pelo analista de sistemas, organização e métodos?

EXERCÍCIO: SISTEMA DE INFORMAÇÕES COM BASE NAS ÁREAS FUNCIONAIS DE UMA EMPRESA

Com base na empresa em que você trabalha ou tem um nível de conhecimento adequado, estabelecer um sistema de informações considerando as seguintes etapas:

1. Identificar as áreas funcionais da empresa em questão.

2. Estabelecer, com detalhes, as atividades das áreas funcionais, inclusive separando por unidade dentro da área. Exemplo: Finanças, considerando, no mínimo, as funções e as atividades:

   - contabilidade;
   - custos;
   - orçamento; e
   - tesouraria:
     - contas a pagar;
     - contas a receber; e
     - caixa.

3. Fazer as interações entre as áreas funcionais, explicitando o tipo de interação com base nas partes do sistema de informações gerenciais:

   - dado;
   - tratamento ou transformação;
   - informação;
   - decisão;
   - ação;
   - resultado;

- recursos; e
- controle e avaliação.

Obs.: Se preferir pode realizar a análise do sistema de informações considerando a faculdade onde você estuda.

CASO: SISTEMA DE INFORMAÇÕES NA FARMA – INDÚSTRIA FARMACÊUTICA S.A.

A Farma – Indústria Farmacêutica S.A. é uma empresa familiar, de porte médio, que atua no ramo de remédios *tarjados*, ou seja, aqueles cuja venda é feita sob prescrição médica (setor ético do mercado).

Anteriormente, a direção da empresa era patriarcal, sendo que nos últimos cinco anos passou a ter uma administração profissionalizada, decisão tomada pelos sócios, principalmente para ter melhor ação competitiva no mercado.

Naquela época, mantendo um nível de negócios em volume regular, a empresa obtinha bons resultados econômicos. Agora, com a nova política de investimento realizada pela alta administração, espera-se expansão dos negócios a qualquer custo.

A Farma está pretendendo otimizar sua estrutura organizacional em função de uma expansão a curto prazo, para triplicar seus negócios. A empresa está realizando grandes investimentos, bem como arregimentou funcionários administrativos e da área de produção de outros laboratórios, para poder, com profissionais já participantes desse ramo de negócios, em pequeno espaço de tempo, obter a expansão desejada.

Como principal forma de expandir-se rapidamente, estendeu o regime de vendas dedicado diretamente às farmácias, para a venda aos grandes distribuidores – atacadistas –, que, por sua vez, fariam a venda às farmácias.

Outra providência foi alugar um prédio para melhorar suas condições de armazenagem e distribuição dos produtos.

Nessa situação de urgência em crescimento, alguns erros básicos foram cometidos, entre os quais podem ser citados:

- o critério de escolha dos distribuidores foi superficial e apressado, concedendo-se vultosos créditos a quem não tinha condições de obtê-los em situação normal;

- dilataram-se as condições de pagamento de 30 dias fora o mês para 30/60/90 dias. Muitos acordos foram feitos em termos de dilatar os prazos, ainda mais por ocasião da cobrança, que também era responsabilidade da área comercial da Farma;
- foram aumentadas as comissões dos vendedores de 3% para 5%, ampliando-se consideravelmente, também, a previsão de vendas;
- aumentou-se o número de vendedores de 100 para 180, assim como a frota de veículos, passando de 28 para 50 veículos, sem uma medição anterior das necessidades;
- foi delineada uma campanha de promoção e propaganda insuficiente para dar vazão às grandes quantidades de produtos colocados nos distribuidores, que passaram a ter muita dificuldade em provocar a rotação adequada desses produtos no mercado; e
- foram adquiridas grandes quantidades de matérias-primas, provocando uma superestocagem e consequente elevação das contas a pagar a fornecedores. Essa medida foi provocada pelo fato de a Farma não possuir, como as demais concorrentes diretas, uma indústria química associada.

Os aspectos citados provocaram uma situação realmente difícil, que passou a agravar-se tendo em vista os seguintes acontecimentos:

- os distribuidores passaram a atrasar seus pagamentos, diminuindo, gradativamente, seu volume de compras;
- a carteira de contas a pagar passou a crescer cada vez mais, pois:
  - a área financeira da Farma passou a lançar mão dos papéis para desconto bancário;
  - a área financeira passou a utilizar sua condição de empresa tradicional na praça para obter empréstimos bancários; e
  - quando o crédito começou a ser restringido, pelo razoável prejuízo apresentado, a área financeira não tinha condição de cumprir seus compromissos, principalmente com relação às importações de matérias-primas, apesar de ter em mãos muitas duplicatas;
- as despesas operacionais, com a queda das vendas, cresceram assustadoramente de 38% para 46%. As despesas administrativas chegaram ao nível de 12% ao mês;
- verificou-se que 5% de seus clientes ativos detinham 71% de sua carteira, salientando-se que o total de clientes é 4.671; e

- o resultado financeiro líquido da Farma, em R$ mil, teve a seguinte oscilação:

2009	13.000
2010	10.000
2011	(12.000)
2012	(18.000)

Por outro lado, permanecia na empresa o sistema de manter o máximo possível do pessoal antigo, a qualquer preço, mesmo que muitos funcionários permanecessem *vegetando* sem nada produzir. Isso provocou um custo administrativo muito elevado, pois a indústria possuía quase o mesmo número de funcionários na produção e na administração; e, para piorar a situação, muitos dos funcionários da produção foram dispensados.

Tendo em vista a situação apresentada, foi contratada a firma de consultoria Planos Ltda., e você, como técnico sênior, deve estabelecer uma metodologia de solução do caso, com base na Teoria de Sistemas.

Fica evidente que você pode fazer as suposições que forem necessárias para complementar o sistema de informações da Farma e realizar um trabalho adequado, mas respeitando o que foi apresentado no texto.

Parte II
ORGANIZAÇÃO

*"A simplicidade é o último
degrau da sabedoria."*

Gibran

3
Estrutura organizacional

"Toda civilização flutua e conhece picos e declínios. Os melhores trabalhos são produzidos depois que um pico for atingido."

Yasunari Kawabata

3.1 INTRODUÇÃO

Neste capítulo, são apresentadas algumas considerações básicas a respeito da estrutura organizacional.

A estrutura organizacional é um instrumento essencial para o desenvolvimento e a implementação do plano organizacional nas empresas.

No fim deste capítulo, o leitor estará em condições de responder a algumas perguntas, a saber:

- Como delinear a estrutura organizacional da empresa?
- Como a estrutura organizacional pode contribuir para o alcance dos objetivos da empresa?
- Quais os principais aspectos a serem considerados no delineamento e implantação da estrutura organizacional?
- Como pode ser avaliada uma estrutura organizacional?

3.2 ESTRUTURA ORGANIZACIONAL

A estrutura organizacional deve ser delineada de acordo com os objetivos e as estratégias estabelecidos, ou seja, a estrutura organizacional é uma ferramenta básica para alcançar as situações almejadas pela empresa.

Antes de se definir estrutura organizacional, é necessário conceituar a função *organização*, pois a estrutura organizacional é o instrumento básico para a concretização do processo organizacional nas empresas.

> Organização da empresa é a ordenação e o agrupamento de atividades e recursos, visando ao alcance dos objetivos e resultados estabelecidos.

Para a adequada organização de uma empresa, pode-se considerar o desenvolvimento de alguns aspectos, principalmente os seguintes:

- a estrutura organizacional, apresentada na Parte II deste livro, representando a *organização* (letra "O" da atividade de O&M); e

- as rotinas e os procedimentos administrativos, apresentados na Parte III deste livro, representando os *métodos* (letra "M" da atividade de O&M).

Salienta-se que, além da organização da empresa, o executivo tem três outras funções básicas:

- planejamento da empresa, que representa o estabelecimento de objetivos e resultados esperados, bem como das estratégias e meios mais adequados para se alcançar esse estado futuro desejado;
- direção da empresa, que representa a orientação e/ou coordenação e/ou motivação e/ou liderança das atividades e recursos – humanos, financeiros, tecnológicos, materiais e equipamentos –, visando alcançar os objetivos e resultados esperados; e
- controle da empresa, que representa o acompanhamento e a avaliação dos resultados apresentados em relação aos objetivos e resultados esperados.

Na prática, também deve-se considerar uma quinta função básica nas empresas, representada pela gestão das pessoas, pois essas é que possuem e operacionalizam os conhecimentos necessários para o desenvolvimento das atividades empresariais de forma direcionada aos resultados esperados.

As funções da administração exercidas pelos executivos das empresas são apresentadas, de forma interligada, na Figura 3.1:

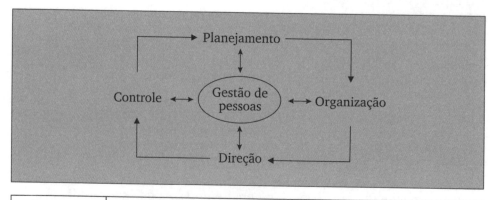

Figura 3.1 | *Funções da administração.*

Na realidade, podem-se considerar as mudanças planejadas na estrutura organizacional como um dos meios mais eficazes para melhorar o desempenho do sistema empresarial.

Quando a estrutura organizacional é estabelecida de forma adequada, ela propicia para a empresa alguns aspectos:

- identificação das tarefas necessárias ao alcance dos objetivos estabelecidos;
- organização das funções e responsabilidades, bem como dos níveis de autoridade;
- informações, recursos e *feedback* aos executivos e funcionários;
- medidas de desempenho compatíveis com os objetivos a serem alcançados; e
- condições motivadoras para a realização das tarefas estabelecidas.

3.2.1 Estrutura formal e estrutura informal

Qualquer empresa possui dois tipos de estrutura: a formal e a informal.

> Estrutura formal, objeto de grande parte de estudo das organizações empresariais, é aquela deliberadamente planejada e formalmente representada, em alguns de seus aspectos, pelo organograma.

A estrutura informal não é planejada e surge, naturalmente, da interação social dos profissionais de uma empresa.

A seguir, são apresentados os aspectos principais da estrutura informal e da estrutura formal.

3.2.1.1 *Estrutura informal*

> Estrutura informal é a rede de relações sociais e pessoais que não é estabelecida ou requerida pela estrutura formal. Surge da interação social das pessoas, o que significa que se desenvolve, espontaneamente, quando as pessoas se reúnem. Portanto, apresenta relações que, usualmente, não aparecem no organograma.

A abordagem na estrutura informal está nas pessoas e em suas relações, enquanto a estrutura formal dá ênfase a posições em termos de autoridades e responsabilidades.

Os executivos gostariam de ter um controle maior sobre a estrutura informal, pois isso tornaria seu trabalho mais simples e envolveria menos preocupação. Do ponto de vista deles, a estrutura informal é um empecilho que, regularmente, oferece resistências às ordens formais, ou as altera, ou ainda as cumpre por um procedimento diferente do desejado.

Independentemente de quão útil ou prejudicial ela é, o executivo logo percebe que a primeira característica da estrutura informal é não poder ser extinta; ou seja, enquanto houver pessoas nas empresas, haverá grupos informais.

Correlacionados às estruturas formal e informal existem tipos específicos de autoridade exercida pelos profissionais das empresas.

Autoridade informal vem daqueles que são objeto de seu controle, enquanto a autoridade formal vem dos *de fora*, que são *os superiores*, antes do que das pessoas que são controladas por ela. Em contraste com o fluxo descendente da autoridade formal, a autoridade informal flui, na maioria das vezes, de forma ascendente ou horizontal. É mais um privilégio do que um direito. É, geralmente, mais instável do que a autoridade formal, pois está sujeita aos sentimentos pessoais. Devido a sua natureza subjetiva, a estrutura informal não está sujeita ao controle da equipe diretiva, como o está a estrutura formal.

Como resultado das diferenças entre as duas formas de autoridade, a estrutura formal pode crescer a um tamanho imenso, mas as estruturas informais, pelo menos as mais consolidadas, tendem a ficar menores, a fim de permanecer dentro dos limites das relações pessoais. Há, entretanto, muitas estruturas informais dentro de uma grande empresa, sendo que elas existem em todos os níveis, sendo que algumas estão inteiramente dentro da empresa, enquanto outras são parcialmente externas à empresa.

Os líderes de grupos informais surgem por várias causas, tais como: idade, antiguidade, competência técnica, localização no trabalho, liberdade de se mover na área de trabalho e uma agradável e comunicativa personalidade. Na realidade, as causas são tão numerosas quanto as situações, porque cada líder surge sob circunstâncias, basicamente, diferentes.

Embora cada pessoa, em uma equipe de trabalho, possa ser líder de alguma pequena estrutura informal, há, geralmente, um líder primário que está acima dos outros. Sua influência é predominante e cada executivo deve saber quem é o líder informal de seus subordinados e trabalhar com essa pessoa, a fim de assegurar que essa liderança esteja acompanhando os objetivos da empresa, em vez de antagonizá-los.

A estrutura informal é um bom lugar para líderes formais se desenvolverem, mas deve-se lembrar que nem sempre um líder informal se constitui no melhor dirigente formal. Alguns líderes informais falham como líderes formais porque temem responsabilidade formal, algo que eles não têm como líderes informais.

Os grupos informais surgem e persistem porque eles satisfazem aos desejos de seus membros. Esses desejos são determinados pelos próprios membros do grupo. Um desejo que parece ser sentido por todos os grupos é a necessidade de perpetuar sua cultura e *maneira de ser*, e isso é uma importante função de toda estrutura informal.

Uma segunda função do grupo informal é a comunicação. A fim de atender aos seus desejos e conservar seus membros informados do que está havendo e que possa afetar a satisfação de suas necessidades e expectativas, o grupo desenvolve sistemas e canais de comunicação.

Uma terceira função é o controle social pelo qual o comportamento dos outros é influenciado e regulado, sendo que esse controle pode ser interno ou externo. O controle interno é dirigido no sentido de fazer os membros do grupo surgirem e atuarem em conformidade com sua cultura, enquanto o controle externo é dirigido para os que estão fora do grupo, tais como o governo, o sindicato ou determinados grupos informais. O executivo deve saber que a pressão do controle externo pode ser bastante forte, tal como quando ocorre uma greve.

Algumas vezes, a estrutura informal é considerada como uma força negativa do grupo de trabalho, mas isso não necessariamente ocorre. Se seus interesses e objetivos estão integrados com os da empresa, então trabalhará pelos objetivos da referida empresa, em vez de contra eles.

A grande responsabilidade do executivo é fazer todo o possível para efetuar essa integração, pois assim os dois grupos se harmonizarão, em vez de se antagonizarem. Isso é administração efetiva e seu resultado global corresponde a uma situação em que a estrutura informal ajuda a completar e melhorar os trabalhos. Portanto, o ideal é haver perfeita interação da estrutura formal com a informal.

O executivo, a fim de manter controle, deve ser cauteloso no sentido de conservar a estrutura informal secundária à estrutura formal. Tem havido argumentos de que, quando a estrutura formal é incompetente, uma dominante estrutura informal é necessária e desejável a fim de manter o grupo trabalhando de maneira adequada. A afirmação "nesta empresa trabalhamos bem, a despeito do chefe" ou "em vez de, por causa dele", é descritiva de situações reais. O executivo, porém, não deve considerar isso normalmente válido, porque a liderança informal não conserva, para sempre, o grupo num curso em direção aos objetivos formais da empresa.

Analisando as principais vantagens da estrutura informal, podem-se relacionar as seguintes:

68 Sistemas, Organização e Métodos • Rebouças

- proporciona maior rapidez no processo decisório;
- reduz distorções existentes na estrutura formal;
- complementa a estrutura formal;
- reduz a carga de comunicação dos chefes; e
- motiva e integra as pessoas da empresa.

As principais desvantagens da estrutura informal são:

- provoca desconhecimento da realidade empresarial pelas chefias;
- dificuldade de controle; e
- possibilidade de atritos entre as pessoas.

De maneira resumida, podem-se considerar alguns fatores que condicionam o aparecimento dos chamados grupos informais:

- os *interesses comuns* que se desenvolvem em certo número de pessoas que, por meio deles, passam a sintonizar-se mais intimamente;
- a interação provocada pela própria estrutura formal;
- os defeitos na estrutura formal;
- a flutuação do pessoal dentro da empresa, a qual provoca, normalmente, a alteração dos grupos sociais informais;
- os períodos de lazer; e
- a disputa pelo poder.

O conhecimento desses fatores facilitadores do surgimento de grupos informais possibilita ao executivo maior controle sobre a situação.

Por outro lado, a estrutura informal será bastante desenvolvida e bem utilizada, quando:

- os objetivos da empresa forem idênticos aos objetivos dos indivíduos; e
- existir habilidade das pessoas em lidar com a estrutura informal.

Pode-se afirmar que o executivo inteligente e esperto é o que sabe *utilizar* a estrutura informal da empresa.

3.2.1.2 Estrutura formal

A estrutura formal é representada pelo organograma da empresa e seus aspectos básicos são os apresentados na seção 3.3, quando da identificação dos componentes, condicionantes, níveis de influência e níveis de abrangência da estrutura organizacional.

Nesse ponto, cabe uma pergunta sobre o que é ideal: a estrutura organizacional deve adaptar-se aos executivos ou os executivos à estrutura? Acredita-se que o ideal é não estar em nenhum extremo, pois somente dessa forma a estrutura organizacional estará ajudando o executivo para a maior qualidade do processo administrativo.

3.2.2 Elaboração da estrutura organizacional

A partir deste momento, consideram-se os aspectos inerentes ao desenvolvimento e à implantação de uma estrutura organizacional.

> Estrutura organizacional é o instrumento administrativo resultante da identificação, análise, ordenação e agrupamento das atividades e dos recursos das empresas, incluindo o estabelecimento dos níveis de alçada e dos processos decisórios, visando o alcance dos objetivos estabelecidos pelos planejamentos das empresas.

Naturalmente, a estrutura organizacional não é estática, o que poderia ser deduzido com base em um estudo simples de sua representação gráfica: o organograma. A estrutura organizacional é bastante dinâmica, principalmente quando são considerados seus aspectos informais provenientes da caracterização das pessoas que fazem parte de seu esquema de funcionamento.

A estrutura organizacional deve ser delineada, considerando as funções de administração – ver Figura 3.1 –, como um instrumento para facilitar o alcance dos objetivos estabelecidos.

De acordo com Ackoff (1974, p. 5), os planejadores que adotam a filosofia da satisfação tentam deixar de lado o problema da estrutura organizacional, porque as propostas de mudança estrutural, geralmente, encontram oposição. Os planejadores otimizantes tendem a evitar considerações sobre a estrutura organizacional, exceto quando ela dificulta a otimização das operações da empresa. O planejador que adota a filosofia da adaptação, entretanto, vê as mudanças na estrutura organizacional como um dos meios mais eficazes de melhorar o desempenho da empresa.

Ainda de acordo com o referido autor, o planejamento organizacional deveria estar voltado para os seguintes objetivos:

a) Identificar as tarefas físicas e mentais que precisam ser desempenhadas.

b) Agrupar as tarefas em funções que possam ser bem desempenhadas e atribuir sua responsabilidade a pessoas ou grupos, isto é, organizar as funções e as responsabilidades.

c) Proporcionar aos executivos e funcionários de todos os níveis hierárquicos da empresa:

- informações e outros recursos necessários para trabalhar de maneira tão eficaz quanto possível, incluindo *feedback* sobre seu desempenho real;
- medidas de desempenho que sejam compatíveis com os objetivos e as metas empresariais; e
- motivação para desempenhar as tarefas tão bem quanto possível.

3.2.2.1 Tipos de estrutura organizacional

Na consideração dos tipos de estrutura organizacional, deve-se lembrar que os diferentes tipos são resultados das formas de departamentalização (funcional, clientes, produtos, territorial, por projetos, matricial etc.).

Salienta-se que os aspectos básicos do estudo da departamentalização nas empresas são apresentados, com detalhes, no Capítulo 4.

3.2.2.2 Metodologia de desenvolvimento, implementação e avaliação da estrutura organizacional

No desenvolvimento de uma estrutura organizacional, devem-se considerar seus componentes, condicionantes, níveis de influência e níveis de abrangência.

Quando de sua implementação e respectivos ajustes, é muito importante o processo participativo de todos os profissionais da empresa, visando a uma maior integração e motivação. E, finalmente, é necessário avaliar a estrutura organizacional implementada, principalmente quanto ao alcance dos objetivos estabelecidos, bem como as influências dos aspectos formais e informais na empresa.

Entre os fatores internos que influenciam a natureza da estrutura organizacional da empresa, contam-se (Drucker, 1962, II, p. 24):

- a natureza dos objetivos estabelecidos para a empresa e para seus executivos e funcionários;
- as atividades operacionais exigidas para alcançar esses objetivos;
- a sequência de passos necessária para proporcionar os produtos ou serviços que os funcionários e clientes desejam ou necessitam;

- as funções administrativas a desempenhar (ver Figura 3.1);
- as limitações da habilidade de cada profissional na empresa, além das limitações tecnológicas;
- as necessidades sociais dos executivos e funcionários da empresa; e
- o tamanho da empresa.

O referido autor também considera os elementos e as mudanças no ambiente externo, que são forças poderosas que dão forma à natureza das relações externas de cada empresa.

Para o estabelecimento de uma estrutura organizacional, porém, considera-se como mais adequada a análise de seus componentes, condicionantes, níveis de influência e níveis de abrangência, conforme apresentado a seguir.

Visando o delineamento da estrutura organizacional, Vasconcellos (1972, p. 145) apresenta seus componentes, condicionantes e níveis de influência, para os quais se podem acrescentar os níveis de abrangência, com as necessárias adequações das quatro partes integrantes citadas. Salienta-se que o detalhamento destes assuntos é apresentado na seção 3.3.

São eles:

A – Componentes da estrutura organizacional

São três os componentes da estrutura organizacional:

- sistema de responsabilidades – resultado da alocação das atividades –, constituído por:
  - departamentalização;
  - linha e assessoria; e
  - descrição das atividades (especialização do trabalho).
- sistema de autoridades – resultado da distribuição do poder –, constituído por:
  - amplitude administrativa ou de controle;
  - níveis hierárquicos;
  - delegação; e
  - centralização ou descentralização.
- sistema de comunicações – resultado da interação entre as unidades organizacionais –, constituído por:
  - o que, por que, como, quando, quanto, de quem e para quem comunicar.

Pode-se considerar mais um sistema componente da estrutura organizacional: o sistema de decisão (o resultado da ação sobre as informações). Esse aspecto está relacionado a Drucker (1962, II, p. 11), que considera três análises para determinar a estrutura organizacional necessária:

- análise das atividades;
- análise das decisões; e
- análise das relações entre as unidades organizacionais.

B – Condicionantes da estrutura organizacional

Os condicionantes são quatro:

- objetivos, estratégias e políticas estabelecidos pela empresa;
- ambiente da empresa, onde estão os fatores externos ou não controláveis;
- evolução tecnológica no ambiente empresarial e a tecnologia aplicada na empresa; e
- recursos humanos, considerando suas habilidades, capacitações e níveis de motivação e de comprometimento para com os resultados da empresa.

C – Níveis de influência da estrutura organizacional

São três, a saber:

- nível estratégico;
- nível tático; e
- nível operacional.

D – Níveis de abrangência da estrutura organizacional

Podem ser considerados três níveis de abrangência quando do desenvolvimento e implementação da estrutura organizacional nas empresas, a saber:

- nível da empresa;
- nível do negócio, sendo que, nesse caso, pode ser que a empresa esteja departamentalizada por UEN – Unidade Estratégica de Negócio (ver seção 4.7); e
- nível da corporação, coordenando algumas UEN's ou empresas.

Essa situação dos componentes, condicionantes, níveis de influência e níveis de abrangência da estrutura organizacional pode ser visualizada na Figura 3.2:

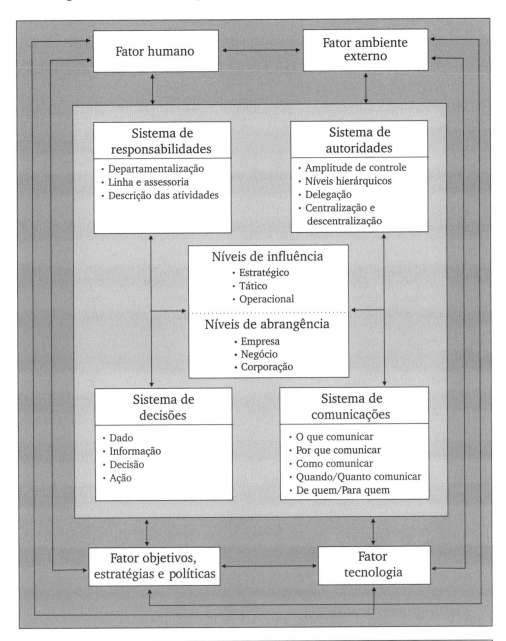

| **Figura 3.2** | *Componentes, condicionantes, níveis de influência e níveis de abrangência da estrutura organizacional.* |

3.3 CONSIDERAÇÕES BÁSICAS SOBRE OS COMPONENTES, CONDICIONANTES, NÍVEIS DE INFLUÊNCIA E NÍVEIS DE ABRANGÊNCIA DA ESTRUTURA ORGANIZACIONAL

A seguir, são apresentados os aspectos básicos sobre os componentes, os condicionantes, os níveis de influência e os níveis de abrangência da estrutura organizacional nas empresas.

Neste capítulo, são abordados apenas os aspectos que não são detalhados nos Capítulos 4 a 8 deste livro.

3.3.1 Componentes da estrutura organizacional

A seguir, são apresentados alguns aspectos básicos de cada um dos quatro componentes da estrutura organizacional.

3.3.1.1 *Sistema de responsabilidades*

> Responsabilidade é a atuação profissional de qualidade nos trabalhos e de busca de resultados, com ou sem a cobrança por parte de terceiros.

Na estrutura organizacional de uma empresa considera-se, prioritariamente, que a responsabilidade está correlacionada à situação de um subordinado assumir determinada obrigação e ter de prestar contas à pessoa que lhe atribuiu a referida responsabilidade. Portanto, neste caso, não se evidencia a moderna abordagem da responsabilidade como simples resultado de uma postura profissional própria e intrínseca a um indivíduo.

A quantidade de responsabilidade pela qual o subordinado tem de prestar contas determina a quantidade de autoridade – ver seção 3.3.1.2 – que deve ser delegada. Outro aspecto é que permanece na responsabilidade a obrigação do indivíduo a quem ela foi atribuída, ou seja, a responsabilidade não se delega.

Os aspectos básicos do sistema de responsabilidades são:

a) Departamentalização:

   Ver detalhamento no Capítulo 4.

b) Linha e assessoria:

   Ver detalhamento no Capítulo 5.

c) Atribuições das unidades organizacionais:

Ver detalhamento no Capítulo 6.

3.3.1.2 Sistema de autoridades

> Autoridade é o direito estabelecido de se designar o que – e, se necessário, como, por quem, quando e por quanto – deve ser realizado em sua área de responsabilidade na empresa.

O aspecto da amplitude da autoridade pode ser entendido por meio da Figura 3.3:

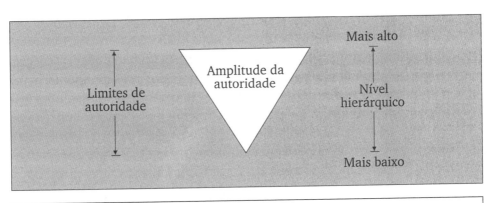

Figura 3.3 | *Amplitude de autoridade.*

Observa-se que, ao se descer do nível hierárquico mais alto para o nível hierárquico mais baixo, a amplitude da autoridade vai diminuindo até chegar ao limite mínimo.

A autoridade formal representa a estabelecida pela estrutura hierárquica da empresa, e pode ser delegada pelo superior hierárquico imediato.

A autoridade informal é uma espécie de "autoridade adquirida" a qual é desenvolvida por meio de relações informais entre as pessoas da empresa, que o fazem voluntariamente e por deferência a sua posição ou *status*.

Na realidade, a autoridade informal serve para modificar a autoridade formal na determinação do quanto essa terá de aceitação por parte dos vários subordinados nos diferentes níveis hierárquicos da empresa.

Blau e Scott (1962, p. 44), após uma revisão de diversas pesquisas, concluíram que o chefe que é leal a seus subordinados tem maiores possibilidades de estabelecer uma autoridade informal eficaz e, consequentemente, maior possibilidade de influenciar seus subordinados.

Fayol (1976, p. 20) distinguiu a autoridade estatutária da autoridade pessoal. Para o referido autor, autoridade estatutária é o direito de comandar e o poder de se fazer obedecer, sendo que a autoridade pessoal se impõe pela inteligência, pelo saber, pelo valor moral, pelo dom de comando, pela experiência. Assim, para termos um bom chefe, é preciso que ele alie à autoridade estatutária, a autoridade pessoal.

Miranda (1968, p. 56) apresentam dois tipos de exercício de autoridade:

- o exercício singular de autoridade é aquele em que o poder de se fazer obedecer e o direito de comandar são exercidos por um só indivíduo; e

- o exercício múltiplo de autoridade ocorre quando o poder de se fazer obedecer e o direito de comandar são exercidos por uma equipe. Nessa hipótese, o poder pertence à equipe, mas a função é dividida entre seus membros.

Nesse último caso, podem-se enquadrar os órgãos de deliberação coletiva, tais como os comitês ou comissões, conforme apresentados na seção 6.3.4.

Devem-se enumerar, também, as teorias básicas sobre a origem da autoridade que foram apresentadas por Koontz e O'Donnell (1973, p. 48):

- teoria formal da autoridade: a origem da autoridade na empresa deve obedecer a uma hierarquia, assim como a empresa se baseia nas instituições – sociais, políticas, econômicas, religiosas – para estabelecer suas normas internas. Essas instituições são mudadas à medida que os costumes, tradições e leis do povo mudam;

- teoria da aceitação da autoridade: a origem da autoridade é a aceitação das ordens, desde que sejam compreendidas e estejam dentro das funções do subordinado. É uma teoria discutível, porque, na prática, o subordinado, pressionado pelo grupo, acabará obedecendo à ordem; e

- teoria da competência: a autoridade pode provir de qualidades pessoais e de competência técnica. Dentro do grupo de subordinados pode existir um que se sobressaia e acabe transformando os outros em subordinados, apesar de não possuir a autoridade devida.

E, finalmente, devem-se considerar os tipos de autoridade, a saber:

- hierárquica; e
- funcional.

A autoridade hierárquica segue as linhas de comando estabelecidas pela estrutura organizacional da empresa. Na Figura 3.4, "A" tem autoridade hierárquica sobre "B" e "C". Por outro lado, "B" tem autoridade hierárquica sobre "D" e "E".

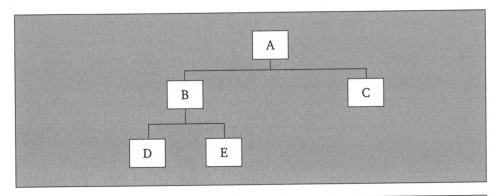

Figura 3.4 | *Autoridade hierárquica.*

A autoridade funcional corresponde à autoridade estabelecida pelas funções básicas exercidas pelas unidades organizacionais. Na Figura 3.5, a Diretoria de Marketing tem autoridade funcional – na função marketing/vendas – sobre o Setor de Vendas da regional norte. E a Diretoria Financeira tem autoridade funcional – na função finanças/caixa – sobre o Setor de Caixa da referida regional.

A autoridade funcional deve ser muito bem estabelecida pela empresa para evitar possíveis problemas de duplicidade de comando. O ideal é a autoridade funcional estar correlacionada apenas ao estabelecimento de políticas administrativas, pois essas têm a função básica de estabelecer as premissas e orientações principais que devem ser respeitadas pelas unidades organizacionais envolvidas e, até, por toda a empresa.

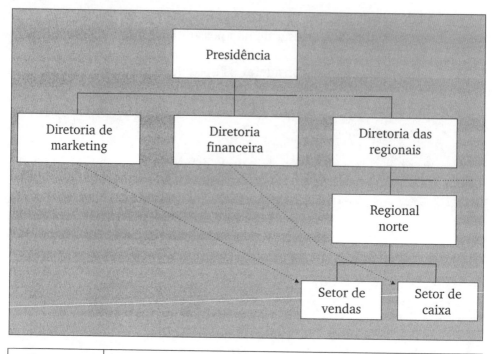

| **Figura 3.5** | *Autoridade funcional.* |

Os aspectos básicos do sistema de autoridades são:

a) Delegação:

Ver detalhamento no Capítulo 7.

b) Centralização e descentralização:

Ver detalhamento também no Capítulo 7.

c) Níveis hierárquicos:

Ver detalhamento no Capítulo 8.

d) Amplitude de controle:

Ver detalhamento também no Capítulo 8.

3.3.1.3 Sistema de comunicações

Deve-se verificar até que ponto a forma estrutural atende às necessidades de comunicação da empresa.

> Comunicação é o processo interativo em que dados, informações, consultas e orientações são transacionados entre pessoas, unidades organizacionais e agentes externos à empresa.

No sistema de comunicações, deve ser considerado:

- o que deve ser comunicado;
- como deve ser comunicado;
- quando deve ser comunicado;
- de quem deve vir a informação;
- para quem deve ir a informação;
- por que deve ser comunicado; e
- quanto deve ser comunicado.

A capacidade para exercer influência em uma empresa depende, em parte, da eficácia de seus processos de comunicação. Por conseguinte, não é surpreendente a constatação de que a sua influência tem uma relação com o desempenho empresarial, comparável à da comunicação (Likert, 1971, p. 71).

Como numa empresa se lida com pessoas, devem-se considerar os aspectos de dramaturgia que levam à situação em que as discrepâncias entre aquilo que se deve esperar das funções e as necessidades técnicas correlacionadas com a conquista dos objetivos e metas são geralmente escondidas ou, pelo menos, dissimuladas com estratagemas, artifícios e conduta *fingida*, que são tão comuns em todas as organizações burocráticas.

Thompson (1967, p. 76) afirma que o fato de aqueles indivíduos que são, tradicionalmente, encarregados de tomar todas as decisões já não possuírem a bagagem de conhecimentos necessários para tomá-las, cria uma boa auréola de aparência fictícia nas atividades das empresas.

E isso leva a uma situação em que a realidade é escondida por meio de *conversa fiada*, que pode provocar a transmissão de informações entre pessoas que não estão à altura de suas funções. Num caso desse, o *ruído* nas comunicações pode alcançar uma situação bastante desagradável. Na transmissão de informações, deve-se considerar a interferência denominada *ruído*, que compreende qualquer coisa que se mova no canal que não sejam os sinais ou mensagens reais desejados pelo emissor da comunicação.

Portanto, nesse momento deve-se verificar até que ponto a forma da estrutura organizacional atende às necessidades de comunicação na empresa.

Para tanto, são apresentados quatro aspectos básicos do sistema de comunicação nas empresas.

São eles:

A – Esquemas de comunicação

De maneira genérica, existem dois tipos diferentes de formação de esquemas de comunicação numa empresa.

São eles:

- o formal, que é conscientemente planejado, facilitado e controlado. Ele segue a corrente de comando numa estrutura hierárquica; e
- o informal, que surge espontaneamente nas empresas, em reação às necessidades de seus membros.

As relações informais não devem ser combatidas; isso, porém, não implica que o formal deva ceder ao informal. Nesse contexto, dois pontos devem ser salientados:

- a oposição ao informal não destruirá a informalidade, sendo que isso servirá, apenas, para forçar o informalismo a uma posição mais afastada do formalismo; e
- por meio do estudo do informal, em que a informalidade existente é eficaz, as lições podem ser aplicadas para fortalecer o formal e julgar, mais eficientemente, o que é e o que não é formal nas empresas.

Na realidade, a comunicação informal pode ser ruim para a empresa, quando, por exemplo, propaga muitos boatos, ou ser boa, quando facilita a ajuda entre seus membros.

Uma boa estratégia para amortizar os efeitos negativos da comunicação informal é cada chefe fazer parte de seu fluxo.

Deve-se considerar que a alta administração da empresa pode aumentar ou diminuir a comunicação informal, com o uso de determinados artifícios, entre os quais são citados:

- alteração do arranjo físico (para detalhes ver Capítulo 12);
- utilização de pequenas salas de reunião ou de café;
- prática de competições esportivas; e
- alteração da estrutura organizacional.

B – Fluxos da comunicação

As comunicações na empresa podem ser realizadas por intermédio dos seguintes fluxos:

- horizontal, realizado entre unidades organizacionais diferentes, mas do mesmo nível hierárquico;
- diagonal ou transversal, realizado entre unidades organizacionais e níveis diferentes; e
- vertical, realizado entre níveis hierárquicos diferentes, mas da mesma área de atuação.

As principais vantagens das comunicações horizontal e diagonal são:

- propiciam maior rapidez no processo de comunicação;
- apresentam menor distorção no processo de comunicação entre as pessoas;
- aproximam pessoas por meio da comunicação direta;
- proporcionam visão mais integrada da empresa, pois cada indivíduo passa a conhecer, de maneira mais adequada, as várias atividades desenvolvidas e quais são os profissionais responsáveis; e
- evitam sobrecarga nas chefias, pois determinados problemas são resolvidos, diretamente, pelas pessoas envolvidas.

As principais desvantagens das comunicações horizontal e diagonal são:

- apresentam informações menos confiáveis;
- podem reduzir a autoridade da chefia;
- podem prejudicar o planejamento, a coordenação e o controle, porque o chefe tem menos informações; e
- podem provocar conflitos e antagonismos.

Em muitas empresas, as comunicações horizontal e diagonal são uma necessidade e não devem ser eliminadas; também não devem ser estimuladas, mas o importante é que sejam administradas.

Um aspecto interessante é o leitor identificar as vantagens e as desvantagens da comunicação vertical, a qual, em várias questões, apresenta-se como o inverso das realidades das comunicações horizontal e diagonal.

C – Custo da comunicação

No estudo das comunicações entre pessoas ou unidades organizacionais, deve-se levar em consideração o aspecto do custo para a empresa, pois a análise da transmissão das informações mostra que essa é muito mais custosa do que se poderia pensar, não tanto devido às despesas de apoio necessárias, mas principalmente em função do tempo que ela absorve e das demoras que acarreta (Litterer, 1970, p. 82).

Lodi (1972, p. 49) analisa esse aspecto, informando que numa empresa há comunicações que utilizam elementos codificados e não codificados. As primeiras referem-se à gráficos, estatísticas, tabelas, ordens de fabricação etc. As segundas referem-se à formulação de políticas, planejamento, organização. Uma estrutura eficaz deve minimizar as comunicações não codificáveis trocadas entre grupos separados.

Outro aspecto a ser analisado é referente à *lei* de N. C. Parkinson: todo o trabalho se dilata de maneira a ocupar todo o tempo disponível. Neste contexto, deve-se lembrar o fato de alguns empresários terem a idolatria da dimensão.

Apresentando de maneira resumida o que Parkinson considerou como causas do aumento de custos na estrutura organizacional, pode-se adaptar o apresentado pelo referido autor, conforme evidenciado a seguir:

- demasiado número de níveis hierárquicos envolvidos na supervisão de atividades correntes a curto prazo;
- demasiado número de estágios na elaboração das decisões;
- existência de grandes serviços funcionais ou de assessoria;
- complexidade da estrutura, responsabilidades diluídas, excesso de comissões de coordenação etc.;
- unidades organizacionais sem objetivos mensuráveis, existência de função vaga e qualitativa, chefias sem capacitação e habilidade administrativa;
- unidades organizacionais sem meios completos e autônomos para alcançar seus objetivos; e
- unidades organizacionais que trabalham abaixo da dimensão necessária.

Um aspecto importante é que, normalmente, se consideram somente as comunicações que levam a ações. Nesse ponto, deve-se verificar que tipo de ação a comunicação está provocando. Portanto, é fundamental a administração da comunicação.

D – Subsistema de procedimentos

Dentro do sistema de comunicações, deve-se considerar também o subsistema de procedimentos, que é o resultado da definição das formas pelas quais as atividades são desenvolvidas (métodos utilizados) e suas inter-relações (sequências, dependências e tramitações).

O detalhamento desse subsistema é apresentado na Parte III deste livro (Capítulos 9 a 12).

De forma irônica, apresenta-se no Quadro 3.1 um comunicado interno que pode evidenciar a importância de adequado sistema de comunicações.

Quadro 3.1	*Comunicados internos sobre o Cometa Halley.*

DE: GERENTE GERAL
PARA: GERENTE DE DIVISÃO

Na sexta-feira, às 17 horas aproximadamente, o Cometa Halley estará visível nesta área. Trata-se de um evento que ocorre somente a cada 76 anos. Assim, por favor, reúna os funcionários no pátio da fábrica, todos usando capacetes de segurança, e explicarei a eles o fenômeno. Se estiver chovendo, não poderemos ver nada. Nesse caso, reúna os funcionários no refeitório e mostrarei a eles um filme sobre o cometa.

DE: GERENTE DE DIVISÃO
PARA: GERENTE DE FÁBRICA

Por ordem do Gerente Geral, na sexta-feira, às 17 horas, o Cometa Halley vai aparecer sobre a fábrica. Se chover, por favor, reúna os funcionários, todos usando capacetes de segurança, e os encaminhe ao refeitório, onde o raro fenômeno terá lugar, o que acontece a cada 76 anos.

DE: GERENTE DE FÁBRICA
PARA: CHEFE DE PESSOAL

Por ordem do Gerente Geral, às 17 horas de sexta-feira, o fenomenal Cometa Halley vai aparecer no refeitório, usando capacete de segurança. Se chover, o Gerente Geral dará outra ordem, o que ocorre uma vez a cada 76 anos.

DE: CHEFE DE PESSOAL
PARA: SUPERVISOR

Na sexta-feira, às 17 horas, o Gerente Geral vai aparecer no refeitório com o Cometa Halley, o que acontece a cada 76 anos. Se chover, o Gerente Geral levará o cometa para o pátio da fábrica, usando capacete de segurança.

DE: SUPERVISOR
PARA: FUNCIONÁRIOS

Na sexta-feira, às 17 horas, quando chover, o fenomenal Bill Halley, usando capacete de segurança e acompanhado pelo Gerente Geral, vai passar pela fábrica com seus cometas.

3.3.1.4 Sistema de decisões

O sistema de decisões sustenta o processo decisório dos executivos, o qual corresponde a uma sistemática estruturada e descritiva de uma futura situação, que pode ser verdadeira ou falsa, em função dos elementos que o tomador da decisão tem acesso e que lhe permitem ter visão factual da situação presente e futura.

Drucker (1962, II, p. 88) considera que deve ser efetuada uma análise das decisões para se estabelecer qual a estrutura organizacional ideal e, para tanto, devem-se considerar os seguintes aspectos:

- que decisões são necessárias para consolidar o desempenho indispensável à realização dos objetivos da empresa;
- de que espécie são essas decisões;
- em que nível da empresa devem ser tomadas;
- quais atividades elas acarretam ou afetam;
- quais executivos devem participar dessas decisões, pelo menos até aqueles que devem ser previamente consultados; e
- quais executivos devem ser informados, depois de tomadas as decisões.

Neste contexto, também deve ser analisado o aspecto dos pontos mais baixos em que deve e pode ser tomada a decisão. De maneira resumida, são apresentadas duas regras correlacionadas ao aspecto mencionado:

- a decisão deve ser sempre tomada no nível mais baixo possível e o mais perto possível da cena de ação; e
- a decisão deve ocorrer sempre em nível que assegure a consideração plena de todos os objetivos e atividades afetados.

Mais informações sobre o sistema de decisões são apresentadas na seção 2.5.

3.3.2 Condicionantes da estrutura organizacional

A seguir, são analisados os vários fatores que condicionam o estabelecimento de uma estrutura organizacional.

3.3.2.1 Fator humano

Todo executivo deve trabalhar com e por meio de pessoas; e essas pessoas realizam os trabalhos que permitem que os objetivos estabelecidos sejam alcançados.

A eficiência de uma estrutura organizacional depende de sua qualidade intrínseca e do valor e da integração das pessoas que nela trabalham. Portanto, no desenvolvimento de uma estrutura organizacional eficiente devem-se levar em consideração o comportamento e os conhecimentos das pessoas que têm de desempenhar as funções que lhes são atribuídas.

De acordo com Simeray (1970, p. 90), o coeficiente humano que pondera a qualidade da estrutura organizacional é resultado dos seguintes fatores:

- o valor das pessoas, podendo ser consideradas a sua ética, a sua postura de atuação, os seus relacionamentos etc.;
- o conhecimento que elas possuem da estrutura organizacional; e
- sua motivação para fazê-la funcionar da melhor forma possível.

A esses fatores podem-se acrescentar a sua capacitação profissional e o conhecimento efetivo de metodologias e técnicas administrativas.

Fayol (1976, p. 27) enumera que são necessárias determinadas qualidades humanas cuja importância aumenta à medida que a pessoa sobe na hierarquia. Ele considera as seguintes capacidades: técnica, de comando, administrativa, de cooperação e de integração.

3.3.2.2 Fator ambiente externo

Quando se considera esse fator, deve-se analisar o processo de relacionamento entre a empresa e seu ambiente externo, onde estão os fatores e variáveis não controláveis pela empresa.

Naturalmente, esse aspecto não está correlacionado apenas a uma estratégia inicial à época do nascimento da empresa, mas também à avaliação sistemática das constantes mudanças no ambiente relevante da empresa e o efeito dessas em sua estrutura organizacional.

Outro aspecto a considerar que enfoca o fator ambiente externo e a estrutura organizacional é o da análise do fluxo de decisões, na qual são identificadas as decisões administrativas necessárias para se dirigir uma empresa e as relações entre elas.

Ackoff (1974, p. 51) apresenta o seguinte roteiro para análise:

- determinar de quais pessoas, fora da empresa, são as necessidades e as expectativas que a empresa tenta atender;
- determinar como essas necessidades ou expectativas são comunicadas à empresa; e
- determinar como a informação necessária é registrada e transmitida a outras pessoas na empresa.

3.3.2.3 Fator objetivos, estratégias e políticas

O fator constituído pelos objetivos, estratégias e políticas tem influência na estrutura organizacional à medida que, quando os objetivos, estratégias e políticas estão bem definidos e claros, é mais fácil organizar, pois se sabe o que esperar de cada membro dos grupos que compõe a empresa.

> Objetivo é o alvo ou situação que se pretende alcançar.

> Estratégia é a definição do caminho mais adequado para se alcançar o objetivo.

> Política é o parâmetro ou orientação para a tomada de decisão.

3.3.2.4 Fator tecnologia

Quando se considera o fator tecnologia, é necessário analisar dois aspectos: a evolução da tecnologia que está ocorrendo no ambiente empresarial e a tecnologia aplicada na empresa.

> Evolução tecnológica é o processo gradativo e acumulativo dos conhecimentos que têm influência direta ou indireta sobre os negócios, produtos e serviços de um conjunto de empresas.

> Tecnologia é o conjunto de conhecimentos que são utilizados para operacionalizar, de forma otimizada, as diversas atividades da empresa.

3.3.3 Níveis de influência da estrutura organizacional

No desenvolvimento de uma estrutura organizacional, há três níveis de influência:

- nível estratégico;
- nível tático; e
- nível operacional.

Esses níveis de influência estão correlacionados aos tipos de planejamento, que podem ser visualizados numa *pirâmide empresarial*, conforme mostrado na Figura 3.6:

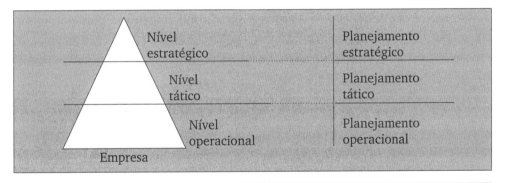

Figura 3.6 | *Tipos de planejamento nas empresas.*

3.3.3.1 *Nível estratégico de influência*

O planejamento estratégico pode ser conceituado como um processo administrativo que possibilita ao executivo estabelecer o rumo a ser seguido pela empresa, visando obter um nível de otimização na relação da empresa com seu ambiente.

Portanto, o nível estratégico de influência considera a estrutura organizacional de toda a empresa e a melhor interação dessa com o ambiente, onde estão os fatores não controláveis pela empresa.

Um exemplo de influência do nível estratégico pode ser a necessidade de criação de uma nova divisão da empresa para melhor adequação de um negócio, produto ou serviço ao seu mercado.

3.3.3.2 Nível tático de influência

O planejamento tático tem por finalidade otimizar determinada área de resultado, e não a empresa inteira.

Portanto, o nível tático de influência considera determinado conjunto de aspectos homogêneos da estrutura organizacional da empresa.

Um exemplo de influência do nível tático pode ser a divisão de uma área industrial em duas áreas – produção e técnica –, para ter melhor administração dos recursos da empresa.

3.3.3.3 Nível operacional de influência

O planejamento operacional pode ser considerado como a formalização, principalmente por meio de processos formais, das metodologias de desenvolvimento e implementação estabelecidas. O planejamento operacional cria condições para a adequada realização dos trabalhos diários da empresa.

Portanto, o nível operacional considera uma parte bem específica da estrutura organizacional da empresa.

Um exemplo de influência do nível operacional pode ser a alteração da estrutura organizacional da área de sistemas com a criação de uma unidade organizacional responsável pelas atividades de organização e métodos.

3.3.4 Níveis de abrangência da estrutura organizacional

Podem ser considerados três níveis de abrangência ou de amplitude quando do desenvolvimento e implementação da estrutura organizacional:

- nível da empresa;
- nível do negócio; e
- nível da corporação.

Esses níveis de abrangência devem respeitar uma premissa para o adequado desenvolvimento e implementação da estrutura organizacional, que é considerar todo o sistema, para não se perder a visão global da abordagem da estrutura organizacional.

Embora se possa considerar apenas uma parte da estrutura organizacional nos estudos e propostas feitos pelos analistas de organização, essa não deve ser considerada como a situação ideal.

3.3.4.1 Nível de abrangência da empresa

Nesse caso, o estudo e a análise da estrutura organizacional estão considerando toda a empresa, tenha ela um ou mais negócios em seu contexto de atuação no mercado.

Qualquer dos aspectos apresentados ao longo deste livro pode ser abordado em nível de empresa.

3.3.4.2 Nível de abrangência do negócio

Nesse caso, a amplitude de análise da estrutura organizacional é realizada em termos dos negócios da empresa, pois esses podem ser considerados como um sistema, assim como foi o caso anterior de uma empresa.

Se o leitor quiser uma abordagem mais ampla, pode considerar os aspectos básicos da UEN – Unidade Estratégica de Negócio – que são apresentados na seção 4.7 e, com mais detalhes, no livro dos mesmos autor e editora, *Holding, administração corporativa e unidade estratégica de negócio*.

3.3.4.3 Nível de abrangência da corporação

Nesse caso, está-se considerando a administração corporativa, a qual congrega mais de um negócio ou unidade estratégica de negócio.

Mais detalhes a respeito desse assunto são encontrados junto com a referência bibliográfica anteriormente mencionada, para o caso da UEN.

3.4 PLANO DE IMPLANTAÇÃO DA ESTRUTURA ORGANIZACIONAL

Pode-se afirmar que um problema de estrutura organizacional acarreta sempre um problema humano: o de preenchimento dos cargos, o qual deve ser resolvido, primeiramente, sob seu aspecto teórico; e depois, abstraindo-se das características pessoais, procura-se enquadrar as qualidades e aptidões das pessoas às responsabilidades e às autoridades de cada cargo.

Cada profissional da empresa tem a responsabilidade de zelar por sua unidade organizacional, procurando atualizá-la, a fim de que corresponda, em qualquer ocasião, aos objetivos fixados; e a empresa pode auxiliar nesse processo com o adequado uso do Manual de Organização.

O Manual de Organização procura eliminar duplicidade de esforços, funções desnecessárias e atritos, possibilita melhor coordenação entre as diferentes atividades, atende à especialização, contribuindo para diminuir os erros e colocando os atos de decisão mais próximos dos problemas. Detalhes sobre esses aspectos são apresentados na seção 13.4.1.

Com referência ao plano de implantação da estrutura organizacional, devem-se considerar três aspectos básicos:

- a mudança que está ocorrendo na estrutura organizacional;
- o processo de implementação; e
- as resistências que podem ocorrer.

A – Mudança na estrutura organizacional

Alguns dos aspectos que devem ser considerados no processo de mudança na estrutura organizacional são:

- ter ciência de que a estrutura organizacional mais adequada depende da atual;
- atentar para a necessidade de se antecipar a forças restritivas e propulsoras que podem ter influência no processo organizacional da empresa;
- a importância dos profissionais que trabalham na empresa;
- a qualidade técnica da nova estrutura organizacional é insuficiente para o sucesso da mudança;
- a importância do planejamento da mudança, para evitar ou minimizar possíveis problemas maiores em sua efetivação (ver Capítulo 15);
- antes de mudar a estrutura organizacional, verificar se não há uma situação alternativa mais adequada;
- ter sempre em mente a importância do processo participativo, embora essa importância seja relativa, pois durante uma reunião participativa para discutir uma mudança, as forças podem estar contra suas ideias básicas e, pior ainda, sem apresentar justificativas sustentadas para tal rejeição; e
- antes de efetivar a mudança, identificar e analisar o problema, bem como o que será mudado e quais as variáveis a serem consideradas.

B – Processo de implementação

Apesar da possível existência de integração dos funcionários envolvidos no processo de implementação com os técnicos responsáveis pelos trabalhos, sugere-se reforçar os aspectos inerentes aos modernos princípios de participação e desenvolver a implementação efetiva da seguinte forma:

- análise e aprovação pela diretoria da empresa (aspectos conceituais);
- análise e aprovação pelos responsáveis das várias unidades organizacionais (aspectos conceituais e, principalmente, descritivos);
- implementação efetiva com forte treinamento; e
- acompanhamento e avaliação do processo.

Os possíveis acertos devem ser realizados nas fases intermediárias.

C – Resistências que podem ocorrer

Antes de analisar, com mais detalhes, os vários aspectos inerentes às resistências que podem ocorrer, deve-se lembrar que o rendimento de uma estrutura organizacional depende de quatro fatores (Simeray, 1970, p. 84):

- qualidade intrínseca da estrutura organizacional;
- conhecimento que os profissionais da empresa possuem sobre ela;
- capacitação dos profissionais aos trabalhos a serem executados; e
- motivação dos profissionais da empresa.

Para reforçar os dois últimos aspectos, devem-se:

- elaborar a estrutura organizacional em cooperação com seus principais responsáveis; e
- antes da promulgação da nova estrutura organizacional, submeter o texto à apreciação dos grupos de responsáveis de mesmo nível hierárquico.

Com referência ao estudo das resistências que podem ocorrer na implantação da estrutura organizacional, mais detalhes podem ser analisados no Capítulo 15.

3.5 AVALIAÇÃO DA ESTRUTURA ORGANIZACIONAL

É um procedimento pelo qual se verifica o que a estrutura organizacional tem de bom e de ruim. Para tanto, devem-se fazer (Vasconcellos, 1972, p. 64):

- levantamento e análise da estrutura atual;
- estabelecimento de alternativas da estrutura organizacional para a empresa; e
- delineamento da estrutura ideal.

O analista de sistemas, organização e métodos deve comparar esses dois momentos – atual e futuro – e obter a avaliação da estrutura organizacional.

Pode-se reforçar a avaliação verificando-se o desempenho da empresa em termos de:

- resultados apresentados;
- problemas evidenciados; e
- nível de satisfação dos executivos e funcionários da empresa para com a estrutura organizacional.

Como resultado dessa avaliação, a empresa pode estar:

- bem, devido a:
    - problemas de estrutura organizacional; e
    - outros aspectos;
- ruim, devido a:
    - problemas de estrutura organizacional; e
    - outros aspectos.

Com base na separação dos problemas de estrutura organizacional dos outros aspectos, a avaliação pode ficar simplificada.

3.5.1 Etapas da avaliação da estrutura organizacional

Para a completa avaliação da estrutura organizacional, podem-se desenvolver as seguintes etapas:

A – Levantamento

Nessa etapa, os aspectos básicos são:

- identificação dos problemas evidenciados pelos usuários; e
- entrevista com os profissionais-chaves da empresa, com ou sem uso de questionário. Pode-se considerar, como ideal, a utilização de um

roteiro estruturado de entrevistas. Mais informações a respeito de técnicas de levantamento são apresentadas na seção 9.2.3.1.

B – Análise

Nessa etapa, o analista de sistemas, organização e métodos deve efetuar:

- análise dos dados levantados anteriormente;
- interligação dos dados levantados, verificando sua veracidade e considerando os vários subsistemas da empresa;
- estabelecimento dos padrões e critérios de avaliação; e
- identificação do efeito de cada um dos dados levantados na situação atual da estrutura organizacional da empresa.

C – Avaliação

Nessa etapa, os aspectos básicos são:

- estabelecimento da situação dos quatro componentes da estrutura organizacional da empresa (responsabilidades, autoridades, comunicações e decisões);
- verificação do envolvimento de cada um dos quatro condicionantes sobre a estrutura organizacional (fator humano, tecnologias, ambiente e objetivos/estratégias/políticas);
- verificação da influência de cada nível da empresa – estratégico, tático e operacional – para com o delineamento da estrutura organizacional; e
- verificação do nível de abrangência da abordagem da estrutura organizacional, quer em nível de empresa, quer em nível de negócio, quer em nível de corporação.

Mais informações a respeito dos aspectos básicos da avaliação da estrutura organizacional são apresentadas no Capítulo 14.

3.5.2 Políticas para avaliação da estrutura organizacional

Para uma adequada avaliação da estrutura organizacional, é necessário que se estabeleça, anteriormente, um conjunto de políticas que devem servir de sustentação para todo o processo decisório.

Alguns exemplos de políticas inerentes à estrutura organizacional, que uma empresa qualquer pode julgar válido adotar são:

- ter estrutura organizacional adequada aos mercados existentes;
- ter estrutura organizacional adequada às novas tecnologias;
- ter estrutura organizacional descentralizada no processo decisório e centralizada no sistema de controle;
- ter estrutura organizacional voltada para resultados; e
- ter estrutura organizacional racionalizada, com operacionalização descentralizada dos sistemas administrativos.

Verifica-se que essas políticas podem proporcionar orientação para um adequado sistema de avaliação da estrutura organizacional.

RESUMO

Neste capítulo, foram apresentados os aspectos básicos do delineamento, implementação e avaliação da estrutura organizacional nas empresas, considerando seus componentes, condicionantes, níveis de influência e níveis de abrangência.

O analista de sistemas, organização e métodos deve ter consciência de que a estrutura organizacional é básica para o desenvolvimento de todos os seus outros trabalhos.

Os aspectos básicos da estrutura organizacional estão apresentados, de forma detalhada, nos Capítulos 4 a 8.

QUESTÕES PARA DEBATE

1. Pesquisar outras metodologias de desenvolvimento e implementação da estrutura organizacional nas empresas, bem como identificar e analisar os pontos comuns e divergentes com a metodologia apresentada neste capítulo.
2. Com base na questão anterior, identificar e analisar as vantagens e as desvantagens de cada metodologia.
3. Aprofundar a questão da metodologia de desenvolvimento e implementação da estrutura organizacional e delinear uma metodologia que melhor se adapte à empresa ou faculdade onde você atua.

CASO: ANÁLISE DA ESTRUTURA ORGANIZACIONAL DA PORTPHOLIO – INDÚSTRIA E COMÉRCIO S.A.

A Portpholio – Indústria e Comércio S.A. é uma sociedade anônima de capital fechado pertencente a duas famílias, cujos patriarcas fundaram a empresa em 1943.

Atualmente, a empresa está na terceira geração quando se considera sua administração e, embora os conflitos não sejam fortes, alguns membros das duas famílias começam a considerar a hipótese de repensar a estrutura organizacional, bem como uma possível profissionalização da alta administração.

A Portpholio atua nos segmentos de fiação, tecelagem, malharia e confecção, com um faturamento médio anual de R$ 700 milhões e com os resultados apresentados a seguir:

Segmento	Faturamento (R$ milhões)	Margem (%)	Participação de mercado (%)
Fiação	140	10	10
Tecelagem	180	11	7
Malharia	150	12	9
Confecção	230	15	8

Neste momento, é solicitado um primeiro serviço que você deve efetuar como consultor da Portpholio: fazer um levantamento e identificar cinco funções para cada uma das unidades organizacionais apresentadas no organograma da empresa, sendo uma de planejamento, uma de organização, uma de direção, uma de administração de recursos humanos e uma de controle e avaliação.

Atualmente, uma família está com os cargos de Presidente do Conselho de Administração, Assessor Jurídico, Assessor de Recursos Humanos e Diretor Industrial.

A outra família está com os cargos de Presidente Executivo, Diretor Comercial e Diretor Financeiro.

O organograma geral resumido da Portpholio é apresentado a seguir:

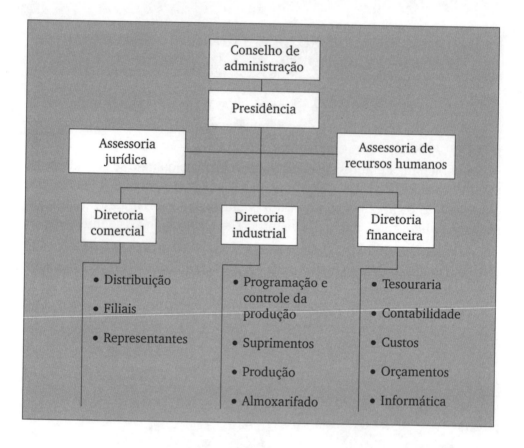

O segundo serviço solicitado a você é uma análise da estrutura organizacional com a correspondente proposta de uma possível nova estrutura, tendo em vista os objetivos de aumentar o faturamento de cada um dos negócios, bem como a participação de mercado.

No momento atual, as margens proporcionadas pelos quatro segmentos de atuação da Portpholio podem ser consideradas adequadas para a realidade do setor têxtil, bem como para a realidade brasileira.

Entretanto, existe outro objetivo a ser alcançado, que é a efetiva atuação no mercado internacional, principalmente no Mercosul, sendo que atualmente essa participação é insignificante.

O terceiro serviço solicitado é uma análise comentada de todos os componentes, condicionantes, níveis de influência e níveis de abrangência perante a realidade da atual estrutura organizacional.

O quarto serviço solicitado é uma análise comentada de todos os componentes, condicionantes, níveis de influência e níveis de abrangência perante a nova estrutura organizacional que você está propondo para a Portpholio.

Sua contratação, como consultor da Portpholio, depende da qualidade das análises e das proposições que você apresentar para os quatro serviços solicitados.

Se você julgar necessário, pode acrescentar informações e situações para o caso apresentado, desde que não altere os diversos aspectos evidenciados ao longo do texto.

4
Departamentalização

"Uma meia verdade aprendida por nós próprios vale mais do que a plena verdade ouvida de outros."
Sarvepalli Radhakrishnan

4.1 INTRODUÇÃO

Neste capítulo, são apresentados os aspectos básicos da departamentalização das empresas.

A departamentalização pode ser considerada, entre todos os componentes e subcomponentes de estrutura organizacional, como o mais conhecido pelos executivos e funcionários das empresas, embora ainda ocorram sérios desconhecimentos quanto à sua melhor aplicação.

> Departamentalização é o agrupamento, de acordo com um critério específico de homogeneidade, das atividades e correspondentes recursos – humanos, financeiros, tecnológicos, materiais e equipamentos – em unidades organizacionais.

A estrutura organizacional é representada graficamente pelo organograma, que, entretanto, não apresenta todos os aspectos da estrutura organizacional.

> Organograma é a representação gráfica de determinados aspectos da estrutura organizacional.

Neste livro não existe a preocupação em apresentar detalhes de algumas situações que são simples termos variantes do termo *organograma*, mas que, no fundo, querem representar a mesma coisa, pois não se pode esquecer que o organograma é um assunto parte integrante da departamentalização, e essa é parte integrante da estrutura organizacional.

Como exemplo, podem-se citar duas situações:

a) Funcionograma, que se apresenta como uma variação do organograma, contendo informações das unidades organizacionais ou áreas da empresa, permitindo um conhecimento mais detalhado da empresa, sendo útil para verificar:
- se existem na empresa duas ou mais áreas com as mesmas responsabilidades;
- se estão faltando responsabilidades a serem alocadas nas unidades organizacionais ou áreas da empresa;

102 Sistemas, Organização e Métodos • Rebouças

- se existem responsabilidades que não estão sendo praticadas e operacionalizadas na empresa; e
- se existe algum nível de desequilíbrio de responsabilidades e de autoridades entre as unidades organizacionais, considerando-se o mesmo nível hierárquico na empresa.

Mas o leitor vai verificar que a estrutura organizacional, que é a parte maior da análise, possibilita a realização de todos esses serviços – e muito mais –, principalmente quando interligada com o estudo dos métodos administrativos (Parte III do livro).

b) Lotaciograma, que é um gráfico que aloca os executivos e demais profissionais pelas diversas áreas ou unidades organizacionais da empresa. Inclusive, o lotaciograma apresenta alguns aspectos "interessantes":
- no mínimo, metade dos profissionais de uma área devem ter qualificação diretamente correlacionada com a atividade específica da área. Pergunta-se: por que não 90%?;
- em muitos casos é interessante agrupar os profissionais de mesma qualificação em uma única área, ganhando-se, com isso, desenvolvimento e especialização profissionais, e minimizando a ociosidade. Essa questão, a departamentalização funcional – a mais utilizada pelas empresas –, com mais vantagens e desvantagens é peça fundamental na análise da estrutura organizacional das empresas (ver seção 4.2.2); e
- podem ocorrer erros no dimensionamento de profissionais nas diversas áreas de uma empresa. Essa é uma situação real e a técnica do estudo e distribuição dos trabalhos – ver seção 6.5 – é, para essa questão específica, a mais utilizada pelas empresas.

Logicamente, os comentários finais do autor são os mesmos quanto ao funcionograma.

É importante informar ao leitor que este procedimento de evitar os "modismos" da administração, bem como de apresentar, de forma estruturada, direta e fácil todos os conceitos, metodologias e técnicas que o analista de sistemas, organização e métodos deve conhecer e aplicar, é que norteou o desenvolvimento dos 16 capítulos deste livro.

No fim deste capítulo, o leitor estará em condições de responder a algumas perguntas, tais como:

Quais os tipos de departamentalização que uma empresa pode utilizar?

Quais as vantagens de cada tipo de departamentalização?

Quais as precauções a serem evidenciadas pelo analista de sistemas, organização e métodos no uso de cada tipo de departamentalização?

4.2 TIPOS DE DEPARTAMENTALIZAÇÃO

Existem algumas formas de a empresa departamentalizar suas atividades, sendo as básicas:

- departamentalização por quantidade;
- departamentalização por turno;
- departamentalização funcional;
- departamentalização territorial ou por localização geográfica;
- departamentalização por produtos ou serviços;
- departamentalização por clientes;
- departamentalização por processos;
- departamentalização por projetos;
- departamentalização matricial; e
- departamentalização mista.

A departamentalização por unidades estratégicas de negócios, a qual representa a principal estrutura para resultados, é apresentada na seção 4.7.

Na seção 4.8, são apresentadas duas modernas formas de estruturar as empresas representadas pela governança corporativa e pela rede de integração entre empresas.

A seguir, são apresentados os aspectos principais – características, vantagens e desvantagens – de cada um dos tipos básicos de departamentalização das atividades de empresa.

4.2.1 Departamentalização por quantidade

Para uma empresa trabalhar com esse tipo de departamentalização, deve agrupar certo número de pessoas não diferenciáveis que, a partir dessa situação, têm a obrigação de executar tarefas sob as ordens de um superior.

Sua aplicação – que é rara – tem ocorrido quando existem atividades em processos estruturados passíveis de serem alocados sob a responsabilidade de equipes igualmente quantificadas, bem como no caso – inadequado – em que se procura ter um melhor equilíbrio entre os diferentes níveis de poder na empresa.

Sua utilidade tem diminuído, principalmente devido aos seguintes aspectos:

- o desenvolvimento dos níveis de capacitação e de habilidade dos profissionais das empresas;
- os trabalhos de equipes especializadas são mais eficientes do que os baseados em número de pessoas; e
- não serve para os níveis intermediários e mais elevados da empresa. E, mesmo para os níveis mais baixos da hierarquia empresarial, sua validade restringe-se a determinados setores do processo produtivo.

Um exemplo de departamentalização por quantidade é apresentado na Figura 4.1, onde se verifica que cada gerente coordena três supervisores.

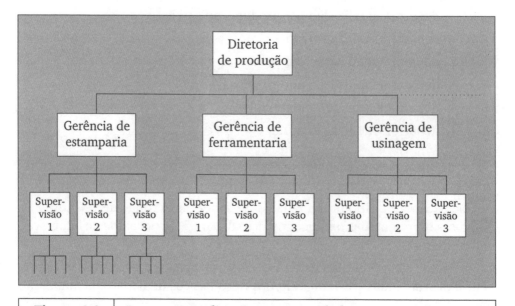

Figura 4.1 | *Departamentalização por quantidade.*

Uma variante da departamentalização por quantidade é a departamentalização por turno, em que um conjunto de atividades similares são alocadas em diferentes unidades organizacionais, tendo em vista o turno em que essas atividades similares são realizadas.

No exemplo da Figura 4.1, pode-se considerar como departamentalização por turno se as três unidades de supervisão subordinadas a cada uma das três gerências atuarem em três turnos de trabalho diferentes.

A departamentalização por turno pode apresentar vantagens nos casos de:

- trabalhos similares, repetidos e contínuos;
- existência de demanda elevada dos recursos – principalmente máquinas e equipamentos – disponíveis;
- existência de processos produtivos simples e padronizados e, portanto, não exigem elevada supervisão e orientação; e
- não se quer pagar horas extras.

4.2.2 Departamentalização funcional

Nesse caso, as atividades são agrupadas de acordo com as funções da empresa, podendo ser considerado o critério de departamentalização mais usado pelas empresas.

Para melhor conceituação, apresenta-se a Figura 4.2:

| Figura 4.2 | *Departamentalização funcional.* |

Na Figura 4.2, a departamentalização funcional apresentada considerou as quatro áreas funcionais clássicas das empresas.

Entretanto, esse tipo de departamentalização também pode ser feito considerando as funções da administração; e, nesse caso, a empresa pode ficar com as seguintes unidades organizacionais:

106 Sistemas, Organização e Métodos • Rebouças

- gerência de planejamento;
- gerência de organização; e
- gerência de controle.

Na prática, essa departamentalização por funções da administração não deve ser considerada adequada, pois as referidas funções devem ser alocadas em todas as unidades organizacionais da empresa.

A empresa também pode ser departamentalizada por área de conhecimento, ficando a empresa, por exemplo, com as seguintes unidades organizacionais funcionais:

- gerência de hidráulica;
- gerência de elétrica;
- gerência de eletrônica; e
- gerência de mecânica.

Desde que a empresa esteja numa situação de padrão de desempenho adequado, a departamentalização funcional é um tipo bastante racional e interessante para ela.

Entretanto, podem surgir atritos provenientes de formação de *igrejinhas*, *impérios* ou *feudos*, problemas de comunicação e de entendimento, bem como excesso de burocracia na execução das atividades. Para resolver esses problemas, a alta administração deve fazer uso de instrumentos adequados, e não dos que estiverem *mais à mão*. Se, por exemplo, utilizar os comitês ou comissões – ver seção 6.3.4 – para resolver esses problemas, e seu estabelecimento e implementação forem inadequadamente estabelecidos, poderá ampliar a gama de problemas, em vez de resolvê-los.

Algumas das vantagens da departamentalização funcional, são:

- especialização do trabalho, sendo que esse aspecto é vantagem quando se consideram a estabilidade e as definições claras e precisas das tarefas. Talvez essa vantagem seja uma das mais importantes para as empresas;
- maior estabilidade, sendo que essa situação está correlacionada, em termos relativos, a outros tipos de departamentalização, tais como a por projetos e a matricial;
- maior segurança, baseada tanto na execução das tarefas, como no relacionamento de colegas, pois cada funcionário tem maior facilidade de saber sobre sua área de atuação;

- maior concentração e uso de recursos especializados, pois esses ficam alocados em unidades organizacionais específicas. Por exemplo, a área de finanças terá todos os profissionais de tesouraria, contabilidade, custos, orçamentos e outros assuntos financeiros;
- influências positivas sobre a satisfação dos profissionais da empresa, pela proximidade com elementos de mesma especialidade, pela estabilidade da equipe e por ter um chefe da mesma área técnica (Vasconcellos, 1980, p. 3);
- permite economia pela utilização máxima de máquinas e do processo de produção em massa;
- orienta pessoas para uma atividade específica, concentrando sua competência de maneira eficaz;
- indicada para circunstâncias estáveis e de pouca mudança que requeiram desempenho continuado de tarefas rotineiras; e
- aconselhada para empresas que tenham poucas linhas de produtos ou serviços, os quais permaneçam inalterados por longo tempo.

Algumas das desvantagens da departamentalização funcional, são:

- especialização do trabalho, sendo que esse aspecto aparece como desvantagem quando cada chefe funcional estabelece que sua função é a mais importante da empresa. Esse aspecto leva à situação de possível *isolamento* da área funcional considerada dentro do sistema *empresa*;
- insegurança das pessoas, aspecto este correlacionado à situação da empresa com grande crescimento e consequente aumento de complexidade, provocando a transformação do que antes era uma vantagem em uma grande desvantagem;
- a responsabilidade pelo desempenho total está somente na alta administração, já que cada executivo fiscaliza apenas uma função específica;
- a comunicação é geralmente deficiente, isso porque as decisões são, normalmente, centralizadas nos níveis mais elevados da empresa. Essa situação, desde que não seja muito bem estruturada, definida e estabelecida, pode provocar vários problemas para a empresa;
- baixa adaptabilidade, correlacionada ao possível estabelecimento de *feudos* de especialização dentro da empresa;
- visão parcial da empresa, pois, de maneira genérica, apenas os profissionais alocados nos níveis mais elevados de empresa têm uma visão do conjunto. Esse aspecto pode provocar problemas de compreensão e de operacionalização das decisões superiores;

- resistência ao ambiente proinovação, pois esse critério de departamentalização tem alta estabilidade e baixa adaptabilidade. Portanto, algumas ideias novas podem ser destruídas no início, em vez de serem discutidas e analisadas; e
- baixo cumprimento de prazos e orçamentos, pois esse tipo de departamentalização não cria condições para uma perfeita interligação das várias atividades da empresa.

Em resumo, essas são algumas das vantagens e desvantagens da departamentalização funcional. Portanto, esse tipo de departamentalização pode ser utilizado em empresas ou áreas das empresas cujas atividades sejam:

- bastante repetitivas; e
- altamente especializadas.

Nesse ponto, apresentam-se algumas condições para utilização que maximizam as vantagens e minimizam as desvantagens da estrutura funcional (Vasconcellos, 1980, p. 4):

- inexistência de atividades multidisciplinares, ou, se existem, o nível de integração necessário é muito baixo;
- tecnologia complexa e competitiva cuja fixação de capacitação técnica é ponto forte;
- qualidade técnica é exigência fundamental para o desempenho das atividades na empresa; e
- economia na utilização de recursos humanos é fundamental.

4.2.3 Departamentalização territorial ou por localização geográfica

Geralmente, este tipo de departamentalização é usado em empresas territorialmente dispersas. Baseia-se no princípio de que todas as atividades que se realizam em determinado território ou região devem ser agrupadas e colocadas sob as ordens de um executivo.

Um exemplo desse tipo de departamentalização aparece na Figura 4.3:

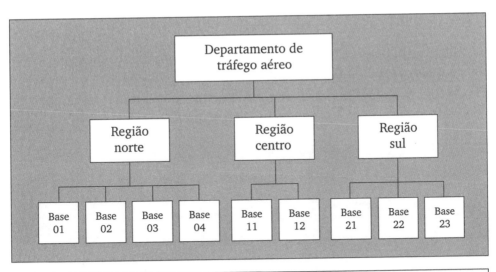

Figura 4.3 | *Departamentalização territorial ou por localização geográfica.*

Normalmente, seu uso prende-se aos seguintes aspectos:

- obter as vantagens econômicas de determinadas operações locais;
- possibilidade de melhor treinamento e capacitação dos profissionais das empresas, pela atuação direta no território considerado;
- possibilidade de ações mais adequadas e rápidas em determinada região; e
- maior facilidade de conhecer os fatores de influência e os problemas locais por ocasião da decisão.

As desvantagens básicas da departamentalização territorial prendem-se a:

- duplicação de instalações e de pessoal, se não houver um planejamento muito efetivo;
- pode deixar em segundo plano a coordenação, tanto nos aspectos de planejamento, execução ou controle da empresa, como nos aspectos de métodos, em face do grau de liberdade e autonomia colocado nas regiões ou filiais; e
- a preocupação estritamente territorial concentra-se mais nos aspectos mercadológicos e de produção, e quase não requer especialização. As outras áreas da empresa tornam-se, geralmente, secundárias.

4.2.4 Departamentalização por produtos ou serviços

Nesse caso, o agrupamento é feito de acordo com as atividades inerentes a cada um dos produtos ou serviços da empresa.

Na Figura 4.4 apresenta-se uma parte do organograma representativo da departamentalização por produtos de uma empresa.

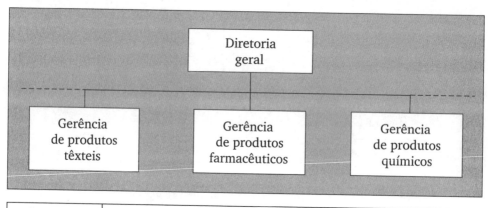

Figura 4.4 | *Departamentalização por produtos ou serviços.*

As principais vantagens desse tipo de departamentalização, são:

- facilita a coordenação dos resultados esperados de cada grupo de produtos ou serviços, pois cada um desses grupos funciona como uma unidade de resultados;
- propicia a alocação de capital especializado para cada um dos grupos de produtos ou serviços;
- facilita a utilização máxima da capacitação dos recursos, inclusive os humanos, por meio de seu conhecimento especializado;
- fixa a responsabilidade dos departamentos para um produto, ou linha de produtos, ou serviços. O departamento é orientado para todos os aspectos básicos de seu produto ou serviço, como comercialização, desenvolvimento etc., embora a plena abordagem hierárquica só ocorra nas unidades estratégicas de negócio (ver seção 4.7);
- propicia maior facilidade para a coordenação interdepartamental, uma vez que a preocupação básica é o produto ou serviço, e as diversas atividades departamentais tornam-se secundárias e precisam sujeitar--se ao objetivo principal, que é o produto ou serviço;

- permite maior flexibilidade, pois as unidades de produção, por exemplo, podem ser maiores ou menores, conforme as condições mudem, sem interferir na estrutura organizacional;
- o enfoque da empresa é, predominantemente, sobre os produtos e serviços, e não sobre sua estrutura organizacional inteira. Portanto, esse tipo de departamentalização apresenta maiores versatilidade e flexibilidade; e
- propicia condições favoráveis para a inovação e a criatividade, já que essas requerem cooperação e comunicação de vários grupos contribuintes para os produtos ou serviços de cada empresa.

As principais desvantagens da departamentalização por produtos ou serviços, são:

- pode ser de coordenação mais difícil, quando do estabelecimento das políticas gerais da empresa;
- pode propiciar o aumento dos custos pelas duplicidades de atividades nos vários grupos de produtos ou serviços;
- pode criar uma situação em que os gerentes de produtos ou serviços se tornam muito poderosos, o que pode desestabilizar a estrutura da empresa; e
- pode provocar problemas humanos de temores e ansiedades quando em situação de instabilidade externa, pois os empregados tendem a ser mais inseguros com relação a alguma possibilidade de desemprego ou retardamento em sua carreira profissional.

Entretanto, não se deve confundir a departamentalização por produtos ou serviços com a departamentalização por unidades estratégicas de negócios – ver seção 4.7 –, pois essa última tem amplitude de responsabilidade muito maior para o executivo coordenador.

4.2.5 Departamentalização por clientes

Nesse caso, as atividades são agrupadas de acordo com as necessidades variadas e especiais dos clientes ou fregueses da empresa.

Na Figura 4.5, é apresentado um organograma representativo desse tipo de departamentalização (clientes femininos, clientes infantis e clientes masculinos).

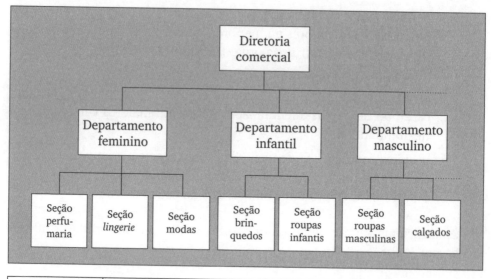

| **Figura 4.5** | *Departamentalização por clientes.* |

As principais vantagens desse tipo de departamentalização, são:

- propiciar, para a empresa, situação favorável para tirar proveito das condições de grupos de clientes bem definidos; e
- assegurar reconhecimento e atendimento contínuo e rápido aos diferentes tipos e classes de clientes.

As principais desvantagens da departamentalização por clientes, são:

- podem existir dificuldades de coordenação entre esse tipo de departamentalização e outros tipos, devido aos gerentes dos departamentos por clientes exigirem, em boa parte das vezes, um tratamento especial; e
- provocar a utilização inadequada de recursos humanos e de equipamentos, em termos de grupos de clientes.

4.2.6 Departamentalização por processos

Nesse caso, as atividades são agrupadas de acordo com as etapas de um processo. Portanto, considera a maneira pela qual são executados os trabalhos ou processos para a consecução de uma meta ou objetivo específico. É, basicamente, empregado nos estabelecimentos industriais, de modo especial nos níveis hierárquicos mais baixos da empresa.

> Processo é o conjunto estruturado de atividades sequenciais que apresentam relação lógica entre si, com a finalidade de atender às necessidades dos clientes internos e externos da empresa.

Na Figura 4.6, é apresentado um organograma representativo da departamentalização por processos.

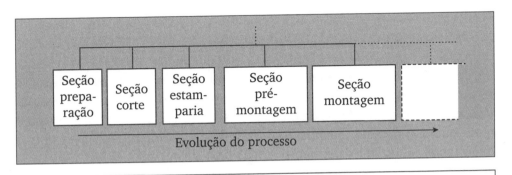

Figura 4.6 | *Departamentalização por processos.*

As principais vantagens desse tipo de departamentalização, são:

- maior especialização dos recursos alocados;
- possibilidade de comunicações mais rápidas de informações técnicas; e
- melhor coordenação e avaliação de cada parte ou etapa do processo.

Normalmente, as empresas que utilizam esse tipo de departamentalização procuram agrupar em unidades organizacionais – centros de custos e de resultados – os recursos necessários a cada etapa de um processo produtivo, resultando em melhor coordenação e avaliação de cada uma de suas partes, bem como do processo total.

Por outro lado, as principais desvantagens da departamentalização por processo são:

- possibilidade de perda da visão global do andamento do processo; e
- flexibilidade restrita para ajustes no processo.

Atualmente, a administração de processos está consolidando esse tipo de departamentalização em âmbito global da empresa, e não apenas nos processos industriais dos níveis hierárquicos mais baixos da empresa.

Nesse caso, os processos *fluem* entre as diversas unidades organizacionais da empresa, tornando, em muitos casos, a interligação sequencial e lógica das atividades dos diversos processos mais importantes do que as unidades organizacionais estabelecidas pelo organograma.

Entretanto, as empresas precisam estar bem *maduras* e capacitadas para trabalhar com essa forma organizacional. Mais detalhes a respeito desse assunto podem ser verificados no livro *Administração de processos:* conceitos, metodologia e práticas, dos mesmos autor e editora.

4.2.7 Departamentalização por projetos

No arranjo de departamentalização por projetos, as atividades e as pessoas recebem atribuições temporárias. O gerente de projeto é responsável pela realização de todo o projeto ou de uma parte dele. Terminada a tarefa, o pessoal que, temporariamente, havia sido destinado a ela é designado para outros departamentos ou outros projetos.

A departamentalização por projetos baseia-se na definição de projeto.

> Projeto é um trabalho, com datas de início e término, com resultado final previamente estabelecido, em que são alocados e administrados os recursos, tudo isso sob a responsabilidade de um coordenador.

Na Figura 4.7, é apresentado um organograma representativo de uma departamentalização por projetos em uma parte da empresa.

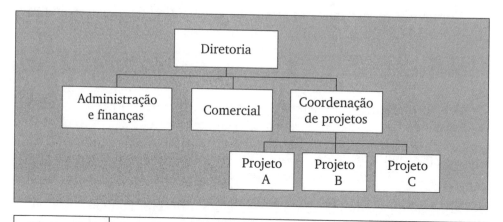

Figura 4.7 | *Departamentalização por projetos.*

Departamentalização **115**

As principais vantagens desse tipo de departamentalização, são:

- permite alto grau de responsabilidade da equipe de execução do projeto;
- possibilita que os funcionários envolvidos tenham elevado grau de conhecimento de todos os trabalhos inerentes ao projeto;
- tem alto grau de versatilidade e adaptabilidade, aceitando novas ideias e técnicas durante o desenvolvimento dos trabalhos;
- possibilita melhor atendimento aos clientes dos projetos; e
- permite melhor cumprimento de prazos e de orçamentos.

Por outro lado, as principais desvantagens da departamentalização por projetos, são:

- se o coordenador do projeto não estiver cuidando adequadamente da parte administrativa, ou dando excessiva atenção à parte técnica, pode gerar uma situação de recursos ociosos ou mal empregados, prejudicando a empresa do ponto de vista econômico;
- geralmente, não apresenta um sistema adequado de comunicação e de tomada de decisão, principalmente porque cada equipe procura dedicar-se a seu próprio projeto, esquecendo que é parte integrante da empresa; e
- o tamanho das equipes dos projetos tem-se apresentado, na maior parte das vezes, como um problema, pois sua eficácia e eficiência estão, diretamente, correlacionadas com seu tamanho, isto é, quanto maior for a equipe, menor é a probabilidade de sucesso da mesma. Se uma equipe se tornar muito numerosa, seu poder de maleabilidade, manobra, flexibilidade e seu sentido de responsabilidade coletiva tendem a ser diminuídos; por outro lado, suas limitações em termos de comunicação, preocupação com problemas internos e relacionamento humano podem ficar evidenciadas.

A seguir, são apresentadas algumas condições para utilização, que maximizam as vantagens da estrutura por projetos (Vasconcellos, 1980, p. 6):

- existência de projetos multidisciplinares, em que há necessidade de interação frequente entre as especialidades técnicas;
- projeto de longa duração, com grande equipe em tempo integral, mas com pouca oscilação no nível de utilização;

- a questão do atendimento aos prazos estabelecidos é fundamental;
- mudanças no ambiente exigem constantes alterações no projeto;
- equipe técnica de alto nível podendo prescindir de um chefe funcional, ou então baixo nível de diversificação, o que permite ao gerente do projeto exercer melhor supervisão técnica;
- gerentes e equipe técnica de projetos altamente capacitados, tanto técnica como administrativamente; e
- equipe técnica com características de personalidade favoráveis para resistir ao maior nível de incerteza e à instabilidade provocadas pelo término dos projetos.

4.2.8 Departamentalização matricial

Nesse caso, há a sobreposição de dois ou mais tipos de departamentalização sobre a mesma pessoa. Geralmente, essa sobreposição refere-se à fusão entre a estrutura funcional e a estrutura por projetos.

A departamentalização matricial não leva em consideração o princípio clássico de unidade de comando estabelecido por Fayol, em 1916, em seu livro *Administração industrial e geral*. No entanto, o conflito interno preconizado pela escola clássica pode ser evitado, se existir clara definição de atribuições de cada um dos elementos componentes da estrutura organizacional.

Os gerentes de projetos não apreciam assumir responsabilidades sem autoridade completa sobre os profissionais das áreas funcionais, e esses, por sua vez, não gostam de ter muitos chefes. Por outro lado, os gerentes funcionais também não apreciam compartilhar responsabilidades com os gerentes de projetos.

A departamentalização matricial, tendo em vista sua característica de responsabilidade compartilhada, exige nível de confiança mútua e capacidade de improvisação na solução de problemas. Dessa forma, é importante o estudo da liderança dos profissionais da alta administração, que têm grande influência em relação ao conflito inevitável desse tipo de departamentalização, que pode ser minimizado, se administrado com eficiência e eficácia.

Outra tendência dos gerentes de projetos, na departamentalização matricial, é a de tentar alocar a maior quantidade de recursos para si, por meio de monopolização dos setores funcionais. Se esse processo não for evitado, as funções das empresas são enfraquecidas e, eventualmente, perderão toda a sua força.

Por outro lado, permitir aos grupos funcionais que não se envolvam com as necessidades dos gerentes de projetos anula os benefícios potenciais assegurados pela departamentalização matricial, e pode ocorrer que os gerentes de projetos desistam de levar a cabo suas tarefas e *desistam* da empresa.

Finalmente, o grande inconveniente da departamentalização matricial é a dificuldade de definir, claramente, as responsabilidades e as autoridades de cada profissional da estrutura da empresa e minimizar conflitos inevitáveis; no entanto, para as empresas que possam utilizá-la adequadamente, a departamentalização matricial proporciona vantagens interessantes.

A departamentalização matricial pode ser visualizada na Figura 4.8:

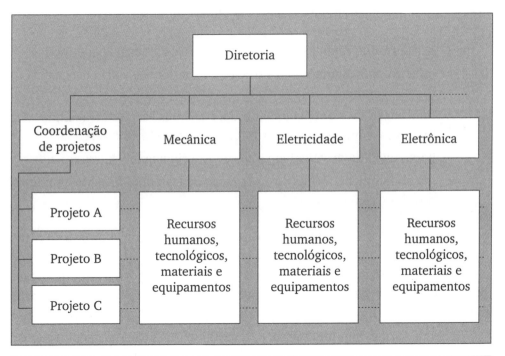

Figura 4.8 | *Departamentalização matricial.*

Do ponto de vista evolutivo, a departamentalização matricial surgiu porque as formas tradicionais de organizar as empresas não eram eficazes para lidar com atividades complexas, envolvendo várias áreas do conhecimento científico e com prazos determinados para sua realização.

As principais razões que levaram a departamentalização funcional a fracassar nesses tipos de circunstâncias foram (Vasconcellos, Hensley e Sbragia, 1977, p. 2):

118 Sistemas, Organização e Métodos • Rebouças

- baixo grau de integração entre áreas cada vez mais especializadas;
- falta de um coordenador geral para o projeto, com visão ampla para integrar as várias especializações e correlacioná-las com as necessidades dos clientes; e
- falta de motivação dos especialistas responsáveis por partes de uma atividade maior, sem entendimento satisfatório de como elas estão correlacionadas com o esforço total.

Por outro lado, a departamentalização por projetos também provou ser insatisfatória naquelas circunstâncias, devido às seguintes razões:

- existência de capacidade ociosa de recursos materiais e humanos;
- falta de oportunidade para troca de experiências entre especialistas da mesma área;
- duplicação de esforços quando dois ou mais técnicos trabalham em um mesmo problema ou assunto, mas em projetos diferentes;
- baixo nível de desenvolvimento do especialista em sua área; e
- instabilidade na formação de equipes de trabalho, principalmente as multidisciplinares.

Portanto, a departamentalização matricial surgiu como uma forma intermediária entre esses dois tipos de departamentalização – funcional e por projetos –, reduzindo as desvantagens de cada uma e procurando, de forma sinérgica, usufruir das vantagens de cada um dos referidos tipos de departamentalização.

Salienta-se que, algumas vezes, a departamentalização matricial aparece como o cruzamento das departamentalizações dos tipos funcional e por produtos ou serviços.

As principais vantagens de estrutura matricial, são:

- possibilidade de maior aprimoramento técnico de sua equipe de trabalho;
- coordenação da equipe de forma mais adequada e coerente;
- maior desenvolvimento da capacitação profissional;
- maior especialização nas atividades desenvolvidas;
- uso adequado dos vários recursos;

- maior cumprimento de prazos e do orçamento; e
- melhor atendimento aos clientes do projeto.

As principais desvantagens da estrutura matricial, são:

- dupla subordinação, gerando um clima de ambiguidade de *papéis* e relações; e
- conflitos de interesses e de disputa de poder entre os chefes funcionais e os chefes de projetos.

Com referência ao processo de reduzir o nível de conflitos na estrutura matricial, podem-se considerar alguns aspectos básicos (Vasconcellos, Hensley e Sbragia, 1977, p. 9):

- definir e divulgar os objetivos e as prioridades da empresa;
- definir as autoridades e as responsabilidades das diversas unidades organizacionais ou áreas da empresa;
- distribuir o mérito e os benefícios do projeto;
- ter sistema duplo de avaliação: um para o gerente de projeto e outro para o gerente funcional;
- ter acúmulo de funções, ou seja, um gerente de projeto também pode ser gerente funcional e vice-versa;
- trabalhar com uma equipe responsável pela resolução de conflitos; e
- ter uma implantação bem-feita, por meio de participação, treinamento e avaliação periódica da estrutura organizacional.

4.2.9 Departamentalização mista

É o tipo mais frequente, pois cada parte da empresa deve ter a estrutura que mais se adapte a sua realidade organizacional.

Na Figura 4.9, é apresentado um organograma representativo de departamentalização mista (projetos, funcional e territorial).

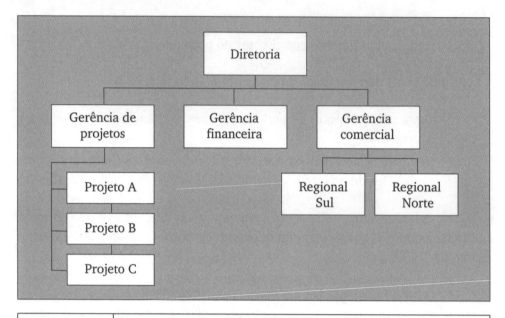

| Figura 4.9 | Departamentalização mista. |

4.3 ESTABELECIMENTO DA MELHOR DEPARTAMENTALIZAÇÃO

No estabelecimento de determinado tipo de departamentalização, podem surgir problemas quanto a sua escolha; mas, para evitar isso, podem-se seguir certos princípios apresentados por Koontz e O'Donnell (1973, p. 49), a saber:

- princípio de maior uso, que estabelece que o departamento que mais uso fizer de uma atividade deve tê-la sob sua responsabilidade e autoridade;
- princípio de maior interesse, para o qual o departamento que mais interesse tenha por uma atividade deve supervisioná-la;
- princípio de separação do controle, que estabelece que as atividades de controle devem ser autônomas, independentes e separadas das atividades que estão sendo controladas; e
- princípio da supressão de concorrência, que estabelece a necessidade de eliminar a concorrência entre departamentos, agrupando atividades correlatas em um único departamento. Em certos casos, porém, rivalidade interdepartamental é salutar quando cria uma competição natural e leal.

Outro critério básico para departamentalização está baseado na diferenciação e na integração, cujos princípios são:

- diferenciação, cujo princípio estabelece que as atividades diferentes devem ficar em departamentos separados. A diferenciação ocorre quando:
  - o fator humano é diferente;
  - a tecnologia e a natureza das atividades são diferentes;
  - os fatores do ambiente externo são diferentes; ou
  - os objetivos, ou as estratégias, ou as políticas são diferentes.
- integração, cujo princípio estabelece que, quanto mais as atividades trabalham integradas, maior razão há para ficarem no mesmo departamento. Os fatores que levam à integração são:
  - necessidade de coordenação; e
  - economia de escala.

4.4 ORGANOGRAMA LINEAR

O organograma linear de responsabilidade revela (Vasconcellos, Kruglianskas e Sbragia, 1984, p. 14):

- a atividade ou decisão correlacionada com uma posição ou cargo organizacional, mostrando quem participa e em que grau, quando uma atividade ou decisão deve ocorrer na empresa; e
- as relações e os tipos de autoridade que devem existir quando mais de um responsável contribui para a execução de um trabalho comum.

O organograma linear apresenta as seguintes características:

- um conjunto resumido e estruturado de informações relevantes encontráveis em organogramas e manuais de organizações dispostos na forma de uma matriz;
- um conjunto de posições e/ou cargos organizacionais a serem considerados, que constituem as colunas da matriz;
- um conjunto de responsabilidades, atividades, decisões etc. dispostas de forma que constituam as linhas da matriz; e

122 Sistemas, Organização e Métodos • Rebouças

- os símbolos que indicam o grau de extensão de responsabilidade e de autoridade, de forma que explicitem as relações entre as linhas e as colunas, inseridos nas respectivas células da matriz.

Um organograma linear é apresentado no Quadro 4.1:

Quadro 4.1	Organograma linear.

Função/cargo / Atividade/decisão	Gerente de projetos	Gerente administrativo e financeiro	Diretor geral
Elabora orçamento			
Elabora proposta			
Contrata funcionários			
Libera pagamentos			
O – Decide	X – Analisa	(x)– Confere	□ – Implementa

As principais vantagens do organograma linear, são:

- permite a visualização das responsabilidades e das autoridades pela função;
- possibilita caracterizar a forma pela qual um cargo ou função se relaciona com os demais dentro da empresa;
- permite a efetivação de análises objetivas da estrutura organizacional; e
- possibilita eliminar ambiguidades no processo decisório das empresas.

As principais desvantagens do organograma linear, são:

- não considera a estrutura informal, o que, aliás, é uma desvantagem de todo e qualquer tipo de organograma; e

- não é de leitura fácil, pois as pessoas não estão acostumadas a trabalhar com essa forma de representação gráfica.

4.5 ORGANOGRAMA VERTICAL

Outra forma de representar os organogramas nas empresas é exposta no Quadro 4.2:

Quadro 4.2	*Organograma vertical.*

Presidente
Diretor financeiro
Gerente de controladoria

Chefe do departamento de contabilidade
        Chefe do departamento de custos
        Chefe do departamento de orçamento

Gerente de Tesouraria
Chefe do departamento de operações financeiras   Chefe do departamento de contas a pagar e a receber
Diretor Administrativo
Gerente de recursos humanos
Chefe de desenvolvimento de recursos humanos
Supervisor da seção de recrutamento e seleção   Supervisor da seção de treinamento

O organograma vertical, conforme mostrado no Quadro 4.2, não é muito utilizado nas empresas, pois, normalmente, elas apresentam seus organogramas nas formas que foram expostas anteriormente na seção 4.2 e suas várias divisões, bem como nas seções 4.7 e 4.8.

4.6 ESTRUTURA PARA ROTINA E PARA INOVAÇÃO

É muito importante que os executivos estabeleçam se a estrutura organizacional vai estar voltada para tarefas rotineiras ou para tarefas de inovação, pois a abordagem básica será diferente em cada situação.

124 Sistemas, Organização e Métodos • Rebouças

Uma forma de comparar as estruturas de rotina e inovação é realizá-la por meio dos condicionantes da estrutura organizacional, conforme apresentado no Quadro 4.3 (Vasconcellos, 1980, p. 7):

Quadro 4.3	Características das estruturas de rotina e de inovação de acordo com os condicionantes da estrutura.

Condicionantes da estrutura organizacional	Características da rotina	Características da inovação
Natureza das atividades desenvolvidas e características da tecnologia	– Atividades repetitivas – Problemas mais previsíveis – Soluções mais padronizadas – Tecnologia conhecida – Menor grau de incerteza – Maior facilidade de controle	– Atividades não repetitivas – Problemas menos previsíveis e necessidades de novas soluções – Tecnologia total ou parcialmente desconhecida – Maior grau de incerteza – Maior dificuldade de controle
Objetivos, estratégias e políticas da empresa	– Orientação para prazos mais curtos – Alto grau de clareza – Quantidade, qualidade e prazos para o resultado final estão bem determinados – Mais estáveis ao longo do tempo	– Orientação para prazos mais longos – Alto grau de indefinição – Incerteza quanto ao resultado final – Menos estáveis ao longo do tempo
Ambiente da empresa	– Previsível e estável – Poucas mudanças devido às influências externas	– Imprevisível e instável – Mudanças frequentes devido às influências externas
Fator humano da empresa	– Pouco criativo – Muita resistência à rotina – Necessidade de definição clara de objetivos e funções	– Muito criativo – Pouca resistência à rotina – Resistência à incerteza e à ambiguidade

Outra forma de comparar as duas estruturas é fazê-lo por meio da análise relativa de seus componentes básicos, conforme apresentado no Quadro 4.4:

Quadro 4.4	*Características das estruturas de rotina e de inovação de acordo com os componentes da estrutura.*

Componentes da estrutura organizacional	Características da rotina	Características da inovação
Formalização	Maior	Menor
Processo decisório	Menos rápido	Mais rápido
Comunicação	– Menor possibilidade de *ruído* – Menos intensiva – Mais formal	– Maior possibilidade de *ruído* – Mais intensiva – Mais informal
Critérios de departamentalização	Funcional e processos	Projetos, matricial e UEN
Assessoria	Menor necessidade	Maior necessidade
Especialização de trabalho	Maior	Menor
Delegação de autoridade	Menor	Maior
Descentralização	Menor grau	Maior grau
Amplitude de controle	Maior	Menor
Níveis hierárquicos	Menor	Maior

Quando se considera a estrutura para a inovação, um dos aspectos básicos é a criatividade, que é a capacidade de criar coisas novas ou dar novas situações a coisas velhas.

A criatividade pode ser desenvolvida e, para tanto, o executivo deve conhecer as barreiras que podem prejudicar a mesma, sendo que alguns aspectos são apresentados no Capítulo 15.

4.7 ESTRUTURA PARA RESULTADOS

Cada vez mais se observa que as empresas estão voltadas para a busca de resultados efetivos. Essa situação está correlacionada a vários aspectos, tais como as constantes mutações ambientais, as ações dos concorrentes atuais e potenciais, a forma de remuneração dos executivos, a busca de novos desafios, a abordagem de atuação do *intrapreneur* (empreendedor interno).

E, a forma básica, em termos organizacionais, que a empresa procura se estruturar para estar voltada, de maneira efetiva, para a consecução de resultados é pelas Unidades Estratégicas de Negócios – UEN.

> Unidade Estratégica de Negócio – UEN – é uma unidade ou divisão da empresa responsável por consolidar os resultados de um negócio e para desenvolver uma ou mais Áreas Estratégicas de Negócios – AEN.

> Área Estratégica de Negócio – AEN – é uma parte ou segmento de mercado com a qual a empresa, por meio de suas UEN, se relaciona de maneira estratégica, ou seja, de forma otimizada.

Naturalmente, desde que estruturadas para tal, outras formas de departamentalização também podem direcionar as empresas para resultados, tais como por produtos e serviços, por clientes, por processos, por projetos, territorial, matricial e mista; mas o leitor deve tomar cuidado nos casos de departamentações funcional e também por quantidade ou turno.

O executivo deve avaliar se, efetivamente, a empresa está atuando na filosofia de Unidade Estratégica de Negócio – UEN.

Esse aspecto é importante, pois não se deve visualizar a administração por UEN simplesmente como uma experiência pela empresa, mas como um processo de alta importância para a concretização de uma situação otimizada de seus resultados, considerando suas interações, tanto internas quanto externas.

A filosofia de administração por UEN já é uma realidade no e para o desenvolvimento empresarial.

Alguns dos resultados que podem ser alcançados pela empresa pela utilização otimizada de UEN são:

- incremento do faturamento;
- otimização de utilização dos vários recursos existentes;
- ter melhor interação com as oportunidades de mercado;

- auxiliar na operacionalização do plano fiscal e tributário;
- desenvolver o nível de qualidade dos processos e das atividades;
- ter um saudável clima competitivo interno; e
- ter uma situação otimizada de sinergia empresarial.

Salienta-se que, por outro lado, quando da definição de uma UEN, deve-se, também, fazer uma análise da estrutura organizacional, principalmente pela passagem de uma "especialização por função" para uma "especialização por finalidade".

Verifica-se, portanto, que a implementação de uma administração por UEN deve ser muito bem planejada, pois também envolve aspectos comportamentais, os quais, normalmente, estão correlacionados às seguintes questões:

- será que os executivos da alta e média administração das empresas estão dispostos a aceitar uma administração por resultados em sua forma mais ampla?
- será que esses executivos aceitam uma remuneração por resultados, dentro de uma filosofia de risco empresarial?
- será que esses executivos aceitam debater uma reestruturação na atual escala de poder formal distribuído?
- será que os executivos da empresa aceitam debater cenários, parâmetros e maneiras de atuação que alterem a atual situação estratégica e operacional da empresa?
- será que os executivos da empresa percebem que a estrutura por UEN representa uma evolução administrativa? E qual o esforço que se tem feito para se consolidar uma evolução administrativa?

Se as respostas a essas perguntas forem basicamente *sim*, a empresa pode estar apresentando uma *postura pró-UEN*, e o resultado desse trabalho será otimizado.

Na Figura 4.10, é apresentado um organograma representativo de uma estruturação na filosofia de UEN – Unidades Estratégicas de Negócios.

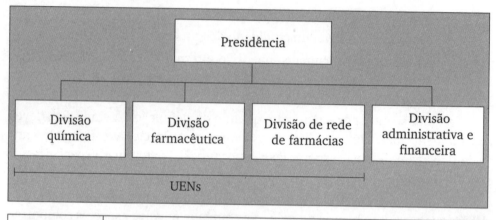

| **Figura 4.10** | *Departamentalização por UEN.* |

No organograma da Figura 4.10, existem três divisões da empresa que funcionam como UEN, a saber: Química, Farmacêutica e Rede de Farmácias. Portanto, cada uma delas funciona como um negócio, podendo ter ou não, dentro de cada divisão, uma ou mais empresas específicas.

4.7.1 Algumas vantagens e precauções no uso de UEN

Entre as principais vantagens que a empresa deverá obter, inerentes ao estabelecimento de UEN de maneira adequada, citam-se:

- maior facilidade de análise e de atuação sobre o ambiente estratégico, ou externo, ou não controlável;
- melhor processo de formulação de estratégias e de políticas;
- melhor balanceamento das atividades frente aos objetivos gerais da empresa/UEN ou, mesmo, em nível de corporação;
- ter o processo de planejamento estruturado e simplificado; e
- ter, na maior parte das vezes, melhor qualidade nas estratégias formuladas.

Entretanto, os executivos devem estar atentos a determinados problemas que podem ocorrer na utilização de UEN, entre os quais podem ser citados:

- adotar a técnica de UEN de maneira generalizada;

- considerar que a técnica de utilização de UEN é algo, altamente, válido em si;
- não considerar os custos de transição para a filosofia administrativa de UEN;
- esquecer que as UEN não são, normalmente, aplicáveis às atividades de P&D (pesquisa e desenvolvimento);
- adotar a filosofia de UEN para novas *aventuras* de negócios; e
- implementar UEN em empresas não diversificadas, em seu sentido amplo ou restrito. Na prática, esse é o maior problema no uso de UEN.

Mediante vários aspectos apresentados sobre as UEN, verifica-se que as mesmas surgem, normalmente, quando ocorre um nível considerável de sinergia negativa nos negócios, ou seja, o resultado final dos vários negócios da empresa é menor do que se esses negócios fossem administrados de forma independente.

Por outro lado, a sinergia positiva, ou seja, quando o resultado final dos vários negócios da empresa é maior do que se esses negócios fossem administrados de forma independente, pode ocorrer em termos de algumas funções da empresa, tais como finanças, suprimentos e recursos humanos. Portanto, essas funções devem ficar concentradas na alta administração, ou administração corporativa da empresa.

A sinergia também deve considerar os aspectos de nível de risco – não colocar *todos os ovos no mesmo cesto* – e de flexibilidade empresarial, bem como estar perfeitamente coerente com os objetivos da empresa.

4.7.2 Algumas perguntas básicas

Para o delineamento das UEN é válido que o executivo da empresa considere as respostas a algumas perguntas, tais como:

a) Quanto à definição do negócio da UEN:
- qual é seu ramo de atuação? (está dentro ou fora da missão?)
- quais e onde estão seus mercados?
- o que seus mercados valorizam?
- como podem seus mercados mudar com o tempo?

b) Quanto à definição dos fatores-chaves para o sucesso da UEN:

- o que, realmente, faz a diferença entre o sucesso e o fracasso em seu negócio?

- como se pode diferenciar os vencedores dos perdedores em seu setor de atuação?

- como poderão esses fatores-chaves mudar com o tempo?

- como a UEN pode influenciar ou modificar esses fatores-chaves?

c) Quanto à análise do posicionamento competitivo da UEN e de seus maiores concorrentes:

- diante dos fatores-chaves para a consolidação do sucesso, onde a UEN se situa em relação a seus concorrentes?

- ela, ou algum de seus concorrentes, tem alguma vantagem competitiva exclusiva?

- como melhor tratar essa vantagem competitiva?

- como sua posição competitiva poderá mudar com o tempo?

d) Quanto ao desenvolvimento de estratégias para alcançar os objetivos da UEN:

- como a UEN pode dispor melhor de suas vantagens competitivas contra as de seus concorrentes e desenvolver ou adquirir uma vantagem sólida e conhecida pelo mercado?

- como ela pode criar seu próprio futuro?

- as estratégias são, perfeitamente, definidas dentro da UEN?

- as estratégias da UEN são consistentes com a filosofia da corporação como um todo?

e) Quanto à construção do plano de diversificação de negócios:

- quais as necessidades da UEN em termos de desenvolvimento dos produtos e serviços, marketing, produção etc.?

- há retorno sobre o investimento em nível satisfatório? Pode a UEN arcar com os investimentos necessários?

- o que ela deve fazer para implementar sua estratégia básica de desenvolvimento dos negócios?

4.7.3 Atuação da empresa na filosofia de UEN

Nesse ponto, vale uma pergunta: "a empresa já tem, de forma efetiva, uma estrutura organizacional por UEN?"

Essa pergunta é válida porque o autor deste livro tem encontrado executivos afirmando que suas empresas atuam na filosofia de UEN, quando isso não é uma realidade. Antes de responder a essa pergunta, são necessárias algumas considerações.

A estrutura por UEN pressupõe, na maior parte das vezes, todas as premissas da estrutura por produtos e serviços, ou família de produtos e serviços acrescida de outras premissas que são, basicamente, específicas de estrutura organizacional por UEN.

Dentro da realidade que se verifica na maior parte das empresas, o aspecto básico é a falta de uma premissa de atuação administrativa voltada para resultados, incluindo os aspectos inerentes à remuneração de seus executivos da alta administração.

Outra premissa que as empresas devem considerar no estabelecimento de uma filosofia de administração por UEN é ter melhor interação na relação produtos e serviços com os segmentos de mercado.

Nessa relação produtos ou serviços *versus* segmentos de mercado, a empresa deve debater algumas formas para o estabelecimento de uma UEN, as quais estão mais vinculadas às características de mercado, tais como:

- preços e qualidade vinculados;
- clientes semelhantes;
- mesmos concorrentes; e
- mesmas necessidades fundamentais de mercado que estejam sendo atendidas.

Para cada uma dessas situações, é necessário desenvolver estudos e considerações específicas.

O executivo deve segmentar o mercado em AEN – Áreas Estratégicas de Negócios, pois cada UEN estabelece uma forma de relacionamento da empresa com o mercado; entretanto, de maneira inversa, o mercado relaciona-se com a empresa por meio das AEN.

Pode-se considerar que uma AEN geral pode ser dividida em outras AEN dentro desse segmento.

132 Sistemas, Organização e Métodos • Rebouças

A AEN é uma área de oportunidades com necessidades atendidas em função do tipo de cliente, distribuição geográfica ou tecnologia utilizada. Sobre esses aspectos, nota-se que o mesmo mercado atendido por duas tecnologias diferentes se caracteriza como constituído por duas AEN.

A cada AEN, a empresa deve identificar e avaliar oportunidades segundo alguns critérios:

a) Para a identificação de oportunidades, considerar alguns aspectos, tais como:

- poder de compra existente no segmento de mercado;
- estágio de ciclo de vida do produto ou serviço;
- intensidade competitiva;
- turbulência política;
- turbulência econômica; e
- turbulência tecnológica.

b) Para a avaliação de oportunidades, considerar determinados aspectos, tais como:

- crescimento a curto, médio e longo prazos do segmento de mercado;
- risco dos investimentos a serem realizados;
- rentabilidade esperada a curto, médio e longo prazos;
- turbulências do ambiente empresarial; e
- fatores críticos de sucesso para o negócio, produto ou serviço considerado.

Verifica-se que o estabelecimento das UEN baseia-se em atividades da empresa que precisam ser entendidas e segmentadas estrategicamente no mercado, de forma que os recursos possam ser alocados da melhor maneira para se conseguirem vantagens competitivas efetivas, sustentadas e duradouras.

4.7.4 Algumas premissas no delineamento da UEN

Embora ocorra determinada dificuldade em seu estabelecimento, existem algumas premissas que podem ser utilizadas para o delineamento das UEN, a saber:

- ter faturamento médio de 10% das outras UEN da empresa ou corporação;

- ter quantidade produzida média de 10% das outras UEN;
- apresentar sinergia tecnológica em alto nível;
- ter vantagem competitiva real, sustentada e duradoura;
- estar correlacionada a um segmento de mercado em crescimento;
- ter melhor adequação geográfica;
- ter resultado líquido efetivo proporcionado pelo negócio;
- ter uma única missão ou negócio, independentemente de outras UEN ou, preferencialmente, estar na missão do grupo empresarial;
- ter um conjunto de concorrentes claramente definidos;
- competir em mercados específicos;
- ser capaz de desenvolver um planejamento integrado, independentemente de outras UEN;
- ter um responsável pelo planejamento e resultados da UEN;
- ser capaz de administrar recursos;
- fornecer produtos e serviços que requerem habilidades e recursos similares;
- operar em um único segmento de mercado com estratégia concentrada;
- ser suficientemente grande para manter atenção da alta administração da empresa; e
- parecer e agir como um negócio independente.

Verifica-se que, ao se estruturar uma UEN, deve-se ter características próprias de negociação e de aproveitamento de oportunidades de mercado.

Fica evidente que uma UEN deve ter uma filosofia de atuação competitiva, pois, caso contrário, não existe razão nenhuma para a existência dessa UEN.

De maneira geral, pode-se afirmar que, à medida que se aumenta o nível de diversificação da empresa, fica mais difícil estabelecer suas estratégias e, portanto, é necessário criar novas UEN.

Para o início do estudo das UEN e AEN, é válida a utilização de um processo de cruzamento dos focos de tecnologia com os nichos de mercado identificados.

Por meio desse processo, procura-se obter algumas vantagens, tais como:

- melhor conhecimento dos recursos da empresa;

- descoberta de um grande número de ideias potenciais que permaneceriam ignoradas sem essa análise;
- melhor qualidade e maior originalidade das ideias a explorar; e
- melhor conhecimento das possibilidades de desenvolvimento.

Portanto, essa análise constitui-se em um interessante instrumento de trabalho para uma administração estratégica dinâmica. Deve haver, ainda, uma correlação com o plano de diversificação em que aparecem critérios do ciclo de vida dos produtos ou serviços, análise de investimentos e de riscos etc.

4.7.5 Amplitude de uma UEN

Qual a amplitude ideal de uma UEN?

De forma geral, pode-se considerar que a amplitude deve estar num contínuo, desde atuando como unidade de vendas até estar atuando como unidade mais completa (pesquisa e desenvolvimento – P&D, suprimentos, produção, marketing e apoio administrativo-financeiro).

Entretanto, na maior parte das vezes, tem-se considerado como ideal que a UEN englobe as seguintes atividades:

- P&D;
- produção; e
- vendas.

Isso porque:

- suprimentos deve ser, na maior parte das vezes, centralizado;
- apoio administrativo-financeiro deve ser centralizado; e
- marketing, em seu sentido mais amplo, deve ser centralizado (estratégias mercadológicas, análise de mercado, propaganda, promoção etc.).

Salienta-se que essa é uma afirmação genérica e que cada empresa deve ter uma análise específica. Cada uma das UEN deve ser desmembrada, para facilitar sua administração, em termos de produto ou grupo de produtos. Essa decomposição facilitará uma melhor interação de cada um dos produtos e serviços ou famílias de produtos e serviços em diferentes segmentos de mercado. Para maiores análises a respeito das UEN, verificar o livro *Holding, administração corporativa e unidade estratégica de negócio*, dos mesmos autor e editora.

4.8 OUTRAS MODERNAS FORMAS DE ESTRUTURAR AS EMPRESAS

Existem outras formas das empresas desenvolverem suas estruturas organizacionais, as quais têm recebido elevado nível de importância pelas empresas, em particular duas delas, a saber: a governança corporativa e a rede de integração de empresas.

No momento, esses dois tipos de estruturação, principalmente a governança corporativa, estão recebendo um tratamento especial pelas empresas e, acredita-se, que a questão da governança corporativa seja utilizada, inclusive, pelas empresas que não necessitem, do ponto de vista legal, dessa forma estrutural, pois o modelo administrativo e os resultados das empresas que a utilizam têm sido os melhores possíveis.

4.8.1 Governança corporativa

> Governança corporativa é o modelo de gestão que, a partir da otimização das interações entre acionistas ou cotistas, conselhos – administração, fiscal, deliberativo e consultivo –, auditorias – externa e interna –, comitês e diretoria executiva, proporciona a adequada sustentação para o aumento da atratividade da empresa no mercado – financeiro e comercial – e, consequentemente, incremento no valor da empresa, redução do nível de risco e maior efetividade da empresa ao longo do tempo.

Uma forma de representação da governança corporativa pode ser visualizada pelo organograma da Figura 4.11:

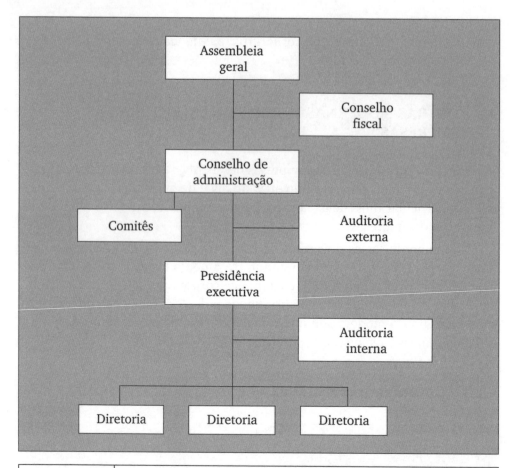

Figura 4.11 | *Departamentalização por governança corporativa.*

São vários os benefícios que as empresas podem ter com uma governança corporativa que proporcione toda a sustentação para fortes e diferenciadas vantagens competitivas, e também para negócios, produtos e serviços de sucesso.

Sem a preocupação de esgotar o assunto, são apresentados, a seguir, alguns desses benefícios, os quais, na opinião do autor, ocorrem em toda e qualquer empresa que tem adequada governança corporativa.

São eles:

    a) Maior facilidade na identificação, tratamento e operacionalização de questões estratégicas

Desde que adequadamente estruturada e apresentando atuação otimizada, a governança corporativa tem facilidade e agilidade no processo de identificação, tratamento e operacionalização das questões estratégicas das empresas.

As questões estratégicas são aquelas que apresentam uma estruturada interação entre os assuntos externos ou não controláveis pela empresa e os assuntos internos ou controláveis da empresa.

Pode-se considerar que a mais alta administração de uma empresa é quem tem – ou deveria ter – maior facilidade de trabalhar com as questões estratégicas, sendo que a prática tem demonstrado que essa maior facilidade ocorre principalmente quando existem, de forma conjunta e interativa:

- adequada estruturação dos diversos órgãos da alta administração da empresa;
- equilíbrio entre o tratamento das questões externas e internas da empresa;
- capacitação e interesse para trabalhar com essas questões amplas e estratégicas;
- interligação estruturada entre as questões estratégicas, táticas – intermediárias – e operacionais, formando um todo único; e
- metodologias e técnicas administrativas modernas e adequadamente operacionalizadas.

A governança corporativa, quando adequadamente estruturada – ver Figura 4.11 –, consolida para a empresa, de forma natural, a melhor abordagem de atuação estratégica que, em sua realidade, pode conseguir, pois todas as atribuições da alta administração – de maneira ampliada – ficam bem definidas, estabelecidas e interligadas entre si e, principalmente, para com os fatores e variáveis externos, as quais não são controláveis pelas empresas.

b) Consolidação de amplo e otimizado modelo de gestão da empresa

A prática tem demonstrado que a governança corporativa normalmente se consolida como o centro de debate do melhor modelo de gestão para a empresa.

Essa análise é altamente construtiva, pois a governança corporativa, para cumprir o seu papel, deve debater o modelo de gestão da empresa de forma sistemática, gradativa e acumulativa, buscando o nível de excelência administrativa, pois, somente dessa maneira, a empresa terá o seu nível de atratividade elevado a patamares interessantes.

A governança corporativa, para ser implantada, também necessita de vários novos instrumentos administrativos, os quais, em situações mais cômodas de gestão, possivelmente não fossem pensados, estruturados e implementados.

Ela também deixa clara a distinção entre propriedade e gestão, sendo que a amplitude de atuação de cada parte deve estar formalizada no estatuto social e nos regimentos internos das empresas.

A governança corporativa também contribui para a ampliação da equipe administrativa da empresa, principalmente pela consolidação de novos e fortes conhecimentos.

A governança corporativa representa a melhor forma de se estruturar a alta administração de uma empresa e, como consequência, a definição das responsabilidades e autoridades nesse nível fica mais clara e melhor aplicada.

De forma interativa, a troca de conhecimentos se realiza de maneira estruturada e, portanto, mais completa e criativa, levando o contexto estratégico ao mais elevado nível de qualidade.

E, não se pode esquecer de que toda essa interação de conhecimentos proporciona maior sustentação ao processo decisório nas empresas e, portanto, maior segurança na transparência e na transferência de informações ao mercado, a qual é importante premissa para a adequada governança corporativa nas empresas.

Essa interação deve ocorrer entre os agentes da governança corporativa, que são os que têm interesse e responsabilidade sobre os atos administrativos da empresa, o que inclui proprietários, conselheiros – de administração, fiscais, deliberativos e consultivos –, diretores, auditores e demais partes interessadas da empresa.

c) Melhor interação com a comunidade, o mercado – comprador e fornecedor – e os governos, bem como com outros públicos da empresa

Quando uma empresa tem otimizada estruturação e atuação de sua mais alta administração, todas as interações com os seus diversos públicos – principalmente os externos – se tornam mais fáceis e lógicas.

Ao mesmo tempo, quando esses diferentes públicos externos entendem o contexto e a forma de atuação de uma empresa, passam a interagir de forma mais espontânea com seus produtos e serviços, criando e consolidando uma forte empatia com a empresa.

As consequências dessa situação são as mais interessantes para as empresas, tais como fortalecimento da marca, maior direcionamento e procura de seus produtos e serviços, interesse em ser fornecedor da empresa, bem como interesse em trabalhar na empresa.

d) Equidade de tratamento junto aos diversos públicos

Verifica-se que a governança corporativa facilita o direcionamento da administração para as expectativas dos diversos públicos da empresa.

As empresas têm diversos públicos, tais como os representados pelos clientes, fornecedores, governos, comunidade, funcionários, acionistas ou cotistas.

Como a governança corporativa é um modelo de gestão que procura ter elevada interação e transparência para com os diversos públicos das empresas, têm-se, como resultado, o otimizado conhecimento e o consequente direcionamento às necessidades e expectativas desses públicos.

Como decorrência, as empresas que têm otimizadas governanças corporativas têm condições de consolidar um tratamento e uma interação mais equitativos perante os diversos públicos. Isso é uma realidade importante, principalmente quando se aborda a questão dos acionistas ou cotistas minoritários.

Esta questão da equidade tem uma abordagem ampla no caso dos acionistas, pois a governança corporativa recomenda que cada ação – ou cota de capital – corresponda a um voto, ou seja, acaba com a situação de capital não votante.

e) Consolidar maior nível de atratividade no mercado

As empresas podem consolidar elevados níveis de atratividade perante o mercado, pelo tratamento equitativo de seus diversos públicos.

Lembre-se: quem informa bem os que têm menor poder ganha muito mais espaço e transparência para com os que têm elevado poder, pois identifica-se que a forma de atuação é intrínseca ao modelo de gestão da empresa, e não simplesmente algo de interesse específico e momentâneo.

Portanto, a governança corporativa sustenta e está sustentada na maior segurança inerente ao processo de transparência de informações.

f) Maior segurança na transparência de informações

Esse benefício é resultante das considerações anteriores e representa importante questão como resultado da implementação da governança corporativa pelas empresas.

g) Consolidação de novas abordagens de atuação, incluindo as questões éticas e de responsabilidade social

Quando uma empresa consolida maior interação com os seus diversos públicos, é natural que as questões éticas e de responsabilidade social passem a ser mais debatidas e, consequentemente, melhor assimiladas pelas pessoas que tenham algum tipo de interação para com a empresa.

Essas questões éticas também forçam a empresa a consolidar os seus valores, os quais representam os princípios básicos e as questões éticas que a empresa tem que respeitar, perante seus públicos interno e externo.

h) Estruturação de novos conhecimentos e reestruturação de antigas funções

Os exemplos da estruturação de novos conhecimentos e de novas funções são correspondentes à própria realidade e à situação evolutiva da governança corporativa.

Com referência à reestruturação de novas funções para antigas profissões, pode-se citar o caso dos contadores e contabilistas que atuam com questões de contabilidade, auditoria e tributos.

A governança corporativa tem sido um fator de elevada importância para que os contadores se distanciem do antigo perfil passivo de elaborar relatórios e balanços periódicos, que é, atualmente, uma tarefa muito facilitada pela informática, para se preocupar com as modernas questões de controles internos ligadas à governança corporativa das empresas.

Os modernos contadores têm que se preocupar e estar atualizados com as regras impostas pela Comissão de Valores Mobiliários – CVM, pelas Bolsas de Valores, bem como conhecer e disseminar as regulamentações da lei americana Sarbanes-Oxley, resumidamente determinada Sabox, a qual deu origem à governança corporativa nas empresas.

No reboque dessa nova realidade, os contadores devem ter conhecimento técnico em contabilidade internacional, visão de processos e capacidade de análise e de propor soluções.

Outra profissão que apresenta uma nova realidade decorrente da governança corporativa é a do profissional especializado em gestão de riscos, pois são obrigados a estudar os processos das empresas e saber identificar projetos de melhoria, utilizando as recomendações das práticas de governança corporativa.

Na realidade, a governança corporativa vai obrigando, ao longo do tempo, que os vários profissionais envolvidos em suas atividades sejam pesquisadores com elevada criatividade. Portanto, pode-se considerar que a governança corporativa vai provocar uma evolução nas profissões com as quais interage, além dos dois exemplos apresentados.

O grande diferencial de cada profissional será a velocidade com que absorverá esse processo de mudança, e a qualidade de entendimento e de aplicação desses novos conhecimentos.

i) Efetiva extrapolação dos benefícios da governança corporativa para as empresas em geral

Nesse momento é válido reforçar a questão da amplitude de aplicação da governança corporativa pelas empresas.

Embora a sua aplicação básica esteja direcionada para as empresas de capital aberto, de acordo com orientação da Comissão de Valores Mobiliários – CVM, na prática, pela abrangência e qualidade dos resultados apresentados pelas empresas – de capital aberto – que aplicam em seu modelo de gestão a governança corporativa, esta tem sido extrapolada para toda e qualquer empresa que queira apresentar moderno modelo de administração.

Essa situação ocorreu quando se observou que as empresas que apresentavam modelos de gestão sustentados por governança corporativa – com todos os seus princípios básicos consolidados – tiveram maior valorização de suas ações no mercado. Ou seja, a atratividade de mercado das empresas com governança corporativa é maior; e essa atratividade pode ser estendida também para os contextos mercadológico, financeiro e tecnológico das empresas.

Mais detalhes a respeito de governança corporativa, inclusive uma metodologia para o seu desenvolvimento, são apresentados no livro *Governança corporativa na prática*, dos mesmos autor e editora.

4.8.2 Rede de integração de empresas

> Rede de integração de empresas é a cooperação estruturada visando consolidar fortes e internacionais vantagens competitivas, sustentadas por otimizadas tecnologias, melhor utilização dos ativos, bem como maiores produtividade, flexibilidade, qualidade, rentabilidade e lucratividade das empresas participantes.

Naturalmente, por mais ampla que seja a rede de integração, o estudo da estruturação organizacional deve extrapolar as empresas participantes, interagindo com outros agentes nesse processo, tais como os clientes, os fornecedores, os governos e as comunidades onde as empresas participantes da rede atuam e/ou pretendem atuar.

Essa maior amplitude é resultado dos estudos inerentes à técnica do encadeamento para o estabelecimento de cenários estratégicos – os quais analisam situações futuras possíveis dos fatores externos que influenciam a empresa –, bem como dos princípios da nova economia das instituições.

A técnica do encadeamento para desenvolvimento de cenários estratégicos procura identificar os vínculos entre o sistema produtivo das empresas e o ambiente externo dessas empresas, onde estão os fatores não controláveis.

Os vínculos *para trás* referem-se aos insumos e fatores de produção que cada empresa obtém do ambiente, tais como recursos humanos, materiais, tecnologias, matérias-primas etc. Fatores no ambiente que afetam a disponibilidade, qualidade e preços desses insumos e fatores de produção devem ser identificados.

Nas vinculações *para frente*, os produtos e os serviços de cada empresa são colocados no ambiente onde disputam clientes em mercados nos quais diversos fatores, como a concorrência, a regulamentação governamental e a economia, afetam a venda desses produtos e serviços.

A técnica do encadeamento para o estabelecimento de cenários está correlacionada aos princípios da nova economia das instituições; sendo que, embora essa teoria tenha se desenvolvido no final da década de 1930 por Ronald Coase, a atual realidade dos negócios, em que os processos administrativos têm que apresentar perfeita interação, torna esse assunto bastante atual.

Nesse contexto, quando se considera a economia brasileira com seus diversos setores de atuação – *agribusiness*, automotivo, embalagens, petroquímico etc. –, deve-se lembrar da abordagem da economia dos custos de transação, que objetiva analisar os contratos, formais ou não, que ocorrem nas transações entre agentes de um setor de atuação em particular ou da economia em sua totalidade.

Outro aspecto a ser considerado na estruturação da rede de integração de empresas é quanto ao poder, ou seja, *quem é quem* no processo decisório da rede.

Normalmente, o poder maior está em uma das duas pontas do processo maior: ou nos compradores finais dos produtos e serviços ou nos fornecedores dos insumos.

Em menor número de vezes, mas com elevada intensidade de poder, aparecem as empresas que estão no meio, geralmente representadas pelas empresas produtoras dos produtos e serviços que são oferecidos ao mercado.

Portanto, quando se consideram as redes de integração entre as empresas, é fundamental a identificação das empresas líderes, incluindo o entendimento de seu modelo de gestão, pois o mesmo, normalmente, tem influência na realidade administrativa das diversas empresas participantes da rede.

Nesse contexto, é importante a análise da gestão dos conhecimentos na rede de integração de empresas, incluindo a identificação dos focos de conhecimentos, a influência – direta e indireta – dos principais conhecimentos para a consolidação da vantagem competitiva de cada empresa e, principalmente, de toda a rede de empresas.

Existem algumas premissas que devem ser respeitadas para se alcançarem os melhores resultados possíveis da rede de integração de empresas.

São elas:

a) Os mecanismos de interação e de cooperação entre as empresas devem estar bem definidos e estruturados

Essa premissa é de elevada importância para se consolidar uma situação de equilíbrio e, possivelmente, de igualdade e de equidade dos interesses e vantagens entre as empresas participantes da rede de integração.

Se essa parte inicial estiver adequada, é bem provável que toda a sequência de atividades entre as empresas transcorra da melhor maneira possível.

b) Deve existir transparência e transferência de conhecimentos, bem como complementaridade estruturada de sinergias

Essas questões envolvem cooperação e compartilhamento de tecnologias e conhecimentos, bem como programas de desenvolvimento e inovação, podendo chegar, em significativa parte das vezes, na consolidação de infraestruturas e operações produtivas em comum.

Pode-se considerar que, tal como ocorre em uma equipe multidisciplinar de trabalho, o conhecimento específico de cada empresa – e seu nível de influência no resultado final da rede de empresas – é o fator determinante de sua influência no conjunto de empresas participantes da rede de integração.

Talvez se possa afirmar que o nível de conhecimento necessário para o sucesso da rede seja a principal *moeda de troca* no processo negocial de consolidação de uma rede de integração de empresas.

c) Toda a estruturação organizacional da rede de integração de empresas deve estar, preferencialmente, baseada na governança corporativa

Isso é particularmente verdade pelo fato de a governança corporativa apresentar a mais elevada amplitude de atuação das questões da alta administração de uma empresa ou de uma rede de empresas integradas.

A prática também tem demonstrado que os diversos negócios que uma rede de empresas normalmente aborda devem estar estruturados por Unidades Estratégicas de Negócios (UEN) (ver seção 4.7) e as suas atividades devem estar estruturadas por processos (ver seção 4.2.6). Nesse último caso, ver também o livro *Administração de processos: conceitos, metodologia e práticas*, dos mesmos autor e editora.

d) O resultado final da operacionalização da rede de integração de empresas é o incremento sustentado da vantagem competitiva das empresas participantes

Cada empresa participante da rede deve entender, de forma bastante clara que, individualmente, não tem condições de alcançar os níveis de competitividade a serem consolidados pela rede; ou seja, é altamente válido que as vantagens competitivas das empresas participantes da rede de integração apresentem algum nível de sinergia.

e) A aplicação da rede de integração de empresas é válida para qualquer tipo e tamanho de empresa

Embora uma grande empresa, principalmente multinacional, possa ter sob seus domínios diretos todas as tecnologias, processos e infraestrutura de que necessite para consolidar seus negócios, não é válido – ou necessário – que seja ótima em todos os assuntos administrativos e atividades operacionais, o que leva a crer que a concentração em especialidades que se ampliam pela simples interação com outras empresas torna tudo mais fácil e barato, bem como de menor risco.

Mais detalhes a respeito da rede de integração de empresas e de outros tipos de departamentalização, incluindo uma metodologia geral para o desenvolvimento e implementação nas empresas são apresentados no livro *Estrutura organizacional: uma abordagem para resultados e competitividade*, dos mesmos autor e editora.

RESUMO

Nesse capítulo, foram identificados e analisados os tipos básicos de departamentalização, a saber: por quantidade, funcional, territorial, por produto ou serviço, por clientes, por processo, por projeto, matricial e mista.

O conhecimento desses aspectos é a base de sustentação para desenvolver uma adequada estrutura organizacional.

Também foram abordados os aspectos básicos da filosofia de administração por UEN, que representa uma forma otimizada de estruturação das empresas voltadas para resultados.

Foram também apresentados comentários a respeito das estruturações por governança corporativa e por rede de integração de empresas.

QUESTÕES PARA DEBATE

1. Estabelecer, para cada tipo de departamentalização, as consequências positivas e as negativas de sua utilização.
2. Estabelecer, para cada tipo de departamentalização, as condições que favorecem sua utilização pelas empresas.
3. Debater aspectos complementares da departamentalização por processos.

4. Com base na realidade da empresa onde você trabalha, desenvolver um organograma linear para uma parte da empresa. E também um organograma vertical.
5. Discutir os aspectos básicos da estrutura para rotinas e para inovação numa empresa.
6. Debater aspectos complementares que as empresas devem considerar para a departamentalização por Unidades Estratégicas de Negócios – UEN.
7. Debater aspectos complementares da governança corporativa.
8. Debater aspectos complementares da rede de integração de empresas.

CASO: POUPANÇA PLENA S.A.

A Poupança Plena S.A. é uma empresa *holding* de um grupo que atua em diversos setores do ramo financeiro: seguros, crédito imobiliário, *leasing*, crédito, financiamento e investimento, corretora de valores e banco comercial. Cada linha de atuação é uma empresa e corresponde a uma divisão diretamente subordinada ao Diretor Presidente.

Apresenta-se, a seguir, o organograma da alta administração da Poupança Plena S.A.:

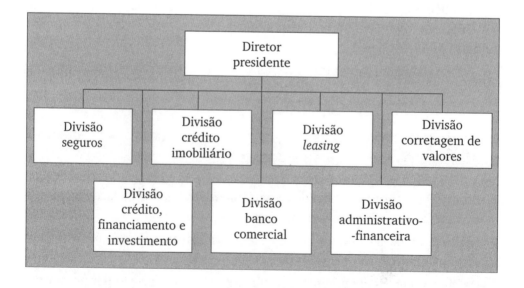

Como o grupo Poupança Plena S.A. quer beneficiar-se das oportunidades de mercado, decidiu criar a Divisão de Novos Negócios, que tem por finalidade desenvolver novas áreas de atuação para o grupo. Quando essas novas áreas estiverem estruturadas e em condições de funcionamento, devem passar para a operação, por meio de uma divisão específica.

Os projetos da Divisão de Novos Negócios necessitavam da colaboração de equipes das outras divisões; entretanto, isso não vinha ocorrendo de forma adequada, embora nas reuniões gerais presididas pelo Diretor Presidente todos se comprometessem a cooperar.

Dentre os problemas existentes, citam-se:

- cada Divisão dava prioridade a seus próprios assuntos, esquecendo as atividades para as quais deveria colaborar em termos de novos negócios para o grupo, bem como as comunicações começaram a ficar *truncadas* e distanciadas, ora pela ação dos Diretores de Divisão junto à equipe, ora pelo excessivo respeito à cadeia de comando existente;
- os técnicos *emprestados* para a Divisão de Novos Negócios eram as *sobras* de cada Divisão; e
- os coordenadores de projetos de novos negócios reclamavam da falta de atividade formal para conduzir o processo de maneira adequada.

Como consequência desse problema, o Presidente decidiu contratar técnicos específicos para a Divisão de Novos Negócios.

Com essa decisão, os cronogramas de execução e os custos passaram a ser cumpridos de forma adequada; entretanto, surgiram os seguintes problemas:

- o não envolvimento e o não cumprimento das outras divisões nos projetos de novos negócios, principalmente pelo desconhecimento do assunto;
- a capacidade ociosa da equipe técnica da Divisão de Novos Negócios em determinados períodos de tempo; e
- a insatisfação e a criação de *grupinhos* (a dos Novos Negócios e a dos *outros*).

Como consultor da Poupança Plena S.A., você deve:

1. Analisar a estrutura organizacional com os dados de que você dispõe.

2. Propor uma estrutura organizacional que você julgue a mais válida para resolver os problemas da empresa.

Para facilitar essa análise e proposta, você deve criar algumas hipóteses e informações complementares que possam enriquecer o caso.

5
Linha e assessoria

"Nem sempre o mundo consegue entender a profissão de fé de alguém, mas nunca deixa de compreender o serviço realizado."

Jan MacLaren

5.1 INTRODUÇÃO

Neste capítulo, são apresentados os principais aspectos inerentes às atividades de linha e de assessoria de uma empresa.

Esse não é um assunto a que as empresas têm proporcionado a importância devida. Entretanto, quando o analista de sistemas, organização e métodos efetua estudo desse assunto, a empresa pode ficar numa situação mais adequada para desenvolver as suas atividades.

No fim deste capítulo, o leitor estará em condições de responder a algumas questões, tais como:

- O que representam as atividades de linha e de assessoria para as empresas?
- Quais as diferenças entre esses dois tipos de atividades nas empresas?
- Quais os conflitos que podem ocorrer entre os profissionais alocados nas unidades organizacionais de linha e de assessoria?
- Como a empresa pode melhor utilizar as atividades de linha e de assessoria?

5.2 DIFERENÇAS DAS ATIVIDADES DE LINHA E DE ASSESSORIA

Existem duas formas de diferenciar as atividades de linha e de assessoria nas empresas.

Na primeira forma, considera-se que as unidades organizacionais de linha têm ação de comando, enquanto as unidades organizacionais de assessoria não têm ação de comando, pois apenas aconselham as unidades de linha no desempenho de suas atividades. Nesse caso, a representação gráfica da estrutura, por meio do organograma, pode ser visualizada na Figura 5.1.

No exemplo apresentado, a Assessoria de Planejamento complementa a Presidência nas questões de planejamento, assim como a Assessoria de Organização e Métodos complementa a Diretoria Administrativa e Financeira nas questões de O&M.

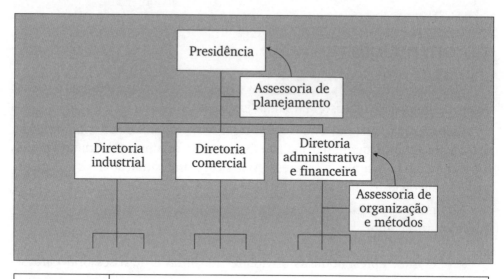

Figura 5.1 | Linha como executante e assessoria como conselheira.

A outra forma de apresentar a diferenciação entre linha e assessoria é considerar as unidades organizacionais de linha como ligadas às atividades-fins da empresa, enquanto as unidades organizacionais de assessoria como ligadas às atividades-meios da empresa. Nesse caso, pode-se ter o organograma visualizado na Figura 5.2:

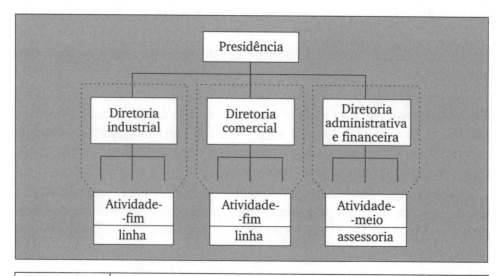

Figura 5.2 | Linha como atividade-fim e assessoria como atividade-meio.

Na realidade, podem-se considerar as atividades de linha como as diretamente ligadas às de operacionalização das atividades da empresa, enquanto as atividades de assessoria estão mais ligadas ao aconselhamento, análise e estudos das atividades do chefe, procurando, principalmente, liberá-lo de algumas tarefas de estudos e pareceres.

Todavia, nem por isso, a assessoria deixa de realizar trabalhos específicos, ligados às atividades gerais da empresa.

Em termos estruturais, é importante a consideração das unidades de linha como atividades-fins e das unidades de assessoria como atividades-meios, para desenvolver o processo da seguinte forma:

- as unidades organizacionais inerentes às atividades-fins devem ser as primeiras a ser estruturadas, de maneira perfeitamente integrada com os fatores ambientais ou externos ou não controláveis da empresa (mercado, fornecedores, concorrentes, legislação etc.); e
- as unidades organizacionais inerentes às atividades-meios devem ser estruturadas posteriormente, tendo em vista atender às necessidades das unidades organizacionais ligadas às atividades-fins da empresa.

Entretanto, esse procedimento não é respeitado na maior parte das empresas, provocando uma série de problemas estruturais.

5.3 ALGUMAS CONSIDERAÇÕES SOBRE A ATUAÇÃO DA ASSESSORIA

Os diversos autores não apresentam conceitos comuns, mas pode-se afirmar que assessor é uma extensão do executivo em termos de tempo e de aspectos técnicos.

O tempo refere-se à falta de disponibilidade do executivo para executar todas as suas tarefas. Os aspectos técnicos referem-se à falta de conhecimento do executivo sobre todos os assuntos que tramitam sob sua área de ação.

As empresas podem ter os seguintes tipos básicos de assessoria:

- assistente, que corresponde a um auxiliar pessoal do chefe;
- assessoria geral, composta por profissionais que fazem com que o trabalho do executivo seja executado de modo adequado;

- assessoria especializada, composta por profissionais que têm treinamento ou qualificação especializada, de modo a deter conhecimentos específicos, tais como advogados, economistas etc.; e
- serviços de operação, que são os sistemas de trabalho de importância secundária e que apenas existem para apoiar ou realizar serviços ao principal sistema de trabalho da empresa.

Existem algumas desvantagens no uso da assessoria, dentre as quais podem-se citar:

- quando usada como uma *válvula de escape* aos erros do superior imediato (unidade de linha);
- quando a assessoria dificultar a delegação de tarefas ao pessoal de linha;
- quando a assessoria assumir funções de linha, dificultando o processo administrativo;
- quando o executivo tender a ignorar seus subordinados de linha, em benefício dos subordinados de assessoria;
- quando ocorrerem diferenças pessoais e atritos entre o pessoal de linha e de assessoria, prejudicando o desenvolvimento dos trabalhos na empresa;
- quando os custos operacionais da unidade organizacional de assessoria forem muito elevados em relação aos benefícios proporcionados à empresa;
- quando sobrecarregar o pessoal alocado nas unidades organizacionais de linha;
- quando enfraquecer a influência do superior de linha; e
- quando provocar uma administração autocrática e inflexível.

Quanto aos requisitos para o êxito do trabalho da assessoria, os mais importantes são (Simeray, 1970, p. 143):

- facilitar ao assessor o acesso às informações necessárias, por meio de contatos frequentes e de fácil comunicação;
- consultar o assessor antes de tomar qualquer decisão no setor que lhe está afeto;
- deixar ao assessor a iniciativa de promover a ação necessária nas atividades em que estiver envolvido; e
- insistir em que o assessor *venda* suas ideias para as unidades organizacionais de linha.

Entretanto, o executivo deve estar atento às condições que favorecem o uso da assessoria, dentre as quais são citadas:

- quando abrange apenas um aspecto secundário da operação total considerada, principalmente para que a assessoria não fique realizando atividades que devem ser alocadas nas unidades organizacionais de linha;
- quando os chefes das unidades organizacionais de linha não possuem o necessário conhecimento técnico para o desenvolvimento do trabalho considerado; e
- quando é essencial assegurar ação uniforme em e entre várias unidades organizacionais de linha.

Nesse ponto, podem-se fazer algumas considerações sobre o problema da localização das unidades organizacionais de assessoria na empresa. O analista de sistemas, organização e métodos pode decidir analisando alguns aspectos, tais como:

- maior necessidade ou utilização;
- importância do serviço realizado; e
- requisitos que devem ser levados em conta para a operação efetiva da assessoria.

A unidade de assessoria pode executar diferentes tipos de funções, de acordo com o nível hierárquico a que está ligada. Essa situação pode ser visualizada na Figura 5.3:

Funções da unidade organizacional de assessoria	Níveis hierárquicos
• Consultoria • Assessoramento • Aconselhamento • Recomendação • Orientação	Presidência e Diretoria (1º Nível)
	Gerência de Departamento (2º Nível)
	Chefia de Setor (3º Nível)
Execução de serviços técnicos e especializados	Supervisão de Seção (4º Nível)
	Execução das Tarefas (5º Nível)

Figura 5.3 | *Funções de assessoria e níveis hierárquicos.*

5.4 ALGUMAS CONSIDERAÇÕES SOBRE A ATUAÇÃO DA LINHA

Nesse caso, os executivos encarregados pelas funções básicas da empresa têm responsabilidades e autoridades globais no que se refere às atividades, direta ou indiretamente, correlacionadas com as funções principais da empresa.

A autoridade desce numa linha direta, do superior ao subordinado, até o nível operativo, com cada executivo tendo jurisdição e responsabilidade pelo desempenho de todas as atividades necessárias a essa função principal considerada no processo.

5.5 ASPECTOS CONFLITANTES ENTRE LINHA E ASSESSORIA

Numa estrutura organizacional que tenha atividades de linha e de assessoria, podem surgir determinados conflitos.

Sem analisar quem tem razão nessa situação, apresentam-se, no Quadro 5.1, as razões mais comuns do conflito entre as unidades organizacionais de linha e de assessoria, de acordo com os argumentos mais comuns de cada uma das partes (adaptado de Vasconcellos, 1972, p. 24).

Quadro 5.1	*Razões mais comuns do conflito linha × assessoria.*

Linha (argumentos contra a assessoria)	Assessoria (argumentos contra o pessoal de linha)
• Ameaça da autoridade • Longe da realidade, ou seja, da prática • Não assume a responsabilidade pela operação • Consultar o assessor leva tempo • Assessor não agrega valor ao produto ou serviço oferecido pela empresa • Assessor é *esnobe*	• Ressente-se por não ser unidade organizacional fim • Não tem autoridade • Seu trabalho não é utilizado como deveria ser • Pessoal de linha está envolvido com a rotina e não tem tempo para pensar, criticar e melhorar o trabalho elaborado pela assessoria • Linha não tem visão de conjunto • Linha não quer fazer mudanças • O *curriculum vitae* dos assessores é melhor do que os profissionais de linha

Como conclusão das relações entre linha e assessoria, pode-se afirmar que, se o conflito é bom ou mau para a empresa, ou pode tornar-se útil para ela, não depende tanto da manipulação do conflito, como das condições subjacentes de toda a empresa.

Portanto, esse conflito deve ser visto como um sintoma dos problemas mais básicos que requerem adequada atenção dos executivos e como uma variável interveniente na empresa, que precisa ser considerada, usada e mantida dentro de certas fronteiras.

As principais sugestões para reduzir os conflitos entre linha e assessoria são:

- verificar se o assessor realiza tarefas de linha;
- especificar, divulgar e provocar conversas e debates quanto às atribuições do assessor;
- promover a participação dos profissionais da linha nas atividades de assessoria;
- procurar assessores com experiência em atividades de linha;
- dividir o crédito ou o fracasso das realizações entre a assessoria e a linha;
- sensibilizar a assessoria e a linha para possíveis causas de conflito. Uma forma para corrigir essa situação é executar reuniões entre pessoal de linha e de assessoria e discutir casos em que cada um se coloca na posição do outro; e
- contratar, principalmente os assessores, com habilidades de relacionamento interpessoal.

5.6 ASSESSORIA INTERNA E ASSESSORIA EXTERNA

Podem-se considerar a assessoria interna – funcionários – e a externa – consultoria –, apresentando suas principais vantagens e desvantagens para a empresa:

Vantagens do assessor interno (funcionário):

- maior conhecimento da empresa;
- possibilidade de maior sigilo com referência a dados e informações da empresa; e
- possibilidade de vivenciar os resultados do trabalho executado.

Vantagens do assessor externo (consultor):

- maior imparcialidade, pelo fato de estar menos envolvido no problema; e
- trazer conhecimento e experiência de trabalhos em outras empresas.

A prática tem demonstrado uma vantagem maior da empresa em ter o assessor interno e o consultor externo trabalhando, conjuntamente, e de forma sinérgica.

Informações detalhadas a respeito da atuação do consultor são apresentadas no livro *Manual de consultoria empresarial*, dos mesmos autor e editora.

RESUMO

Neste capítulo, foram apresentados os aspectos básicos das unidades organizacionais de linha e de assessoria nas empresas.

O analista de sistemas, organização e métodos deve examinar profundamente esse assunto, procurando tirar o máximo de proveito da atuação de cada um desses dois tipos de unidades organizacionais na empresa.

E, não deve esquecer dos aspectos comportamentais que podem gerar conflitos de atuação entre as atividades de linha e as de assessoria.

QUESTÕES PARA DEBATE

1. Você gostaria de trabalhar como assessor ou em cargo de linha? Justifique a resposta.

2. Analisar e complementar o quadro de possíveis conflitos entre as unidades de assessoria – atividades de apoio – e de linha – atividades-fins – numa empresa.

3. Listar e analisar as características básicas das unidades de linha e de assessoria numa empresa.

4. Discutir as formas de atuação do assessor interno (funcionário) e do assessor externo (consultor). Indicar e justificar a sua preferência para atuar como profissional em uma das duas situações.

CASO: DEPARTAMENTO DE PESQUISA E DESENVOLVIMENTO DA SOLBER – MECÂNICA DE PRECISÃO S.A.

A Solber – Mecânica de Precisão S.A. é uma empresa com, aproximadamente, 700 funcionários e detém 5% do mercado de mecânica de precisão para a indústria automotiva e aeronáutica nacional.

O Departamento de Pesquisa e Desenvolvimento (P&D) da Solber tem as seguintes características:

- quadro de pessoal: dez engenheiros de diversas especialidades e 23 técnicos de nível médio, em um total de 40 funcionários; e
- atividade básica: elaboração e execução de projetos de pesquisa e desenvolvimento na área de mecânica de precisão para as indústrias nacionais, principalmente a automotiva e a aeronáutica.

O organograma do Departamento de P&D da Solber é apresentado a seguir:

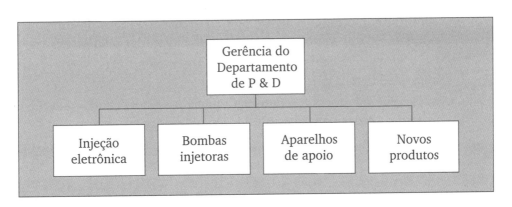

Você, como analista de sistemas, organização e métodos da Planos, empresa de consultoria contratada pela Solber, verificou que um dos problemas mais graves enfrentados pelo Gerente do Departamento de Pesquisas e Desenvolvimento era a ausência de informações sobre os estágios dos vários projetos, o que em muito dificultava a discussão de projetos de novos produtos, bem como provocava capacidade ociosa e sobrecarga, em certas ocasiões, nos três outros setores (injeção eletrônica, bombas injetoras e aparelhos de apoio).

Com base na análise preliminar efetuada por você na Solber, o Sr. Carlos Marques, Presidente da empresa, decidiu:

- criar uma unidade organizacional de programação e controle para amenizar os problemas apresentados; e
- desenvolver um sistema de informações que possibilitasse a redução de conflitos e agilizasse o processo decisório.

Você não estava totalmente favorável à criação dessa Assessoria de Programação e Controle, subordinada ao Gerente do Departamento de Pesquisa e Desenvolvimento, principalmente pela maneira "extremamente ágil" de sua criação e implementação. Você, inclusive, já havia avisado o Presidente que resistências e atritos poderiam surgir.

E, os conflitos começaram a consolidar-se de forma gritante, a saber:

- o Gerente do Departamento de Pesquisa e Desenvolvimento, por falta de tempo, conhecimento e vontade de trabalhar, mandava o Assessor de Programação e Controle entrar em contato com os encarregados dos quatro setores (injeção eletrônica, bombas injetoras, aparelhos de apoio e novos produtos);
- conflitos começaram a surgir porque os encarregados de setor não queriam aceitar as políticas e diretrizes elaboradas pela assessoria;
- os encarregados de setor afirmavam, abertamente, que sentiam sua autoridade ameaçada;
- as funções da Assessoria de Programação e Controle não eram reconhecidas pelos quatro setores do Departamento de P&D; e
- alguns funcionários do departamento – dos setores e da assessoria – se demitiram.

Essa situação desgostou muito o Presidente da Solber, que enviou o seguinte memorando para o Gerente do Departamento de P&D:

De: *PRESIDÊNCIA*
Para: *GERÊNCIA DO DEPARTAMENTO DE P&D*
Assunto: *RELAÇÕES LINHA × ASSESSORIA*

Desde que estou nesta empresa tem havido atritos entre linha e assessoria. Eu quero que isto termine.

O propósito de nosso pessoal de assessoria é aconselhar e auxiliar os gerentes de linha. Se esses conselhos têm real valor, nossos gerentes de linha devem pagar por eles.

Proponho que nossas assessorias sejam montadas numa base de consultoria. Elas devem cobrar dos departamentos de linha todo e qualquer trabalho, com base em preços mutuamente analisados e concordados.

O orçamento total das assessorias será composto dos recursos ganhos dessa forma. Nenhum gerente de linha será cobrado por qualquer serviço de assessoria que não deseje. Como usual, os departamentos de linha serão avaliados por sua lucratividade, após a dedução dos valores pagos às assessorias pelos serviços realizados.

Apreciarei sua pronta colaboração na implantação dessa política.

Carlos Marques – Presidente

O memorando do Presidente representou uma mudança radical, pois os orçamentos das assessorias eram, previamente, determinados a cada ano por ele. Visivelmente perturbado pelo memorando do Presidente, José Oliveira, Diretor Administrativo, que coordena várias atividades de assessoria na Solber, respondeu assim:

De: *DIRETORIA ADMINISTRATIVA*

Para: *PRESIDÊNCIA*

Assunto: *RELAÇÕES LINHA × ASSESSORIA*

Sua proposta prejudicará seriamente a contabilidade, relações industriais, treinamento, controle da produção, relações públicas e outras assessorias pelas quais sou responsável.

Damos aconselhamento às funções de linha, mas também somos responsáveis por verificações e, de alguma forma, supervisionamos a linha.

A maioria dos gerentes de linha ficará contente em nos ver fora de suas áreas de trabalho; eles certamente não irão nos contratar, como sugerido em seu memorando. Solicito, com insistência, que o senhor retire, imediatamente, sua recomendação de colocar-nos numa base de atuação como consultoria.

José Oliveira – Diretor Administrativo

Nesse momento, a confusão estava formada, pelos problemas entre a Presidência e a Diretoria Administrativa, bem como pelo que já foi identificado, internamente, na Gerência de P&D da Solber.

Tendo em vista a situação apresentada, você, como consultor da Solber, deve listar e analisar os principais problemas, bem como identificar as possíveis soluções que possam acabar com esses problemas.

Para tanto, você deve apresentar uma proposta técnica que considere os seguintes aspectos, no mínimo:

1. Como resolver os problemas de aceitação da Assessoria de Programação e Controle pelos Setores da Gerência de P&D?
2. Qual a melhor forma de atuação da Assessoria de Programação e Controle?
3. Quais deveriam ser as atribuições básicas da Assessoria de Programação e Controle?
4. Deve o Presidente continuar com seu "plano de consultoria interna" para as assessorias? Quais as vantagens e desvantagens da proposta?
5. Você concorda com o Diretor Administrativo de que a proposta vai prejudicar seriamente as assessorias? Justifique sua resposta.
6. Que efeito você pensa que o memorando do Presidente terá sobre a empresa como um todo, mesmo que ele retire a proposta?
7. Você acredita que o Presidente reduzirá o atrito entre linha *versus* assessoria que sempre existiu na empresa? Justifique a resposta.

6
Atribuições das unidades organizacionais

"Só diante de certas coisas perdidas percebemos que elas, um dia, foram nossas."

Mauro Motta

6.1 INTRODUÇÃO

Neste capítulo, são apresentados os principais aspectos de mais um item componente da estrutura organizacional.

As atribuições das unidades organizacionais representam uma forma de consolidar e representar, formalmente, todas as responsabilidades da unidade considerada.

É evidente que esse item componente da estrutura organizacional aparece no sistema de responsabilidades, conforme apresentado no Capítulo 3 – seção 3.3.1.1 – pelo princípio da maior predominância, mas o referido componente, também considera os outros sistemas evidenciados – autoridades, comunicações e decisões – em menor escala.

Salienta-se que essa observação quanto ao princípio de maior predominância é válida para todos os outros componentes de estrutura organizacional.

No fim deste capítulo, o leitor poderá responder a algumas perguntas, tais como:

- Como estabelecer as atribuições das unidades organizacionais das empresas?
- Como o analista de sistemas, organização e métodos deve desenvolver o manual de organização?
- Como devem ser constituídos e atuar os comitês ou comissões?
- Quais as contribuições do processo de especialização do trabalho para a adequada administração das empresas?

6.2 CONSIDERAÇÕES BÁSICAS

As atribuições das unidades organizacionais da empresa têm como base a especialização do trabalho.

A especialização refere-se ao maior conhecimento dos diversos e diferentes aspectos que determinado trabalho exige para ser executado (Vasconcellos, 1972, p. 19). Portanto, está correlacionada ao processo de divisão dos trabalhos nas empresas.

Deve haver perfeito equilíbrio de especialização do trabalho na estrutura organizacional, para evitar problemas de motivação dos funcionários e de coordenação das atividades da empresa.

Considerando o aspecto dos níveis hierárquicos numa estrutura organizacional, pode-se afirmar que a especialização do trabalho é mais interessante nos níveis mais baixos, pois isso pode levar a maior rapidez e qualidade na realização dos trabalhos.

O'Shauganessy (1968, p. 41) explicou que a especialização do trabalho pode levar a uma situação de economia de escala, pois agrupar atividades semelhantes pode resultar em economias originadas de produção em escala maior; portanto, o agrupamento deve procurar alcançar essas economias.

Analisando as vantagens e as desvantagens de a empresa obter a especialização por meio da divisão do trabalho, verificam-se:

a) Vantagens:
- maior qualidade dos produtos e serviços feitos pela empresa, pois eles são desenvolvidos e operacionalizados por especialistas em cada tarefa;
- maior eficiência, pois, se um indivíduo faz mais vezes o mesmo trabalho, ele acaba fazendo melhor;
- maior facilidade de treinar os funcionários; e
- mais barato para operacionalizar as atividades da empresa.

b) Desvantagens:
- o funcionário perde a visão de conjunto;
- pode provocar desmotivação para os vários funcionários da empresa;
- maior dependência entre as várias unidades organizacionais, pois, se determinado funcionário falta ao trabalho, pode provocar problemas em etapas posteriores do processo; e
- menor flexibilidade, pela maior rigidez de alocação das atividades entre as unidades organizacionais.

O analista de sistemas, organização e métodos deve notar que:

- nas tarefas de rotinas, as vantagens da divisão de trabalho assumem peso maior; e
- nas tarefas de inovação, as desvantagens da divisão de trabalho assumem peso maior.

Saliente-se que mais informações sobre as tarefas rotineiras e de inovação são apresentadas na seção 4.6, e outras questões quanto à especialização dos trabalhos são apresentadas na seção 6.5.

6.3 MANUAL DE ORGANIZAÇÃO

O desenvolvimento da empresa e, consequentemente, o aumento de sua complexidade e especialização tornam indispensável sua organização planejada, decorrendo dessa necessidade determinada sistematização, que é essencial quando se deseja trabalhar de maneira eficiente, eficaz e efetiva.

Essa sistematização deve ser simples e prática para ser eficiente; e, quando apresentada sob forma de relatório, é denominada Manual de Funções ou, mais comumente, Manual de Organização.

> Manual de Organização é o relatório formal das atividades e do respectivo organograma da empresa.

Ele mostra a todos os funcionários que possuem cargo de chefia qual sua participação no conjunto de atividades da empresa. Porém, é necessário frisar que um manual de organização não deve ter caráter estático; pelo contrário, deve ser dinâmico e espelhar, com fidelidade, a situação de toda a empresa.

Isso significa que as modificações havidas na estrutura organizacional da empresa, após sua elaboração, devem conduzir a uma atualização do manual, pois elas são decorrências naturais do processo contínuo de desenvolvimento que caracteriza a empresa. Portanto, o manual deve adaptar-se a qualquer alteração ocorrida na empresa.

De acordo com Newman (1976, p. 84), o manual de organização consiste, basicamente, em organogramas e fichas de funções das unidades organizacionais, as quais são coordenadas pelos executivos das empresas.

> Organograma é a representação gráfica de alguns aspectos da estrutura organizacional da empresa.

O referido autor enumera as vantagens e as desvantagens dos organogramas e dos manuais de organização, que são:

a) Vantagens:

- durante sua elaboração, fornecem oportunidade de considerar, de um ponto de vista objetivo e crítico, os esquemas organizacionais;

- são úteis como recursos e informações para treinamento; e
- servem, às vezes, de ponto de vista oficial e decisivo sobre quaisquer problemas organizacionais da empresa.

b) Desvantagens:

- são, geralmente, difíceis de se alterar;
- podem provocar atritos e disputas; e
- são limitados quanto a determinadas informações.

Mais detalhes sobre o manual de organização são apresentados no Capítulo 13 (seção 13.4.1).

6.3.1 Constituição do manual de organização

Um manual de organização pode ser constituído das seguintes partes:

a) Considerações gerais: em que são apresentados os aspectos teóricos que envolvem sua elaboração, bem como as principais informações sobre a empresa em questão.

b) Fichas de funções: em que se estabelecem a posição hierárquica de cada unidade organizacional, sua finalidade e suas atribuições específicas. Claro está que não se limita às tarefas executadas, diretamente, pelo chefe da unidade organizacional; estabelecem-se, também, funções da própria unidade indicadas como de responsabilidade do seu chefe e que podem ser delegadas a seus subordinados.

c) Quadro de competências: em que são estabelecidos os níveis de autoridade e responsabilidade dos titulares dos cargos que compõem a estrutura organizacional da empresa.

d) Comitês: em que se estabelecem sua finalidade, seus membros e a periodicidade das reuniões (ver detalhes na seção 6.3.4).

e) Relação de titulares, centros de custos e siglas: em que são listados as várias unidades organizacionais, seu centro de custos, bem como as respectivas siglas e titulares atuais, visando facilitar a comunicação.

f) Organograma: é a representação gráfica de alguns aspectos da estrutura organizacional da empresa. Nele ficam claramente evidenciadas as diversas unidades organizacionais competentes, sua posição relativa e suas ligações.

6.3.2 Ficha de funções

> Ficha de funções é a descrição da linha de subordinação e do conjunto de atribuições – inerentes às funções administrativas de planejamento, organização, direção, gestão de pessoas e avaliação –, bem como dos níveis de alçada decisória de cada unidade organizacional da empresa.

Um modelo de ficha de funções, no qual são apresentadas todas as funções conjuntamente, pode ser visualizado na Figura 6.1:

Planos	Ficha de Funções	Vigência __/__/__	Revisão __/__/__	Nº	Folha

– UNIDADE ORGANIZACIONAL:
– SIGLA:
– CENTRO DE CUSTOS OU RESULTADOS:
– CARGO:
– SUPERIOR IMEDIATO:
– SUBORDINADOS DIRETOS:
– LIGAÇÕES FUNCIONAIS:
– ESTILO DE ATUAÇÃO:
– RESPONSABILIDADE BÁSICA:
– FUNÇÕES:

   1. Relativas a planejamento
    ·

   2. Relativas a organização
    ·

   3. Relativas a direção
    ·

   4. Relativas a gestão de pessoas
    ·

   5. Relativas a controle e avaliação
    ·

Figura 6.1	*Modelo de ficha de funções.*

Na elaboração de um manual de organização, julga-se essa a melhor forma de apresentação. Outra forma é separar as atribuições comuns ao nível hierárquico das específicas ao cargo, única e exclusivamente, para eliminar o aspecto repetitivo.

Um exemplo de ficha de funções preenchida é apresentado no Quadro 16.4 (Capítulo 16), em que são evidenciadas as atribuições de um fictício departamento de sistemas, organização e métodos.

6.3.3 Quadro de competências

> Quadro de Competências tem por objetivo ilustrar o nível de autoridade e de responsabilidade dos titulares dos cargos que compõem a estrutura organizacional da empresa, visando obter maior agilidade, uniformidade e segurança no processo de tomada de decisões.

O quadro de competências é o resultado da identificação de algumas decisões relevantes que devem ser tomadas no processo operacional da empresa e dos respectivos níveis de autoridade de cada chefe de unidade organizacional.

Um exemplo é apresentado na Figura 6.2, considerando aspectos comerciais de uma empresa de transporte aéreo.

O quadro de competências pode ter os seguintes componentes:

a) Listagem de atividades, agrupadas segundo os assuntos ou áreas afins, tais como: atividades de recursos humanos, financeiras, administração de materiais, comerciais, técnicas/operacionais e gerais.

b) Símbolos que identificam a vinculação de cada decisão a determinada espécie de autoridade, tais como:

- competência simples, correlacionada a determinada pessoa ou área;
- competência comum a determinado nível hierárquico; e
- competência conjunta, efetivada por diferentes áreas da empresa de forma interativa.

Os níveis de autoridade previstos no quadro de competências devem ser definidos com base no critério de subordinação hierárquica estabelecida na estrutura organizacional da empresa.

△ COMPETÊNCIA COMUM A DETERMINADO NÍVEL HIERÁRQUICO ○ COMPETÊNCIA SIMPLES ○—○ COMPETÊNCIA CONJUNTA	VIGÊNCIA / /	REVISÃO / /	FOLHA	Diretoria	Diretor de marketing	Gerente de marketing	Gerente de tráfego	Gerente de base
COMERCIAIS								
01. Estabelecer metas de vendas de passagens e carga por bases.						○		
02. Aprovar as diretrizes a serem adotadas na propaganda comercial e institucional da empresa.					○			
03. Executar o programa anual de propaganda e promoções da empresa de acordo com as diretrizes aprovadas.						○		
04. Aprovar medidas para otimização do aproveitamento das linhas regulares da empresa.				○				
05. Aprovar alterações nas linhas regulares da empresa.				○				
06. Propor, para aprovação da Diretoria, serviço diferenciado de bordo.						○—○		
07. Representar a empresa em eventos inerentes a assuntos comerciais.					○			
08. Aprovar convênios comerciais, por meio de contratos, com outras empresas aéreas.					○			
09. Propor a celebração de contratos de agenciamento de serviços de cargas e passagens.						△	△	△
10. Aprovar contratos de agenciamento de serviços de de cargas e passagens.						○		
11. Aprovar a celebração de contrato de *interline*.					○			
12. Aprovar o fretamento de aeronaves de passageiros e cargas nacionais.					○—○			
13. Propor, para aprovação do diretor da área, a abertura e o encerramento de pontos de venda.						○		
14. Autorizar despesas extras decorrentes de voos atrasados, alterados e cancelados referentes a acomodação, alimentação e transporte.						△	△	△
15. Propor ao diretor da área a introdução de novos produtos e serviços mercadológicos.						○		
16. Aprovar voos de reforço.						○		

Figura 6.2	*Quadro de competências.*

É importante esclarecer que as competências estabelecidas no quadro de competências tratam de níveis de autoridade mínimos exigidos para a tomada de decisões. Portanto, o funcionário da mesma estrutura linear, hierarquicamente superior àquele indicado no quadro, é, igualmente, competente para decidir pelo subordinado.

Por outro lado, as competências podem ser exercidas por autoridades da mesma área, hierarquicamente inferiores, desde que expressamente delegadas. Cabe ressaltar, contudo, que a delegação se refere, exclusivamente, à autoridade para a tomada de decisão, pois a responsabilidade, sendo inerente às funções, não será em nenhuma hipótese transferível ou delegável.

6.3.4 Comitês ou comissões

Uma vez se disse – de forma *jocosa* – que quem pode manda, quem sabe faz, quem não quer e/ou sabe mandar ou fazer forma um grupo de trabalho. Não se quer, neste capítulo, se preocupar com essa situação, mas apenas apresentar os aspectos básicos dos comitês ou comissões nas empresas.

> Comitê ou comissão é a reunião estruturada de vários profissionais, normalmente com conhecimentos multidisciplinares, para emitir, por meio de discussão organizada, uma opinião a respeito de um assunto previamente estabelecido, a qual, nascida de debates, seja a mais adequada para a realidade da empresa.

Sobre a classificação dos comitês, há muita divergência de opiniões dos diversos autores. Apenas para fixar ideias, apresentam-se a seguir os três tipos mais difundidos:

- coordenadores, a fim de reunir profissionais representantes de determinadas funções, ou parte deles, com o propósito de assegurar o trabalho de cada função, conduzindo-as sobre bases condizentes e em harmonia com o trabalho das demais funções;
- conselheiros, a fim de reunir determinados profissionais que possam oferecer orientação especializada a um chefe que dela necessite; e
- educativos, a fim de constituir um meio de que se valha um chefe para manter sua equipe regularmente informada sobre os acontecimentos e as diretrizes que possam afetar os mesmos e, ainda, sobre as atividades de outros órgãos, quer sejam da empresa ou externos à mesma.

Evidentemente, enquadrar um comitê em determinada classificação não é o que mais interessa; o essencial, qualquer que seja seu tipo, é que sejam definidas e claramente entendidas suas responsabilidades e atribuições, bem como haja, por parte de seus membros, o máximo de colaboração e de boa vontade.

Eles devem compreender que a finalidade de um comitê não é endossar essa ou aquela opinião individual, mas alcançar um resultado que seja a soma dos pontos de vista individuais apresentados. Um resultado próprio é desenvolvido a partir do pensamento conjunto do comitê.

A criação de um comitê, bem como suas atribuições, deve levar em consideração as vantagens e as desvantagens decorrentes de seu uso.

Com referência a suas vantagens e desvantagens e aspectos operacionais, Newman (1976, p. 99) apresentou uma série de considerações que, mediante uma adaptação e consolidação, pode-se representar como no Quadro 6.1:

Quadro 6.1	*Aspectos gerais das comissões ou comitês.*

Vantagens	Desvantagens
– julgamento colegiado. – coordenação facilitada. – cooperação na execução dos planos. – treinamento dos membros participantes.	– ação lenta e dispendiosa. – responsabilidade dividida. – perigo de falta de comprometimento.
Condições de uso	
Favoráveis	Desfavoráveis
– necessidade de grande variedade de informações para uma conclusão justa. – necessidade de vários julgamentos pessoais devido à importância do assunto. – necessidade de perfeita e completa compreensão para êxito no cumprimento das decisões. – necessidade da coordenação de atividades de áreas que necessitam ser frequentemente ajustadas.	– a rapidez é fator essencial. – a decisão não é de grande importância. – não se dispõe de pessoal qualificado. – o probrema é mais de desempenho do que de decisão.
Sugestões para o uso eficaz das comissões ou comitês	
– definir, com clareza, os deveres e responsabilidades do comitê. – selecionar os membros, levando-se em consideração os deveres do comitê. – dar ao comitê a necessária assessoria. – estabelecer normas de ação rápida e eficiente. – designar um presidente competente e aceito pelos membros do comitê.	

174 Sistemas, Organização e Métodos • Rebouças

Funcionando como órgãos consultivos, deliberativos, de treinamento ou de planejamento, os comitês são muito úteis; tanto maior é sua utilidade, quanto mais complexos são os problemas da empresa. Nessas circunstâncias, o comitê pode estar atuando como assessoria do órgão a que pertence.

Normalmente, as empresas bastante descentralizadas ou com ramos de atividades muito diversificados e amplos sentem a necessidade de um setor que coordene a aplicação de suas diretrizes gerais; um órgão, constantemente, atento que concilie as variações do meio com as normas e políticas emanadas da alta administração. São, assim, criados os comitês que completam, de maneira adequada, os serviços de direção e de coordenação na empresa.

Geralmente, um comitê é constituído por um presidente, alguns membros e um secretário. Não existe regra fixa para a determinação do número de membros.

6.3.4.1 Atribuições dos integrantes do comitê

Algumas das atribuições dos integrantes dos comitês ou comissões podem ser:

a) Presidente do comitê:
- orientar e dirigir os trabalhos do comitê, de forma que fique garantido seu bom funcionamento;
- coordenar as discussões e julgamentos, sem impor sua vontade e tolher a atuação dos demais membros; e
- supervisionar os encargos do secretário, dando-lhe as diretrizes gerais e orientando-o sobre o funcionamento do comitê.

b) Secretário do comitê:
- selecionar os assuntos a serem julgados;
- coletar dados e elementos para estudo nas diversas unidades organizacionais da empresa;
- estabelecer contato com as diversas chefias;
- coletar índices estatísticos e consultar opiniões de terceiros com o objetivo de preparar um esquema preliminar de cada matéria a ser discutida;
- proceder à leitura da ata da reunião anterior, incentivar os demais membros a apresentar seus pontos de vista sobre os assuntos da ordem do dia e, conforme ocorram os debates, fornecer os elementos e esclarecimentos solicitados;

- redigir a ata, assimilar e transformar em relatório a súmula dos julgamentos aprovados; e
- providenciar a execução das tarefas que lhe forem confiadas.

c) Membros do comitê:
- comparecer à reunião munidos de toda a documentação que possa facilitar os trabalhos, bem como estar perfeitamente cientes do assunto que será tratado;
- cultivar o método de, partindo de várias ideias dissociadas, reuni-las sob uma forma utilizável, proveitosa e, sobretudo, impessoal;
- contribuir, durante os trabalhos, para que seja consolidado o julgamento coletivo; e
- ter como objetivo soluções, e não apenas acordos ou fórmulas para os problemas discutidos.

6.4 QUESTIONÁRIO DE LEVANTAMENTO DA ESTRUTURA ORGANIZACIONAL

No Quadro 6.2, é apresentado um modelo de questionário que poderá ser usado para o levantamento das atribuições das unidades organizacionais das empresas.

Conforme pode ser verificado, ele procura levantar todos os aspectos básicos inerentes às funções consideradas na descrição proposta e apresentada de atribuições das unidades organizacionais (ver seção 6.3.2).

Também aborda as atividades que não são realizadas no momento do levantamento, mas que são consideradas necessárias para o adequado funcionamento da unidade organizacional e da empresa.

A forma como os diversos assuntos relativos à estrutura organizacional são levantados pelo Quadro 6.2 facilita uma posterior análise de interação entre esses assuntos e, portanto, as atribuições ficam simplificadas e melhor operacionalizadas pelas empresas.

Essa questão de maior facilidade para o desenvolvimento dos trabalhos é muito importante pois, mesmo em uma empresa de tamanho médio, o volume de informações que um questionário, do tipo evidenciado no Quadro 6.2, disponibiliza para análise é bastante elevado. Naturalmente, cada empresa deve realizar algumas adaptações ao conteúdo do referido quadro.

Quadro 6.2	Modelo de questionário de levantamento da estrutura organizacional.

Planos	Estrutura organizacional	Nº

Unidade organizacional:

1. Descreva, em sua opinião, qual a função básica de sua unidade organizacional, em termos da contribuição da mesma aos objetivos da unidade maior a que ela pertence e de toda a empresa:

2. Liste abaixo as atividades de responsabilidade de sua unidade organizacional, agrupando-as de acordo com os assuntos que seguem:

   2.1. *Atividades de planejamento*

   a) Que atividades são realizadas para estabelecimento de objetivos e metas para a empresa e/ou sua unidade organizacional?

   a.1) Quais outras atividades deveriam ser realizadas?

   b) Que atividades são realizadas no desenvolvimento de políticas e estratégias relativas à empresa e/ou sua unidade organizacional?

   b.1) Quais outras atividades deveriam ser realizadas?

   c) Que atividades de programação de trabalho da empresa e/ou de sua unidade organizacional são realizadas?

   c.1) Quais outras atividades deveriam ser realizadas?

   d) Que atividades são realizadas em relação ao desenvolvimento de novos sistemas operacionais e/ou alterações nos existentes – planejamento de processos, procedimentos e rotinas – para sua unidade organizacional?

   d.1) Quais outras atividades deveriam ser realizadas?

Atribuições das unidades organizacionais **177**

Quadro 6.2	*Continuação.*

e) Que atividades são realizadas em termos de preparação de orçamentos de sua unidade organizacional?

e.1) Quais outras atividades deveriam ser realizadas?

f) Que atividades são executadas em termos de explicação, interpretação e capacitação dos funcionários da unidade organizacional quanto ao uso e significado de objetivos, metas, políticas, estratégias, projetos, programas, procedimentos e orçamentos?

f.1) Quais outras atividades deveriam ser realizadas?

g) Quais outras atividades inerentes à função de planejamento são executadas por sua unidade organizacional?

g.1) Quais outras deveriam ser executadas?

h) Que resultados sua unidade organizacional tem obtido com a realização das atividades inerentes à função planejamento?

h.1) Quais outros resultados deveriam ser alcançados?

2.2. *Atividades de organização*

a) Em que extensão são realizadas atividades de desenhar e manter a estrutura organizacional da empresa e de sua unidade organizacional, bem como de alterações da mesma?

a.1) Quais outras atividades deveriam ser realizadas?

b) Que atividades são realizadas quanto à definição das responsabilidades – atividades – e às alterações das mesmas, em relação a seus subordinados?

b.1) Quais outras atividades deveriam ser realizadas?

Quadro 6.2	*Continuação.*

c) Que atividades são realizadas no desenvolvimento e estabelecimento de métodos administrativos da empresa e/ou de sua unidade organizacional?

c.1) Quais outras atividades deveriam ser realizadas?

d) Que atividades são executadas quanto ao estabelecimento de sistemas – informatizados e/ou manuais – em conjunto com as áreas especializadas da empresa?

d.1) Quais outras atividades deveriam ser realizadas?

2.3. *Atividades de gestão de pessoas*

a) Que atividades são desenvolvidas por sua unidade organizacional, visando ao aprimoramento administrativo e profissional dos funcionários da unidade?

a.1) Quais outras atividades deveriam ser realizadas?

b) Que atividades são realizadas para a substituição, promoção, alocação, contratação – seleção – e dispensa de pessoal subordinado?

b.1) Quais outras atividades deveriam ser executadas?

2.4. *Atividades de direção*

a) Que trabalhos de sua unidade exigem coordenação com outras unidades organizacionais da empresa?

a.1) Quais outros trabalhos deveriam exigir essa coordenação?

b) Que atividades de coordenação realiza entre trabalhos dentro de sua unidade organizacional?

b.1) Quais outras atividades deveria realizar?

Atribuições das unidades organizacionais **179**

Quadro 6.2	*Continuação.*

c) Detalhe suas atividades de supervisão de trabalhos e de seus subordinados que são realizadas:

---

c.1) Detalhe outras atividades que deveriam ser executadas:

---

d) Que atividades realizadas considera como de motivação de seus subordinados?

---

    d.1) Quais outras atividades deveriam ser executadas para melhorar a motivação?

---

e) Que atividades são realizadas relativas à solicitação e utilização de recursos: equipamentos, máquinas, materiais de escritório, pessoal, móveis e utensílios e financeiros?

---

    e.1) Quais outras atividades deveriam ser executadas?

2.5. *Atividades de execução*

a) Que atividades, entre as realizações de sua unidade organizacional, são executadas por você e não por seus subordinados?

---

    a.1) Quais outras atividades deveriam ser executadas?

2.6. *Atividades de controle e de avaliação*

a) Que padrões e indicadores de desempenho são estabelecidos para os trabalhos de sua unidade organizacional?

---

    a.1) Quais outros padrões e indicadores de desempenho deveriam ser estabelecidos?

---

b) Que atividades são realizadas para o acompanhamento do desenvolvimento de trabalhos sob sua direção?

---

    b.1) Quais outras atividades deveriam ser realizadas?

---

180 Sistemas, Organização e Métodos • Rebouças

Quadro 6.2	*Continuação.*

c) Que atividades de correção são realizadas quando da constatação de desvios entre o desempenho pretendido e a situação real?

_____

c.1) Quais outras atividades deveriam ser realizadas?

_____

d) Quais os relatórios de controle cuja execução é de responsabilidade de sua unidade organizacional? Para quem são enviados?

_____

d.1) Quais outros relatórios deveriam ser considerados e enviados?

_____

3. *Níveis de competência*

3.1. Estabeleça os níveis de competência para assinaturas, autorizações, decisões, ações etc. que você tem para o exercício de seu cargo e função. Faça também os comentários sobre as alterações que julgar necessárias, para o aprimoramento de sua unidade organizacional e da empresa.

Nº	Assunto	Nível de competência	Comentários	Código

Se possível, indique o *código* correspondente a cada uma dessas situações:

A – Tomo decisão final.

B – Tomo decisão final, após consultar meu superior.

C – A decisão é tomada por meu superior.

D – A decisão é tomada por meu subordinado.

E – Sou informado da decisão tomada.

F – Participo da decisão, por meio de aconselhamento, sugestões etc.

4. *Ligações hierárquicas*

4.1. Indique o nome e o cargo de seu superior hierárquico:

Nome: _____

Cargo: _____

Quadro 6.2	*Continuação.*

4.2. Assinale com um "X" a alternativa que, normalmente, ocorre no desempenho de suas funções:

a) Você consulta seu superior antes de realizar suas tarefas:

( ) todas as tarefas.

( ) tarefas mais importantes.

( ) quase nenhuma.

b) Você presta contas ao seu superior depois de realizar suas tarefas:

( ) todas as tarefas.

( ) tarefas mais importantes.

( ) quase nenhuma.

c) Você executa suas tarefas sem antes consultar seu superior e nem lhe presta contas depois:

( ) nenhuma tarefa.

( ) tarefas rotineiras.

( ) quase todas as tarefas.

4.3. Relacione as pessoas que são seus subordinados imediatos e que também ocupam posição de chefia, indicando, para cada uma delas, o cargo que ocupa, a principal função, o número de subordinados e a alternativa (a), (b) ou (c) que melhor se adapta:

a) O funcionário deve consultar você antes de executar a maioria das tarefas.

b) O funcionário deve prestar contas a você depois de executar a maioria de suas tarefas.

c) O funcionário executa a maioria de suas tarefas sem antes precisar consultar você, nem lhe prestar contas depois.

Nome:
Cargo:
Função:
Número de subordinados:
Alternativas: (a) (b) (c)

4.4. Cite o nome e o cargo de seus subordinados diretos que não ocupam posição de chefia, bem como suas principais tarefas:

Nome	Cargo	Tarefas

182 Sistemas, Organização e Métodos • Rebouças

Quadro 6.2	*Continuação.*

5. *Ligações funcionais*

Indique o nome das pessoas, seus cargos e para quais tarefas têm ligações funcionais no desempenho de suas atividades:

Nome	Cargo	Tarefas

6. *Relacionamento de trabalho com terceiros*

6.1. Indique o cargo dos funcionários da empresa com os quais você ou a unidade organizacional sob sua responsabilidade mantém relaciona-mento de trabalho, mencionando a frequência desses relacionamentos – diária, semanal etc. –, e os assuntos tratados, bem como a forma como são feitos (verbal, por meio de documentos emitidos ou por meio de documentos recebidos):

Cargo das pessoas	Setor	Assunto	Frequência	V	DE	DR

V = Verbal;

DE = Documentação Emitida;

DR = Documentação Recebida.

6.2. Indique a função das pessoas externas à empresa com as quais você ou a unidade organizacional sob sua responsabilidade mantém relacionamen-to de trabalho, mencionando a entidade a que pertencem, a frequência das relações e os assuntos tratados:

Função das pessoas	Entidade	Assunto	Frequência

Atribuições das unidades organizacionais 183

Quadro 6.2	*Continuação.*

---

7. *Documentos*

    7.1. Indique os documentos utilizados por você ou pela unidade organiza-
cional sob sua responsabilidade, no desempenho das tarefas que lhe são
atribuídas. Mencione o número de vias, procedência e destino, sempre
que possível, segundo a ordem de importância de suas atividades, apresentadas no item 2.

Item	Documento	Vias	Procedência	Destino

    7.2. Indique a finalidade de cada documento, ou grupo deles, correlaciona-
do no item anterior. Se julgar necessário, critique, sumariamente, sua
utilização.

Documento	Finalidade	Crítica sumária

8. *Complementos*

Cite o que, além do já mencionado, julgar de interesse para o entendimento
das funções e responsabilidades de sua unidade organizacional, inclusive as
dificuldades que sente no desempenho de seu cargo e sugestões para seu
desenvolvimento.

6.5 ESTUDO E DISTRIBUIÇÃO DOS TRABALHOS

Neste livro já foi evidenciado que a estruturação organizacional expressa
uma forma de agrupar as atividades necessárias para o alcance dos objetivos, as
quais são atribuídas a unidades organizacionais com autoridade para executá-
-las e responsabilidade pela eficiência e eficácia de tal execução.

A análise da repartição das tarefas encontra-se restrita à estrutura formal,
possuindo seu executor autoridade e responsabilidade para executá-la, dentro

dos padrões e condições previamente estabelecidos. O grau de formalismo dos padrões e condições de execução das atividades depende das políticas da empresa, da complexidade do assunto, da unidade organizacional em que é realizada e do nível hierárquico de seu executor. Assim, um operador de máquina realiza atividades que possuem maior grau de formalização do que um pesquisador da área de pesquisa e desenvolvimento.

Conforme já apresentado na seção 3.2.1, a estrutura formal engloba, entre outros aspectos, as unidades organizacionais e suas relações, as pessoas que executam as atividades e o trabalho a ser executado, o qual sofre um processo de divisão que gera a especialização das atividades e dos profissionais envolvidos.

Essas atividades e tarefas realizadas são distribuídas pelas áreas ou unidades organizacionais, mediante critérios de natureza, similaridade e complementaridade. Portanto, esse trabalho pode auxiliar tanto a questão de organização – Parte II do livro –, quanto a questão de métodos – ver Parte III.

No estudo e distribuição dos trabalhos nas empresas, normalmente são utilizadas as seguintes definições:

- carga de trabalho: volume de trabalho atribuído a uma unidade organizacional, durante um período de tempo preestabelecido;
- função: conjunto de atividades convergentes e afins, que caracterizam as atribuições das unidades organizacionais e dos cargos, servindo, inclusive, como critério para departamentalização da empresa (ver Capítulo 4);
- atividade: conjunto de tarefas necessárias à realização do trabalho atribuído às unidades organizacionais e aos cargos;
- tarefa: agrupamento de operações interligadas mediante determinada ordem sequencial, levando-se em consideração a subdivisão do trabalho entre os funcionários alocados em uma unidade organizacional;
- operação: parte indivisível da execução de uma tarefa, podendo ser executada manualmente ou por intermédio de instrumentos, ferramentas, máquinas etc.;
- natureza da atividade: para o alcance de seus objetivos, as empresas executam inúmeras atividades, necessárias ao atendimento de aspectos legais, de produção, financeiros, contábeis etc. Desse modo, tais aspectos determinam a natureza das atividades, ou seja, pode-se dizer que uma atividade possui natureza jurídica, quando sua execução busca satisfazer aos aspectos legais da empresa; diz-se que possui natureza financeira quando objetiva satisfazer às necessidades do subsistema financeiro adotado pela empresa, e assim por diante;

Atribuições das unidades organizacionais **185**

- atividades complementares: quando as atividades apresentam uma relação antecedente *versus* subsequente, funcionando como um complemento necessário da antecedente, para que o trabalho possa ser realizado. Como exemplo, pode-se citar o seguinte processo: emissão de nota fiscal, conferência da nota fiscal emitida, emissão de fatura/duplicata etc. (ver departamentalização por processos na seção 4.2.6); e
- atividades similares: ocorrem quando a realização de duas ou mais atividades obedecem ao mesmo procedimento de execução, como, por exemplo: emissão de pedido de venda e extração de nota fiscal (quando for, praticamente, cópia do pedido).

Após a divisão da empresa em áreas ou unidades organizacionais, mediante critérios definidos de departamentalização; após a determinação das atividades a serem realizadas, necessárias ao alcance das metas e objetivos; e após a atribuição de tais atividades às unidades organizacionais, mediante critérios de natureza, similaridade e complementaridade, seguem-se três fases de análise da distribuição da carga de trabalho pelas unidades organizacionais das empresas.

São elas:

A – Listagem das tarefas individuais

Consiste em descrever, mediante entrevistas e questionários, todas as tarefas que cada funcionário executa, indicando o tempo que as mesmas levam para serem executadas e o volume total de trabalho executado, ou seja, o somatório das durações das tarefas.

B – Listagem das atividades de cada unidade organizacional

Após a identificação das tarefas que cada funcionário realiza, devem-se agrupá-las em atividades, as quais são relacionadas em uma lista de atividades, mediante a sua ordem de importância para a unidade organizacional e, consequentemente, para a empresa.

As atividades que não merecem ser enumeradas individualmente devido à pequena importância, podem ser agrupadas em item denominado "diversos", que deve sempre vir no fim de cada lista.

As atividades mais relevantes são as que, normalmente, qualificam as unidades organizacionais, caracterizando as funções atribuídas às mesmas e definindo a nomenclatura das diversas unidades organizacionais e dos cargos nos quais os funcionários da empresa são alocados.

Ao elaborar a lista de atividades da unidade organizacional, é interessante colocar a duração de cada uma, bem como a participação das mesmas no tempo total necessário à execução de todas as atividades.

C – Elaboração do estudo da distribuição dos trabalhos

Este estudo, disponibilizando os dados de forma estruturada, possibilita ao analista de sistema, organização e métodos:

- ter uma visão global de todas as tarefas executadas em cada unidade organizacional da empresa;
- analisar, comparativamente, as tarefas executadas pelos diferentes funcionários;
- analisar, comparativamente, a duração das tarefas;
- verificar se a capacitação profissional dos funcionários está sendo eficientemente utilizada;
- verificar se há equilíbrio no volume de trabalho executado pelos funcionários;
- verificar o grau de especialização das tarefas;
- verificar o critério utilizado para a distribuição dos trabalhos entre os funcionários da unidade organizacional, ou seja, a natureza, a similaridade ou a complementaridade das tarefas;
- verificar se existem tarefas dispersas entre os vários executores ou se os mesmos estão executando tarefas desconexas;
- analisar, de forma global, a distribuição dos trabalhos entre os funcionários; e
- estabelecer a situação global ideal, racionalizando a distribuição das tarefas pelas unidades organizacionais da empresa.

Para alcançar todos os aspectos mencionados, é necessário que se construa um quadro de distribuição dos trabalhos que contenha, fundamentalmente:

- todas as tarefas realizadas em cada unidade organizacional, agrupadas por funcionário;

- homogeneidade no registro de durações das tarefas;
- cálculo das durações das tarefas e o somatório das mesmas em atividades;
- cálculo do tempo empregado por cada funcionário na realização de suas tarefas, evidenciando-se a ociosidade ou o emprego de horas extras;
- ordem sequencial das execuções das tarefas, por funcionário; e
- número de vezes que a tarefa é repetida, dentro da unidade de tempo considerada.

Esses vários assuntos devem ser detalhados, de acordo com a realidade da empresa e a expectativa dos resultados esperados, propiciando uma análise e um debate complementar interessante para o adequado estabelecimento das atribuições das unidades organizacionais das empresas.

RESUMO

Neste capítulo, foram abordadas atribuições das unidades organizacionais que possibilitam ao analista de sistemas, organização e métodos formalizar as responsabilidades, os níveis de autoridade, os processos de comunicações e as decisões nas unidades organizacionais das empresas.

Por meio da identificação e da análise dos aspectos básicos do manual de organização, foi possível visualizar como esse importante instrumento administrativo pode ajudar a empresa a ser mais eficiente, eficaz e efetiva.

QUESTÕES PARA DEBATE

1. Com base em três empresas que você conhece, analisar os aspectos básicos de seus manuais de organização (salienta-se que o detalhamento deve ser realizado após a leitura e análise do Capítulo 13, principalmente da seção 13.4.1).
2. Debater e desenvolver um novo questionário ou roteiro estruturado para levantamento e análise da estrutura organizacional das empresas.
3. Analisar e debater a interligação entre os diversos itens do questionário de levantamento da estrutura organizacional (Quadro 6.2).

4. Analisar e debater a realidade de atuação dos comitês ou comissões em uma empresa de seu conhecimento.

5. Com base na realidade da unidade organizacional em que você trabalha e dos sistemas básicos envolvidos pela referida unidade organizacional, desenvolver um estudo resumido da distribuição dos trabalhos.

CASO: ANÁLISE ESTRUTURAL DA INDÚSTRIA E COMÉRCIO BRASCAR S.A.

A Indústria e Comércio Brascar S.A. é uma empresa diversificada e de grande porte na indústria de autopeças. Nos últimos 20 anos, a empresa concentrou-se na produção e venda de carburadores e bombas injetoras. Embora a Brascar S.A. tenha sido bem-sucedida e forte nesse ramo industrial e comercial, ela tem diversificado as atividades entrando em novos campos industriais.

Parte dessa diversificação operacionalizou-se com base na compra de outras empresas; entretanto, a parte mais significativa corresponde ao desenvolvimento das atividades normais da Brascar S.A. Além da produção de carburadores e bombas injetoras, a Brascar S.A. fabrica e vende motores elétricos para uso industrial, bem como máquinas e equipamentos eletrônicos, incluindo componentes para injeção eletrônica.

A diretoria da Brascar S. A. sabe que o produto carburadores está no final do ciclo de vida, pois está sendo substituído pelo produto injeção eletrônica. Naturalmente, o leitor deve levar em consideração essa realidade na análise estrutural da Brascar S. A.

As mudanças nas linhas de produção têm sido acompanhadas com alterações na estrutura organizacional. Antes da diversificação das atividades industriais e comerciais, a Brascar S.A. tinha uma estrutura organizacional com diretorias nas áreas funcionais de marketing, finanças, técnica e produção, todas subordinadas ao presidente da empresa.

O organograma geral da Brascar S.A. é apresentado na página seguinte.

Recentemente, a presidência ouviu queixas tanto de fontes internas quanto externas a respeito da eficiência da produção e dos serviços aos clientes. Os melhores clientes têm enviado cartas à presidência, reclamando dos defeitos dos produtos e da ineficiência dos serviços.

Internamente, é evidente que o controle das operações não é nada satisfatório, ainda que todos os gerentes da Brascar S.A. só tenham sido alocados em seus cargos depois de um processo de treinamento intensivo; entretanto, um dos gerentes comentou: "Eu acho que nosso problema é, basicamente, falta de coordenação a partir da definição das responsabilidades e linhas de atuação."

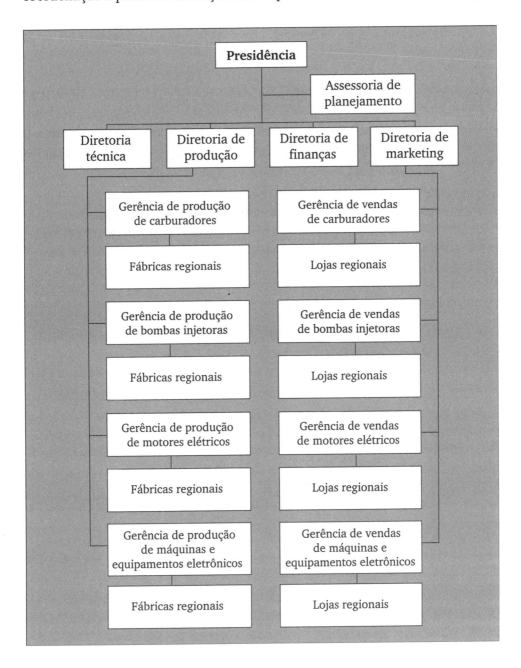

190 Sistemas, Organização e Métodos • Rebouças

O leitor pode considerar que uma fábrica regional pode produzir vários produtos da Brascar S.A., e cada loja regional pode vender um, alguns ou todos os produtos da referida empresa.

Como a Planos – Consultoria e Projetos S.A. foi contratada para realizar serviços de consultoria na Brascar S.A. e você é o técnico responsável pelos trabalhos, deve:

- identificar e analisar o tipo de estrutura organizacional adotada pela Brascar S.A.;
- propor uma solução dos problemas organizacionais da empresa;
- escrever as fichas de funções das unidades organizacionais da Brascar S.A., considerando as atribuições inerentes a planejamento, organização, direção, gestão de pessoas e controle; e
- escrever as fichas de funções comuns aos níveis hierárquicos de diretoria, assessoria e gerência, assim como dos responsáveis das fábricas e das lojas regionais.

Quanto às diretorias técnica e de finanças, você pode completar a estrutura organizacional do jeito que julgar melhor para sua análise do *caso*.

7
Delegação, centralização e descentralização

"As pessoas com superabundância de posse
e excesso de poder sempre acabaram
como objeto do ridículo."
Charles Chaplin

7.1 INTRODUÇÃO

Neste capítulo, são abordados os principais aspectos da delegação, da descentralização e da centralização, que são assuntos que podem facilitar, ou prejudicar, os trabalhos de supervisão e da coordenação numa empresa.

Fica evidente a necessidade de adequado conhecimento de seus conceitos, vantagens e precauções na utilização, para que a empresa possa tirar o máximo de proveito de cada situação.

No fim deste capítulo, o leitor poderá responder a algumas importantes perguntas, tais como:

- Qual o conceito de delegação e como ela pode ser utilizada de forma otimizada pela empresa?
- Quais os conceitos de descentralização e centralização nas empresas?
- Quais as principais vantagens de cada um desses assuntos?
- Quais as principais precauções na utilização de cada um desses assuntos?
- Como cada um desses assuntos pode influir nos resultados dos trabalhos do analista de sistemas, organização e métodos?

7.2 DELEGAÇÃO

> Delegação é o processo de transferência de determinado nível de autoridade de um chefe para seu subordinado, criando o correspondente compromisso pela execução da tarefa delegada.

Portanto, os elementos básicos da delegação podem ser resumidos em:

- a tarefa que foi transferida do chefe para o subordinado; e
- a obrigação – responsabilidade ou compromisso – que o subordinado tem para com o chefe, na realização dessa tarefa transferida.

Algumas premissas importantes para a adequada delegação, são:

- a autoridade deve ser delegada até o ponto, e na medida necessária, para a realização dos resultados esperados (Koontz e O'Donnell, 1973, p. 48);
- a autoridade deve ser proporcional ao nível de responsabilidade alocada no cargo e/ou função;
- a responsabilidade não pode ser delegada, pois nem o chefe nem o subordinado podem livrar-se, totalmente, de suas obrigações, designando outros para realizá-las; e
- a clareza na delegação é fundamental, com designação precisa, entendida e aceita.

A importância da delegação para a empresa está baseada, principalmente, nos aspectos apresentados a seguir, para os quais o analista de sistemas, organização e métodos deve estar atento (Vasconcellos, 1972, p. 24):

- permite coordenar trabalhos mais complexos e de abrangência maior;
- permite maior produtividade da equipe de trabalho, por meio de maior motivação, menor tempo de espera para a tomada de decisões, maior desenvolvimento da equipe e maior interação entre as unidades organizacionais;
- permite amplitude de controle – ver seção 8.2 – mais adequada;
- exige melhor planejamento e programação de atividades e proporciona condições para isso, pois o chefe que delega tem mais tempo para executar suas tarefas prioritárias;
- permite melhor aproveitamento de recursos; e
- proporciona maior segurança para a empresa, pois, quando o chefe deixa a empresa, existem subordinados treinados e em condições de substituí-lo de maneira adequada.

Por outro lado, o analista de sistemas, organização e métodos deve estar atento a determinados obstáculos para um adequado processo de delegação.

Sem analisar quem tem razão, se o chefe ou o subordinado, apresentam-se, no Quadro 7.1, os principais obstáculos para a delegação, do ponto de vista da empresa, do chefe e do subordinado.

Quadro 7.1	Obstáculos para a delegação.

Do ponto de vista da empresa	Do ponto de vista do chefe	Do ponto de vista do subordinado
1. Modelo de gestão estabelecido pela alta administração, o qual pode não privilegiar a delegação. 2. Nível de controle exagerado, levando a medos no processo decisório. 3. Barreiras legais, correspondentes às responsabilidades estabelecidas para determinados cargos (presidente etc.).	1. Medo de perder poder. 2. Medo de perder o lugar (cargo e funções atuais). 3. Falta de tempo para treinar os subordinados. 4. Falta de subordinados capacitados e habilitados. 5. Autovalorização, achando que o único que sabe é o próprio chefe. 6. Desconfiança da capacidade e habilidade dos subordinados. 7. Gosta de fazer o trabalho do subordinado. 8. Falta de habilidade de dirigir e coordenar atividades. 9. Dificuldade para identificar tarefas que não exigem sua atenção direta. 10. Mania de perfeição (julga que faz qualquer tarefa melhor do que o subordinado). 11. Inabilidade para encorajar colaboração entre subordinados. 12. Ausência de controles, o que torna os chefes cautelosos quanto à delegação.	1. Medo de assumir responsabilidades, por: • medo de críticas pelos erros; ou • falta de confiança própria. 2. Não se julga capacitado para a tarefa, por: • falta de conhecimento; • falta de informações necessárias; ou • falta de recursos. 3. Não tem tempo disponível para as novas tarefas. 4. Preguiça, julgando que é mais fácil perguntar ao chefe do que decidir por si próprio. 5. Possibilidade de não ser reconhecido. 6. Incentivos inadequados.

Normalmente, essa insuficiência no processo de delegação está correlacionada ao excesso de zelo por parte dos chefes que não deixam seus subordinados exercerem sua autoridade.

Entretanto, existem determinadas regras práticas para tornar a delegação mais efetiva e adequada, que o analista de sistemas, organização e métodos deve procurar aplicar na empresa:

• selecionar o subordinado adequado;

- proporcionar um nível de autoridade compatível com as atividades exercidas pelo subordinado;
- explicar, com precisão e clareza, as atividades e os resultados esperados;
- recompensar, de alguma forma, um bom resultado apresentado pelo subordinado;
- criar condições adequadas de motivação;
- estabelecer controles adequados, divulgados e aceitos;
- treinar e ajudar os subordinados em suas atividades;
- evitar perda excessiva de poder, mas estar disposto a *abrir mão* de determinadas atividades que provoquem uma situação adequada de motivação nos subordinados;
- ter adequados canais de comunicação;
- ter disposição para aceitar erros dos outros;
- incrementar o nível de participação dos subordinados;
- perceber que os subordinados têm muito a contribuir no processo decisório na área de sua especialização;
- desenvolver o processo de planejamento para que a delegação possa ocorrer antes do fato e não depois do fato consumado;
- desenvolver adequado nível de confiança nos subordinados por meio de treinamento, participação, reconhecimento e troca de ideias;
- criar condições para forçar os subordinados a tomar decisões, dando--lhes, ao mesmo tempo, o apoio que se fizer necessário;
- não criticar excessivamente, quando os subordinados cometem erros;
- fazer com que os subordinados saibam o que tem de ser feito e quais os resultados esperados, incluindo o nível de qualidade e o prazo de realização;
- prover incentivos adequados para que os subordinados se sintam dispostos a aceitar maior delegação; e
- desenvolver uma estrutura organizacional que proporcione incremento no processo de delegação.

É possível verificar que a delegação resulta das situações criadas pela quantidade e pela complexidade das atividades com que cada profissional da empresa está envolvido.

O analista de sistemas, organização e métodos deve verificar que as pressões resultantes do crescente volume de atividades são forças fundamentais que contribuem para o desenvolvimento da estrutura organizacional das empresas.

Mas, em determinado ponto, o indivíduo verifica que não pode ou não quer mais acompanhar as exigências que a empresa lhe faz, e nem quer antecipar cargas de trabalho substancialmente maiores.

À medida que o volume real ou antecipado cresce, ocorre, assim, uma divisão de trabalho nos níveis estratégico, tático e operacional da empresa.

A adição de especialistas serve de via principal, por meio da qual a empresa procura enfrentar a crescente complexidade das exigências que lhe são feitas. Sua contribuição pode ter lugar no nível operacional ou administrativo, mas a ajuda fundamental consiste nos conhecimentos e habilidades periciais que os especialistas fornecem aos executivos na solução, facilitação, coordenação e controle de problemas.

Na atribuição de tarefas aos indivíduos, devem-se tomar medidas para a continuidade do desempenho das tarefas assim delegadas.

No processo de delegação, deve ser considerada a capacidade real e percebida do chefe, assim como de seus subordinados; o fator dominante da decisão da delegação, porém, deve ser a determinação da maneira como se pode melhor conseguir o desempenho total da empresa.

É necessário fazer revisão e crítica contínuas dos deveres e tarefas atribuídos não apenas ao subordinado, mas também a si próprio, bem como saber o que, exatamente, delegar aos subordinados.

Para tanto, devem-se, entre outros aspectos:

- testar as próprias tarefas e os objetivos que se quer alcançar;
- comparar as tarefas com os objetivos estabelecidos;
- separar as tarefas que mais contribuem para os objetivos e, se julgar válido, deve guardar essas para si;
- as demais tarefas devem ser transferidas para os subordinados; e
- concentrar os esforços nas próprias tarefas.

Com base nessas considerações, é desejável que o chefe encontre tempo para planejar, orientar seu pessoal e, o que é importante, não mais diga o indesejável: "Agora não posso, estou ocupado!"

7.2.1 Questionário para avaliar a qualidade da delegação

A falta de delegação acarreta situações críticas para a empresa e, ainda mais, para o próprio executivo.

198 Sistemas, Organização e Métodos • Rebouças

Alguns efeitos dessa situação são:

- para a empresa: o ritmo dos negócios é aquele imposto por seu proprietário. A administração torna-se morosa e dependente, bem como a participação dos funcionários é baixa;
- para o executivo: existe sobrecarga de trabalho que exige dele atuação nas mais diferentes áreas. Comumente sente-se só, julgando que não há na equipe pessoa em quem possa confiar. Trabalhando tenso, estará predisposto ao *stress* e a suas consequências negativas; e
- para os funcionários: baixos desenvolvimento profissional e envolvimento com assuntos da empresa. Se há falta de maior motivação e ocorre desejo de participação não correspondido, os melhores funcionários não permanecem na empresa, e os que ficam enquadram-se num ambiente de acomodação.

Como a delegação de atividades e funções é uma resultante das relações humanas, entrelaçada nas atividades e decisões do chefe, apresenta-se um questionário para avaliação de seu nível de delegação.

Preencha os 20 itens e verifique, pelo resultado, se você está ou não com sobrecarga de trabalho:

a) Você trabalha mais tempo do que seus subordinados ou fora do horário da empresa? ☐ Sim ☐ Não

b) Despreza a opinião de seus funcionários e não lhes pergunta quais são suas ideias sobre problemas que ocorrem no trabalho deles? ☐ Sim ☐ Não

c) Você precisa levar trabalho para casa todas as noites? ☐ Sim ☐ Não

d) É, com frequência, interrompido por seus funcionários em busca de conselhos ou decisões? ☐ Sim ☐ Não

e) Precisando ausentar-se do trabalho, por obrigatoriedade do cargo, você mantém em suspenso certas tarefas aguardando sua volta ao posto? ☐ Sim ☐ Não

f) Você preocupa-se mais com detalhes, em vez de planejar e supervisionar? ☐ Sim ☐ Não

g) Você emprega parte do tempo fazendo tarefas de atribuições de seus funcionários? ☐ Sim ☐ Não

Delegação, centralização e descentralização **199**

h) Seus auxiliares pensam que não devem, eles mesmos, decidir a respeito do trabalho, mas deixar a solução dos problemas por sua conta? ☐ Sim ☐ Não

i) Você usa mais de dois telefones para os seus serviços? ☐ Sim ☐ Não

j) Mesmo havendo alguém capaz de executar a tarefa com perfeição, você insiste em fazê-la? ☐ Sim ☐ Não

k) Você é daquele tipo de pessoa que gosta de *meter a colher* em tudo o que se passa dentro da empresa? ☐ Sim ☐ Não

l) Mantém sempre sua mesa cheia de papéis com a intenção de parecer que trabalha muito? ☐ Sim ☐ Não

m) É muito escrupuloso no que diz respeito a detalhes? ☐ Sim ☐ Não

n) Esconde de seus auxiliares alguns detalhes de seu trabalho para dar ideia de ser insubstituível? ☐ Sim ☐ Não

o) Você acredita que um chefe deve trabalhar a toda velocidade para justificar seu salário? ☐ Sim ☐ Não

p) Reluta em admitir que você necessita de auxílio para o desempenho de suas tarefas? ☐ Sim ☐ Não

q) É comum você não ter tempo para encontros, decisões, treinamentos ou reuniões de interesse da equipe de trabalho? ☐ Sim ☐ Não

r) Você receia passar a seus subordinados tarefas em que os detalhes são muito importantes, temendo pelos resultados? ☐ Sim ☐ Não

s) Quando você delega atribuições a seus funcionários, fiscaliza insistentemente o trabalho que delegou? ☐ Sim ☐ Não

t) Tem sempre um trabalho acumulado ou dificuldades a vencer? ☐ Sim ☐ Não

Verifique sua contagem da seguinte forma: some o número de respostas *sim* e *não*. Se o número de respostas *sim* for igual ou maior do que o número de respostas *não*, você é um péssimo supervisor e deve estar com sobrecarga de trabalho.

Se o número de respostas *não* for maior do que o número de respostas *sim*, diminua um do outro e multiplique o resultado por 5. Veja, então, sua contagem abaixo:

De 10 a 30 – você é um supervisor fraco.

De 40 a 70 – você é um bom supervisor.

De 80 a 100 – você é um excelente supervisor.

Esse teste foi elaborado pelo prof. Edwin A. Fleishman, da Universidade de Ohio, EUA.

A sugestão do autor do livro é que você autoaplique – com seriedade e veracidade – esse questionário e analise os resultados; e seria bastante interessante que você adotasse ações de melhoria, tendo em vista os resultados apresentados.

7.3 CENTRALIZAÇÃO

> Centralização é a maior concentração do poder decisório na alta administração de uma empresa.

Na realidade, quando se considera a situação de centralização ou descentralização, deve-se lembrar que o estilo de uma empresa pode ser influenciado:

- pelas condições internas encontradas na empresa;
- pelos fatores externos do ambiente não controlável pela empresa; e
- pela *maneira de ser* do executivo e/ou preferência da alta administração.

O analista de sistemas, organização e métodos deve saber que a centralização ocorre, normalmente, nas seguintes situações básicas:

- para manter maior nível de integração das atividades da empresa;
- para manter uniformidade de decisões e ações;
- para melhor administrar as urgências que, normalmente, ocorrem nas empresas;
- quando o executivo não quer uma segunda pessoa que lhe *faça sombra*;
- quando a estrutura organizacional da empresa não possibilite a descentralização; ou
- para aumentar o nível de controle das atividades da empresa.

As principais vantagens da centralização podem ser resumidas da seguinte forma:

- menor número de níveis hierárquicos;
- melhor uso dos recursos humanos, materiais, equipamentos, tecnológicos e financeiros;
- melhor possibilidade de interação no processo de planejamento, controle e avaliação;
- maior uniformidade em termos de processos técnicos e administrativos;
- decisões, principalmente as estratégicas, mais rápidas; e
- maior segurança nas informações.

O conhecimento desses aspectos pode proporcionar ao analista de sistemas, organização e métodos a possibilidade de desenvolver uma estrutura organizacional que melhor atenda às necessidades e expectativas da empresa.

7.4 DESCENTRALIZAÇÃO

> Descentralização é a menor concentração do poder decisório na alta administração da empresa, sendo, portanto, mais distribuído por seus diversos níveis hierárquicos.

Portanto, a descentralização abordada neste livro, não significa uma separação física, em uma empresa, de seu escritório central com a fábrica ou filiais.

A descentralização, normalmente, ocorre nas seguintes situações básicas:

- a carga de trabalho da alta administração está volumosa e/ou demasiadamente complexa;
- a situação anterior provoca morosidade no processo decisório;
- pela maior ênfase que a empresa quer dar à relação produtos ou serviços *versus* segmentos de mercado;
- para encorajar o processo decisório de seus executivos alocados na média e baixa administração; e
- para proporcionar maiores participação, motivação e comprometimento dos executivos e funcionários da empresa.

As principais questões que o analista de sistemas, organização e métodos deve considerar no processo de descentralização são:

- grau de confiança dos chefes sobre os subordinados;
- capacidade dos subordinados de lidar com suas responsabilidades;
- nível de treinamento e preparo da chefia; e
- forma de atuação das unidades organizacionais de assessoria.

As principais vantagens da descentralização podem ser resumidas da seguinte forma:

- possibilidade de gerar maior especialização nas diferentes unidades organizacionais;
- menor exigência de tempo nas informações e decisões;
- maior tempo à alta administração para outras atividades;
- possibilidade de gerar saudável efeito competitivo, o que pode aumentar a produtividade e a qualidade dos trabalhos;
- maior facilidade de definição de objetivos e metas para as unidades organizacionais e as pessoas;
- possibilidade de maior desenvolvimento das pessoas nos aspectos administrativo e decisório;
- possibilidade de maiores participação, motivação e comprometimento;
- possibilidade de atendimento mais rápido às necessidades do mercado, da empresa e das unidades organizacionais;
- melhor desenvolvimento da capacitação administrativa e profissional;
- tomadas de decisão mais próximas da ocorrência dos fatos;
- diminuição de conflitos entre os vários níveis hierárquicos da empresa; e
- tendência a maior número de ideias inovadoras.

As principais desvantagens da descentralização, para as quais o analista de sistemas, organização e métodos deve estar atento são:

- inabilidades de quaisquer pessoas em manter observação sobre as modificações das condições locais ou de uma operação complexa, provocando decisões sem visão de conjunto;
- sistemas inadequados no sentido de compreensão do desenvolvimento dos subordinados;

- possibilidade de efeitos negativos na motivação;
- maior necessidade de controle e de coordenação;
- risco de duplicar esforços para executar determinadas atividades;
- maior dificuldade de normatização e de padronização;
- maior ineficiência na utilização de recursos – humanos, financeiros, tecnológicos, materiais e equipamentos – da empresa; e
- maior dificuldade de coordenação de atividades que envolvem alto nível de interdependência.

Nesse ponto, devem-se apresentar, de maneira resumida, as diferenças entre descentralização e delegação, que podem ser visualizadas no Quadro 7.2 (Vasconcellos, 1972, p. 17):

Quadro 7.2	*Diferenças entre descentralização e delegação.*

Descentralização	Delegação
1. Ligada ao cargo 2. Geralmente, atinge vários níveis hierárquicos 3. Abordagem mais formal 4. Atuação menos pessoal 5. Mais estável no tempo	1. Ligada à pessoa 2. Atinge um nível hierárquico 3. Abordagem mais informal 4. Atuação mais pessoal 5. Menos estável no tempo

Existem determinados princípios que devem ser seguidos no processo de descentralização (Cordiner, 1956, p. 40):

- a descentralização coloca a autoridade de decidir nos pontos mais próximos possível da ocorrência das ações;
- é provável que a descentralização obtenha resultados gerais melhores, conseguindo conhecimentos maiores e mais diretamente aplicáveis, bem como compreensão mais oportuna ao tomar o maior número de decisões;
- a descentralização funciona se há delegação real da autoridade, sem a preocupação com seu relato minucioso ou, o que seria pior, com sua verificação prévia;
- a descentralização exige a confiança de que os que estão em posição descentralizada tenham a capacidade de decidir, corretamente, a

maioria dos casos, sendo que tal confiança começa no nível executivo. Os executivos da alta administração devem dar o exemplo na arte da delegação (ver seção 7.2);

- a descentralização exige a compreensão de que o principal *papel* da assessoria ou dos serviços é dar assistência e apoio aos operadores de linha, mediante número relativamente pequeno de pessoas especializadas, de modo que as decisões sejam corretas (ver seção 5.2);
- a descentralização requer a percepção de que o resultado de muitas decisões, individualmente corretas, será melhor para a empresa e para o mercado do que decisões planejadas e controladas a partir do poder central;
- a descentralização não se apoia na necessidade de se ter objetivos gerais, estrutura organizacional, relacionamentos, estratégias e medidas conhecidas, entendidas e seguidas, mas na percepção de que a definição das estratégias não significa, necessariamente, uniformidade de métodos de execução de tais estratégias em operações descentralizadas;
- a descentralização só poderá ser conseguida quando a alta administração perceber que a autoridade, genuinamente delegada aos escalões inferiores não pode, de fato, ser retida por ela;
- a descentralização só funcionará se a responsabilidade, juntamente com a autoridade na tomada de decisão, for, verdadeiramente, aceita e exercida em todos os níveis; e
- a descentralização requer estratégias pessoais apoiadas em medidas de desempenho, padrões estabelecidos, recompensas pelo bom desempenho e remoção de incapacidades por desempenho insuficiente.

Existe um aspecto para o qual o analista de sistemas, organização e métodos deve estar atento, que é a produtividade da empresa, sendo que a descentralização pode levar a um aumento de produtividade, pois:

- a amplitude e/ou profundidade dos cargos crescem;
- as pessoas são solicitadas a aceitar maiores responsabilidades;
- as perícias em decisão aumentam com a prática e a liberdade para aprender por meio dos enganos cometidos; e
- as empresas podem responder, mais rapidamente, às necessidades dos funcionários e dos clientes.

Pelo exposto, fica evidente que não se deve considerar uma empresa centralizada ou descentralizada no sentido extremo ou puro. O que ocorre é a maior ou a menor tendência e/ou postura da empresa para a centralização ou a descentralização de seu poder decisório por seus vários níveis hierárquicos.

Por outro lado, fazendo uma relação de determinados fatores de descentralização inerentes aos condicionantes da estrutura organizacional, temos a situação apresentada no Quadro 7.3 (Vasconcellos, 1972, p. 81). Essa situação deve ser analisada em cada situação básica da empresa, a fim de propiciar maior veracidade ao processo.

Quadro 7.3	*Condicionantes da estrutura organizacional e fatores de descentralização.*

Condicionantes da estrutura	Situação que favorece a descentralização
OBJETIVOS, ESTRATÉGIAS E POLÍTICAS	– Clareza dos objetivos – Aceitação dos objetivos – Facilidade de medir os resultados – Facilidade de estabelecer as estratégias para alcance dos objetivos da empresa
NATUREZA DAS ATIVIDADES E DA TECNOLOGIA	– Maior diversificação das atividades – Menor interdependência das atividades
AMBIENTE EMPRESARIAL (OU EXTERNO)	– Menor flutuação da demanda – Maior volume de demanda de serviços – Maior turbulência – Maior dispersão geográfica – Maior dificuldade de comunicação
FATOR HUMANO	– Maior capacidade técnica – Maior capacidade de coordenação – Maior grau de informalidade na estrutura – Melhor clima organizacional

Para a medida do nível de descentralização, o analista de sistemas, organização e métodos pode utilizar e preencher um quadro semelhante ao Quadro 7.4:

Quadro 7.4	Avaliação do nível de descentralização.

Níveis hierárquicos Decisões	Presidência	Diretoria	Gerência	Seção	Setor
• Planejamento • Políticas de recursos humanos • Treinamento • Controle • Estrutura organizacional					

O analista de sistemas, organização e métodos deve considerar que, mesmo com todas as vantagens e desvantagens anteriormente mencionadas, não existem regras nítidas na determinação do grau de centralização e de descentralização nas empresas.

Contudo, Dale (1955, p. 11) apresenta uma série de critérios que podem ser usados para determinar a natureza e a extensão da centralização e da descentralização nas empresas, a saber:

- quanto maior o número de decisões a serem tomadas nos escalões mais baixos da hierarquia, tanto maior o grau de descentralização;

- quanto mais importantes as decisões a serem tomadas nos escalões mais baixos da hierarquia, tanto maior o grau de descentralização nesse campo;

- há maior descentralização onde há maior número de funções afetadas por decisões tomadas em níveis mais baixos;

- quanto menos verificações se exigir nas decisões, maior é a descentralização. A descentralização é máxima quando não se exige nenhuma verificação, menor quando os superiores tiverem de ser informados da decisão tomada, ainda menor se os superiores tiverem de ser consultados antes da tomada de decisão; e

- quanto menor o número de pessoas a serem consultadas e quanto mais baixo estiverem na hierarquia, tanto maior o grau de descentralização.

Fica evidente que, neste capítulo, se tratou da descentralização de autoridade e de responsabilidade. Entretanto, podem existir na empresa outros dois tipos de descentralização:

- geográfica, baseada na dispersão geográfica ou territorial de determinadas unidades ou áreas da empresa; e
- funcional, baseada no princípio da autoridade funcional (ver seção 3.3.1.2).

RESUMO

Neste capítulo, foram apresentados os aspectos básicos inerentes a delegação, descentralização e centralização, para os quais o analista de sistemas, organização e métodos deve estar atento, visando otimizar os resultados inerentes à estrutura organizacional da empresa.

Verificou-se que, além dos vários princípios, precauções, usos, vantagens etc., existe o aspecto de aculturamento da empresa para aceitar os assuntos abordados no capítulo, com maior ou menor intensidade e vontade.

QUESTÕES PARA DEBATE

1. Autoaplicar o questionário de avaliação da qualidade de delegação. Fazer comentários sobre os resultados que forem obtidos.

2. Debater as vantagens e as precauções no uso da centralização e da descentralização nas empresas.

3. Debater as condições e as situações necessárias para aumentar o nível de descentralização na empresa onde você trabalha ou instituição onde estuda. Estruturar critérios e parâmetros para medir os resultados da nova situação proposta.

CASO: NOVO MODELO DE GESTÃO NA INDÚSTRIA DE PLÁSTICOS PALESTRINI LTDA.

A Indústria de Plásticos Palestrini Ltda. é uma empresa familiar fabricante de peças de plástico injetado, com faturamento anual médio de R$ 290 milhões.

Os proprietários da Palestrini são dois irmãos com participação de 50% cada um.

Valério é o administrador que cuida das áreas financeira e comercial e Leonardo é o engenheiro responsável pelas áreas técnica e industrial; cada um tem seu estilo administrativo.

Valério é centralizador em suas decisões, e Leonardo, o mais velho dos irmãos, tem estilo mais descentralizador, mas não tem efetivado essa atuação pela forte influência administrativa do irmão mais novo.

O organograma atual resumido da Palestrini é apresentado a seguir:

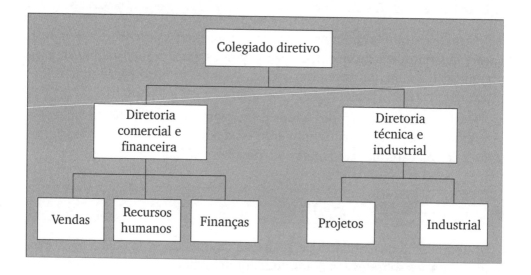

Atualmente, a Palestrini não tem produto próprio, e o total de sua produção é por encomenda, com base em projetos e protótipos desenvolvidos pela própria Palestrini ou, na maior parte das vezes, pelos clientes.

Nesse contexto, os irmãos Palestrini resolveram consolidar um novo modelo de gestão com as seguintes premissas:

- que facilitasse o desenvolvimento de um produto próprio – preferencialmente caixas plásticas para supermercados – e, mais do que isso, consolidasse atuação mercadológica para a venda de produtos próprios. Naturalmente, isso representaria uma passagem de uma postura de atuação de marketing industrial para uma postura de atuação de marketing de consumo;

- que a Palestrini tivesse uma atuação fortemente voltada às necessidades de mercado, em que toda a empresa incorporasse uma atuação de marketing total – todas as suas áreas direcionadas para as necessidades do mercado – para enfrentar a nova realidade da concorrência; e
- que a vantagem competitiva da Palestrini se consolidasse com uma otimizada logística integrada, em que a Palestrini tivesse perfeita interação com os fornecedores e os clientes, como adequados parceiros.

Os irmãos Palestrini convidaram você para atuar como consultor nesse processo, e foi estabelecido que algumas ações serão implementadas, tais como um adequado nível de descentralização do processo decisório, independentemente do nível de delegação que cada um dos irmãos venha a praticar na empresa.

Esse problema está correlacionado, principalmente, à necessidade de avaliar os irmãos em tarefas básicas do dia a dia, para que possam concentrar 1/3 de seu tempo na industrialização e, principalmente, na comercialização do produto próprio a ser criado.

Para tanto, você deve:

a) Listar as atribuições básicas que você visualiza para cada uma das unidades organizacionais apresentadas no organograma resumido. Se possível, utilizar o modelo de ficha de funções apresentado na Figura 6.1.

b) Fazer uma análise crítica dessas atribuições em face do novo modelo de gestão que a Palestrini quer implementar.

c) Elaborar um projeto comentado que otimize os níveis de descentralização e de centralização na Palestrini.

d) Apresentar comentários a respeito da atuação ideal dos irmãos Palestrini em relação às delegações que devem ou não ser efetivadas perante essa nova realidade esperada para a empresa.

Para facilitar seu trabalho, você pode acrescentar informações e situações que julgar válidas, de acordo com seu nível de conhecimento do assunto, mas mantendo toda a realidade básica apresentada nesse caso real.

8
Amplitude de controle e níveis hierárquicos

"Quase tudo o que você fizer será insignificante, mas é muito importante que o faça."

Mohandas K. Gandhi

8.1 INTRODUÇÃO

Neste capítulo, são apresentados os principais aspectos inerentes à amplitude de controle e aos níveis hierárquicos nas empresas.

Se o analista de sistemas, organização e métodos desenvolver adequado e racional estudo inerente a esses dois assuntos, estará proporcionando, no mínimo, uma estrutura organizacional mais barata para a empresa.

Conforme vai ser apresentado neste capítulo, existe uma relação inversa entre esses assuntos, ou seja, a amplitude de controle é maior nos níveis hierárquicos inferiores.

No fim deste capítulo, o leitor estará em condições de responder a algumas perguntas, tais como:

- Como o analista de sistemas, organização e métodos pode otimizar a estrutura organizacional por meio da adequada análise da amplitude de controle?
- Idem, com referência aos níveis hierárquicos.
- Quais os fatores que podem influenciar a amplitude de controle nas empresas?
- Quais os aspectos básicos a serem considerados no estabelecimento dos níveis hierárquicos nas empresas?

8.2 AMPLITUDE DE CONTROLE

Amplitude de controle, também denominada amplitude administrativa ou ainda amplitude de supervisão, refere-se ao número de subordinados que um chefe pode supervisionar pessoalmente, de maneira efetiva e adequada.

Na realidade, esse assunto não tem nada de novo, principalmente quando se lembra o exército de Genghis Khan, organizado em grupos de 10, chefiados por um líder; cada grupo de 10 líderes chefiado por outro nível de líder, e cada grupo desses 10 chefiados por outro líder, e assim sucessivamente.

Apesar dessa preocupação, há o exemplo de uma situação extrema de cerca de 750 bispos e outras 1.200 pessoas prestarem conta diretamente ao Papa. A própria Universidade de São Paulo, como uma instituição de ensino e pesquisa, apresenta uma amplitude de controle extremamente elevada para seu reitor. Portanto, esse assunto deve ser analisado com o maior interesse pelo analista de sistemas, organização e métodos.

Existem alguns fatores que influenciam a prática da amplitude de controle nas empresas, entre os quais podem ser citados:

- os deveres pessoais do chefe;
- as habilidades pessoais do chefe em lidar com os subordinados;
- o nível de capacitação profissional do chefe;
- o nível de mutação da empresa perante o ambiente;
- o nível de estabilidade interna da empresa;
- a habilidade dos subordinados em se relacionar com as pessoas;
- o nível de capacitação profissional dos subordinados;
- o grau de delegação de autoridade existente;
- o grau de utilização de assessores;
- o nível de motivação existente;
- o nível e o tipo de liderança existente;
- o grau de interdependência das unidades organizacionais;
- o nível de similaridade das atividades dos subordinados;
- o nível e o tipo de controle exercido;
- o nível e o tipo de coordenação utilizada pela empresa;
- a existência de restrições pessoais à amplitude de controle;
- o nível de clareza, comunicação e aceitação dos objetivos, desafios e metas; e
- o nível de definição, simplicidade e repetitividade das atividades dos subordinados.

À medida que uma pessoa sobe numa estrutura organizacional, sua amplitude de controle torna-se menor. Ocorre também que, no mesmo nível hierárquico, haverá considerável variação na amplitude de controle. De qualquer forma, existe correlação entre amplitude de controle e níveis hierárquicos, pois, quanto maior o número de subordinados por chefe, menor será o número de níveis hierárquicos, e vice-versa.

O analista de sistemas, organização e métodos deve proporcionar a maior importância a esse assunto, pois uma amplitude de controle inadequada para a empresa pode causar determinados problemas, tais como:

A – Número de subordinados maior do que a amplitude de controle

Nesse caso, os principais problemas que podem ocorrer são:

- perda de controle;
- desmotivação;
- ineficiência nas comunicações;
- decisões demoradas e mal estruturadas; e
- queda no nível de qualidade do trabalho.

B – Número de subordinados menor do que a amplitude de controle

Nesse caso, os principais problemas que podem ocorrer são:

- capacidade ociosa do chefe;
- custos administrativos maiores;
- falta de delegação;
- desmotivação; e
- pouco desenvolvimento profissional dos subordinados.

Não existe consenso sobre o número ideal de subordinados que um superior pode dirigir de maneira eficiente; entretanto, Litterer (1970, p. 97) considera como ideal o número de quatro, bem como apresenta duas recomendações básicas: que sejam usadas todas as relações possíveis e que o chefe esteja envolvido na supervisão de todas essas relações.

Na prática, pode-se considerar que essas recomendações não são tão fáceis de ocorrer, entre outros aspectos, porque determinadas tarefas não necessitam de supervisão constante.

Existe uma forma estruturada para se calcular a amplitude de controle, a qual foi desenvolvida por Graicunas, sendo que este autor tem algumas restrições práticas à sua aplicação direta pelas empresas. Portanto, o leitor deve considerar essa proposta de cálculo da amplitude de controle apenas como um orientativo geral.

De acordo com Graicunas (1975, p. 183), o número de relações potenciais entre o chefe e seus subordinados pode ser calculado pela fórmula:

$$R = N \left(\frac{2^N}{2} + N - 1 \right)$$

onde R designa o número de relações e N o número de subordinados designados para o grupo de comando do chefe.

A relação entre R e N, como calculada pela fórmula, aparece no Quadro 8.1. Fica claro que o número de relações R aumenta geometricamente, enquanto o número de subordinados N aumenta aritmeticamente.

Quadro 8.1	*Relações possíveis pela fórmula de Graicunas.*

Número de subordinados	Número de relações
1	1
2	6
3	18
4	44
5	100
6	222
7	490
8	1.080
9	2.376
10	5.210
11	11.374
12	24.708
.	.
.	.
.	.
18	2.359.602

O cálculo presume que os chefes devem lidar com três tipos de relações:

- singular direta, que ocorre entre o chefe e cada um dos subordinados de forma individual;

- grupal direta, que ocorre entre o chefe e cada permutação possível dos subordinados; e
- cruzada, que ocorre quando os subordinados interagem, quando da realização de seus trabalhos.

Ao mesmo tempo que se assinala o número de interações potenciais do chefe com os subordinados, é necessário reconhecer que os problemas básicos dizem respeito à frequência e à intensidade dessas operações. Nem todas as interações ocorrem e as que ocorrem variam em importância.

Pelo menos três fatores parecem importantes para analisar o problema das amplitudes de controle nas empresas:

- intensidade de controle necessário para cada uma das atividades da empresa;
- nível de conhecimento dos subordinados, incluindo aqui, também, as questões de suas habilidades e atitudes no desenvolvimento dos trabalhos; e
- capacidade e abertura da comunicação entre as unidades organizacionais e entre os profissionais da empresa.

8.3 NÍVEIS HIERÁRQUICOS

Níveis hierárquicos representam o conjunto de cargos na empresa com o mesmo nível de autoridade.

Podem ser considerados como os vários níveis que compõem a hierarquia de uma estrutura organizacional.

Já foi explicada a interligação com a amplitude de controle, ou seja, quanto maior a amplitude de controle, menor o número de níveis hierárquicos na empresa. Para maior facilidade de conceituação dessa situação, apresenta-se a Figura 8.1:

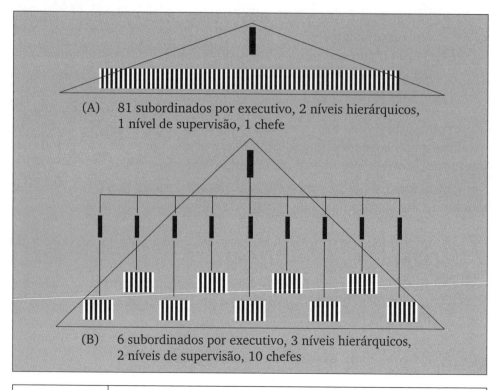

Figura 8.1 | *Algumas situações de níveis hierárquicos.*

No delineamento dos níveis hierárquicos, deve-se partir do *topo da pirâmide* e parar no momento em que as linhas hierárquicas atingirem o nível das unidades organizacionais, que têm apenas sua vinculação eventualmente modificada, permanecendo inalteradas suas atribuições fundamentais.

Fica evidente que o analista de sistemas, organização e métodos também deve analisar os procedimentos de decisão e não somente os procedimentos de execução. Isso porque o objetivo principal deve ser o de ordenar as rotinas e os procedimentos de informação, a fim de aperfeiçoar os processos de tomada de decisão e de controle.

A prática tem demonstrado que a redução dos níveis hierárquicos é, na maior parte das vezes, bastante interessante para a melhoria do processo decisório nas empresas.

RESUMO

Neste capítulo, foram apresentados os aspectos básicos da amplitude de controle e dos níveis hierárquicos, que são dois assuntos que, embora algumas empresas não proporcionem a devida importância, representam instrumentos administrativos que o analista de sistemas, organização e métodos pode utilizar para reduzir o custo total da estrutura organizacional das empresas.

QUESTÕES PARA DEBATE

1. Com base na empresa que você trabalha, fazer uma análise da amplitude de controle de seu chefe, e de sua própria, caso ocupe, também, cargo de chefia.
2. Debater, tendo como base uma empresa de seu conhecimento, a melhor maneira de realizar uma análise estruturada dos níveis hierárquicos existentes.

EXERCÍCIO: Complemento ao caso apresentado no Capítulo 7

Com base no caso "Novo modelo de gestão na Indústria de Plásticos Palestrini Ltda." enfocado no Capítulo 7, apresentar análise e proposta organizacional inerentes à amplitude de controle e aos níveis hierárquicos.

CASO: REESTRUTURAÇÃO ORGANIZACIONAL DA CORUMBATÁ INDÚSTRIA E COMÉRCIO S.A.

A Corumbatá Indústria e Comércio S.A. é uma empresa do segmento de autopeças, com 40 anos de existência, fundada por duas famílias de descendentes de alemães.

Seu faturamento médio anual é de R$ 460 milhões, com um quadro de 2.700 funcionários e está localizada em uma pequena cidade do interior do Estado de São Paulo.

As duas famílias proprietárias da Corumbatá S.A. decidiram profissionalizar a empresa há três anos, momento em que os membros da família foram alocados em um conselho de família, que tem a responsabilidade de administrar os bens da família e de designar os membros do Conselho de Administração.

A Conselho de Administração é formado por sete membros, sendo quatro das famílias proprietárias – dois membros de cada uma – e mais três membros profissionais que atuaram, anteriormente, como consultores nessa empresa, realizando serviços inerentes a planejamento estratégico, jurídico e logística.

A Corumbatá S.A. atua em dois segmentos do setor automobilístico:

- fechos, fechaduras e travas de direção; e
- máquinas de levantar vidros.

O organograma atual resumido da Corumbatá S.A. é apresentado na página seguinte.

Os membros do Conselho de Administração, juntamente com o Superintendente, que foi o executivo contratado há três anos para consolidar o processo de profissionalização na Corumbatá S.A., decidiram contratar você, que é um consultor especializado em estrutura organizacional e em estruturação do processo diretivo, para realizar os seguintes serviços:

1. Analisar a atual estrutura organizacional e propor as duas melhores alternativas de estrutura que sejam mais compatíveis para a empresa enfrentar a nova realidade de forte nível concorrencial entre as empresas do setor.

2. Analisar o atual processo diretivo da Corumbatá S.A. e propor seu aprimoramento, de forma estruturada, pois o Superintendente considera que existem os seguintes problemas:
   - alguns dos gerentes e encarregados, inclusive os diretores em alguns momentos, estão *delegando para cima*, centralizando toda a responsabilidade no Superintendente;
   - as decisões, quando tomadas, inclusive de forma colegiada, demoram para ser assimiladas pela empresa; e
   - os executivos e os profissionais da Corumbatá S.A. estão, ao longo do tempo, cada vez mais fugindo do comprometimento com os resultados esperados.

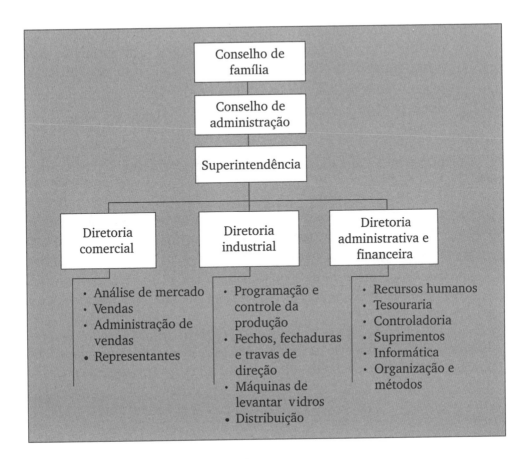

O Superintendente sabe que ele tem parte significativa de culpa nessa situação da Corumbatá S.A., mas com uma diferença: ele constatou essa situação e quer resolvê-la, o que não ocorre com os outros executivos e profissionais da empresa.

De forma mais detalhada, a Corumbatá S.A. solicita que você:

a) Apresente e justifique – com forte sustentação – duas alternativas de estrutura organizacional para a empresa numa abordagem de elevado nível competitivo nos setores de atuação.

b) Apresente duas atribuições por função administrativa – planejamento, organização, direção, gestão de pessoas e controle –, para cada uma das unidades organizacionais propostas em uma das alternativas de nova estrutura organizacional – letra *a* –, sendo que essas atribuições devem estar interligadas.

c) Apresente propostas de solução, baseadas em uma das alternativas de estrutura organizacional proposta – letra *a* –, de aprimoramento dos sistemas de decisão e de comunicação na Corumbatá S.A.

d) Elabore, com justificativas, um plano de aprimoramento do processo diretivo, abordando os diversos aspectos da função *direção* nas empresas.

Salienta-se que, para que as respostas sejam consideradas válidas, você deve:

- conceituar os diversos termos administrativos ligados à estrutura organizacional e ao processo diretivo, que forem utilizados em suas análises e propostas para a Corumbatá S.A.; e

- basear seu estudo nos componentes e condicionantes da estrutura organizacional, conforme modelo apresentado nas seções 3.3.1 e 3.3.2.

Para facilitar sua linha de raciocínio, você pode alocar toda e qualquer outra premissa e informação ao estudo, desde que não altere o apresentado no texto.

Parte III
MÉTODOS

"Só o conhecimento traz o poder."

Freud

9

Metodologia de levantamento, análise, desenvolvimento e implementação de métodos administrativos

"Cuidado com a pessoa que sabe a resposta antes de ouvir a pergunta."

Oren Harriz

9.1 INTRODUÇÃO

Neste capítulo é estudado o importante aspecto da metodologia de levantamento, análise, desenvolvimento e implementação dos métodos administrativos, ou seja, está-se considerando o "M" da atividade de O&M – Organização e Métodos – nas empresas.

Não se pretende afirmar que as fases apresentadas sejam as únicas que o analista deverá seguir; entretanto, pode-se afirmar que o conhecimento das principais fases a serem seguidas é de suma importância para o adequado desenvolvimento dos trabalhos entre a área de sistemas, organização e métodos e a área dos usuários.

Nessa situação, devem conhecer essa metodologia os seguintes profissionais das empresas:

- o(s) analista(s) de sistemas, organização e métodos;
- o(s) executivo(s) responsável(eis) por sistemas, organização e métodos; e
- o(s) usuário(s) dos vários sistemas ou métodos considerados.

O analista deve conhecer a metodologia para bem planejar seus trabalhos. Isto porque, solicitando-se à maior parte dos analistas de sistemas, organização e métodos para descreverem e definirem seu trabalho, é provável que se receba uma resposta muito vaga e genérica. Não porque tal trabalho seja, acentuadamente, complexo ou difícil de descrever, mas simplesmente porque mesmo a maioria dos analistas de sistemas, organização e métodos não possui uma ideia suficientemente clara da estrutura de suas tarefas.

Geralmente, estão muito envolvidos no trabalho diário e o executam de maneira razoável, porque, na maioria das empresas, existem na área de sistemas, organização e métodos certas tarefas acumuladas, definidas como atrasadas por causa de sua urgência. Assim, os analistas executam uma série de tarefas de alcance a curto prazo, em vez de seguirem a metodologia de um adequado plano diretor de sistemas, o qual proporciona visão de mais longo prazo e de forma integrada.

No fim deste capítulo, o leitor poderá responder a algumas perguntas, tais como:

228 Sistemas, Organização e Métodos • Rebouças

- Qual a importância do conhecimento de uma metodologia de levantamento, análise, desenvolvimento e implementação de métodos administrativos?
- Quais as principais fases dessa metodologia?
- Como o analista de sistemas, organização e métodos pode melhor utilizar essa metodologia?

9.2 FASES DO DESENVOLVIMENTO DO PROJETO DE SISTEMAS

Quando o analista de sistemas, organização e métodos dividir o projeto de um sistema qualquer em fases, é necessário estabelecer essas fases de modo tal que, para cada uma delas, se possam definir, claramente, um objetivo e um resultado esperado. Assim, fica mais fácil executar e controlar qualquer tipo de projeto de sistema, mesmo aqueles de alta complexidade.

Considera-se, como válido, dividir o projeto de um sistema nas seguintes fases:

- Fase 1: identificação, seleção e conhecimento do sistema.
- Fase 2: estudo da viabilidade e de alternativas.
- Fase 3: levantamento e análise da situação atual.
- Fase 4: delineamento e estruturação do novo sistema.
- Fase 5: detalhamento do novo sistema.
- Fase 6: treinamento, teste e implementação do novo sistema.
- Fase 7: acompanhamento, avaliação e atualização.

Na Figura 9.1, há a representação das sete fases básicas da metodologia de levantamento, análise, desenvolvimento e implementação de sistemas ou métodos administrativos nas empresas.

A fase inicial de elaboração do plano diretor de sistemas não é apresentada na referida figura, pelo fato de ser base para o desenvolvimento de todos os sistemas da empresa de forma integrada.

A seguir, são apresentadas algumas considerações básicas sobre cada uma das sete fases da metodologia proposta para o desenvolvimento dos sistemas ou métodos administrativos nas empresas.

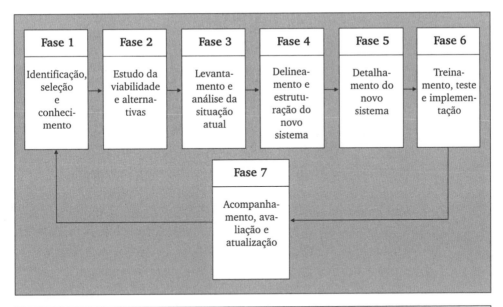

| **Figura 9.1** | *Sete fases da metodologia de levantamento, análise, desenvolvimento e implementação de métodos administrativos.* |

9.2.1 Identificação, seleção e conhecimento do sistema

Nessa fase, o analista de sistemas, organização e métodos deverá:

- identificar o sistema ou método a ser analisado;
- identificar as unidades organizacionais envolvidas; e
- obter uma ideia preliminar e genérica da complexidade do sistema, visando determinar o esforço necessário para seu adequado desenvolvimento.

Entretanto, para o adequado e racional desenvolvimento dos sistemas identificados, o analista de sistemas, organização e métodos deve estar atento às fontes de possíveis ideias para o estabelecimento dos projetos de sistemas, sendo as principais as seguintes:

- as apresentadas no plano diretor de sistemas anteriormente estabelecido pela empresa;

- as solicitações periódicas pelas diversas unidades organizacionais da empresa, que correspondem aos clientes da área de sistemas, organização e métodos;
- a constatação de oportunidades criadas por certos equipamentos, técnicas ou rotinas novas. Nesse caso, o analista deve tomar cuidado para que não seja iniciado um processo em busca de uma solução antes de haver um problema específico e bem definido;
- a existência identificada da necessidade ou da possibilidade de ligação ou de interação com outros sistemas existentes na empresa;
- a necessidade, bem como as ideias geradas por outros sistemas da empresa, pois, quando se termina qualquer sistema, o analista fica diante de uma série de novas ideias ou, mesmo, de novas necessidades de sistemas que devem ser desenvolvidos; e
- os fatores externos da empresa e, neste caso, o analista identifica algumas necessidades de sistemas pela análise do relacionamento da empresa com seu ambiente, ou simplesmente por meio de constatações de novas técnicas e processos adquiridos em seminários, congressos, cursos e outras fontes de fornecimento de conhecimentos e informações.

Mediante uma, algumas ou todas as fontes mencionadas anteriormente, é possível obter uma lista de sistemas, aparentemente, viáveis. A tarefa será, então, selecionar entre eles os que atendem melhor aos interesses da empresa no momento considerado.

O analista de sistemas, organização e métodos deve selecionar o sistema de acordo com determinados critérios estabelecidos, sendo os mais comuns:

- oportunidade *psicológica* de desenvolver e implantar o sistema;
- expectativa de retorno de investimento inerente ao projeto considerado;
- ensejos e aspirações da alta administração;
- viabilidade mercadológica, técnica, econômica, financeira, operacional e estrutural;
- capacidade técnica da área de sistemas, organização e métodos para desenvolver e implantar o sistema;
- necessidade de integração com outro sistema, para que o mesmo se complete ou comece a funcionar; e
- uma necessidade crítica da empresa, embora não estejam claros os benefícios financeiros e outros aspectos do novo sistema.

Algumas das deficiências que podem ser encontradas nesse momento pelo analista de sistemas, organização e métodos são:

- duplicidade de formulários, registros e funções;
- formulários mal delineados ou projetados;
- estrutura organizacional inadequada;
- manuais desatualizados e inadequados;
- ambiente de trabalho desmotivador e inadequado;
- arranjo físico deficiente;
- falta de padronização de sistemas similares; e
- inadequado e incompleto sistema de informações, prejudicando a qualidade do processo decisório.

No fim dessa fase, o analista terá o sistema identificado e o programa geral de trabalho a ser desenvolvido com os usuários do sistema.

Para finalizar esta parte, apresentam-se algumas sugestões para o sucesso na seleção e reconhecimento de sistemas a serem desenvolvidos:

- selecionar, inicialmente, sistemas de pequena escala que sejam desenvolvidos rapidamente e tenham baixo nível de risco;
- selecionar sistemas básicos, em cada uma das várias unidades organizacionais da empresa;
- selecionar sistemas em que exista real participação dos clientes ou usuários dos mesmos; e
- selecionar sistemas que apresentam estimativas de custos, benefícios e riscos, facilitando a análise dos resultados apresentados.

O resultado final desta fase de identificação, seleção e conhecimento dos sistemas é o plano diretor de sistemas, o qual tem como objetivos:

- coordenar o desenvolvimento de sistemas administrativos, observando-se uma sequência lógica e oportuna para a empresa;
- avaliar a carga de trabalho dos sistemas, os recursos necessários e os prazos para sua realização; e
- promover a interligação dos sistemas administrativos afins, racionalizando a utilização dos recursos envolvidos e minimizando o custo de tratamento dos sistemas considerados.

O gerente de sistemas, organização e métodos deve conhecer o plano diretor de sistemas para melhor poder coordenar os trabalhos de sua área. Os usuários devem conhecê-lo para melhor poder acompanhar os trabalhos de sua equipe e para saber quais têm sido os aspectos positivos e negativos de seu envolvimento no sistema, bem como poder executar, de forma mais ordenada, os trabalhos na fase posterior à implantação do sistema.

Como unidade de apoio ao plano diretor de sistemas, a empresa pode constituir um comitê de sistemas com as seguintes finalidades básicas:

- analisar e propor, para a diretoria da empresa, as prioridades dos sistemas;
- verificar os prazos de desenvolvimento e implantação dos sistemas, de acordo com os padrões de qualidade estabelecidos;
- proporcionar as informações básicas para o desenvolvimento do plano diretor de sistemas;
- informar as necessidades de novos sistemas, bem como de alterações ou de extinções dos atuais sistemas;
- avaliar as necessidades de desenvolvimento e manutenção dos sistemas; e
- analisar e propor necessidades de treinamento de usuários.

Para facilitar os trabalhos, a empresa poderá propor que o comitê de sistemas respeite os princípios estabelecidos na seção 6.3.4.

Como apoio ao desenvolvimento dos trabalhos do comitê de sistemas, pode ser utilizado o formulário de identificação de sistemas, conforme apresentado na Figura 9.2.

Fica evidente que o plano diretor de sistemas é, também, um instrumento que possibilita a obtenção de uma visão global da empresa. Por essa razão, deve-se procurar, na elaboração desse plano, a participação efetiva das áreas usuárias na definição da rede de sistemas, pela elevada interdependência que existe entre elas.

Uma vez aprovado pela diretoria da empresa, esse plano diretor passará a ser o guia básico para as atividades da área de sistemas, organização e métodos.

Planos	Identificação de sistemas	Data: ___/___/___	Nº
Sistema:		Grau de prioridade:	
Subsistemas:			
Usuário principal:			
Usuário secundário:			
Finalidade do sistema:			

Saídas:			
Identificação	Finalidades	Data	Periodicidade

Possíveis referências de entradas:
Interligação com outros sistemas:
Comentários:

Figura 9.2	*Formulário de identificação de sistemas.*

9.2.2 Estudo da viabilidade e de alternativas

O objetivo desta fase é elaborar um relatório indicador dos possíveis meios de desenvolver o sistema, definindo os custos e os benefícios de cada alternativa. O analista deve estabelecer, implícita ou explicitamente, uma recomendação para a escolha do melhor caminho.

As principais atividades que compõem um estudo de viabilidade são (Fischmann et al., 1977, p. 13):

- a definição das características principais do sistema;
- a determinação das principais necessidades de saídas, incluindo os tempos de resposta;

- a análise do organograma da empresa e das unidades organizacionais envolvidas;
- a determinação dos tipos de dados e informações, bem como da estimativa de volumes;
- a consideração das alternativas possíveis para atender às necessidades do(s) usuário(s);
- o exame de outros sistemas que atendam a necessidades semelhantes;
- o preparo de estimativas aproximadas dos prováveis custos de implantação e dos custos operacionais gerais para cada alternativa apresentada;
- a documentação do estudo de viabilidade em relatório para o usuário e para a área de sistemas, organização e métodos; e
- a verificação da adequação das exigências do sistema aos objetivos da empresa.

O fator principal do relatório que documenta o estudo de viabilidade é a análise dos custos *versus* benefícios, a qual deve ser, exata e facilmente, compreensível pelas várias pessoas envolvidas no assunto. Infelizmente, muitas empresas não possuem formas padronizadas de lidar com essa questão, utilizando cada analista seu próprio método de avaliação, o qual, possivelmente, poderá variar para cada sistema.

Com referência à análise dos custos *versus* benefícios, essa deve conter três aspectos básicos: custos, benefícios e retorno de investimentos, sendo que a seguir são apresentados os principais itens que o analista de sistemas, organização e métodos deve considerar:

A – Análise dos custos

Os principais aspectos a considerar no estabelecimento dos custos do sistema são:

- pessoal da área de sistemas, organização e métodos alocado no desenvolvimento do sistema ou método administrativo;
- pessoal da(s) área(s) usuária(s);
- custos com equipamentos; e
- outros custos incorrentes (espaço físico, energia elétrica, novos formulários, materiais etc.).

O analista também deve estudar a variação dos custos no tempo, visando a uma análise evolutiva do processo.

B – Análise dos benefícios

Os principais benefícios que podem ser obtidos com o projeto de um novo sistema são:

- economias diretas, representadas pelos custos que são eliminados ou reduzidos, como consequência da implantação de um novo sistema, tais como redução do pessoal de escritório ou a redução/eliminação de algumas despesas, como impressos e materiais de escritório. Geralmente, esses valores não são muito significativos, quando comparados com os custos totais decorrentes da elaboração e implantação do novo sistema;
- benefícios mensuráveis, que são os acréscimos monetários na empresa, decorrentes das características do novo sistema, tal como o aumento do capital de giro conseguido pela redução dos níveis de estoque ou da maior eficiência do processo de cobrança; e
- benefícios intangíveis, representados por aspectos vantajosos, mas difíceis de serem avaliados em termos monetários, tais como maior facilidade no processo decisório ou melhor sistema de informações. Evidentemente, o analista de sistemas, organização e métodos deve procurar estabelecer algum instrumento que possa medir, mesmo que de maneira aproximada, esses benefícios intangíveis.

C – Análise do retorno do investimento

O objetivo dessa análise é saber se a combinação dos dois fatores anteriores – custos e benefícios – torna a proposição do novo projeto de sistema aceitável para a empresa.

Para esse estudo, o analista de sistemas, organização e métodos deve valer-se de determinados instrumentos do analista financeiro, tais como o cálculo do valor atual líquido.

Com base no estudo dos custos, dos benefícios e dos retornos do investimento, o analista de sistemas, organização e métodos fica em condições de estabelecer e estudar cada uma das alternativas possíveis de desenvolvimento dos trabalhos.

O responsável pela área de sistemas, organização e métodos, em conjunto com a alta administração da empresa, deve estabelecer a prioridade do sistema identificado.

Muitas vezes, ao escolher uma alternativa entre várias, a área de sistemas, organização e métodos, que visualiza um panorama total, pode priorizar um sistema com um retorno menor do que outro, por sentir que a organização da área envolvida não está preparada para absorver a troca que o novo sistema acarretará.

Para o debate com a alta administração, bem como os usuários do sistema identificado, o analista deve elaborar um relatório, cujas principais *dicas* para sua adequada análise são:

- ser redigido em consonância com o nível de entendimento dos leitores;
- ser de tamanho apropriado para a análise do sistema considerado;
- usar palavras e termos entendíveis;
- evitar apêndices estatísticos (ninguém lê);
- não criticar demais os sistemas e métodos existentes;
- deixar de fazer críticas às pessoas envolvidas; e
- expor os pontos fortes, mas também os possíveis pontos fracos do novo sistema.

Desde que a proposta de sistema seja aprovada pela alta administração, o mesmo deverá ser incorporado ao plano diretor de sistemas da empresa.

No fim dessa fase, inerente ao estudo da viabilidade e de alternativas, o analista de sistemas, organização e métodos terá:

- os objetivos do sistema;
- a análise do ambiente do sistema atual;
- o fluxograma geral do sistema atual;
- a documentação básica e seu tratamento; e
- a análise dos custos, dos benefícios e do retorno esperado do investimento inerente ao novo sistema ou método administrativo.

9.2.3 Levantamento e análise da situação atual

Nessa terceira fase, a equipe de análise de sistemas, organização e métodos, em conjunto com os profissionais das unidades organizacionais usuárias, deve efetuar o levantamento detalhado da situação atual, a fim de ter todas as especificações necessárias para delinear o novo sistema.

Um aspecto importante é o controle da participação e da execução do trabalho de cada um dos profissionais, tanto da área de sistemas quanto das áreas dos usuários. Uma ideia é estabelecer um programa de trabalho do sistema indicando responsáveis, tempos previstos e datas esperadas para conclusão de cada passo e qualquer outra informação que se considere útil para o controle do desenvolvimento do projeto.

A alocação dos analistas de sistemas, organização e métodos deve ser efetuada no plano diretor de sistemas, e a dos usuários do sistema por meio do estudo e distribuição dos trabalhos, apresentado na seção 6.5.

A fase de levantamento detalhado da situação atual permitirá à equipe de trabalho tomar as decisões finais a respeito das funções específicas que o sistema realizará.

Uma sequência de atividades que o analista pode usar nessa fase é a seguinte:

- entrevistas com os vários usuários;
- análise das políticas e diretrizes existentes (explícitas ou não) que estão orientando o processo decisório na empresa;
- análise da interação do sistema considerado com a atual estrutura organizacional;
- análise da documentação existente;
- análise do tratamento da documentação; e
- análise do arquivamento da documentação.

9.2.3.1 *Técnicas de levantamento*

As técnicas mais comuns de levantamento de dados e informações são:

- observação pessoal;
- questionário; e
- entrevista.

9.2.3.1.1 Técnica da observação pessoal

A técnica da observação pessoal deve ser utilizada pelo analista de sistemas, organização e métodos em sua forma mais estruturada, pois, de acordo com Selltiz et al. (1974, p. 225), a observação se torna uma técnica científica à medida que:

238 Sistemas, Organização e Métodos • Rebouças

- serve a um objetivo formulado de pesquisa;
- é, sistematicamente, planejada;
- é, sistematicamente, registrada e ligada a proporções mais gerais, em vez de ser apresentada como um conjunto de curiosidades interessantes; e
- é submetida a verificações e controles de validade e precisão.

9.2.3.1.2 Questionário

O questionário é um instrumento, normalmente, preparado em formulário pré-impresso, que permite substancial redução de tempo para levantamento das informações desejadas, pois pode ser, simplesmente, distribuído para posteriormente ser recolhido e tabulado.

De acordo com Selltiz et al. (1974, p. 269), as vantagens dos questionários estão correlacionadas aos seguintes aspectos:

- menos dispendiosos;
- mais fácil aplicação;
- aplicado a maior número de pessoas;
- maior uniformidade na mensuração;
- aspecto do anonimato; e
- menor pressão sob a resposta imediata.

Naturalmente, o questionário deve ser muito bem elaborado. De acordo com Cervo e Bervian (1978, p. 57), a construção de um questionário deve partir de uma leitura crítica ou reflexiva voltada à percepção dos significados, para o estudo deliberado e consciente manifestado por análise, comparação, diferenciação, síntese e julgamento.

Muitas vezes, os analistas utilizam o questionário como um roteiro estruturado de entrevista, pois o questionário é preenchido, anteriormente, e depois complementado por meio de entrevistas. Nesse caso, o questionário é desenvolvido de forma que apresente a todos os entrevistados, exatamente, as mesmas questões com o uso das mesmas palavras, numa mesma ordem. As respostas a essas perguntas são, em seguida, trabalhadas nas entrevistas efetuadas posteriormente.

Um procedimento que pode tornar o questionário mais adequado para o levantamento dos dados e informações necessários nessa fase da metodologia de levantamento, análise, desenvolvimento e implementação dos métodos administrativos é a realização do pré-teste do questionário.

De acordo com Schrader (1974, p. 157), a mais acertada escolha de um método e o mais acurado planejamento ainda não estão em condições de garantir que os resultados da mensuração estejam isentos de erros. Devem-se, por isso, prever mensurações provisórias prévias, denominadas hoje, genericamente, pré-teste.

Salienta-se que o pré-teste pode provocar algumas alterações no questionário preliminar, tais como:

- explicitação de alguns termos do questionário;
- necessidade de uma forma de autoavaliação do processo estabelecido no questionário;
- relativa redução do questionário, procurando aprofundar-se nas entrevistas; e
- evidenciação da dificuldade emergente de discutir estratégias julgadas confidenciais pela empresa.

9.2.3.1.3 Entrevista

Como a entrevista é a técnica mais utilizada pelos analistas de sistemas, organização e métodos, a mesma é apresentada de forma mais detalhada neste livro.

Essa técnica é a mais recomendável para levantamento de informações passíveis de reflexão, pois é uma forma de levantamento de posição que conduz as pessoas entrevistadas a darem informações sobre determinado assunto, situação, problema ou fenômeno, mediante a arguição planejada sobre aspectos e dimensões do objeto da pesquisa.

A característica básica da técnica de entrevista é o diálogo. Logo, toda entrevista caracteriza-se por um diálogo entre um entrevistador e um entrevistado, o qual deve ser planejado, organizado, dirigido, controlado e avaliado, tendo como base as necessidades e especificidades do objeto do levantamento.

Normalmente, a entrevista é realizada com os níveis de chefia, supervisão e coordenação, podendo, entretanto, ser estendida aos profissionais da empresa que não ocupam cargos de chefia, dependendo da quantidade que os mesmos representam e das necessidades de assim proceder.

A seguir, são apresentados os aspectos básicos das entrevistas, para os quais o analista de sistemas, organização e métodos deve estar atento.

A – Vantagens das entrevistas

Em relação ao questionário e à observação pessoal, as vantagens das entrevistas resumem-se em:

- pode-se alterar a forma das perguntas para dirimir dúvidas ou obter informações mais precisas ou detalhadas;
- pode-se alterar o curso das perguntas para obter informações sobre aspectos importantes e não previstos no planejamento da entrevista;
- pode-se alterar a ordem sequencial das perguntas, quando tal alteração beneficiar a entrevista, por proporcionar informações valiosas, precisas e detalhadas ou facilitar a compreensão do entrevistado;
- podem-se eliminar perguntas anteriormente programadas, em virtude dos efeitos que as mesmas poderiam causar ou do curso que a entrevista toma;
- podem-se incluir perguntas que não constavam do planejamento da entrevista, em virtude do surgimento de novas informações ou em decorrência do desenvolvimento e direção que a entrevista toma;
- podem-se completar perguntas para obter informações adicionais ou informações mais precisas, detalhadas ou importantes;
- pode-se motivar o entrevistado, durante a entrevista, a responder às perguntas formuladas;
- podem-se esclarecer dúvidas quanto ao conteúdo das perguntas, bem como definir conceitos e termos utilizados no transcorrer da entrevista ou, ainda, reformular perguntas de forma mais inteligível; e
- podem-se avaliar as reações do entrevistado ante as perguntas formuladas.

De modo geral, a entrevista é uma técnica extremamente útil para obter informações que estão "armazenadas" na memória das pessoas entrevistadas. Em determinadas situações, é a maneira mais indicada para levantar aspectos de liderança, saber a respeito das pessoas que se subordinam ao entrevistado e o que esse pensa sobre a empresa.

Dependendo do tipo de informação que se procura obter, a entrevista é uma boa maneira de se saber quais são as qualificações dos funcionários da empresa, o que eles fazem e o que acham que deveriam fazer, se estão iden-

Metodologia de levantamento, análise, desenvolvimento e implementação de métodos administrativos **241**

tificados com a empresa, o que acham da liderança que é exercida sobre eles, suas ideias sobre a unidade organizacional a que pertencem e sobre a empresa como um todo etc.

A característica informal da entrevista, que pode perfeitamente ser desenvolvida pelo entrevistador, evitando comportamentos formais, pode levar o entrevistado a desabafar com o entrevistador, fornecendo, desse modo, importantes informações, que dificilmente seriam obtidas mediante o emprego de outra técnica de levantamento por parte do analista de sistemas, organização e métodos.

B – Desvantagens das entrevistas

As desvantagens das entrevistas, em relação ao questionário e à observação pessoal, resumem-se em:

- alcançam um universo menor do que o questionário, devido à duração e aos recursos consumidos em sua realização;
- os entrevistados podem não receber tratamento uniforme, apesar do entrevistador ter a intenção de assim proceder;
- podem ocorrer desvios de curso, em decorrência de o entrevistador alterar a direção planejada e não alcançar os objetivos propostos;
- correspondem a um processo que, normalmente, demanda mais tempo e motivação do entrevistado, bem como do entrevistador;
- podem ocorrer avaliações subjetivas, decorrentes do contato entre o entrevistador e o entrevistado, e que venham a interferir no resultado;
- caso o entrevistador não possua capacidade, habilidade e experiência necessárias ao tipo e forma de entrevista, o mesmo pode alterar a forma dos quesitos com prejuízo do conteúdo;
- na tentativa de facilitar a entrevista ou de obter informações adicionais, o entrevistador pode alterar a ordem básica dos quesitos, colocando-os em sequência ilógica, confusa ou que dificulte o raciocínio do entrevistado, bem como causar problemas de tabulação;
- o entrevistador pode esquecer de perguntar ou eliminar quesitos de importância para o objetivo da entrevista;
- a entrevista pode desestimular o entrevistado, em decorrência do conteúdo, forma, sistemática e condições ambientais e psicológicas nas quais se dá a entrevista;

242 Sistemas, Organização e Métodos • Rebouças

- pode-se perder tempo com conversas improdutivas ou ser objetivo demais e levar o entrevistado a perder a vontade de colaborar; e
- são uma técnica que consome mais tempo e recursos com sua realização e tabulação dos dados.

Devido à maneira como a entrevista é planejada e conduzida, não se dá aos entrevistados a oportunidade de analisar, previamente, os quesitos ou o assunto que será tratado durante a entrevista. Consequentemente, os mesmos podem responder correta ou incorretamente, havendo ainda a possibilidade de responderem de forma incompleta.

Caso se dê a oportunidade de o entrevistado conhecer, antecipadamente, o conteúdo da entrevista, pode acontecer de o mesmo responder com grande senso de responsabilidade ou de o mesmo ter tempo de responder da forma mais conveniente, fugindo da verdade ou omitindo informações importantes. Isso porque tal procedimento afasta o elemento surpresa, o qual se constitui em importante aspecto da entrevista.

Outra fragilidade da entrevista é o fato de que certas pessoas respondem aquilo que pensam que o entrevistador deseja ouvir, em lugar de darem informações verdadeiras, por pensarem que as mesmas podem prejudicar seus interesses.

Existem, ainda, os casos em que o entrevistado responde sobre assuntos que desconhece ou conhece parcialmente, pelo simples fato de gostar de dar palpites, ou de se sentir constrangido em confessar que desconhece o assunto, ou que não o conhece o suficiente para emitir uma opinião abalizada.

Há, também, o problema da importância do assunto para o entrevistador e o entrevistado, ou seja, o entrevistador pode entender serem importantes certos aspectos de um assunto, enquanto o entrevistado entende que outros aspectos são importantes, fornecendo informações que o entrevistador não deseja e omitindo as que, realmente, são solicitadas ao entrevistado.

C – Planejamento da entrevista

Todos os aspectos envolvidos no processo de entrevista devem ser cuidadosamente planejados, para evitar que ocorram desperdícios de tempo e de recursos, bem como sejam satisfeitas todas as necessidades de informação que determinaram a utilização da entrevista como técnica de levantamento de um sistema, estrutura organizacional ou método administrativo.

Assim, deve existir:

Metodologia de levantamento, análise, desenvolvimento e implementação de métodos administrativos **243**

- fixação dos objetivos da entrevista, os quais devem ser claramente definidos, pois determinam o que se pretende para satisfazer as necessidades identificadas de informação. Nos casos em que for necessário dar conhecimento ao entrevistado dos objetivos da entrevista, os mesmos devem ser expressos antes que a entrevista se realize ou em seu início, podendo tal atitude atuar como uma fonte de motivação para o entrevistado submeter-se ao diálogo. Nos casos em que não for conveniente divulgar os objetivos, pode-se omiti-los desde que a decisão de assim proceder seja lógica e primordial para o levantamento das informações;

- planejamento do local da entrevista, sendo que o analista deve saber que, ao planejar as condições ambientais e o local da entrevista, deve levar em consideração os aspectos que podem influir nos resultados finais, tais como: agradabilidade, nível de descontração, conforto psicológico, isolamento de terceiros e local adequado;

- planejamento do conteúdo da entrevista a ser realizado com base nos objetivos e no objeto – assunto, situação, problema etc. – da pesquisa, que permitem determinar o universo de informações que, convenientemente tratado, dará condições para alcançar os resultados desejados. O conteúdo da entrevista deve ser planejado de modo a respeitar o tipo das pessoas a serem entrevistadas, em termos de formação, conhecimentos específicos, posição hierárquica na empresa etc.;

- planejamento da forma da entrevista, que corresponde ao planejamento da maneira particular como o conteúdo é colocado ao entrevistado, considerando o seu nível intelectual, formação e experiência profissional;

- planejamento do número de quesitos e da duração da entrevista, que são de fundamental importância para a eficiência e eficácia da entrevista, devendo ser dimensionados de modo a atender às necessidades de informações sem desmotivar o informante, bem como não apressá-lo, cansá-lo ou confundi-lo. O dimensionamento adequado é aquele cujos volume e duração das perguntas são condizentes com os objetivos que se pretende alcançar;

- planejamento do ritmo da entrevista, pois toda entrevista deve ser levada a efeito em determinado ritmo ou cadência de perguntas, o qual deve ser previsto, com o intuito de evitar o cansaço, a falta de tempo para a reflexão ou o embaraço do entrevistado ou, de outro lado, a letargia e a desconcentração. Deve-se, ainda, ficar atento para que não haja interrupções por parte de terceiros, pois podem quebrar o ritmo e comprometer os resultados;

- planejamento e determinação de perguntas objetivas, não permitindo que as mesmas possibilitem margem a múltiplas interpretações;

- planejamento da desinibição do entrevistado, fato bastante natural entre pessoas que não se conhecem. Para tanto, desde que a estratégia recomende, o entrevistador pode fornecer informações sobre os objetivos da entrevista e da importância das informações que o entrevistado possui para o trabalho que será realizado, bem como manter um clima bastante favorável à descontração e ao diálogo informal;

- planejamento da motivação, pois um condicionante fundamental da forma e do conteúdo das respostas do entrevistado é a motivação do mesmo para responder aos quesitos. Caso o entrevistado esteja motivado a responder às perguntas, as mesmas tendem a ser claras, precisas, objetivas, explicativas e exaustivas, bem como o entrevistado não se furtará a dar maiores esclarecimentos caso os mesmos sejam solicitados;

- planejamento do roteiro da entrevista com bastante flexibilidade, de modo que se permitam alterações em sua ordem sequencial, com a finalidade de obter informações impossíveis de serem conseguidas, caso seja observada a sequência inicialmente estabelecida. O grau de flexibilidade do planejamento deve ser suficiente o bastante para possibilitar alterações na ordem sequencial, na forma e no conteúdo dos quesitos, dependendo tal flexibilidade da capacidade, habilidade e experiência do entrevistador, bem como do comprometimento dos resultados que as alterações podem gerar;

- planejamento da seleção dos entrevistados, na qual o analista de sistemas, organização e métodos deve observar o número de pessoas que serão entrevistadas, pois desse número dependem a duração do processo de entrevista, seu custo e o alcance dos objetivos, variáveis essas que atuam como condicionantes da decisão sobre a determinação do número de entrevistados;

- planejamento do início da entrevista, o qual pode ser seu momento crítico, isto é, pode determinar o relacionamento entrevistador *versus* entrevistado durante toda a entrevista. Como se costuma dizer que *a primeira impressão é a que fica*, é necessário que a primeira impressão e o início do diálogo criem, de imediato, o clima mais favorável possível para o bom desenvolvimento da entrevista e obtenção das informações necessárias; e

- planejamento dos horários das entrevistas, pois toda entrevista pressupõe contato direto, do tipo *face a face*. Logo, há necessidade de se estabelecer um horário que atenda aos interesses do entrevistado e do entrevistador. Dependendo das circunstâncias, tais como *status*, nível hierárquico, prestígio, poder etc., haverá mais flexibilidade por parte de um ou de outro. Entretanto, após fixado o horário, o mesmo deve ser respeitado por ambas as partes, principalmente pelo entrevistador, pois qualquer atraso pode criar um clima de aborrecimento, falta de seriedade, sentimento de falta de importância etc.

E, finalmente, o analista de sistemas, organização e métodos deve ter um critério para avaliar os resultados das entrevistas em seus vários aspectos de eficiência, eficácia e efetividade, conforme as várias adaptações feitas dos trabalhos de Selltiz et al. (1974, p. 234).

É relativamente difícil o estabelecimento das qualificações do analista de sistemas, organização e métodos como entrevistador. Entretanto, listam-se a seguir alguns aspectos que são mais evidentes nesse campo de atuação:

- sólida experiência em entrevistas;
- facilidade de expressão, diálogo fácil e agradável, vocabulário rico e profundo conhecimento do significado dos termos técnicos inerentes ao assunto que está pesquisando;
- habilidade para inquirir tecnicamente, quando se fizer necessário, perguntas que não foram programadas;
- habilidade e capacidade para alterar a sequência, forma e conteúdo das perguntas, bem como incluir e excluir quesitos, quando se fizer necessário;
- capacidade e habilidade de levar o entrevistado a pronunciar-se sobre o que se deseja saber, sem formular os quesitos diretamente, quando a formulação direta é desaconselhada;
- capacidade e habilidade para manipular, discretamente, as fichas de funções e formulários, sem que o entrevistado perceba que as respostas estão sendo anotadas ou codificadas;
- ser pessoa agradável, simpática e calma;
- possuir capacidade de percepção de tensões, nervosismos e embaraços por parte do entrevistado;
- capacidade de perceber respostas seguras, inseguras, falsas, *mascaradas*;
- capacidade de acalmar, descontrair, desinibir, relaxar o entrevistado;

- capacidade de conduzir a entrevista dentro das fronteiras de seus objetivos, sem torná-la, contudo, maçante, monótona, cansativa;
- capacidade de motivar e interessar o entrevistado, fazendo com que o mesmo responda aos quesitos de forma clara, objetiva e explicativa, bem como emita opiniões sobre as perguntas;
- facilidade de familiarização com as perguntas e suas instruções;
- capacidade de sempre assumir atitudes neutras diante das respostas do entrevistado; e
- capacidade de distinguir entre o que é essencial e o que é secundário, assim como de complementar a entrevista com informações não previstas, mas de elevado interesse para o alcance dos objetivos anteriormente estabelecidos.

Fica evidente que a lista apresentada é bastante longa, mas não esgota o assunto, além do que é muito pouco provável encontrar um analista de sistemas, organização e métodos com todas essas características. Nada impede, porém, que tais aspectos sejam desenvolvidos em profissionais com grande potencial e que tenham condições de contribuir para a otimização dos resultados da empresa.

9.2.3.2 Síntese da localização de deficiências de um sistema

Quando o sistema apresenta algumas deficiências, o analista de sistemas, organização e métodos deve interferir, considerando alguns aspectos gerais, a saber:

a) Quanto à finalidade da intervenção, pode considerar as seguintes questões:
- a real finalidade da intervenção foi identificada?
- a maneira da intervenção está adequada?
- deve eliminar as deficiências?
- deve adaptar o sistema a novas condições?

b) Quanto ao local das alterações, as questões podem ser:
- nos objetivos do sistema analisado?
- nas entradas do sistema considerado?
- no processador?
- nas saídas?

Metodologia de levantamento, análise, desenvolvimento e implementação de métodos administrativos **247**

- no controle e avaliação?
- na retroalimentação? (ver seção 1.3)

c) Quanto ao objetivo da mudança, pode considerar se o mesmo é decorrente das seguintes questões:

- da estratégia empresarial ou funcional?
- do mercado atendido pela empresa?
- dos negócios, produtos ou serviços da empresa?
- do objetivo empresarial ou funcional?
- da política empresarial ou funcional?
- da estrutura organizacional?
- dos recursos humanos – treinamento e/ou substituição –, tecnológicos e/ou financeiros e/ou materiais e/ou equipamentos?
- dos procedimentos (métodos)?
- da programação (prazos, volumes, distribuição da carga de trabalho etc.)?

Por melhor que o projeto de intervenção seja, pode não haver condições psicossociais para sua implantação imediata e global. Caso isso ocorra, pode-se subdividir o projeto em partes modulares e planejar a implantação *pari passu* dessas partes, minimizando as reações e resistências, bem como mantendo a concepção do todo, que é algo fundamental quando se trabalha com sistemas empresariais.

No processo de o analista de sistemas, organização e métodos identificar, analisar e eliminar as deficiências existentes no sistema, podem-se observar os seguintes momentos:

1º momento: exame da realidade, por meio da identificação dos sintomas observados;

2º momento: diagnóstico da situação, por meio da identificação dos problemas;

3º momento: identificação das causas que geram os problemas, os quais apresentam os sintomas;

4º momento: prognóstico, por intermédio da identificação do que ocorrerá, se não houver mudança nenhuma;

5º momento: prescrição, que permite estabelecer o que deve ser feito para se intervir no sistema considerado;

6º momento: planejamento da intervenção;

7º momento: tratamento das resistências à intervenção, mediante um balanço de lucros e perdas em termos do que o sistema proporciona aos usuários;

8º momento: implantação da intervenção; e

9º momento: avaliação da intervenção.

No fim dessa fase inerente ao levantamento e análise da situação atual, o analista de sistemas, organização e métodos deve dispor de:

- políticas e diretrizes existentes;
- organogramas gerais e parciais;
- fluxogramas detalhados;
- documentos e formulários; e
- aprovação, pelos usuários, para o início do delineamento e estruturação do novo sistema.

9.2.4 Delineamento e estruturação do novo sistema

O objetivo dessa fase é conceituar e definir o sistema que será implantado, estabelecer clara e adequadamente as políticas em que se baseará o sistema e a organização necessária para operá-lo, bem como definir o fluxo geral do novo sistema, delineado com base nas relações entre as áreas envolvidas com o sistema, e estabelecer os procedimentos e métodos administrativos básicos de cada área isoladamente.

Algumas das atividades básicas dessa fase são (Bingham e Davis, 1972, p. 48):

- determinar os objetivos do sistema atual;
- estudar o sistema atual, a fim de constatar até que ponto corresponde aos seus objetivos;
- analisar as necessidades dos usuários e da empresa, a fim de desenvolver novos objetivos;
- analisar as restrições impostas pelas áreas dos usuários;
- definir as responsabilidades dos usuários em relação às entradas e às saídas de dados destinados a outros sistemas;
- examinar a interação do sistema proposto com outros sistemas existentes ou a serem desenvolvidos na empresa;

- detalhar as necessidades dos usuários, em termos de elementos, volume e tempo de resposta dos dados e informações;
- preparar as especificações do projeto do novo sistema;
- planejar as fases do projeto do novo sistema e de sua implantação; e
- elaborar um relatório para o usuário e para a área de sistemas, organização e métodos.

Fica evidente que a participação e a colaboração dos usuários nessa fase dos trabalhos é de suma importância.

Na realidade, com base na identificação dos objetivos, entradas, saídas e processamento do sistema, pode ser elaborado um importante documento chamado "definição do sistema", que deverá incluir os seguintes itens principais:

- definição dos objetivos do sistema;
- definição das restrições impostas ao sistema;
- descrição do funcionamento do sistema;
- fluxo geral do sistema de informações;
- especificação dos dados de "entrada" e dos meios de obtenção;
- especificação dos dados de "saída" e sua distribuição entre os vários usuários;
- definição do conteúdo dos arquivos e dos métodos para sua atualização;
- definição das responsabilidades e autoridades correlacionadas ao sistema considerado; e
- definição de limites de tempo (por exemplo, prazo mais dilatado para o usuário receber a informação).

Com base na definição do sistema, o analista de sistemas, organização e métodos fica numa situação melhor para estimar o tempo e os recursos necessários ao projeto e à implantação do novo sistema. Embora o número de atividades identificadas não seja grande nesse estágio, pode ser aconselhável a utilização de uma técnica de programação, como o PERT-CPM.

Outra finalidade de elaborar o planejamento e a programação nessa fase, é fornecer ao futuro usuário a ideia de que está comprometido com o sistema, bem como informá-lo sobre a ocasião em que poderá começar a esperar por resultados.

250 Sistemas, Organização e Métodos • Rebouças

A partir da definição do sistema, o analista terá todas as bases definidas para a etapa do detalhamento do projeto dos sistemas considerados.

Para facilitar seus trabalhos, o analista poderá seguir a seguinte metodologia de trabalho:

- delinear o fluxo geral do sistema, estabelecendo os procedimentos principais, bem como o fluxo de informações entre as áreas envolvidas;
- propor aos usuários as políticas e as diretrizes básicas, bem como a organização necessária para cumprir os objetivos do sistema;
- propor aos usuários a forma de desenvolver, em detalhes, as informações solicitadas;
- desenvolver um fluxograma geral e definitivo do novo sistema e os procedimentos básicos de cada área; e
- solicitar aprovação da proposta, considerando a análise de custos *versus* benefícios.

No fim dessa fase inerente ao delineamento e estruturação do novo sistema, o analista deverá ter:

- os rascunhos das informações gerenciais necessárias;
- a relação de políticas e diretrizes estabelecidas;
- as recomendações para o aprimoramento da estrutura organizacional da empresa e do fluxograma geral do sistema – ver seção 10.2 –, com os detalhes do enfoque proposto em cada área da empresa;
- o desenho preliminar dos formulários (ver Capítulo 11); e
- a relação das informações operacionais necessárias.

9.2.4.1 *Algumas considerações complementares sobre os objetivos do sistema*

O analista de sistemas, organização e métodos deve desenvolver o sistema em questão, considerando os objetivos do sistema estabelecidos pelos usuários, sendo que esse procedimento permitirá adequada avaliação de desempenho do sistema.

Um sistema mostra-se eficaz e eficiente à medida que ele alcança seus objetivos e desempenha suas funções dentro dos padrões estabelecidos; existindo seis aspectos que, geralmente, conduzem os sistemas à eficácia e à eficiência.

São eles:

- simplicidade: o sistema é mais eficaz e eficiente à medida que alcança os objetivos propostos da maneira mais simples possível;
- economicidade: o sistema é mais eficaz e eficiente à medida que alcança os objetivos propostos da maneira mais econômica possível;
- flexibilidade: o sistema é mais eficaz e eficiente à medida que suas informações, sua estrutura organizacional e seus métodos administrativos possuem a flexibilidade necessária para adaptar-se às mudanças que, eventualmente, venham a ocorrer;
- produtividade: o sistema é mais eficaz e eficiente à medida que apresenta acréscimos de produtividade durante a consecução de seus objetivos, que pode ser expressa pela melhoria na relação saídas *versus* entradas;
- aceitabilidade: o sistema é mais eficaz e eficiente à medida que é aceito pela totalidade dos profissionais que dele fazem parte, pois cria condições mais favoráveis de trabalho; e
- racionalidade: o sistema é mais eficaz e eficiente à medida que todos os meios – estrutura organizacional, acervo físico, recursos humanos, tecnologia, métodos administrativos etc. – são coerentes e indispensáveis ao alcance dos objetivos propostos.

A combinação desses seis aspectos torna os sistemas administrativos mais eficientes e eficazes, caso os objetivos sejam alcançados na plenitude de suas proposições.

9.2.5 Detalhamento do novo sistema

O principal objetivo desta fase é detalhar o projeto em um nível que permita implantá-lo da melhor maneira possível nas empresas.

Antes de considerar as atividades do detalhamento de um sistema, é necessário lembrar que todo sistema depende da combinação de quatro elementos básicos, a saber: objetivos, políticas, organização e técnicas.

A definição dos dois primeiros é de responsabilidade dos usuários, ao passo que o uso dos dois últimos é feito pela área de sistemas, organização e métodos e, em pequeno grau, pelos usuários.

As principais atividades desenvolvidas nesta fase são as seguintes:

- complementação dos fluxogramas geral e parciais;
- identificação do volume total de dados e informações tratados no sistema;
- desenho dos formulários;
- definição da necessidade de relatórios e de seu volume, frequência e distribuição;
- desenvolvimento da lógica geral do sistema;
- determinação dos procedimentos de controle, avaliação e de auditoria do sistema;
- definição dos dispositivos de arquivamento a utilizar;
- revisão da estimativa do custo operacional do novo sistema; e
- elaboração de um plano detalhado para a implementação do novo sistema.

Nesta fase, o analista de sistemas, organização e métodos deve trabalhar com o maior nível de detalhes possível.

Outro aspecto a considerar é que, caso ocorra uma dificuldade de trabalhar com o sistema considerado, o analista pode decompô-lo em subsistemas, até o nível que facilitar o trabalho.

9.2.5.1 *Algumas técnicas auxiliares*

Para que o analista realmente faça um detalhamento adequado do sistema, é interessante que ele se utilize de determinadas técnicas e fontes de informações auxiliares, tais como:

- análise de outros sistemas utilizados em situações semelhantes;
- utilização de algumas técnicas disponíveis que podem auxiliar, tais como as tabelas de decisão, as técnicas estatísticas, a simulação etc.; e
- utilização de uma sessão de *brainstorming* – "tempestade mental" – em que cada membro de um pequeno grupo expõe suas ideias sem qualquer restrição. Ao fim de cada sessão, podem surgir algumas ideias novas, perfeitamente aproveitáveis.

A fase do projeto de sistema culmina com a elaboração de um documento que será a seguir aprovado ou modificado pelos usuários ou pela área de sistemas, organização e métodos. O projeto pode ser totalmente rejeitado, se for impossível satisfazer a ambos. É mais provável, porém, que seja aceito com modificações, servindo como especificação para a fase de implementação.

Antes de continuar o trabalho, o analista deve assegurar-se de que as especificações do projeto não só foram assimiladas, mas também formalmente aceitas para servirem à próxima fase de implementação. Se isso não for realizado, as unidades organizacionais dos usuários, frequentemente, irão sugerir alterações no projeto dos sistemas, depois que o analista já o definiu na totalidade.

Além das especificações do projeto, deve-se apresentar, nessa etapa, à chefia da unidade de sistemas, organização e métodos, uma estimativa revista dos custos do projeto e das atividades de implementação. Se forem aceitas, então o projeto estará pronto para prosseguir para a fase de implementação, quando começam a surgir, de forma concreta, os resultados do trabalho nele investido.

O analista poderá seguir a seguinte metodologia de trabalho nessa fase:

- analisar as informações gerenciais e operacionais aprovadas na apresentação do fluxo geral;
- preparar, em fluxo, todos os procedimentos para obter as informações necessárias, bem como definir, em detalhes, modelos de formulários, registros, relatórios etc.; e
- preparar os desenhos finais dos relatórios e formulários.

Ao final dessa fase, inerente ao delineamento do novo sistema, o analista de sistemas, organização e métodos deverá dispor dos seguintes itens:

- políticas e diretrizes, inerentes ao sistema, perfeitamente definidas;
- fluxogramas gerais e parciais detalhados; e
- modelos dos formulários e relatórios do sistema.

9.2.6 Treinamento, teste e implementação do novo sistema

O objetivo básico dessa fase é o treinamento do pessoal usuário do novo sistema e a posterior implementação.

No fim dessa fase, o analista de sistemas, organização e métodos terá um sistema operacional totalmente documentado.

A seguir são apresentados os aspectos básicos dessa fase do processo de desenvolvimento do projeto de sistemas ou métodos administrativos.

A – Treinamento dos usuários

O processo de treinamento deve ser desenvolvido, em conjunto com o usuário, desde os primeiros passos do trabalho. Se o treinamento for feito dessa forma, haverá significativa possibilidade de o usuário adquirir maior confiança no sistema e, consequentemente, maior facilidade em sua operacionalização.

B – Teste do novo sistema

Com referência ao teste do sistema, o analista de sistemas, organização e métodos pode escolher entre testar o sistema antes de implementá-lo, convertê-lo diretamente sem testes especiais ou, ainda, trabalhar em paralelo com o velho e o novo sistemas durante certo período de tempo.

A escolha da alternativa mais adequada dependerá da situação específica de cada sistema. Ainda que se tomem todas as precauções necessárias, o analista deve lembrar que a alteração de um sistema pode originar alguns problemas, os quais devem ser, devidamente administrados.

C – Implementação do novo sistema

O analista de sistemas, organização e métodos deve estar bastante atento nesta etapa, pois é na implementação que muitos sistemas bem projetados falham, deixando de entrar em funcionamento ou são implementados sem o adequado controle.

Nesta fase, alguns aspectos devem ser obedecidos, tais como:

- utilização adequada e sistemática da técnica formal de planejamento e controle da mudança efetuada, por motivo do novo sistema (para mais detalhes, ver Capítulo 15 – Mudança planejada);
- estabelecimento de objetivos e resultados para cada profissional envolvido no projeto; e
- assegurar a realização de todas as fases do trabalho, de acordo com os padrões preestabelecidos.

O sistema só deve entrar em operação quando se verificar que não contém erros e que os usuários estão familiarizados com seu funcionamento. Isso implica em testes completos e adequados.

As orientações para testar o sistema são (Bingham e Davis, 1972, p. 56):

- testar cada módulo do sistema separadamente;
- utilizar dados reais, além dos dados de teste;
- executar um processamento em paralelo, antes do processamento definitivo;
- testar o sistema em sua totalidade;
- fazer com que os usuários testem o sistema;
- incluir, deliberadamente, dados de outro sistema totalmente diferente, para se certificar se são completamente rejeitados;
- experimentar procedimentos do começo ao fim de mês e de ano; e
- convencer os auditores da empresa a testar o sistema.

O analista de sistemas, organização e métodos deve acompanhar os usuários durante um período de tempo até que o sistema funcione perfeitamente. Além da vantagem no caso de alguma falha, sua presença é, também, de boa psicologia, pois é um apoio às pessoas que se utilizam do sistema pela primeira vez e que podem estar inseguras.

Na realidade, o analista de sistemas, organização e métodos pode adotar uma das seguintes filosofias de trabalho:

- implementação parcial em vários tempos;
- implementação total num só tempo; ou
- funcionamento paralelo.

No fim dessa fase, inerente ao treinamento, teste e implementação do novo sistema, o analista de sistemas, organização e métodos deverá dispor de:

- manual completo do novo sistema;
- treinamento dos usuários; e
- novo sistema devidamente implementado.

9.2.7 Acompanhamento, avaliação e atualização

É de suma importância que o analista tenha em mente que seu trabalho, em qualquer projeto, não termina quando o sistema se torna operacional e livre de erros.

Os analistas de sistemas, organização e métodos, infelizmente, na maior parte das vezes, consideram seu trabalho terminado ao atingir essa etapa e passam a novos projetos, sem realizar a muito necessária fase de avaliação. Esta fase começa quando o sistema estiver operando sem erros durante alguns – ou vários – ciclos.

O analista deve comparar os resultados alcançados com os anteriormente previstos, sendo que as variações significativas devem ser investigadas, visando determinar as causas.

Para maiores facilidades, o analista de sistemas, organização e métodos pode adotar as seguintes metodologias nessa fase:

a) Quanto ao acompanhamento do funcionamento do sistema, o analista deve:

- fixar pontos de controle no sistema;
- especificar os critérios para avaliar a frequência do controle nos pontos considerados;
- entrevistar os usuários do sistema e investigar quais problemas ou melhorias o sistema está trazendo; e
- efetuar todos os ajustes necessários e de forma adequada.

b) Quanto à avaliação, o analista deve:

- preparar um programa de trabalho para as atividades de auditoria;
- fazer uma auditoria adequada;
- entrevistar os usuários e anotar os problemas e/ou sugestões;
- documentar os pontos e os aspectos a serem analisados; e
- preparar um relatório sobre a auditoria e as soluções recomendadas.

No fim desta fase, o analista terá:

- um programa de acompanhamento que especifique a sistemática de controle e avaliação a ser realizada; e
- o registro de ajustes efetuados e modificações necessárias ou convenientes, mas não efetuadas por não serem oportunas, por alguma razão identificada.

Para finalizar estas considerações, deve-se salientar que existem duas formas de se apropriar o custo do desenvolvimento de um novo sistema:

- lançado na unidade organizacional usuária principal; ou
- rateado entre as várias unidades usuárias e, nesse caso, uma hipótese é lançar pelo custo original estimado, sendo o excedente lançado na área de sistemas, organização e métodos.

9.3 PARTICIPAÇÃO DO PESSOAL ENVOLVIDO

Um assunto que foi bastante abordado no presente capítulo foi a participação do pessoal envolvido na elaboração e na implementação do projeto de sistema, ou seja, os analistas de um lado e os usuários de outro. Na realidade, o ideal é ter um só bloco de pessoas trabalhando em perfeita sintonia e colaboração.

É evidente que, ao se analisar o grau de participação do pessoal envolvido, pode-se constatar que a responsabilidade se vai transferindo, gradualmente, do grupo da área de sistemas, organização e métodos para o grupo de usuários, no decorrer do processo de desenvolvimento do projeto.

Geralmente, a equipe de sistemas, organização e métodos tem uma participação pequena nas primeiras fases do processo que, gradualmente, vai aumentando; na etapa de desenvolvimento detalhado, em que há abordagem técnica, sua participação é total; finalmente, nas etapas de conversão, os usuários voltam a tomar parte ativa do processo.

Para mais considerações sobre esse importante aspecto da participação do pessoal envolvido no desenvolvimento e implementação dos sistemas nas empresas, ver o Capítulo 15 (Mudança planejada).

RESUMO

Neste capítulo, abordou-se a grande importância de o analista conhecer uma adequada e racional metodologia de levantamento, análise, elaboração e implementação de sistemas ou métodos administrativos.

A metodologia apresentada compreende sete grandes fases:

- identificação, seleção e conhecimento do sistema;
- estudo da viabilidade e de alternativas;
- levantamento e análise detalhados da situação atual;

- delineamento e estruturação do novo sistema;
- detalhamento do novo sistema;
- treinamento, teste e implementação do novo sistema; e
- acompanhamento, avaliação e atualização.

Salienta-se que essas fases apresentam aspectos que podem ser desenvolvidos simultaneamente, sendo que o analista de sistemas, organização e métodos deve estar atento a elas para alcançar os resultados esperados.

QUESTÕES PARA DEBATE

1. Quais são as fases de um projeto de sistemas?
2. Quais são as principais fontes de ideias para o estabelecimento de projetos de sistemas?
3. Quais são os critérios mais comuns para a seleção do projeto mais adequado?
4. Quais são algumas das principais deficiências que podem ser encontradas na análise inicial da seleção do projeto?
5. Quais são algumas sugestões para o maior sucesso na seleção do projeto?
6. Quais são as principais atividades que compõem um estudo de viabilidade?
7. Quais são os aspectos básicos da análise de custos de um projeto de sistemas?
8. Quais são os principais aspectos a ser considerados pelo analista na elaboração de um relatório?
9. Quais são os principais aspectos que o analista de sistemas, organização e métodos deve considerar para o levantamento detalhado da situação atual?
10. Quais são as principais atividades da fase de conceituação geral do novo sistema?
11. Quais são as principais atividades da fase de detalhamento do novo sistema?
12. Como o analista deve efetuar a implementação do novo sistema?
13. Como o analista deve efetuar o acompanhamento e a avaliação do novo sistema implementado?
14. Como o analista deve enfocar o aspecto da participação do pessoal envolvido?

EXERCÍCIO: Estabelecimento dos critérios de eficiência de um sistema

A eficiência de um sistema é avaliada em função de um conjunto de critérios adequadamente balanceados entre si.

Considerando a situação a seguir descrita, ordene, segundo o grau de importância para os objetivos desejados, os cinco principais critérios de eficiência associados ao sistema proposto. Explique e justifique cada critério, bem como o ordenamento adotado.

Uma empresa industrial de porte médio está querendo desenvolver um programa para motivar seus empregados a encaminhar sugestões para introdução de novos produtos e aperfeiçoamento dos atuais. As sugestões selecionadas pela empresa serão muito bem recompensadas.

A empresa emprega 5.000 funcionários e espera que o número de sugestões por ano seja, em média, de uma para cada funcionário. Sabendo que o ano tem 250 dias úteis de trabalho, haverá uma média de 20 sugestões por dia para serem selecionadas. As sugestões serão escolhidas pela divisão de vendas. Somente as melhores ideias serão encaminhadas à administração da produção.

Foi decidido que a produção irá usar um processo de seleção inicial para eliminar, com rapidez, as sugestões inviáveis. As ideias que passarem pela seleção serão, então, estudadas mais detalhadamente.

Caso o leitor goste de um *complicômetro*, pode explicar, também, como os cinco critérios de eficiência, escolhidos por ele, podem se interligar entre si.

Se o leitor quiser, pode inserir novas informações e situações neste exercício, desde que respeite o apresentado no texto.

10
Técnicas de representação gráfica

"O campo dos sistemas é parte essencial do trabalho do administrador. Todo dirigente é responsável pelos procedimentos que seus subordinados adotam."

William R. Dill

10.1 INTRODUÇÃO

Neste capítulo, é analisada a importante técnica da representação gráfica, que permite esquematizar e visualizar os sistemas de forma racional, clara e concisa, facilitando seu entendimento geral por todos os envolvidos.

Entre as técnicas de representação gráfica, a mais usada pelo analista de sistemas, organização e métodos é a do fluxograma.

Por meio dos fluxogramas, o analista de sistemas, organização e métodos pode representar os vários fatores e as variáveis que ocorrem no sistema, os circuitos de informações correlacionadas ao processo decisório, bem como as unidades organizacionais envolvidas no processo.

> Métodos administrativos são os meios manuais, mecânicos ou eletrônicos pelos quais as operações administrativas individuais e/ou das unidades organizacionais são executadas.

Os métodos, em uma abordagem mais específica, são correlacionados com a maneira pela qual o trabalho é executado; os processos, com o tipo de trabalho feito. O sistema corresponde a um conjunto de processos correlacionados.

Todas as empresas possuem numerosos sistemas necessários à consecução de seus objetivos, tais como planejamento da produção (que engloba os processos de programação e controle da produção, reaplicação de material etc.), suprimentos (que engloba os processos de compra, de recebimento etc.). Ver detalhes na seção 2.6.

Os executivos das empresas devem estar cientes de que maior rapidez no circuito das informações, economias de mão de obra e de material, maior exatidão etc., são obtidas pela simplificação dos métodos administrativos.

Neste capítulo, são apresentados os principais aspectos das representações gráficas que visam auxiliar o analista de sistemas, organização e métodos em suas tarefas básicas.

No fim deste capítulo, o leitor estará em condições de responder a algumas perguntas, tais como:

- Quais são as técnicas de representação gráfica à disposição do analista de sistemas, organização e métodos?

264 Sistemas, Organização e Métodos • Rebouças

- O que representa a técnica de fluxogramas?
- Como o analista de sistemas, organização e métodos pode utilizar, da melhor maneira possível, a técnica de representação gráfica?

10.2 TÉCNICA DO FLUXOGRAMA

O estudo dessa técnica de representação gráfica é efetuado com profundidade, pois o fluxograma é de intenso e amplo uso universal.

Ele representa, com racionalidade, lógica, clareza e síntese, as rotinas ou procedimentos em que estejam envolvidos documentos, informações recebidas, processadas e emitidas, bem como seus respectivos responsáveis e/ou unidades organizacionais.

O fluxograma, por meio de símbolos convencionais, representa, de forma dinâmica, o fluxo ou a sequência normal de trabalho.

O fluxograma mostra como se faz o trabalho e analisa problemas cuja solução interessa, diretamente, ao exercício de uma administração racional. Mostrando a circulação de documentos e formulários entre as diversas unidades organizacionais da empresa ou entre pessoas, ele é usado para a pesquisa de falhas na distribuição de cargos e funções, nas relações funcionais, na delegação de autoridade, na atribuição de responsabilidades e em outros aspectos do funcionamento do processo administrativo.

> Fluxograma é a representação gráfica que apresenta a sequência de um trabalho de forma analítica, caracterizando as operações, os responsáveis e/ou unidades organizacionais envolvidos no processo.

O fluxograma, ou *flow-chart*, é também conhecido com os nomes de carta de fluxo de processo, gráfico de sequência, gráfico de processamento etc.

O fluxograma objetiva, entre outros, os seguintes aspectos principais:

- padronizar a representação dos métodos e procedimentos administrativos;
- maior rapidez na descrição dos métodos administrativos;
- facilitar a leitura e o entendimento das atividades realizadas;
- facilitar a localização e a identificação dos aspectos mais importantes nos sistemas e métodos administrativos;

- maior flexibilidade; e
- melhor grau de análise.

O fluxograma objetiva evidenciar a sequência de um trabalho, permitindo a visualização dos movimentos ilógicos e a dispersão de recursos materiais e humanos. Constitui o fundamento básico de todo trabalho racionalizado, pois não basta fazer sua divisão, sendo necessário dispô-lo no tempo e no espaço de maneira adequada.

Ele é o meio pelo qual o analista de sistemas, organização e métodos consegue articular as diversas etapas de uma rotina, depois da imprescindível divisão e distribuição das tarefas.

Por meio de uma completa, ordenada, detalhada e fidedigna disposição de fatores pertinentes ao funcionamento de uma empresa, os fluxogramas auxiliam a descobrir os pontos que, representando falhas de naturezas diversas, podem responder pelas deficiências constatadas na execução dos trabalhos. Um fluxograma pronto abrange grande número de operações, em um espaço relativamente pequeno.

No estudo da organização empresarial, muito se fala da necessidade de simplificar o trabalho; a grande maioria dos autores, todavia, esquece de apontar os instrumentos capazes de obter a tão desejada eliminação do supérfluo. Pode-se afirmar que a grande maioria fala da necessidade de aumentar a produtividade e diminuir os custos; os mais esclarecidos complementam dizendo que é necessário eliminar os movimentos inúteis, combinar as tarefas afins, visando encurtar os percursos, mas ainda não dizem como alcançar o esperado resultado.

Os fluxogramas procuram mostrar o modo pelo qual as coisas são feitas, e não o modo pelo qual o chefe diz aos funcionários que as façam; não é a maneira segundo a qual o chefe pensa que as atividades são feitas, mas a forma pela qual o manual de normas e procedimentos manda que elas sejam feitas. Eles são, portanto, uma fotografia exata de uma situação real em foco, auxiliando, inclusive, no processo de treinamento de todos os profissionais envolvidos nos trabalhos.

Outro aspecto que o leitor deve considerar é que o fluxograma, pelo fato de formalizar o método administrativo considerado, possibilita que o mesmo seja adequadamente analisado e aperfeiçoado; ou seja, as pessoas só conseguem aprimorar o que foi, anteriormente, formalizado.

Se o leitor julgar válido, também pode analisar os sistemas administrativos sob o enfoque da estruturação de processos, sendo que a esse respeito pode

266 Sistemas, Organização e Métodos • Rebouças

analisar o livro *Administração de processos:* conceitos, metodologia e práticas, dos mesmos autor e editora.

10.2.1 Vantagens do fluxograma

O fluxograma apresenta uma série de vantagens, que podem ser resumidas em:

- apresentação real do funcionamento de todos os componentes de um método administrativo. Esse aspecto proporciona e facilita a análise da eficiência do sistema;
- possibilidade da apresentação de uma filosofia de administração, atuando, principalmente, como fator psicológico;
- possibilidade de visualização integrada de um método administrativo, o que facilita o exame dos vários componentes do sistema e de suas possíveis repercussões, tanto positivas quanto negativas. Normalmente, os outros métodos apresentam um mecanismo de leitura mais lento e menos claro, o que pode dificultar sua análise;
- propiciar os adequados levantamento e análise de qualquer método administrativo, desde o mais simples ao mais complexo, desde o mais específico ao de maior abrangência;
- propiciar o uso de convenções de simbologias, o que possibilita uma leitura mais simples e lógica do processo, tanto por parte dos especialistas em métodos administrativos, quanto por seus usuários;
- possibilidade de identificação mais fácil e rápida dos pontos fortes e fracos do método administrativo considerado; e
- propiciar a atualização e manutenção do método administrativo de maneira mais adequada, pela melhor clareza das alterações introduzidas, incluindo suas causas e efeitos.

10.2.2 Informações básicas de um fluxograma

O analista de sistemas, organização e métodos, bem como os usuários, sempre devem ter em mente quais são as informações básicas provenientes de um fluxograma, para que possam obter o melhor resultado do mesmo.

As informações básicas, representadas num fluxograma, podem ser correlacionadas aos aspectos apresentados a seguir:

- os tipos de operações ou trâmites que integram o circuito de informações;
- o sentido de circulação ou fluxo de informações;
- as unidades organizacionais em que se realiza cada operação;
- o volume das operações efetuadas; e
- os níveis hierárquicos que intervêm nas operações do método administrativo representado pelo fluxograma.

Salienta-se que os dois últimos itens podem ser considerados como opcionais, embora sua representação possa proporcionar uma informação importante ao analista de sistemas, organização e métodos, bem como aos usuários do método administrativo considerado.

10.2.3 Análise pelo fluxograma

No estudo detalhado de cada tipo de fluxograma, deve ser examinado o sistema de análise que convém a cada um; as perguntas relacionadas a seguir, porém, são comuns a todos.

Antes de iniciar o estudo do fluxograma, o analista de sistemas, organização e métodos deve certificar-se de que todas as fases foram relacionadas, bem como saber, exatamente, o que cada uma significa.

Para tanto, deve aplicar as seguintes perguntas básicas:

a) O que é feito? Para que serve essa fase?

Essa pergunta permite verificar se todas as fases foram relacionadas e se são conhecidas as utilidades de cada uma delas.

É a pergunta que serve de base de sustentação para os trabalhos a serem realizados pelo analista de sistemas, organização e métodos.

b) Por que essa fase é necessária? Tem ela alguma influência no resultado final da rotina analisada? Há, realmente, uma necessidade absoluta dessa fase?

Se as respostas a essas perguntas não forem positivas, a fase deverá ser eliminada.

c) Onde essa fase deve ser feita? Será que a mudança do local em que essa fase está sendo realizada não permitirá maior simplificação da rotina? Tal mudança de local é viável?

268 Sistemas, Organização e Métodos • Rebouças

Verifique se a mudança de local onde a fase está sendo feita economizará tempo e evitará transporte. Se tal acontecer, alterar a ordem de execução e eliminar as fases desnecessárias.

d) Quando essa fase deve ser feita? A sequência está corretamente fixada?

As respostas a essas perguntas aprimoram a sustentação do analista de sistemas, organização e métodos no estudo realizado.

e) Quem deve executar a fase? Há alguém mais bem qualificado para executá-la? Seria mais lógico ou conveniente que outra pessoa realizasse essa fase?

Essas perguntas permitem verificar a extensão da transferência de autoridade e de responsabilidade dentro da unidade organizacional; ou mesmo, transferir as tarefas dessa fase para outra unidade organizacional da empresa.

f) Como a fase está sendo executada?

A resposta a essa pergunta permite encontrar um meio mais fácil de executar a fase, seja por meio de um formulário específico, seja pela mecanização das atividades da fase ou ainda pelo uso de um equipamento especial.

Fica evidente que as perguntas apresentadas são necessárias, mas não suficientes. O analista de sistemas, organização e métodos deve ter o discernimento para identificar quais outras perguntas devem ser efetuadas para o adequado desenvolvimento dos trabalhos.

10.2.4 Simbologia do fluxograma

Os símbolos utilizados nos fluxogramas têm por objetivo evidenciar origem, processo e destino da informação escrita e/ou verbal componente de um sistema ou método administrativo. Por outro lado, salienta-se que existe uma tendência, cada vez mais generalizada, para a padronização dos símbolos convencionais que representam elementos ou situações comuns nas empresas.

É possível utilizar símbolos diferentes dos convencionais, desde que não ofereçam dificuldade de compreensão para o leitor e desde que sejam definidos previamente. Essa situação é decorrente das características específicas de alguns sistemas que exigem essa flexibilidade. Contudo, os símbolos mais comuns se desenvolveram e tiveram sua utilização ampliada, de tal maneira que chegaram a constituir uma linguagem corrente entre os usuários.

A combinação dos símbolos apresentados com uma série de outros símbolos complementares permite ampliar, esclarecer ou interpretar os diferentes passos dos métodos administrativos. Essas expressões simbólicas são utilizadas de forma consistente em análises dos métodos administrativos no campo da informática, ainda que, nesse caso, algumas operações requeiram o uso de símbolos especiais. Este livro não se preocupa com o uso da técnica de fluxogramas nesse ramo de atividades, ficando restrito à área de organização e métodos.

Salienta-se que os símbolos inerentes aos tipos de fluxogramas são apresentados junto com as considerações gerais de cada tipo de fluxograma ao longo deste capítulo.

10.2.5 Tipos de fluxogramas

Os principais tipos de fluxogramas que o analista de sistemas, organização e métodos pode utilizar, são:

- fluxograma vertical;
- fluxograma parcial ou descritivo; e
- fluxograma global ou de coluna.

A seguir, são apresentados os aspectos básicos de cada um desses tipos de fluxograma.

10.2.5.1 *Fluxograma vertical*

O fluxograma vertical também é denominado folha de análise, folha de simplificação do trabalho ou diagrama de processo.

O fluxograma vertical é, normalmente, destinado à representação de rotinas simples em seu processamento analítico numa unidade organizacional específica da empresa.

Esse tipo de fluxograma possui quatro vantagens. A primeira consiste em poder ser impresso como formulário padronizado. A segunda consiste na rapidez de preenchimento, pois os símbolos e convenções já se acham impressos. A terceira consiste em maior clareza de apresentação. A quarta, na grande facilidade de leitura por parte dos usuários.

O fluxograma vertical, como o próprio nome indica, é formado de colunas verticais; em uma coluna são colocados os símbolos convencionais de operação, transporte, arquivamento, demora e inspeção; em outra coluna é colocada a descrição do método atual e, por último, uma coluna em que consta o profissional ou unidade organizacional que executa a operação.

Alguns fluxogramas verticais possuem mais uma coluna, para que sejam anotadas as clássicas perguntas: por quê? o quê? onde? quando? quem? como? quanto? objetivando fornecer elementos para a posterior simplificação do trabalho, por meio de levantamento automático das condições e razões operacionais.

Outros fluxogramas apresentam colunas em que são anotados a distância do percurso dos passos e o tempo médio de dispêndio de cada fase, bem como apresentam duas colunas: uma para os procedimentos atuais, e outra para os propostos.

Pela análise do fluxograma vertical, a empresa pode obter melhoramentos que resultam em eliminação, combinação, reclassificação, redistribuição e simplificação dos detalhes e grupos de detalhes. Por essa razão, verificam-se cada detalhe, aplicando-se as seguintes perguntas:

Por que – esse sistema é necessário? pode-se eliminar o sistema, o processo, os passos?

O que – é feito? quais os passos? estão todos eles incluídos?

Onde – deve isso ser feito? pode ser feito em outro lugar?

Quando – deve ser feito? é feito na referência correta? pode ser combinado ou simplificado, movendo-o *para frente* ou *para trás*?

Quem – deve executar a tarefa? quem manipula é a pessoa indicada? outra pessoa pode executá-la melhor?

Como – está sendo executada a tarefa? pode ser executada com equipamento diferente? com procedimento diferente?

Quanto – de volume de trabalho está envolvido? Pode ser reduzido? Precisa ser aumentado?

O analista de sistemas, organização e métodos deve analisar cada detalhe e tomar notas para indicar os melhoramentos possíveis. Por outro lado, as espécies de ações a serem praticadas, a combinação e a sequência das modificações etc. são anotadas em impresso auxiliar.

Do estudo original deve-se, sempre, preparar um roteiro de trabalho para orientar a instalação dos melhoramentos e certificar-se de que o sistema não retorne aos antigos métodos de operação.

De maneira resumida, verifica-se que os aspectos básicos do fluxograma vertical são:

- facilitar a descrição das rotinas e dos procedimentos existentes; e isso porque os símbolos são impressos de maneira que permitem que o analista de sistemas, organização e métodos, à medida que transcorre a entrevista, simplesmente interligue esses símbolos para descrever o sistema existente;
- reduzir as divergências entre entrevistador e entrevistado, pois, enquanto o entrevistado explica o sistema, o entrevistador procura entender e escrever, detalhadamente, ao mesmo tempo; e
- estruturar a proposição de novos sistemas, embora seu maior uso seja em levantamentos da situação existente.

Os símbolos mais comuns utilizados no fluxograma vertical são apresentados no Quadro 10.1:

Quadro 10.1	*Simbologia do fluxograma vertical.*

Símbolo	Significado	Símbolo	Significado
◯	Análise ou operação	▢	Execução ou inspeção
⇨	Transporte	△	Permanência temporária ou passagem
			Arquivo provisório
▽	Arquivo definitivo	◗	Demora ou atraso

A operacionalização do fluxograma vertical é realizada por meio da união dos símbolos, interligados em ordem sequencial.

Numa situação mais resumida, tem-se a seguinte situação:

- lado esquerdo da folha: símbolos;
- centro da folha: áreas de responsabilidade por onde circulam os documentos e as informações do sistema; e
- lado direito da folha: descrição dos passos do sistema.

De maneira mais detalhada, o fluxograma vertical pode conter:

- lado esquerdo da folha: descrição da rotina atual;
- parte central da folha: símbolos da situação atual e proposta;
- lado direito da folha: descrição da rotina proposta; e
- centro superior da folha: análise do número de passos para cada símbolo na situação atual e na situação proposta, bem como as diferenças identificadas.

Com base na simbologia, é apresentado, a seguir, um exemplo de fluxograma vertical, que representa um sistema de recepção de materiais numa empresa fictícia (Quadro 10.2).

Quadro 10.2 | *Exemplo de fluxograma vertical.*

Fluxograma vertical

Símbolos		Totais		
●	Análise ou operação	3	Rotina	Atual **X** / Proposta — De recepção de material
■	Execução ou inspeção	2		
◗	Demora ou atraso	∅	Unidade organizacional: Suprimentos	
▲	Arquivo provisório	2	Estudado por:	
▼	Arquivo definitivo	3	Em de de 20	
➡	Transporte	9	Assinatura	

Ordem	Símbolos	Unidades organizacionais	Descrição dos Passos
1	○ ➡ □ ◗ △ ▽	Recepção	Recebe do fornecedor Nota Fiscal (N.F.) e Material
2	● ⇨ □ ◗ △ ▽		Emite Aviso de Recebimento (A.R.) em quatro vias
3	○ ⇨ □ ◗ △ ▼		Arquiva 4ª via do A.R. em ordem numérica crescente
4	○ ➡ □ ◗ △ ▽		Remete N.F. e 1ª via do A.R. para o Setor de Contas a Pagar
5	○ ➡ □ ◗ △ ▽		Remete 2ª via do A.R. para o Setor de Compras
6	○ ➡ □ ◗ △ ▽		Remete 3ª via do A.R. e material para o Almoxarifado
7	○ ➡ □ ◗ △ ▽	Contas a pagar	Recebe N.F. e 1ª via do A.R.
8	○ ⇨ ■ ◗ △ ▽		Confere N.F. com A.R.
9	○ ⇨ □ ◗ ▲ ▽		Arquiva 1ª via do A.R. por ordem numérica crescente, aguardando pagamento
10	○ ⇨ □ ◗ ▲ ▽		ArquivaN.F. em ordem alfabética de fornecedor, aguardando fatura
11	○ ➡ □ ◗ △ ▽	Compras	Recebe 2ª via do A.R.
12	● ⇨ □ ◗ △ ▽		Registra entrega de material pela 2ª via do A.R.
13	○ ➡ □ ◗ △ ▽		Remete 2ª via do A.R. para o Setor de Contabilidade – Controle de Estoques
14	○ ➡ □ ◗ △ ▽	Controle de estoque	Recebe 2ª via do A.R.
15	● ⇨ □ ◗ △ ▽		Registra entrada de material na ficha de estoque correspondente
16	○ ⇨ □ ◗ △ ▼		Arquiva 2ª via do A.R. em ordem cronológica – data de lançamento
17	○ ➡ □ ◗ △ ▽	Almoxarifado	Recebe 3ª via do A.R. e material
18	○ ⇨ ■ ◗ △ ▽		Verifica exatidão do A.R. pelo material recebido
19	○ ⇨ □ ◗ △ ▼		Arquiva 3ª via do A.R. em ordem cronológica

274 Sistemas, Organização e Métodos • Rebouças

Um formulário para realizar a análise de um sistema, pelo fluxograma vertical, é apresentado no Quadro 10.3:

Quadro 10.3	Formulário para análise de sistema pelo fluxograma vertical.

Planos	Folha de análise – Fluxograma vertical –		Data: __/__/__	Nº
Sistema:	Unidades usuárias			
	Principal:		Secundárias:	
Formulários:				
Envolvidos:	Eliminados:			

Resumo da situação do sistema

Rotina	Sistema atual	%	Proposta	%	Diferença	%	Observações
Análise ou operações							
Execução ou inspeções							
Transportes							
Permanência temporária							
Arquivamentos definitivos							
Demoras ou atrasos							
Total							

Descrição da rotina atual	Operações	Execuções	Transportes	Permanências	Arquivamentos	Demoras	Funcionário	Funcionário	Demoras	Arquivamentos	Permanências	Transportes	Execuções	Operações	Descrição da rotina proposta

10.2.5.2 *Fluxograma parcial ou descritivo*

Seus aspectos básicos são:

- descreve o curso de ação e os trâmites dos documentos;
- também é mais utilizado para levantamentos;
- é de elaboração um pouco mais difícil do que o fluxograma vertical; e
- é mais utilizado para rotinas que envolvem poucas unidades organizacionais.

Os símbolos utilizados, para esse tipo de fluxograma, são os apresentados no Quadro 10.4:

Quadro 10.4	*Simbologia do fluxograma parcial ou descritivo.*

Símbolo	Significado	Símbolo	Significado
	Terminal		Operação
	Executante ou responsável		Documento
	Arquivo		Decisão
	Conferência		Conector de página
	Conector de rotina		Sentido de circulação: Documentos Informações orais
			Material

Sua operacionalização é efetuada mediante a interligação de seus símbolos.

Deve-se notar que o conector de rotina ou de página é utilizado para evitar muitas intersecções de linhas (sentido de circulação).

Outro aspecto é que se torna difícil a visualização dos documentos manuseados por uma única unidade organizacional, principalmente se houver troca constante de documentos entre as unidades. Também, como a unidade organizacional é representada por um símbolo, o fluxograma mostra-se mais complexo, ou seja, com maior número de símbolos do que os outros gráficos representativos da rotina e procedimento administrativo.

Na Figura 10.1, é apresentado um exemplo do fluxograma parcial ou descritivo que representa um sistema de recebimento de materiais de uma empresa fictícia.

10.2.5.3 *Fluxograma global ou de coluna*

Esse é o tipo de fluxograma mais utilizado pelas empresas.

De maneira resumida, seus aspectos básicos são:

- é utilizado tanto no levantamento, quanto na descrição de novas rotinas e procedimentos;
- permite demonstrar, com maior clareza, o fluxo de informações e de documentos, dentro e fora da unidade organizacional considerada; e
- apresenta maior versatilidade, principalmente por sua maior diversidade de símbolos.

Os símbolos mais utilizados no fluxograma global ou de coluna são apresentados no Quadro 10.5.

Verifica-se que parte significativa dos símbolos do fluxograma global ou de coluna é igual ao fluxograma parcial ou descritivo, o que consolida relativa homogeneidade entre os diferentes tipos de fluxogramas.

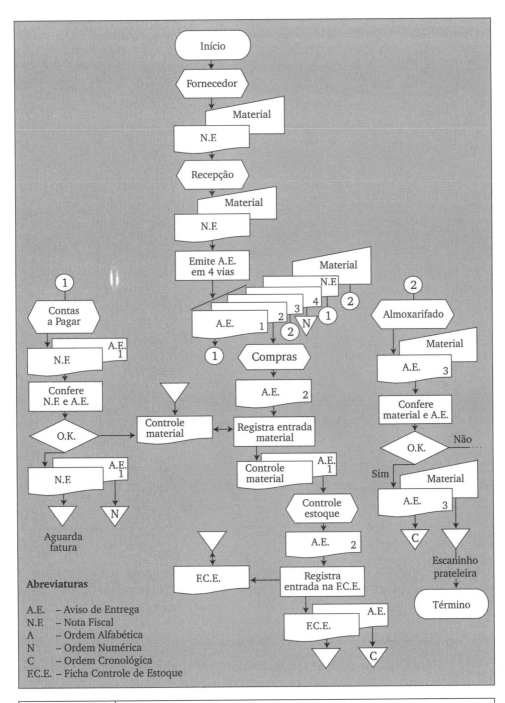

Figura 10.1 | *Exemplo de fluxograma parcial ou descritivo.*

278 Sistemas, Organização e Métodos • Rebouças

Quadro 10.5	*Simbologia do fluxograma global ou de coluna.*

Símbolo	Significado	Símbolo	Significado
	Terminal		Documento
	Conector		Informação oral
	Arquivo		Operação
	Decisão		Conferência
	Inutilização ou destruição do documento		Sentido de circulação: Documentos Informações orais
	Demora ou atraso		Material

Tendo em vista a maior utilização do fluxograma global ou de coluna, a seguir são apresentados os principais aspectos da utilização de seus diferentes símbolos:

a) Terminal

Esse símbolo é colocado no início e/ou no fim do processo. Em seu interior, pode colocar-se "INÍCIO" ou "FIM", como identificação do terminal (Figura 10.2).

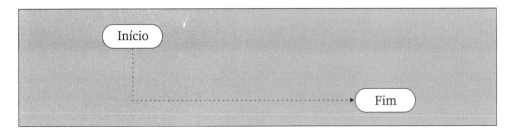

| **Figura 10.2** | *Símbolo de terminais.* |

b) Documento

Serve para identificar qualquer tipo de documento, como cheques, faturas, recibos. Coloca-se o nome do documento dentro do símbolo, geralmente abreviando-se por questões práticas. Na Figura 10.3, aparece o símbolo de uma nota fiscal.

| **Figura 10.3** | *Símbolo de um documento.* |

Quando da emissão de um documento, deve-se marcar o lado esquerdo inferior do símbolo, conforme mostrado na Figura 10.4:

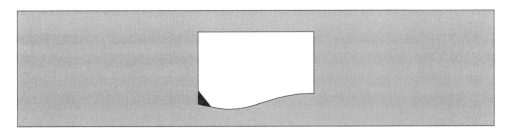

| **Figura 10.4** | *Símbolo de emissão de documento.* |

Quando o documento aparece pela primeira vez no fluxograma considerado, mas já foi emitido em outro fluxograma, deve-se marcar o lado esquerdo superior do símbolo do documento (Figura 10.5).

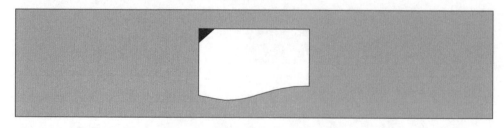

| **Figura 10.5** | *Símbolo de aparecimento de um documento novo no fluxograma.* |

Quando um documento é emitido em várias vias, a designação simbólica poderá ser conforme apresentado na Figura 10.6:

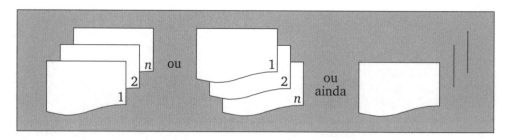

| **Figura 10.6** | *Símbolo de documentação com múltiplas vias.* |

Essa é a forma de representação quando as vias do documento têm destinos diversos. Embora numa situação mais rara, todas as vias podem ter o mesmo destino e, nesse caso, a representação pode ser de outra forma, colocando-se o número de vias do jogo todo no interior do símbolo do documento (Figura 10.7).

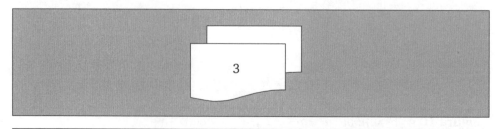

| **Figura 10.7** | *Símbolo de documentação com múltiplas vias (destino único).* |

Os jogos de documentos com denominação variada e de emissão ou recebimento simultâneo devem ser indicados, cada um com seus respectivos nomes, como se observa na Figura 10.8:

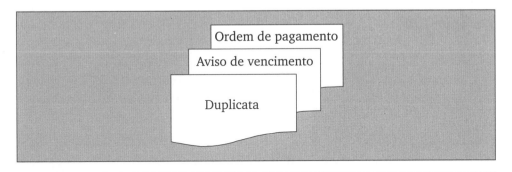

| **Figura 10.8** | *Documentação de emissão ou recebimento simultâneo.* |

Quando o documento apresentar uma quantidade indefinida de vias, tem-se a representação por meio da Figura 10.9:

| **Figura 10.9** | *Documento com quantidade indefinida de vias.* |

Quando se tiver uma quantidade indefinida de uma mesma via, de um mesmo documento, tem-se a representação da Figura 10.10:

| **Figura 10.10** | *Documento com quantidade indefinida de uma mesma via.* |

Quando o documento for representado por livros ou fichários principais – cadastros, diários etc. –, que são permanentemente usados para registro de informações, pode-se utilizar uma tarja escura do lado esquerdo, sendo que o nome desse registro é indicado dentro do símbolo, como pode ser visualizado na Figura 10.11:

| **Figura 10.11** | *Símbolo de registro em livros ou fichários.* |

Podem existir casos nos quais é necessário mostrar, em determinado passo da rotina, a emissão de alguma cópia adicional. A justificativa de sua emissão depende de uma condição particular que deve ser esclarecida no fluxograma, e a representação desse fato é feita por meio do símbolo de documento, porém de forma pontilhada, como apresentado na Figura 10.12:

| **Figura 10.12** | *Símbolo de uma cópia adicional.* |

Salienta-se que esse símbolo de cópia adicional não deve ser confundido com a comunicação ou consulta verbais, conforme apresentado na Figura 10.26. Isso porque, no presente caso, a cópia adicional não deve apresentar a seta pontilhada de comunicação verbal entre as duas unidades organizacionais.

   c) Conector

   Quanto mais complexo for o fluxograma, maior será a utilização de símbolos e linhas de interligação. O conector permite simplificar a vinculação de sub-rotinas e/ou fluxogramas sem que haja intersecções de linhas. Assim, dentro do símbolo deve-se colocar uma letra ou outro sinal qualquer que permita a identificação de onde se encontra a rotina em continuação (Figura 10.13).

Figura 10.13 | *Uso do conector.*

No exemplo apresentado na Figura 10.13, podemos deduzir que a primeira rotina continua em A.

Se for necessário, o analista deve, internamente ao conector, inserir a letra alfabética indicadora da sequência do fluxo, seguida de uma barra e do número da página em que o fluxo tem continuidade (Figura 10.14).

Figura 10.14 | *Uso de conector com indicação da página de continuidade.*

d) Operação

Esse símbolo procura mostrar qualquer processamento que se realiza sobre um documento. Por exemplo, a recepção de um material e o consequente carimbo no aviso de entrega. Dentro do círculo, símbolo utilizado para designar as operações, devem ser colocados números de chamada, com as necessárias descrições de cada uma dentro do próprio fluxograma (Figura 10.15).

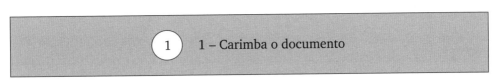

Figura 10.15 | *Exemplo de uma operação.*

Esse símbolo interrompe uma linha de direção entre outros dois símbolos e dá uma explicação da operação que nela se realiza.

Normalmente, ocorre uma operação quando um objeto é, intencionalmente, modificado em qualquer de suas características físicas ou químicas; é montado ou desmontado de outro objeto, ou disposto ou preparado para outra operação ou transformação. Ocorre, também, uma operação quando se dá ou recebe informação, ou se efetua um planejamento ou cálculo.

São exemplos de operações:

1. Carimbar um documento.
2. Datilografar uma carta.
3. Engradar material a ser expedido.
4. Registrar correspondência.
5. Compilar.
6. Efetuar cálculos.
7. Vistar um documento.

Fica evidente que a empresa deve padronizar os números indicadores da operação, ou seja, por exemplo, o número 1 pode, sempre, significar o ato de carimbar um documento.

Um símbolo alternativo de operação é um retângulo, dentro do qual pode ser descrito, de forma resumida, o que a operação está representando, conforme apresentado na Figura 10.16:

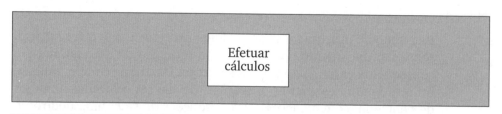

| Figura 10.16 | Símbolo alternativo de operação. |

Este símbolo não deve ser confundido com o símbolo de conferência – ver Figura 10.22 – pois esse último é um quadrado, enquanto o símbolo alternativo de operação – Figura 10.16 – é um retângulo.

Entretanto, o analista de sistemas, organização e métodos deve evitar o uso desse símbolo alternativo, principalmente quando a empresa considerada apresentar uma quantidade elevada de fluxogramas. Isso porque, tendo em vista a situação tradicional do símbolo de uma operação, conforme apresentado na Figura 10.15, é possível padronizar as operações básicas da empresa ao longo do tempo.

e) Arquivo

Representa qualquer tipo de arquivo, sejam provisórios, sejam definitivos. Dentro do símbolo, devem ser colocadas letras que identifiquem a ordem de arquivamento (Figura 10.17).

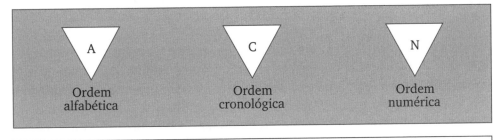

Figura 10.17 | *Simbologia de arquivos.*

Outras formas de apresentar a forma de arquivamento são:

C/N – ordem cronológica e, interna a essa, por ordem numérica;

E – forma de arquivamento especial; e

A/N – ordem alfabética e, interna a essa, por ordem numérica.

Caso o analista de sistemas, organização e métodos queira separar os arquivos provisórios dos arquivos definitivos, pode utilizar a diferenciação de colocar uma linha horizontal na parte superior do triângulo, para representar o arquivo definitivo (Figura 10.18).

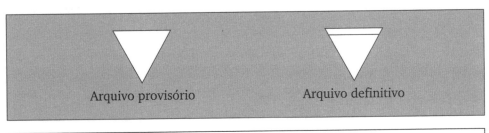

Figura 10.18 | *Simbologia de arquivos provisório e definitivo.*

Outra forma de apresentar os arquivos provisório e definitivo pode ser visualizada na Figura 10.19:

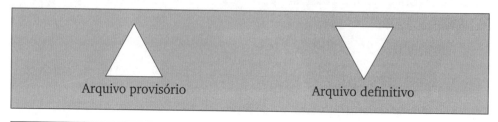

| **Figura 10.19** | *Outra simbologia de arquivos provisório e definitivo.* |

Entretanto, para este autor, o analista de sistemas, organização e métodos não deve ficar preocupando-se em separar o que é arquivo definitivo do que é provisório, mesmo porque essa análise envolve alto nível de subjetividade e relatividade. Portanto, é aconselhável utilizar um único símbolo inerente ao processo de arquivo, conforme apresentado na Figura 10.20:

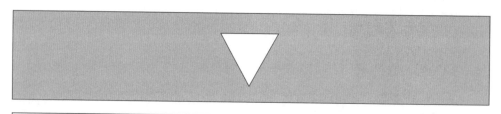

| **Figura 10.20** | *Símbolo de arquivo.* |

No caso de arquivos que devem ser controlados periodicamente, caso a necessidade de controle tenha sido, efetivamente, observada durante o levantamento, esse fato pode ser indicado mediante o uso de um tique convencionado (Figura 10.21).

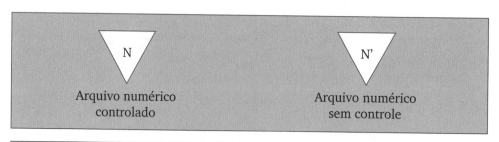

| **Figura 10.21** | *Simbologia de arquivos quanto ao controle.* |

f) Conferência

Representa a ação de conferir dois ou mais documentos entre si, ou checar a veracidade de cada um com determinado padrão preestabelecido.

Normalmente, ocorre a conferência quando um objeto é examinado para identificação, ou é verificado quanto à qualidade ou quantidade de qualquer de suas características.

São exemplos de conferência:

1. Revisar um documento (e carimbar).
2. Verificar o peso do material.
3. Conferir cálculos.
4. Confrontar dois documentos.

A representação gráfica da conferência é um quadrado.

Na Figura 10.22, tem-se a representação de uma conferência referente à revisão de uma carta.

| **Figura 10.22** | *Símbolo de conferência (referente a um documento, conforme simbologia utilizada anteriormente).* |

g) Decisão

Esse símbolo é utilizado para demonstrar um ponto do sistema, em que é necessário seguir por caminhos diferentes. Geralmente, dentro do símbolo encontra-se a assertiva e as saídas são as alternativas *sim* ou *não*. A resposta à alternativa é registrada no símbolo e a bifurcação nasce em dois ângulos do mesmo (Figura 10.23).

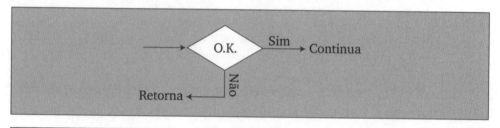

| **Figura 10.23** | *Representação de decisão.* |

Quando várias decisões devem ser tomadas, o analista de sistemas, organização e métodos pode colocar os símbolos correspondentes em fileira e em cada um anotar uma referência para explicar a decisão, mediante uma nota, conforme se vê na Figura 10.24:

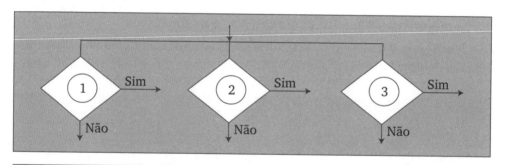

| **Figura 10.24** | *Alternativas simultâneas de decisão.* |

h) Sentido de circulação

O sentido de circulação se observa mediante linhas que se utilizam junto com os símbolos e indicam a direção em que esses caminham.

Geralmente, as rotinas desenvolvem-se da esquerda para a direita e de cima para baixo.

A linha compacta cujo sentido é indicado por uma flecha significa que os documentos ou qualquer informação por escrito se deslocam em tal direção (Figura 10.25).

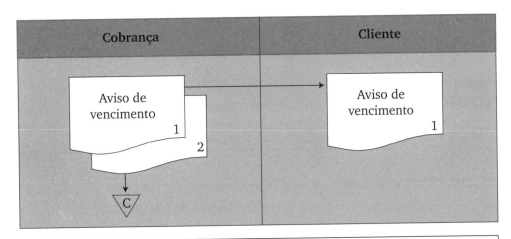

Figura 10.25 | *Sentido de circulação de documentos.*

A linha intermitente cujo sentido também é indicado por uma flecha significa que uma pessoa consulta verbalmente outra (Figura 10.26).

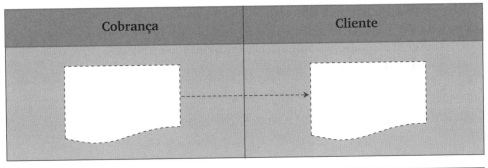

Figura 10.26 | *Sentido de consulta verbal.*

No exemplo da Figura 10.26, o cliente é informado, pessoalmente ou por telefone, pelo Departamento de Cobrança, de alguma questão que merece ser esclarecida.

O símbolo de sentido de circulação também pode ser utilizado como indicador de fluxo e de unidade organizacional e, nesse caso, indica o sistema e o fluxo a ser consultado para obter a continuidade do processo e a unidade organizacional que encaminha ou à qual é enviado o documento (Figura 10.27).

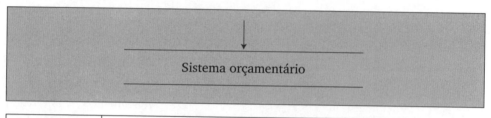

| Figura 10.27 | Indicador de fluxo e de unidade organizacional. |

i) Demora ou atraso

Esse símbolo representa um retardamento do processo, geralmente por motivos independentes aos interesses das unidades organizacionais da empresa.

Normalmente, ocorre demora no processo quando as condições, salvo aquelas que, intencionalmente, modificam as características físicas ou químicas do objeto, bem como aquelas relativas ao arquivamento temporário, não permitem ou requerem a execução imediata da ação seguinte planejada (Figura 10.28).

Exemplos de demoras típicas:

1. Aguarda comparecimento do candidato à admissão.
2. Desarranjo de uma linha de montagem.
3. Retenção de um item para completar um embarque.

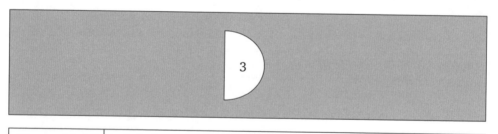

| Figura 10.28 | Símbolo de demora ou atraso. (no caso específico, retenção de um item para completar um embarque). |

j) Material

Esse símbolo representa qualquer tipo de material que circule pela empresa (Figura 10.29).

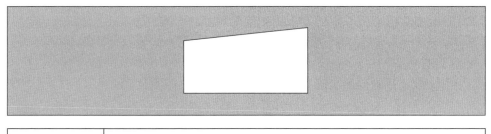

| Figura 10.29 | Símbolo de material. |

k) Inutilização ou destruição de documento

As linhas intercruzadas em forma de "X" simbolizam que o documento é destruído e que não voltará a aparecer no fluxograma (Figura 10.30).

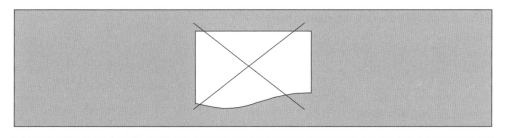

| Figura 10.30 | Símbolo de destruição de documento. |

l) Notas explicativas

Quando algumas explicações permitem melhor conhecimento do processo, elas devem ser inseridas, por meio de números de chamada, em local apropriado do fluxograma, normalmente na parte inferior do lado direito (Ver Figura 10.33).

10.2.5.3.1 Áreas de responsabilidade

Para identificação das diferentes áreas, órgãos ou unidades organizacionais por onde tramitam informações ou documentos, delimitam-se campos específicos para cada agente ou unidade organizacional do processo (Figura 10.31).

O exemplo da Figura 10.31 mostra que o Setor de Compras, para um documento qualquer e que possui três vias, arquivou a terceira via e enviou a primeira via ao Setor de Almoxarifado e a segunda via ao Setor de Caixa.

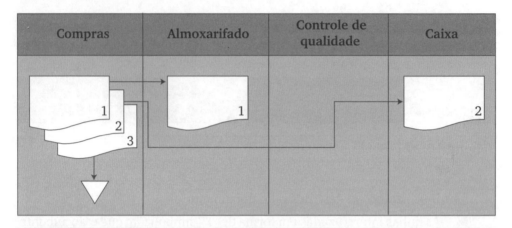

| Figura 10.31 | Exemplo de áreas de responsabilidade. |

10.2.5.3.2 Técnicas de desenho

Como já foi mencionado anteriormente, o fluxograma demonstra a circulação de documentos ou informações por áreas de responsabilidade. Também, por meio de uma simbologia apropriada, demonstra que tipos de decisões ou operações se realizam ao longo do processo, bem como evidencia o funcionamento de um sistema.

A forma de representação, mediante o deslocamento horizontal do circuito entre colunas, constitui o diagrama básico dentro do qual funcionam entrelaçados os elementos simbolizados.

Com relação à confecção do desenho do fluxograma, cabe destacar os seguintes aspectos:

a) O papel quadriculado é o mais adequado, pois facilita o traçado de linhas horizontais e verticais.

b) O tamanho do fluxograma depende da complexidade do sistema e do grau de detalhe que se deseja. O uso de máquinas fotocopiadoras que ampliam ou reduzem o formato original proporciona grande elasticidade para trabalhar em desenhos com maior ou menor amplitude de detalhe.

c) Visando atualizar os fluxogramas a baixo custo, é conveniente que seu traçado seja feito a lápis.

d) No canto inferior direito de cada um dos fluxogramas é conveniente colocar as informações básicas (Quadro 10.6), devendo conter, essencialmente, os seguintes dados:

- nome da empresa;
- denominação da rotina e procedimento;
- código da instrução de serviço;
- código do fluxograma;
- unidade operacional preparadora;
- nome com rubrica ou assinatura do elaborador do fluxograma;
- nome com rubrica ou assinatura do chefe responsável; e
- data de realização ou atualização.

Quadro 10.6	*Exemplo de informações básicas.*

Instrução de serviço nº 0001		Fluxograma código ABC	Companhia Alfa
Data	Elaborador	Chefe responsável	Rotina: Recepção de materiais

e) As grandes áreas ou unidades organizacionais da empresa devem ser representadas pelas colunas maiores. Com base nelas, devem seguir os níveis hierárquicos da departamentalização (Quadro 10.7).

Quadro 10.7	*Exemplo de agrupamento das áreas.*

Contabilidade		Tesouraria	
Setor Fiscal	Escrituração	Caixa	Acionistas

f) Ao definir a localização das áreas de responsabilidade no fluxograma, deve ser levada em conta a proximidade dos setores quanto à troca de informações e de documentos, a fim de que não sejam necessárias longas linhas de sentido de direção, pois dificultam a leitura.

Deve-se evitar também, sempre que possível, que as linhas se cruzem.

Uma forma de evitar o cruzamento dá-se por meio da utilização de conectores (Ver Figura 10.13). Entretanto, na eventualidade de que as linhas se cruzem, costuma-se simbolizar para a segunda linha um *salto* sobre a primeira, como se pode observar na Figura 10.32:

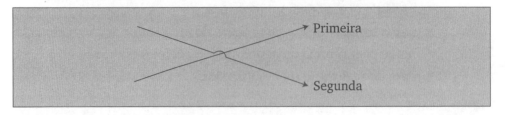

| **Figura 10.32** | *Simbologia de cruzamento de linhas.* |

g) Para separar processamentos diários de outros que se realizam apenas dentro de um período de tempo bem maior – mês, trimestre ou semestre, por exemplo –, pode ser conveniente separar as rotinas diárias das demais. Por exemplo, pode ser conveniente separar, num tipo de fluxograma especial, os registros contábeis mensais ou a preparação de relatórios periódicos.

h) O número de colunas com a indicação de áreas de responsabilidade em cada fluxograma deve ser reduzido ao máximo, com o objetivo de evitar fluxogramas tão compridos que tornem difícil seu manejo. Desenhos com cinco ou sete áreas de responsabilidade são, geralmente, adequados para apresentar toda a informação necessária.

i) No caso de fluxogramas muito grandes e detalhados, é conveniente que se proceda a uma segmentação do desenho em várias folhas que, colocadas em sequência, apresentem o gráfico todo. Esse procedimento evita a tendência de se comprimir os símbolos em pequenas áreas, o que geralmente torna o desenho quase ilegível. Conforme explicado anteriormente, utilizam-se para esse processo os conectores de página (Ver Figura 10.13).

Outra maneira, que pode ser mais interessante, é empregar sub-rotinas em fluxogramas separados. Para melhor entendimento, apresenta-se um exemplo referente ao Quadro 10.8:

	Nº	Rotinas básicas	Código
ROTINAS	1	Faturamento	A
	..		
	11	Recepção de materiais	M
	..		
	n		
SUB-ROTINAS	11	Recepção de materiais	M
	11.1	Controle de avisos de entrada	M_1
	11.2	Contabilização da entrada em estoque	M_2
	11.3	Arranjo dos itens entrados em estoque	M_3

Quadro 10.8 | *Estabelecimento de rotinas e de sub-rotinas.*

Com base no Quadro 10.8, o fluxograma de código M é o de recepção de materiais. O de código M1 é uma sub-rotina de recepção de materiais, por exemplo, controle detalhado de avisos de entrada de materiais; o de código M2 é a sub-rotina de contabilização da entrada em estoque e o M3 é o de arranjo físico dos itens entrados em estoque.

O número de ordem pode ser uma sequência numérica comum de execução de rotinas e sub-rotinas.

j) Como a análise de departamentalização é um dos aspectos mais importantes a serem levados em consideração na avaliação do controle interno do sistema, pode ser interessante ter a indicação dos nomes e/ou funções das pessoas responsáveis pelas áreas e pelos passos significativos do processamento de documentos e informações.

k) Logo após as colunas, que representam áreas de responsabilidade, reserva-se uma última coluna para notas explicativas ou comentários adicionais. Esses esclarecimentos também podem ser inseridos na parte inferior do fluxo. Qualquer esclarecimento, por reduzido que seja, não é conveniente que seja incluído dentro de nenhum símbolo, nem ao lado. Em todos os casos, essas explicações que se indicaram fora dos símbolos, no campo adequado, devem referir-se ao processo mediante números de chamada. A esse respeito, ver Figura 10.33:

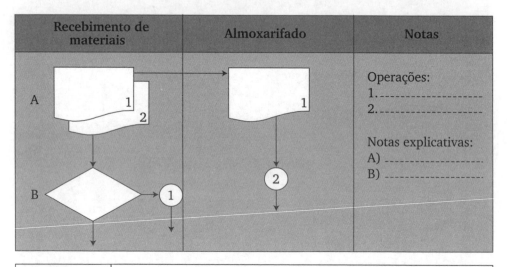

Figura 10.33 | *Exemplo de notas explicativas.*

l) O tamanho dos símbolos iguais deve ser uniforme e o tamanho de todos deve guardar proporção entre si. Para tanto, existem *gabaritos* plásticos para fluxogramas, com recortados dos símbolos convencionais, que resolvem facilmente o problema do desenho. Esses *gabaritos* são facilmente encontrados em papelarias especializadas.

m) A fim de que os fluxogramas sejam localizados com facilidade, esses podem ser ordenados segundo o apresentado no Quadro 10.8, por meio do estabelecimento de rotinas e sub-rotinas.

n) É importante que qualquer documento representado no fluxograma termine seu percurso por um dos seguintes símbolos:
- arquivo permanente;
- documento destruído; ou
- término de circuito no fluxograma.

o) Podem fazer parte integrante do arquivo de fluxogramas outras informações que complementem a descrição do sistema, como organogramas da empresa, plano de contas de contabilidade, descrição de cargos, manuais de políticas etc. Dependendo da finalidade do levantamento do sistema, é necessário referenciar os fluxogramas para esses outros documentos. Se necessário, deve-se ter, também, a indicação de volumes de operação, número de pessoas envolvidas no processamento e quaisquer outras informações que possam melhorar o conhecimento dos sistemas vigentes. A este respeito, ver os tipos de manuais administrativos, na seção 13.4.

p) Localização de deficiências e problemas

Ao se analisar um fluxograma, procura-se encontrar passos, documentos, funções, nos quais existam ou sejam geradas deficiências de controle interno e de operação. Para maior facilidade de trabalho, essas situações podem ser destacadas mediante o uso de um círculo grande ao redor dos pontos correspondentes. Dessa forma, ficam bem definidos para o analista de sistemas, organização e métodos os aspectos que merecem maior atenção no curso do trabalho de análise e de posterior modificação do sistema. No exemplo apresentado na Figura 10.34, foi detectado algum problema ou deficiência no fluxo realizado no Setor de Caixa.

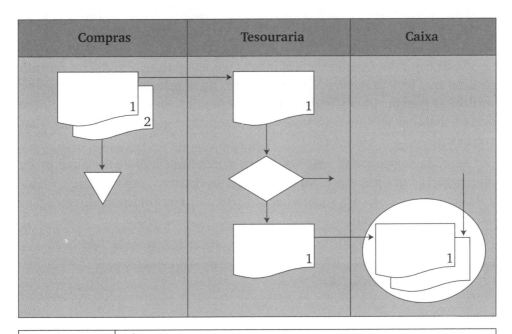

Figura 10.34 | *Área de deficiências e problemas.*

q) Chave para indicação conjunta de símbolos

Para facilitar a visualização do processo, o analista pode colocar uma chave de indicação conjunta de símbolos, conforme apresentado na Figura 10.35:

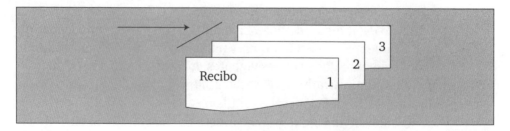

| **Figura 10.35** | *Chave para indicação conjunta de símbolos.* |

Na Figura 10.36, é apresentado um exemplo de fluxograma global ou de colunas para um sistema de utilização de veículos da empresa. Naturalmente, para facilitar o entendimento, apresenta-se um fluxograma numa situação bastante simples.

RESUMO

Neste capítulo, foram apresentadas as características, vantagens, precauções no uso e simbologias básicas dos três tipos principais de fluxograma: vertical, parcial ou descritivo e global ou de coluna. Salienta-se que esse último tipo é o mais encontrado pelo analista de sistemas, organização e métodos nas empresas.

Acredita-se que tenha ficado evidente a importância deste instrumento de representação gráfica, tanto para o analista de sistemas, organização e métodos, quanto para os vários usuários dos sistemas e métodos administrativos nas empresas em geral.

QUESTÕES PARA DEBATE

1. Tendo em vista o sistema principal em que você está envolvido em sua empresa, desenvolver três fluxogramas, considerando os tipos apresentados neste capítulo.
2. Complementar o fluxograma apresentado na Figura 10.36 com outras situações inerentes à utilização de veículos de uma empresa. E realizar possíveis melhoramentos no referido fluxograma.

Técnicas de representação gráfica 299

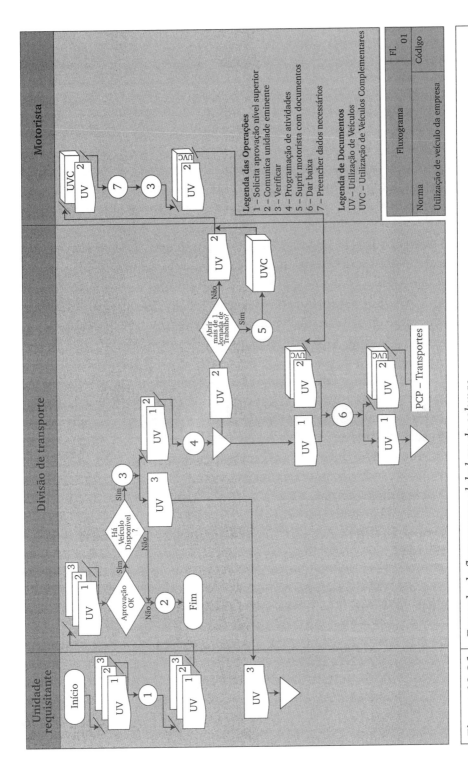

Figura 10.36 *Exemplo de fluxograma global ou de colunas.*

CASO: ESTUDO DO SISTEMA DE CONTAS A RECEBER DA MARINA INDUSTRIAL LTDA.

A Diretoria da Marina Industrial Ltda. constatou determinados problemas nos sistemas da área financeira, sendo o que apresenta maiores deficiências é o sistema de contas a receber.

Portanto, você, como consultor de sistemas, organização e métodos recentemente contratado pela Marina Industrial Ltda., teve uma conversa preliminar com o Sr. José Marques, responsável pelo Setor de Tesouraria, que cuida das atividades de caixa, contas a pagar, faturamento e crédito/cobrança da empresa.

Na entrevista inicial, o Sr. José Marques forneceu uma série de informações sobre o sistema de tesouraria, as quais estão relatadas a seguir.

Fica evidenciado, entretanto, que uma série de informações o Sr. José Marques não forneceu, por desconhecimento ou esquecimento. Inclusive, você tem dúvidas sobre a veracidade de algumas das informações fornecidas pelo Sr. Marques.

Com base nessas informações, você deve:

a) Fazer um fluxograma detalhado do sistema, conforme a explanação do Sr. José Marques.

b) Fazer uma análise do sistema do ponto de vista de:
- falta de informações;
- informações incorretas e/ou incompletas;
- adequação dos procedimentos;
- controles internos; e
- políticas administrativas.

c) Propor as alterações que julgar necessárias, tendo, para tanto, a liberdade de alocar todas as complementações e/ou situações não estabelecidas pelo Sr. José Marques, visando apresentar um sistema proposto o mais completo possível.

d) Fazer os ajustes que forem necessários, se aparecer algum procedimento *esquisito* no caso da Marina Industrial Ltda.

e) Completar o organograma da Marina Industrial Ltda. com as diversas unidades organizacionais envolvidas.

A seguir, são apresentados os procedimentos do sistema de tesouraria, principalmente quanto às contas a receber, por unidade organizacional envolvida, conforme apresentação do Sr. José Marques:

SEÇÃO DE CRÉDITO E COBRANÇA:

- recebe, pela manhã, da Seção de Faturamento, as cinco vias das duplicatas e um resumo de faturamento, referente ao faturamento realizado no dia anterior; e
- confere as duplicatas recebidas com o resumo e, caso haja qualquer divergência, consulta, por telefone, a Seção de Faturamento para obter esclarecimentos.

SEÇÃO DE FATURAMENTO:

- verifica se alguma duplicata deixou de ser relacionada no resumo de faturamento e/ou de ser enviada e, caso não tenha sido enviada, coloca-a em um envelope e a envia à Seção de Crédito e Cobrança; caso alguma duplicata não tenha sido relacionada no resumo de faturamento, informa tal fato por telefone.

SEÇÃO DE CRÉDITO E COBRANÇA:

- caso a conferência indique que todas as duplicatas emitidas foram enviadas e relacionadas, executa os seguintes procedimentos:
  - arquiva as primeiras vias de duplicatas em uma pasta, em ordem numérica, no aguardo da remessa, pelo almoxarifado, do canhoto da nota fiscal que comprova a entrega;
  - envia as segundas vias de duplicatas à Seção de Contabilidade Geral;
  - retira do arquivo o formulário *títulos não negociados* e registra os dados das duplicatas, por dezena do mês de vencimento;
  - arquiva as terceiras vias, por ordem numérica, em uma pasta, e coloca novamente no arquivo o formulário *títulos não negociados;*
  - retira do arquivo o formulário *faturamento do mês* e, com base nas quintas vias das duplicatas, lança, na linha correspondente ao dia do faturamento, os valores totais em reais das duplicatas, de acordo com seu prazo de vencimento, sendo contra apresentação, 30, 60, 90 ou mais de 90 dias; e
  - arquiva as quintas vias de duplicatas, por ordem de dezena do mês de vencimento.

ALMOXARIFADO:

- obtém, no ato da entrega do material, o carimbo da empresa e/ou assinatura dos clientes nos canhotos das primeiras vias da nota fiscal; e

- no início do expediente do dia seguinte ao da entrega do material, coloca todos os canhotos em um envelope, cola o envelope e o envia à Seção de Crédito e Cobrança.

SEÇÃO DE CRÉDITO E COBRANÇA:

- retira os canhotos do envelope, localiza na pasta do arquivo as primeiras vias das duplicatas correspondentes, carimba "material entregue" no verso, coloca os canhotos em um novo envelope, cola o envelope e o envia ao Departamento de Vendas para que tais canhotos sejam anexados às sextas vias das notas fiscais que a Seção de Faturamento lhe enviou diretamente; e
- envia as primeiras vias das duplicatas – cujo material já foi entregue – à Tesouraria para decisão sobre a necessidade ou não de "aceite" formal dos clientes.

TESOURARIA:

- analisa as duplicatas e anota a palavra "aceite" naquelas que acha necessário tal procedimento e as devolve à Seção de Crédito e Cobrança.

SEÇÃO DE CRÉDITO E COBRANÇA:

- emite um protocolo em duas vias para cada cliente, arquiva a segunda via anexa às primeiras vias das duplicatas de cada cliente;
- retira do arquivo as quintas vias respectivas das duplicatas em que são necessários aceites e as coloca em uma pasta intitulada "duplicatas aguardando aceite"; e
- entrega as primeiras vias de duplicatas, junto com o respectivo protocolo, a um Cobrador, para que seja obtido o aceite dos clientes.

COBRADOR:

- visita os clientes, obtém suas assinaturas nas primeiras vias de duplicatas e as devolve à Seção de Crédito e Cobrança.

SEÇÃO DE CRÉDITO E COBRANÇA:

- retira da pasta, denominada "duplicatas aguardando aceite", as quintas vias correspondentes, arquiva-as novamente em ordem de dezena de mês de vencimento e destrói as segundas vias de protocolo; e
- encaminha as primeiras vias de duplicatas ao tesoureiro.

TESOURARIA:

- decide sobre quais duplicatas colocar em banco para cobrança e quais deixar em carteira, para cobrança por meio de cobrador, na data do vencimento;
- anota a decisão no corpo das duplicatas, sendo que no caso de cobrança bancária, anota também o nome do banco; e
- devolve as primeiras vias de duplicatas à Seção de Crédito e Cobrança.

SEÇÃO DE CRÉDITO E COBRANÇA:

- retira do arquivo os formulários "duplicatas em carteira" e "duplicatas em cobrança bancária" e registra nesses formulários todas as duplicatas, de acordo com a forma de cobrança a ser feita, por dezena de mês de vencimento;
- retira dos arquivos as terceiras e quintas vias respectivas de duplicatas, carimba-as com a indicação do tipo de cobrança e torna a arquivá-las (terceiras vias por ordem numérica e quintas vias por dezena de mês de vencimento);
- emite um borderô de quatro vias para cada banco que deverá participar das cobranças, anexa as primeiras vias de duplicatas aos borderôs e providencia sua entrega aos bancos, contra protocolo nas quartas vias de borderô. Arquiva as quatro vias de borderô;
- arquiva as primeiras vias de duplicatas a serem cobradas pela própria empresa, por ordem de dezena de vencimento;
- recebe dos bancos, três a quatro dias após a entrega dos borderôs, a "confirmação de borderô", com indicação dos números de registro das duplicatas nos respectivos bancos. Retira do arquivo as quintas vias de duplicatas, anota os números de registros e torna a arquivá-las;
- recebe dos bancos, após 15 a 20 dias do vencimento das duplicatas, aviso informando os pagamentos dos títulos;
- retira do arquivo o formulário "duplicatas em cobrança bancária", anota os dados do aviso e torna a arquivá-lo;
- retira dos arquivos as terceiras, quartas e quintas vias de duplicatas que os bancos informaram terem sido pagas, carimba "pago" e respectiva data, e envia:
  - à Contabilidade Geral – quartas vias;
  - ao Caixa – terceiras vias juntamente com os avisos bancários; e
- arquiva as quintas vias numa pasta intitulada "duplicatas pagas", em ordem alfabética de clientes.

CAIXA:

- efetua os registros necessários para atualização dos saldos bancários e arquiva as terceiras vias de duplicatas e respectivos avisos bancários, por ordem de nome de banco.

SEÇÃO DE CRÉDITO E COBRANÇA:

- consulta, diariamente, o arquivo de quintas vias de duplicatas com vencimento previsto para a dezena do mês. Retira do arquivo as vias referentes às duplicatas com vencimento para o dia seguinte, emite uma "relação de visitas a clientes" em duas vias;
- retira também do arquivo as primeiras vias de duplicatas, junta-as à primeira via da "relação de visitas a clientes" e as entrega ao cobrador;
- anexa às quintas vias de duplicatas a segunda via da "relação de visitas a clientes" e as coloca em uma "pasta de pendência";
- recebe do cobrador, no fim do dia, a primeira via da relação de visitas a clientes, juntamente com o numerário – cheques e dinheiro – referente às cobranças efetuadas no dia;
- retira dos arquivos as terceiras, quartas e quintas vias de duplicatas, carimba-as com a expressão "pago" e respectiva data de pagamento e envia:
  - à Contabilidade Geral – quartas vias;
  - ao Caixa – terceiras vias (junto com o numerário); e
- registra no formulário "duplicatas em carteira" o fato de terem sido pagas e arquiva as quintas vias na pasta "duplicatas pagas", em ordem alfabética de clientes.

Para facilitar o entendimento, é apresentado a seguir o organograma parcial da Marina Industrial Ltda.

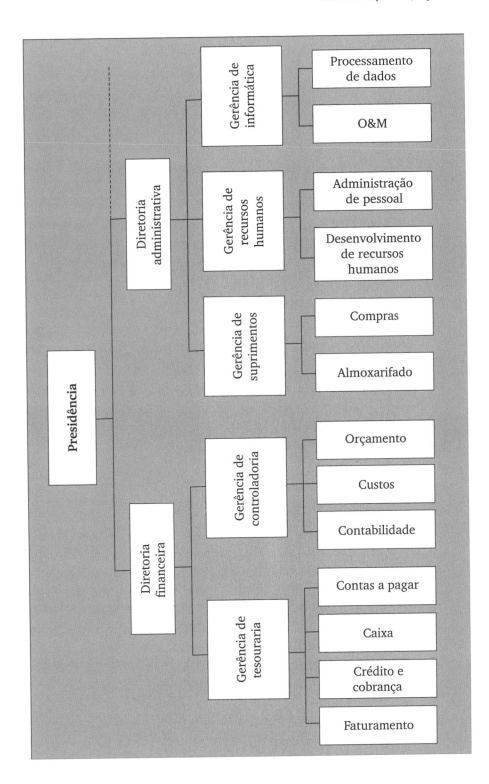

11
Formulários

"O saber sem o pensamento é trabalho perdido; o pensamento sem o saber é perigoso."

Confúcio

11.1 INTRODUÇÃO

O formulário é um importante meio de comunicação, transmissão e registro de informações, principalmente as baseadas em dados quantitativos.

Tanto o usuário, quanto o analista de sistemas, organização e métodos devem saber que formulário é um assunto a ser tratado com muita atenção, pois os sistemas são apoiados por documentos cuja clareza, formato e conteúdo tornam esses documentos eficientes e eficazes, contribuindo de forma fundamental para o bom funcionamento dos sistemas e métodos administrativos.

A necessidade dos formulários pode ser justificada em função dos seguintes fatores:

- a importância dos dados e informações, pois a sobrevivência de uma empresa pode depender de ter os dados ou as informações certos, na hora certa, e de utilizá-los rápida e corretamente;
- as exigências legais e governamentais, pois a empresa, como sistema, recebe influências de seu ambiente, e um dos principais fatores de influência é o governo na geração de formulários, inerentes aos decretos, às leis e aos regulamentos estabelecidos;
- a padronização nas comunicações, sendo que esse é um dos aspectos mais importantes no esquema de eficiência da comunicação nas empresas;
- o armazenamento de dados e informações, sendo que esse aspecto está correlacionado à vida e à história dos vários assuntos da empresa, procurando propiciar uma caracterização de cada um dos itens inerentes à operacionalização das atividades da empresa;
- a função de controle, que é uma realidade no processo administrativo e exige determinado número de formulários;
- a alteração no número de pessoal administrativo, o que também gera correspondente aumento quantitativo e de importância dos formulários; e
- o treinamento administrativo dos funcionários da empresa, pois o formulário, ao consolidar um conjunto de dados e informações, possibilita ao funcionário tomar uma decisão mais estruturada.

> Formulário é um instrumento do processo administrativo constituído de:
> - palavras e números compostos de:
>   - dados fixos (impressos antes do uso); e
>   - dados variáveis (anotados *a posteriori*);
> - espaços ou campos;
> - linhas;
> - colunas; e
> - formato.

Fica evidente que o formulário deve procurar trabalhar com informações importantes, que são aquelas que, em algum momento, podem influenciar decisões tomadas dentro do sistema considerado.

As informações importantes ou relevantes podem ser constantes, quando se repetem de forma idêntica em todos os exemplares de um mesmo modelo de formulário; ou variáveis, quando, embora representando uma mesma categoria ou grupo de dados ou de informações, podem variar de exemplar para exemplar do formulário.

O analista de sistemas, organização e métodos deve considerar que a criação de um formulário é necessária sempre que a utilização das informações ocorrer depois do momento em que elas se tornam disponíveis e haja necessidade de armazená-las para que não se percam no desenvolvimento do processo administrativo.

No fim deste capítulo, o leitor estará em condições de responder a algumas perguntas, tais como:

- Qual a importância dos formulários para os métodos administrativos?
- Quais as características de um bom formulário?
- Qual a atuação do analista de formulários na área de O&M e na empresa?
- Quais os aspectos básicos que o analista de formulários deve considerar no desenvolvimento de seus trabalhos?

Pretende-se, também, fortalecer que é irreal a posição de que trabalhar com "papelada" é uma tarefa burocrática e, portanto, corresponde a uma atividade desprezível. Portanto, neste capítulo serão discutidas algumas técnicas para criar formulários úteis, eliminar os supérfluos e melhorar os existentes e, com isso, obter melhores resultados para as empresas.

11.2 ATRIBUIÇÕES DO ANALISTA DE FORMULÁRIOS

O analista de formulários não é um cargo muito comum nas empresas, inclusive nas de médio e grande porte. E, não se deve esquecer de que o nível de importância desse cargo e função está, também, correlacionado ao grau de aplicação da informática na empresa.

Entretanto, como neste livro você deve ter percebido uma conceituação proposta para que a área de sistemas, organização e métodos atue como catalisadora do processo e não da elaboração total dos sistemas administrativos, a função do analista de formulários pode ganhar maior importância, inclusive porque essa função pode auxiliar o desenvolvimento dos relatórios gerenciais nas empresas.

Inclusive, pode-se considerar, como ideal que o analista de sistemas, organização e métodos incorpore as funções inerentes à análise dos formulários da empresa.

Diante dessa situação, o funcionário que absorve a função de analisar formulários de uma empresa pode adquirir considerável importância, por meio da abrangência em vários aspectos, que podem ser resumidos em:

- codificar os formulários, segundo um sistema adotado pela empresa;
- manter um controle centralizado e atualizado de todos os formulários oficialmente codificados pela empresa;
- servir como elo de ligação entre alguns setores, tais como o almoxarifado de impressos, o departamento de compras, as gráficas externas, a gráfica interna e os usuários dos formulários;
- evitar a proliferação generalizada de formulários, geralmente ocasionada pela ignorância da existência de outros idênticos já em uso em outros setores da empresa, gerados por outros sistemas administrativos;
- enquadrar os formulários nas regras de racionalização de trabalho, tornando-os mais eficientes e adequados aos fins a que se destinam;
- servir como fonte de informação constante sobre a finalidade e a utilização dos formulários da empresa;
- aumentar a eficiência do formulário, por meio da análise de sua real utilização e entendimento;
- procurar incrementar a integração operacional do formulário mediante um processo de análise e verificação eficiente e constante;
- procurar reduzir o custo do formulário, analisando seu benefício ao sistema administrativo;

- procurar a economia do papel, mas sem ferir a eficiência do uso. Para tanto, o analista de formulários deve lembrar-se de que a maior despesa que envolve um formulário não é a elaboração, *layout*, papel, custo de impressão, mas a mão de obra necessária a seu preenchimento, arquivamento, leitura etc.;

- elaborar formulários que proporcionem uma atitude mental favorável por parte dos usuários. Isso é importante, pois, no momento em que se toma contato com o formulário, se assume imediatamente, de forma consciente ou inconsciente, uma atitude mental favorável ou desfavorável. Ela depende da aparência do modelo, a qual depende, por sua vez, da maneira como ele foi traçado (desenho e diagramação) e da apresentação (processo de impressão);

- analisar, melhorar ou cancelar formulários já existentes ou criar novos, segundo as necessidades justificadas por estudos preliminares para cada sistema administrativo;

- corrigir as provas gráficas e obter, junto aos usuários, a aprovação de impressão;

- estudar e determinar o método mais eficiente e econômico para reproduzir formulários;

- determinar, em conjunto com os usuários, a quantidade inicial, máxima e mínima de cada formulário;

- fixar limites de tempo de arquivo, a partir do qual o formulário deverá ser destruído. Com referência a esse aspecto, o analista de formulários deve lembrar-se de que, muitas vezes, essa análise deve ser feita com o parecer do departamento jurídico da empresa;

- eliminar o arquivamento de dados ou de informações, quando eles puderem ser obtidos com mais eficiência em outra fonte;

- assegurar que não existem formulários desnecessários e que todos os existentes satisfazem, de forma racional, sua utilização pelas várias unidades organizacionais da empresa;

- promover o planejamento eficaz dos formulários, de modo que eles, realmente, atendam à uniformização e à simplicidade para as quais foram criados;

- especificar a obtenção de economia e a oportuna produção e distribuição dos formulários aos vários usuários; e

- atualizar ou elaborar novas rotinas de formulários que aprimorem os sistemas administrativos da empresa.

Se a empresa tiver todos os dados e informações, e as correspondentes comunicações entre as áreas da empresa totalmente informatizadas, é só fazer uma adaptação resumida dessas atribuições para a realidade de um analista de informática.

11.3 REQUISITOS DE UM BOM MODELO DE FORMULÁRIO

Com base nas considerações de Frank Knox (1952, p. 11) e adaptação de posterior análise de Miranda (1981, p. 101), pode-se afirmar que um bom modelo de formulário deve apresentar os seguintes requisitos:

a) Criar uma atitude mental favorável do executor para com a tarefa de preenchimento. Uma atitude mental boa ou má é resultante da aparência do modelo que depende, por sua vez, da maneira como ele foi traçado (desenho, disposição dos campos) e do processo de impressão. E, para maior facilidade da anotação dos registros, deve satisfazer às seguintes condições:

- prover espaços suficientes para o registro das anotações;
- manter, entre as linhas, as distâncias convenientes conforme o modo de preenchimento (manual, mecânico ou eletrônico);
- estruturar uma sequência racional e fácil para o registro das anotações;
- dispor os elementos ou títulos principais de modo a facilitar a guarda ou o arquivamento; e
- dar realce aos elementos ou títulos principais e assegurar impressão nítida de todos os campos.

b) Permitir a utilização do meio mais fácil na anotação dos registros, ou seja, atender à maneira pela qual o modelo vai ser preenchido (processo manual, mecânico ou eletrônico). Nessa situação, devem-se considerar três fatores:

- visibilidade, isto é, os pontos ótimos em que devem ser colocados os títulos e registros, para melhor percepção visual, considerando a maneira pela qual vai ser utilizado o modelo depois de preenchido (condições de guarda e arquivamento);
- legibilidade, isto é, escolher as espécies e os *corpos* dos tipos indicados para a matéria impressa, bem como a posição dos registros, de modo a permitir a leitura no menor tempo possível; e

- redução da fadiga visual, ou seja, a eliminação de caracteres tipográficos – espécies e *corpos* – que possam ocasionar, rapidamente, a fadiga visual. Nesse particular, convém, desde logo, aconselhar que se evitem a concentração de letras muito pequenas, a utilização frequente de letras em caracteres diferentes, bem como a pouca nitidez dos subtítulos.

c) Atentar para sua utilização após o preenchimento (sistema de manuseio e de arquivamento).

d) Possibilitar a redução da tendência para o erro na anotação e na utilização dos registros. Para tanto, podem-se adotar algumas normas:

- agrupar, racionalmente, os títulos e subtítulos de modo que apareçam no modelo obedecendo à ordem do geral para o particular;
- incluir, apenas, os títulos e subtítulos estritamente necessários;
- realçar, com equilíbrio, as diversas partes do modelo, sem prejuízo da harmonia do conjunto; e
- evitar, quando possível, disposição de títulos de forma diferente daquela da fonte de informações.

e) Permitir a economia de papel e de impressão, sem prejudicar, porém, os limites necessários à execução eficiente dos registros. Para tanto, algumas regras devem ser respeitadas:

- simplificação ou uniformização de modelos, quando os existentes comportarem uma sistematização da matéria impressa, tendo em vista suas funções e utilizações;
- redução máxima da quantidade de cópias – número de vias –, quando ocorrer a existência de cópias com função meramente informativa, que não influa, essencialmente, no processamento da rotina ou método administrativo;
- seleção do melhor processo de impressão, quando o modelo tiver de possuir características especiais. Exemplos: ações, apólices, cheques, diplomas, títulos de dívida pública etc. Existem diversos processos de impressão, e cabe advertir sobre sua importância na confecção desses modelos; e
- seleção da espécie, da qualidade, do peso e do formato correto do papel. Basta, portanto, sublinhar sua importância no problema do custo, dizendo que os preços variam naturalmente de acordo com as espécies, qualidades e pesos. Mais ainda, que o papel é fabricado ou vendido em determinados tamanhos, e é, por conseguinte, necessário que os formatos dos modelos se ajustem a um melhor aproveitamento daqueles tamanhos já padronizados pelo mercado.

Se o analista de sistemas, organização e métodos e/ou o analista de formulários tiver perfeito conhecimento desses requisitos, poderá apresentar um trabalho mais efetivo e produtivo para cada um dos sistemas administrativos da empresa. Naturalmente, existem gráficas que auxiliam o analista nesse trabalho específico.

11.4 METODOLOGIA DE ELABORAÇÃO DE FORMULÁRIOS

Quando o analista de sistemas, organização e métodos ou, numa situação mais específica, o analista de formulários for elaborar um novo formulário, deve seguir quatro etapas:

- levantamento e análise das necessidades;
- elaboração do novo formulário;
- trabalhos de gráfica; e
- recebimento, treinamento e controle.

Naturalmente, muitos aspectos apresentados nessas etapas perdem o valor, pelo simples fato da atual realidade do uso da informática. Seu conhecimento, porém, ainda que seja em nível genérico, auxilia o analista no desenvolvimento de seus trabalhos.

A seguir, são apresentadas as considerações básicas sobre cada uma das quatro etapas de elaboração de formulários.

11.4.1 Levantamento e análise das necessidades

O analista de sistemas, organização e métodos, ou o analista de formulários, deve ser o mais crítico e minucioso possível nesta etapa, pois será a base para todo o trabalho desenvolvido a seguir. Antes de se preocupar com o tempo gasto na análise, o analista deve preocupar-se com a qualidade do trabalho.

É conveniente que o resultado dessa análise seja apresentado de forma escrita e apoiado por fluxogramas (ver seção 10.2), anexando, quando existir, exemplares dos formulários que estão, atualmente, atendendo ao sistema nos assuntos considerados.

Nessa etapa, o analista deve listar todos os requisitos a serem solicitados pelo novo formulário (forma de manuseio, número de vias, tamanho, campos de preenchimento etc.).

316 Sistemas, Organização e Métodos • Rebouças

Para o adequado estabelecimento das necessidades de novos formulários ou de alterações dos existentes, o analista pode usar uma técnica de levantamento e formular as perguntas apropriadas.

11.4.1.1 *Questionário para levantamento e análise de formulários*

O analista de sistemas, organização e métodos pode utilizar um questionário ou roteiro de perguntas para facilitar o levantamento e posterior análise do formulário.

Como exemplo, são apresentadas a seguir algumas perguntas básicas:

a) Quanto à identificação:
- qual o nome real do formulário?
- qual o nome pelo qual o formulário é conhecido?
- quais os objetivos reais do formulário?
- quais os objetivos postulados para o formulário?

b) Quanto à necessidade atual do formulário considerado:
- quais as possíveis implicações de seu cancelamento imediato?
- há quanto tempo está em funcionamento?
- de onde se originou?
- a qual sistema pertence de forma prioritária?
- em quais outros sistemas está envolvido? De que forma?

c) Quanto ao preenchimento:
- quais as condições de preenchimento?
- quais os critérios de preenchimento?
- quem emite?
- em quantas vias?
- qual o destino das vias?
- todas as vias são iguais?
- existe campo "observações"? É necessário?

d) Quanto ao controle e avaliação:
- quem controla o formulário?
- como controla? Com quais critérios? Com qual prioridade?
- existe numeração tipográfica?
- foi introduzido por norma ou rotina administrativa? Qual o fluxograma?

e) Quanto ao consumo:
- qual o consumo mensal? Quinzenal? Diário? Anual?
- é sazonal?
- é habitual?
- é eventual?
- o controle de seu nível de consumo é possível? Com facilidade?

f) Quanto ao formato, tipo de papel e carbonagem:
- qual o formato de cada via?
- qual o tipo de papel de cada via?
- qual a cor de impressão de cada via?
- existe composição de cores?
- qual o sistema de carbonagem?
- qual o tipo de carbono utilizado?
- qual o sistema de junção de vias?

g) Quanto ao arquivamento:
- qual o processo de arquivamento?
- por quanto tempo é arquivado?
- sob que condições é arquivado?
- quais os processos de retirada e recolocação?

h) Quanto ao custo:
- qual o tempo gasto na emissão?
- qual o tempo gasto na expedição?
- quanto custa o formulário?
- quanto custa o arquivamento?

i) Quanto aos benefícios e aos problemas do formulário:
- quais os principais problemas apresentados?
- quais os principais benefícios apresentados?
- como se podem incrementar os aspectos positivos?
- como se podem minimizar os aspectos negativos?

11.4.2 Elaboração do novo formulário

Nesta etapa, o analista de sistemas, organização e métodos deve elaborar um formulário que satisfaça a todos os requisitos estabelecidos na fase anterior (levantamento e análise das necessidades).

318 Sistemas, Organização e Métodos • Rebouças

É muito importante que o analista não tenha ideias preconcebidas, para não provocar algum viés no processo.

Outro aspecto importante é que esse trabalho de elaboração do novo formulário seja efetuado com conhecimento do usuário, para facilitar o processo de aceitação das novas ideias.

Um bom formulário nasce a partir do real e correto conhecimento da necessidade e da habilidade do analista em saber desenhar o *layout* do novo formulário.

Na etapa de elaboração do novo formulário, alguns aspectos devem ser identificados e analisados, dentre os quais são citados:

- estilo de administração da empresa;
- informações importantes;
- *layout* do formulário;
- formato do papel;
- tipo e qualidade do papel;
- peso do papel;
- cor do papel;
- fibras do papel;
- padrões para margens de formulários;
- número de vias dos formulários; e
- redação do texto do formulário.

A seguir, são apresentados comentários a respeito desses onze aspectos, sendo que o nível de detalhamento está correlacionado a sua complexidade para o analista de sistemas, organização e métodos.

11.4.2.1 *Identificação do estilo de administração da empresa*

Nesse ponto, o analista de sistemas, organização e métodos pode ter duas situações opostas a considerar:

- uniformizar os documentos da empresa. A vantagem maior dessa situação é a de harmonizar a imagem dos documentos da empresa, embora exista uma desvantagem de dificultar a diferenciação rápida entre os vários documentos; ou

- não uniformizar os documentos da empresa. Nesse caso, a situação é o inverso da anterior, com suas vantagens e desvantagens próprias, sendo que o leitor tem a oportunidade de identificar várias *dicas* a respeito ao longo dos Capítulos 9, 10 e 11.

O analista tem de obter, de forma clara e precisa, a identificação desse estilo, pois somente dessa forma poderá representar a realidade da empresa em seu trabalho inerente aos formulários correlacionados aos vários sistemas administrativos.

11.4.2.2 Identificação das informações importantes

As informações importantes devem ser definidas antes do início da elaboração dos formulários, ou seja, quando do delineamento do sistema considerado.

O analista deve ter em mente que o formulário não resolve praticamente nada, mas serve, apenas e tão somente, para armazenar informações necessárias para a tomada de decisão pelos usuários do sistema considerado. O sistema deve existir primeiro, e suas necessidades de informações organizadas devem ser analisadas para a identificação das informações importantes, para cada um dos formulários que fazem parte do sistema.

Cuidado especial deve ser tomado para não se incluir no formulário informações, na realidade, desnecessárias. A tentação que o analista sente de incluir alguma informação desnecessária deve ser, prontamente, rejeitada.

Dois aspectos que podem facilitar a identificação de informações importantes, são:

- quando cada funcionário inicia, interrompe ou termina uma atividade inerente ao sistema considerado; e
- a que categoria esse funcionário pertence e qual sua influência no sistema considerado.

As informações no formulário podem estar representadas de duas diferentes formas:

a) Fixas. As informações fixas são as que já vêm impressas, identificando os vários campos do formulário, bem como orientando seu preenchimento. Essas podem ser classificadas em:
  - indicativas: são aquelas que servem para indicar qual é o tipo de informação variável que será armazenado em cada espaço; e
  - implícitas: são aquelas que, por si, fornecem informações ao usuário.

320 Sistemas, Organização e Métodos • Rebouças

b) Variáveis. As informações variáveis são as inseridas pelo usuário do formulário, respeitando os endereços estabelecidos pelas informações fixas. Para essas informações, o analista de sistemas, organização e métodos deve prever um espaço ou campo cujo formato seja dimensionado de maneira adequada e lógica.

Os espaços reservados para informações variáveis são dispostos em sequência horizontal (linhas) ou em sequência vertical (colunas).

Outro aspecto a que o analista deve estar atento é a sequência das informações, pois essas devem apresentar-se de forma lógica e racional, perfeitamente integrada com o desenvolvimento do sistema ao qual o formulário pertence.

Nesse caso, a regra básica é que todas as informações correlacionadas devem agrupar-se em áreas específicas do formulário, e esses conjuntos devem suceder-se numa sequência lógica. A ordem básica deve ser da esquerda para a direita e de cima para baixo. Exemplos dessa situação são apresentados nas Figuras 11.1 e 11.2:

Nome_____ Idade_____ Sexo_____ Endereço_____
Emprego anterior_____
Tipo de emprego solicitado _____Experiência anterior _____
Localização preferida_____
Oferta de emprego_____Aceitação ou recusa _____
Exame médico_____
Referências_____Detalhes salariais _____
Treinamento de admissão _____

Figura 11.1	*Exemplo de fluxo de informações.*

Nome do formulário	
A ser preenchido pelo analista	
A ser preenchido pelo gerente do projeto	A ser preenchido pela administração geral
A ser preenchido pela área de informática	

Figura 11.2	*Exemplo de sequência de informações em bloco.*

Uma vez definido o conjunto de informações necessárias para que a consolidação de uma atividade repetitiva se torne efetiva, o analista deve verificar a viabilidade de criação de um ou vários formulários, que permitam armazenar essas informações de forma organizada e que contribuam para os objetivos do sistema considerado.

O analista pode considerar, nesse caso, dois princípios:

- sempre que a estruturação de uma informação pode ser determinada, a criação de um formulário para armazená-la é possível; e
- sempre que a disponibilidade das informações ocorre antes de essas serem utilizadas e existe a necessidade de armazená-las para que não se percam, é válida a criação de um formulário.

Depois da identificação do formulário, deve-se examinar sua tramitação no sistema considerado; para tanto, ver Capítulo 10 (Técnicas de representação gráfica).

Mais detalhes a respeito das informações e de sua importância são apresentados no livro *Sistemas de informações gerenciais*, dos mesmos autor e editora.

11.4.2.3 Identificação do layout *do formulário*

Nessa etapa do processo de desenvolvimento de um formulário, o analista deve determinar as dimensões que o formulário deverá ter, bem como o *layout* segundo o qual as informações serão distribuídas sobre sua superfície.

O procedimento mais usual no desenvolvimento de um *layout* do formulário consiste em utilizar uma folha de papel quadriculado e, sobre sua superfície, alocar, ordenadamente, todos os itens que devem constar do formulário. O traçado é feito à mão e com lápis bem macio. O analista não deve preocupar-se em traçar, apagar e traçar de novo, pois esse é um processo criativo e evolutivo.

11.4.2.4 Identificação do formato do papel

Quando o analista de sistemas, organização e métodos for decidir sobre o formato do papel, deve considerar dois aspectos:

- formato apropriado ao uso do impresso; e
- formato disponível no mercado.

Do ponto de vista técnico, o primeiro aspecto é o mais importante; mas, do ponto de vista econômico, o segundo aspecto é o que tem maior peso na decisão.

O uso de formatos padronizados tem algumas vantagens:

- redução nos custos, e esse aspecto pode ser explicado pelo fato de o papel ser caro e relativamente difícil de armazenar, além de ser afetado pela umidade e pela claridade solar;
- uso de um menor e/ou maior conjunto ordenado de meios de arquivamento;
- ajustamentos menos frequentes no manuseio do papel; e
- ajustamentos mais espaçados no equipamento de expedição postal – Correios –, o que pode ter alta representatividade para a empresa.

A racionalização dos formatos de papel de impressão teve início na Inglaterra durante a Primeira Guerra Mundial. Em 1919, foi adotado um padrão internacional de medidas métricas ISO (International Organization for Standardization). Os formatos ISO são conhecidos como formatos "A", por ser essa a série mais usada em toda a gama.

O formato-padrão brasileiro foi reproduzido do formato ISO e é constante da Norma PB-4, de 1945, da Associação Brasileira de Normas Técnicas.

Os principais objetivos do formato "A" são:

- economia de papel, pois existem, nesse caso, dimensões bem estabelecidas, fornecidas às gráficas pelos fabricantes de papel, o que possibilita um processo mais adequado no corte dos rolos de papel; e
- facilidades de arquivamento, pela padronização dos tamanhos.

O esquema geral do formato série "A", que tem a unidade de medida em mm, é apresentado na Figura 11.3:

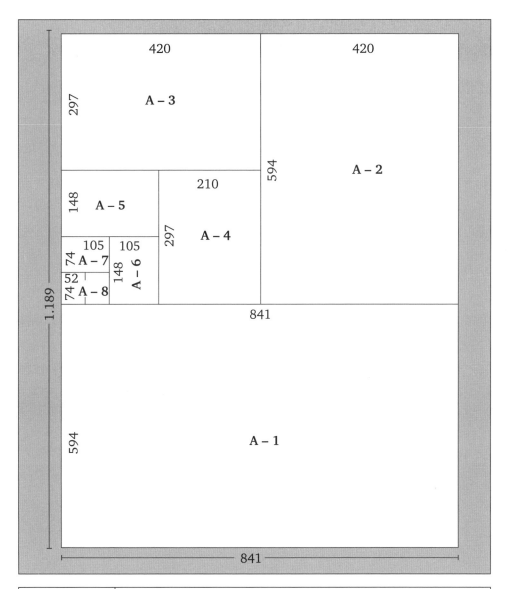

Figura 11.3 | *Formato de papel-padrão internacional série "A".*

O formato de papel designado por A0 (A ZERO) é o retângulo cujos lados medem 841 mm × 1.189 mm, tendo por área 1 m². De seu formato derivam as demais medidas. Todas elas são, geometricamente, semelhantes entre si. Os formatos, desde 4 A0 até A13, estão representados no Quadro 11.1:

| Quadro 11.1 | Medidas externas da série formato "A". |

Medidas externas da Série Formato "A"			
Nº de formato	Medidas em milímetros	Nº de formato	Medidas em milímetros
4 A0	1.682 × 2.378	A6	105 × 148
2 A0	1.189 × 1.682	A7	74 × 105
A0	841 × 1.189	A8	52 × 74
A1	594 × 841	A9	37 × 52
A2	420 × 594	A10	26 × 37
A3	297 × 420	A11	18 × 26
A4	210 × 297	A12	13 × 18
A5	148 × 210	A13	8 × 13

Pela Figura 11.4, verifica-se que cada formato é obtido pela divisão, ao meio, do formato anterior imediato, sendo a linha de corte paralela ao menor lado do retângulo dividido.

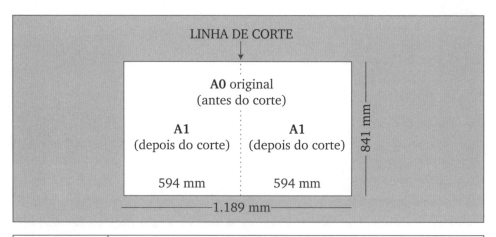

| Figura 11.4 | Linha de corte do formato "A". |

Além do formato "A", existem os formatos "B" e "C".

Os formatos "B" são intermediários entre os maiores formatos "A". Basicamente, não são utilizados pela papelaria comercial, pois considera-se que a série "A" preenche todos os requisitos e necessidades. Sua criação foi destinada, de maneira geral, a cartazes e *outdoors* de parede. O formato B0 mede 1.000 mm × 1.414 mm (equivalente a 39,37 × 55,67 polegadas).

No Quadro 11.2, são apresentadas as medidas básicas da série formato "B".

| Quadro 11.2 | Medidas externas da série formato "B". |

Medidas externas da Série Formato "B"	
Nº do Formato	Medidas em milímetros
0	1.000 × 1.414
1	707 × 1.000
2	500 × 707
3	353 × 500
4	250 × 353
5	176 × 250
6	125 × 176
7	88 × 125
8	62 × 88
9	44 × 62
10	31 × 44
11	22 × 31
12	15 × 22

Na Figura 11.5, são apresentados os padrões brasileiros para modelos de base 2-B, pelo setor comercial de papéis.

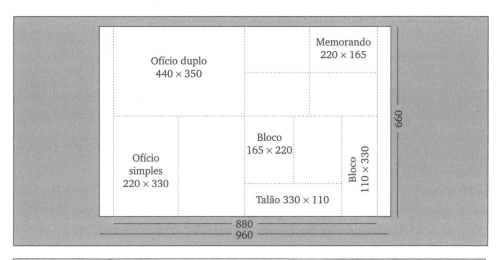

| Figura 11.5 | Padrões brasileiros para modelos de base 2-B (padrão de medidas em mm). |

Os formatos "C" fornecem o papel do envelope-padrão para o formato "A". Dessa forma, um envelope C3 receberá uma folha A3 desdobrada; um envelope C4 receberá uma A4 desdobrada ou uma A3 dobrada ao meio; um envelope C5 receberá uma folha A5 desdobrada, ou uma A4 dobrada uma vez, ou uma A3 dobrada duas vezes, e assim por diante.

No Quadro 11.3, são apresentadas as medidas básicas da série formato "C".

Quadro 11.3	*Medidas externas da série formato "C".*

Medidas externas da Série Formato "C"	
Nº do Formato	Medidas em milímetros
0	917 × 1.297
1	648 × 917
2	458 × 648
3	324 × 458
4	229 × 324
5	162 × 229
6	114 × 162
7	81 × 114
8	57 × 81

Finalmente, podem-se apresentar os formatos básicos ainda fabricados no Brasil, que são os expostos no Quadro 11.4:

Quadro 11.4	*Outros formatos básicos no Brasil.*

Tipo	Dimensões
Papel	112 cm × 76 cm ou 2 – A 96 cm × 66 cm ou 2 – B
Cartolina	50 cm × 65 cm 56 cm × 76 cm

11.4.2.5 Identificação do tipo e da qualidade do papel

O analista de formulários, quando em contato com a gráfica, deve levar em consideração os fatores que podem influenciar o tipo e a qualidade do papel, que podem ser resumidos em:

a) Duração necessária do formulário. Esse aspecto está correlacionado ao arquivamento, pois determinados documentos precisam ficar arquivados por longos períodos, forçados por exigências fiscais e, mesmo, de controle interno da empresa. Assim, a escolha do papel que resista ao tempo deve ser observada por dois motivos:

- para que a informação contida no formulário não venha a ser perdida pela destruição do papel; e

- para evitar gastos desnecessários, isto é, utilizar papel com longevidade superior à necessidade. Problemas de arquivamento podem ser solucionados com o uso de microfilme. Isso deve ser considerado pelo analista quando da existência do problema. Convém salientar que nem todas as cores de papel fornecem boa imagem de microfilme; portanto, se o estudo do formulário definir que determinada via será microfilmada, ela deverá ser branca, a fim de possibilitar melhor imagem do fotograma (microfilme).

b) Importância do formulário.

c) O nível hierárquico das pessoas que vão manusear o formulário. Nesse caso, pode-se afirmar, de forma genérica, que, quanto mais puro e pesado o papel, melhor sua aparência.

d) Quantidade de vias e correspondente destino. Uma primeira premissa estabelece que quanto mais vias (cópias), menos espesso deverá ser o papel.

O destino das vias também é fator importante para decidir qual o tipo de papel a ser usado. Vias que são encaminhadas aos clientes sempre devem ser confeccionadas em papel de melhor qualidade e apresentação, pois, quando o formulário sai de uma empresa, ele está levando ao cliente, fornecedor, organismo público etc. uma imagem da empresa.

A via presa no talão de nota fiscal, que não será encaminhada a ninguém e, tampouco, manuseada, pode ser confeccionada em papel de menor custo, tal como o papel jornal. No momento, esse sistema de talonário está sendo substituído, progressivamente, pela nota fiscal eletrônica, consolidando uma interessante situação nesse processo evolutivo.

e) O uso ou a finalidade do formulário. Nesse ponto, deve ser considerado o que o analista deve saber sobre o papel, para melhor enquadramento com o uso do formulário.

328 Sistemas, Organização e Métodos • Rebouças

Embora existam no mercado inúmeros tipos de papel, apenas alguns deles têm aplicação difundida em impressos, especialmente formulários.

Deve ser salientado que o analista de sistemas, organização e métodos, ou o analista de formulários, não tem condições de conhecer todos os detalhes inerentes aos tipos de papel para formulários. Entretanto, ele pode conhecer algumas normas, tal como PB 530-1977 da ABNT, que trata de envelopes e papéis de escrita para uso nos serviços postais. De qualquer forma, as modernas gráficas estão equipadas para fornecer todas as orientações necessárias a respeito dos diversos tipos de papel para confecção de formulários.

Existem outros aspectos que podem influir na escolha do tipo de papel pelo analista de formulários, entre os quais podem-se citar:

- aspectos de mercado quanto a preço e disponibilidade;
- maior disponibilidade em estoque na própria empresa;
- atendimento a necessidades específicas e do momento, inerentes ao sistema considerado; e
- legislação em vigor.

11.4.2.6 Identificação do peso do papel

Outro aspecto que deve ser de conhecimento do analista é o relativo ao peso do papel dos formulários.

Esse aspecto envolve o estudo da gramatura do papel ou do cartão por metro quadrado.

Este livro não se preocupa com os detalhes desse assunto, pois se considera que o analista de sistemas, organização e métodos, ou o analista de formulários, consiga melhores resultados trocando ideias, em um nível de detalhes necessário, com o fornecedor do papel que será utilizado na confecção dos formulários.

O analista deve saber que a resistência física que o documento deve ter determina a gramatura do papel. Dentro desse conceito, uma ordem de produção que circulará por muitas mãos ou uma ficha de inventário e outros documentos que são manuseados muitas vezes, necessitam ser confeccionados com cartolina. Já uma autorização de saída de funcionário, cujo prazo de uso é pequeno, poderá ser impressa em papel de menor gramatura.

Quando a escolha da gramatura está de acordo com os fins aos quais se destina o formulário, nada mais é necessário considerar. No entanto, sempre que for possível, deve-se utilizar gramatura leve, a fim de obter as seguintes vantagens, entre outras:

- possibilidade de preencher muitas cópias de uma única vez;
- menores despesas com franquia postal;
- menor espaço utilizado com arquivamento; e
- menor custo com papel.

11.4.2.7 Identificação da cor do papel

Quando o analista de sistemas, organização e métodos vai estudar esse aspecto, deve considerar:

- cor do papel; e
- cor da tinta.

A cor serve para:

- diferenciar uma via da outra (identificação);
- diferenciar um formulário do outro;
- chamar a atenção sobre certas informações ou campos do formulário;
- atender a determinados aspectos da legislação; e
- atender aos padrões de apresentação e estéticos da empresa.

O analista de sistemas, organização e métodos deve saber que, no caso de os formulários serem feitos por gráfica plana, é mais econômico mudar a cor do papel e manter a cor da tinta, pois se gasta muito tempo para lavar a impressora a fim de se poder trocar a tinta. Já no caso do sistema de impressão contínua, entra-se com a bobina do papel branco e vai-se colorindo o impresso à medida que o papel percorre os distintos rolos portadores de tintas da máquina. O conhecimento deste aspecto pode ser interessante quando do processo de negociação com os gráficos, tanto na questão preço mas, principalmente, também a qualidade dos serviços.

O Quadro 11.5, publicado por Le Couriers, demonstra os graus de legibilidade para as várias combinações de cores.

Quadro 11.5	*Grau de legibilidade para combinação de cores.*

Ordem de legibilidade	Cor da impressão	Cor do fundo (papel)
1	preta	amarela
2	verde	branca
3	vermelha	branca
4	azul	branca
5	branca	azul
6	preta	branca
7	amarela	preta
8	branca	vermelha
9	branca	verde
10	branca	preta
11	vermelha	amarela
12	verde	vermelha
13	vermelha	verde

Assim, a legibilidade é importante se o formulário for olhado algumas vezes num certo tempo, mas pode gerar problemas se ele for digitado, visto que pode provocar cansaço visual e resultar em erros. Portanto, somente algumas combinações são sugeridas para a confecção de formulário.

A maneira mais comum de se identificar as vias ou cópias do jogo de documentos ou formulários é por meio da cor do papel de cada cópia.

O analista de sistemas, organização e métodos pode sistematizar as cores das cópias ou vias dos formulários pela unidade organizacional responsável, como, por exemplo, todas as cópias amarelas são da contabilidade, todas as cópias azuis são de arquivo etc.

Entretanto, pode-se ter um problema quando uma única cópia servir várias unidades organizacionais. Uma solução adequada para esse problema é imprimir as instruções básicas de encaminhamento na parte inferior de cada cópia do formulário. Esse procedimento tem duas vantagens:

- permite a rápida e completa identificação do destino da cópia; e
- permite que um só clichê da gráfica sirva para todas as cópias do jogo de formulários.

Este processo é exemplificado na Figura 11.6:

Branca   Emitente
Amarela   Contabilidade
Rosa   Contas a Pagar
Azul   Arquivo

Figura 11.6	*Instruções de encaminhamento na parte inferior do formulário.*

11.4.2.8 Identificação das fibras do papel

O tipo de formulário, muitas vezes, exige determinada orientação das fibras do papel a fim de que o impresso satisfaça a suas finalidades, que são resumidas, por alguns exemplos, no Quadro 11.6:

Quadro 11.6	*Sentido de orientação das fibras do papel.*

Tipo de formulário	Orientação da fibra	Justificativa
Fichas de cartolina	Vertical	Para apresentar maior resistência e ficar em pé na gaveta
Cartas	Horizontal	Maior facilidade de acompanhar a dobra do papel
Memorandos	Horizontal	Para facilitar o manuseio
Formulário para duplicação	Ângulo reto à borda da entrada, no tratamento do formulário	Para evitar enrugamento

Naturalmente, esse tipo de informação serve, única e exclusivamente, para o otimizado processo de interação negocial com a gráfica responsável pela elaboração dos formulários.

11.4.2.9 Identificação dos padrões para as margens dos formulários

As margens estipuladas para a série "A" levam em conta, principalmente, a área do papel necessária ao arquivamento do mesmo em pastas classificadas, pastas suspensas ou outro processo que exija que as folhas sejam furadas a fim de permitir sua guarda.

Todos os impressos que sejam arquivados por qualquer desses sistemas devem possuir margens, conforme os padrões estipulados no Quadro 11.7:

| Quadro 11.7 | Padrões para margens de formulários. |

Formato	Margem de arquivamento (cm)	Outras margens (cm)
4A0	3,0	2,0
2A0	3,0	1,5
A0	3,0	1,0
A1	3,0	1,0
A2	3,0	1,0
A3	3,0	0,5
A4	3,0	0,5
A5	3,0	0,5
A6	3,0	0,5
A7	–	0,5
A8	–	0,5

Todos os modelos de impressos, quando forem usados como fichas, não necessitam de margem de arquivamento. Deve ser deixada, somente, margem de 5 mm dos lados (para melhor estética).

Os formulários A7 e A8 só devem ser usados para impressos que não necessitam de margem de arquivamento.

Os formulários que possuem impressão na frente e no verso, devem ter a margem de arquivamento do verso de maneira a coincidir com aquela do anverso.

11.4.2.10 Identificação do número de vias dos formulários

Inicialmente, são válidos alguns comentários sobre os carbonos, pois estão intimamente ligados aos formulários, quando esses são processados em várias vias.

Como este assunto está, gradativamente, perdendo seu nível de importância, são apresentados, a seguir, alguns aspectos básicos e resumidos de determinados tipos de carbono:

a) Verso carbonado, é o carbono pintado no verso do formulário.

Vantagens:

- pode ser aplicado apenas na área a ser duplicada;
- elimina o processo de carbonagem e as operações decorrentes; e
- segurança, pois é impossível esquecer de inserir o carbono.

    Desvantagens:

- suja as mãos de quem o manuseia e os papéis anexados;
- a tinta utilizada, geralmente, resseca com o passar do tempo, provocando deficiências no processo de transferências de dados entre as vias; e
- existe a dificuldade de as gráficas acertarem os locais do carbono, inutilizando, muitas vezes, lotes inteiros de formulários.

b) Convencional, é o que pode ser reaproveitado várias vezes. É o processo mais comum e mais divulgado, consistindo em inserir, entre o original e a cópia, um papel-carbono.

Vantagem:

- ciclo de vida longo, podendo ser utilizado muitas vezes, diluindo seu custo em cada trabalho.

Desvantagens:

- acréscimo do número de operações referentes a compra, requisição, estocagem, fornecimento, carbonagem e descarbonagem; e
- possibilidade de esquecimento de inserção do carbono em uma das vias.

c) Carbono de utilização única.

Vantagens:

- elimina o processo de carbonagem e as operações decorrentes; e
- possibilita maior velocidade de emissão.

Desvantagens:

- a descarbonagem é por processo manual;
- no caso de correções, a segunda impressão fica visualmente prejudicada; e
- se deteriora com o tempo, impedindo a conservação dos carbonos por períodos superiores a um ano.

d) Papel impregnado, é um papel com tratamento químico, que dispensa a utilização de carbonos. É muito parecido com o papel de verso carbonado (letra "a").

Vantagens:

- possibilita alto grau de segurança, pois não existe a hipótese de se esquecer do carbono;
- elimina as operações manuais de carbonagem e de descarbonagem; e
- é impossível de se falsificar.

Desvantagens:

- custo elevado;
- impressões ocasionais e desnecessárias durante o manuseio; e
- impossibilidade de correções normais, via retrocesso.

11.4.2.10.1 Identificação do processo de transferência de informações

O analista de formulários deve estar atento aos aspectos correlacionados à fiel transferência de informações entre formulários e vias de formulários.

Algumas das técnicas são analisadas a seguir:

a) Registro automático de diferentes documentos. Nesse caso, pode-se ter o registro de folhas perfuradas com alinhamento automático de alguns formulários, tendo em vista o lançamento simultâneo.

b) Jogos de formulários em bloco. Nesse caso, os jogos de formulários são juntados em bloco por meio de um revestimento adequado na face posterior. Portanto, cada jogo de formulários pode manter-se junto por determinado período de tempo depois de removido do bloco. Durante o processo de uso, as folhas de carbono são intercaladas nos formulários do jogo, tomando-se o cuidado de colocar um divisor depois da última via do jogo de formulários, para evitar que alguma anotação seja transferida para o jogo seguinte. Podemos deduzir que é um método que apresenta maiores desvantagens do que vantagens para o usuário.

c) Colagem ou grampeamento. Nesse caso, pode-se ter uma situação mais simples de colar ou grampear os vários jogos do formulário considerado, aproximando-se da situação anterior. Todavia, uma situação mais avançada, e inclusive muito utilizada, é preparar os vários jogos dos formulários de forma picotada, mas deixando os carbonos intercalados de maneira inteiriça. Com isso, após o devido preenchimento, as vias do formulário são retiradas do bloco, enquanto os carbonos ficam presos ao canhoto.

d) Processo de junção com dobragem em sanfona. Por meio desse processo, todas as cópias são impressas numa folha de papel, que depois é dobrada em direções alternadas.

e) Utilização de diferentes tipos de carbonos em formulários. Esse aspecto já foi analisado com a apresentação de quatro tipos de carbono: verso carbonado, convencional, utilização única e papel impregnado.

Em alguns casos, o analista de formulários tem de considerar o contrário, ou seja, a necessidade de impedir a transferência da informação para algumas vias do formulário. Para tanto, algumas das técnicas são (Prince, 1975, p. 147):

- sistema de carbonagem localizada ou em faixa;
- colocação de ornamentos tipográficos, tais como fileiras de "x", asteriscos etc.;
- dessensibilizar os papéis com revestimentos;
- agrupar a informação no jogo de formulários, de modo que as cópias possam ser preenchidas em toda a largura da folha ou só até uma parte da largura; e
- usar a técnica anterior pelo uso de papel-carbono, que pode acompanhar toda a largura da folha da cópia ou cobrir apenas parte dessa.

Algumas dessas situações podem ser visualizadas na Figura 11.7:

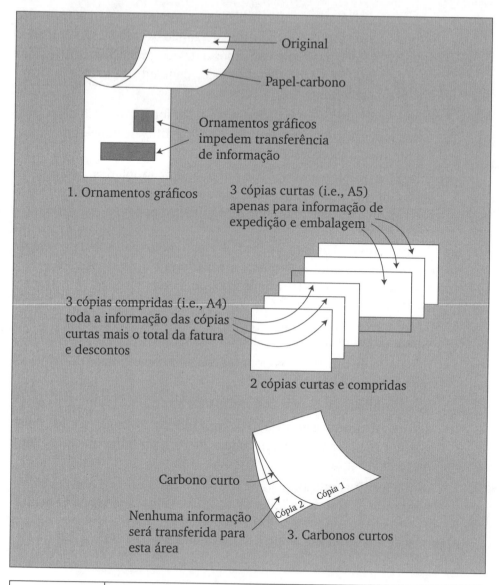

| Figura 11.7 | Impedimento de transferências de informação de cópia para cópia. |

11.4.2.11 Estruturação da redação do texto do formulário

Machline (1974, p. 101) aponta as seguintes regras que devem ser observadas na redação do texto dos formulários:

a) Inclusão de todos os tópicos indispensáveis ao registro e à transmissão da informação, segundo dados levantados junto aos usuários do formulário.

b) Exclusão de todos os tópicos desnecessários, a fim de que não se gastem tempo e recursos inutilmente, quer no preenchimento, quer na manipulação dos formulários. Esse aspecto é muito comum quando se estuda a racionalização dos formulários existentes, normalmente criados antes de se centralizar o tratamento do problema num módulo de O&M. Cuidado, também, para os termos supérfluos, dúbios ou embaraçosos, muito comuns em formulários de solicitação de emprego.

c) Definição clara dos termos usados, evitando distorções na interpretação do formulário e, consequentemente, enganos em seu preenchimento. Para tanto, procurar definir, claramente, os campos: data, número, custo, quantidade, além de outros necessários, por meio de um instrumento normativo que esclareça e instrua os usuários sobre o manuseio adequado do formulário, interpretação de dados e preenchimento. A esse propósito, cuidado especial deve ser dado aos formulários e outros documentos que são manuseados por pessoas estranhas à empresa, devendo o próprio documento, em seu verso ou em anexo, conter um corpo de instruções de preenchimento e/ou de definição dos termos utilizados em seu anverso.

d) Restringir o uso de abreviações, evitando-se, sempre que possível, a adoção de siglas e de palavras incompletas.

e) Adoção de um título, permitindo a imediata identificação do formulário. O título deve ser o mais descritivo possível, a fim de definir, com precisão, a função exata do formulário, impedindo sua confusão com outro.

f) Numeração genérica, impressa no formulário, em um canto específico e padronizado, geralmente no canto esquerdo inferior, facilitando sua identificação. Caso o formulário se reporte a algum instrumento normativo, que é a situação mais comum, seu número deve ser variável, dependendo do citado instrumento. Não se tratando de formulário vinculado a instrumento normativo, adotar uma única sequência numérica para todos os formulários da empresa, codificando-os por áreas de origem, função de origem, ou outro critério adotado pela empresa.

g) Numeração individual, impressa no formulário, no canto superior direito, cuja finalidade, por meio do controle de sua continuidade, é verificar sua utilização, se houve extravio, atraso, bem como favorecer a elaboração de relatórios, sendo, inclusive, imposição de ordem legal e regulamentar.

338 Sistemas, Organização e Métodos • Rebouças

h) Registro da data e da série de impressão, o que pode ajudar no controle, bem como esclarecer ao usuário se é ou não o modelo vigente, normalmente quando o formulário se reportar a instrumento normativo, de grande mutabilidade na empresa; o controle, igualmente, favorece a manutenção dos estoques necessários.

i) Logotipo, nome e endereço da empresa – os documentos, de modo geral, também devem ter o logotipo da empresa e seu nome, à esquerda, na parte superior do impresso. Aqueles destinados ao público externo devem, também, apresentar o endereço da empresa, bem como outras indicações exigidas por lei (nº do CNPJ e inscrição estadual, por exemplo).

j) Indicação do remetente e do destinatário, em espaços específicos, podendo ser com indicação por símbolos apropriados ou em cores diferentes.

11.4.3 Trabalhos de gráfica

Após a realização de todos os testes de validação do formulário, esse deve ser enviado à gráfica que executará seus serviços. O analista deve manter estreito contato com a gráfica durante esse processo, tendo em vista a garantia de qualidade e o prazo de entrega do serviço. Naturalmente, nesse último aspecto, a unidade organizacional de compras ou o almoxarifado – no caso de gráfica interna à empresa – têm grande importância na cobrança da entrega.

Existem, no mercado, diversos produtos gráficos à disposição do analista de sistemas, organização e métodos.

Não é intenção, neste livro, apresentar maiores detalhes dos diferentes tipos de processos de impressão gráfica, tais como o tipográfico (muito antigo), o clichê (com algumas alterações em relação ao tipográfico), *offset* (apresenta bons resultados), pois esse trabalho deve ser realizado de forma interativa entre o analista e a gráfica, tendo em vista a realidade estabelecida para os formulários da empresa.

11.4.3.1 *Arte-final*

Nos processos gráficos que exigem a produção fotográfica de matrizes – clichês e *offset* –, essa é feita com base em artes-finais. A arte-final nada mais é do que um *fac-símile* do impresso que se pretende realizar.

Os textos podem ser escritos pela aplicação de letras transferíveis (*letraset*) ou pela colagem de blocos de textos compostos pelo processo fotográfico (fotoletras) de máquinas componedoras (Composer).

Uma vez confeccionada a arte-final, ela deve ser guardada com todo o cuidado, evitando que se deteriore pelo tempo.

11.4.4 Recebimento, treinamento e controle de formulários

Esta última etapa é de recebimento do formulário, treinamento dos usuários e correspondente controle.

O analista de sistemas, organização e métodos deve ter adequado e racional controle de formulários e, para tanto, pode efetuar as seguintes tarefas:

a) Registro de formulários: pode ser executado com base no modelo apresentado na Figura 11.8, que representa uma listagem com identificação, numa ordem sequencial, dos títulos dos formulários elaborados. Esse número serve, principalmente, como identificador geral de cada formulário utilizado na empresa.

Planos	Registro de formulários	Data __/__/__	Nº
Nº de ordem	Formulário	Sistema considerado (Fluxograma)	
01			
02			
03			

Figura 11.8	*Registro de formulários.*

b) Ficha técnica do formulário: tem a finalidade de consolidar todas as informações necessárias sobre o formulário, servindo de base para as atuais e futuras solicitações à gráfica. Um modelo é apresentado na Figura 11.9:

340 Sistemas, Organização e Métodos • Rebouças

Planos	Ficha técnica do formulário	Data __/__/__	Nº

Unidade requisitante:...
Requisição nº ....
Ordem de Compra nº ....

Formulário nº:	☐ Novo	☐ Inalterado	☐ Anexa
	☐ Antigo	☐ Modificado	☐ Já entregue
Impressão:	☐ Offset	☐ Mimeógrafo	☐ Frente
	☐ Tipografia	☐	☐ Frente e verso

Formato .... × .... mm   Margens: Superior .... mm   Esquerda .... mm
                                       Inferior ...... mm   Direita .... mm
Papel: Tipo ....   Peso ....kg   Cor ....

Apresentação:	☐ Folhas soltas	☐ Jogos	☐ Blocos
	☐ Brochuras	☐ Encadernação	☐ Perf.: ... Furos

Colagem
Grampeamento
Picotagem   ☐ Em cima   ☐ Margem esquerda   ☐ Margem direita
Costura

Cor(es): Original .... Outras vias ....
....
....

Carbono: ☐ Intercalado   ☐ Impresso: ☐ Todo o verso
                                                 ☐ Nos espaços a ser preenchidos
Plastificação: ☐ Sim   Numeração: ☐ Sim (de ... a ...)
                      ☐ Não ← (ver abaixo)   ☐ Não
Espaço em branco: ☐ Manual   ☐ Em máquina de escrever ....
                                      (indicar tipo)
Para preenchimento
Quantidade .... exemplares   Apresentar .... prova(s)
Local de entrega: .... prazo ....
Endereço: .... Tel.: ....
Nome ....

Instruções Adicionais:
Fornecedor: ....
Endereço: .... Tel.: ....
Nome ....

Figura 11.9	*Ficha técnica do formulário.*

RESUMO

O analista deve estar atento para elaborar um bom modelo de formulário, pois as vantagens são evidentes:

- fica mais barato o formulário final pelo rápido e adequado processo de provas; e
- proporciona entrega mais rápida dos formulários, pela não necessidade de correções.

Por outro lado, é fundamental que:

- o formulário seja testado pelos usuários;
- o formulário tenha seu modelo no tamanho exato de uso; e
- seja elaborada uma especificação do formulário estabelecendo, entre outros, os detalhes que não puderam ser indicados no modelo.

A responsabilidade pelo controle dos formulários deve ser centralizada, podendo ser evitados os seguintes inconvenientes:

- proliferação de formulários, às vezes praticamente idênticos, nas diversas unidades organizacionais da empresa, pois, quase sempre, a criação de novos formulários deriva do desconhecimento da existência de documento com o mesmo objetivo em outra unidade organizacional da empresa; e
- criação de formulários que, por não observarem fundamentos básicos de racionalização, são ineficientes.

Entretanto, um formulário somente deverá ser criado se possuir finalidade específica que o justifique, devendo ser mantido se, quando do estudo de supressão ou de fusão com outro formulário, isso não se tiver mostrado praticável.

Muitas deficiências do processamento administrativo, dentro de uma organização complexa, poderiam ser sanadas pela criação, racionalização e/ou extinção de formulários, considerando-se que os profissionais das empresas, nos seus diversos serviços, não são infalíveis e estão, evidentemente, sujeitos a erros, esquecimentos, caprichos e preconceitos. O formulário existe para auxiliar a memória das pessoas e definir as tarefas de maneira inequívoca.

QUESTÕES PARA DEBATE

1. Quais as contribuições que um adequado conjunto de formulários pode proporcionar às empresas?

2. Quais os aspectos básicos que o analista de sistemas, organização e métodos, ou o analista de formulários, deve considerar para o adequado desenvolvimento dos formulários de uma empresa?

3. Tendo em vista a unidade organizacional em que você trabalha ou instituição onde estuda, desenvolver uma análise dos formulários utilizados pela mesma, respeitando os vários aspectos apresentados neste capítulo.

CASO: ESTRUTURAÇÃO DE UM SISTEMA DE INFORMAÇÕES NA ORFARMA – LABORATÓRIOS FARMACÊUTICOS S.A.

A empresa Orfarma – Laboratórios Farmacêuticos S.A. contratou você como consultor para desenvolver um sistema de informações.

A Orfarma é uma empresa que atua no mercado farmacêutico há 20 anos e tem ótima conceituação no mercado, tanto com seus distribuidores, farmácias e hospitais, quanto com seus consumidores, por meio de uma linha de produtos adequada.

Algumas informações sobre a Orfarma são:

- linha de produtos: remédios da classe ética (com prescrição médica);
- mercados: farmácias e drogarias;
- sistema de distribuição: distribuidores (40%);
  venda direta para farmácias e hospitais (60%); e
- estrutura organizacional: é representada pelo organograma apresentado a seguir.

A presidência da Orfarma solicita para você o desenvolvimento e a implantação de um sistema de informações gerenciais que:

- seja, prioritariamente, orientado para os negócios e esteja, inteiramente, voltado para as características próprias e inerentes a uma empresa industrial e comercial, atuando no mercado farmacêutico ético; e

- permita estabelecer uma infraestrutura de informações adequada à elevada complexidade de negócios em função do crescimento em volume de vendas e novos produtos a serem lançados.

Os benefícios esperados desse projeto são inerentes a possibilitar à Orfarma ter:

- adequado controle e informação sobre o desenvolvimento da rede de distribuidores;
- acompanhamento adequado dos negócios do setor farmacêutico, que exige, dentro da Orfarma, tratamento diferenciado em termos de custo-volume-lucro; e
- acompanhamento adequado do desempenho de cada produto, em nível regional e nacional, a partir de informações de venda e suporte promocional.

Partindo de uma proposta em que a Orfarma tem como objetivo consolidar uma postura de atuação voltada para o mercado, considera-se, como necessário, um trabalho inicial para a Diretoria Comercial, cujas *saídas* básicas do sistema são:

a) *Quanto ao assunto marketing*
- produtos:
  - preço: lista, distribuidor, hospital, farmácia/drogaria e consumidor;
  - distribuição: cobertura por natureza e região;
  - consumo e aplicação: por produto, por natureza de vendas e por região;
  - concorrência: avaliação de produtos, novos produtos e distribuição; e
  - marcas e patentes: registros e proteção.
- propaganda e promoção:
  - verba por produto, embalagem e atividade;
  - quantidade de material promocional enviada a cada distribuidor, hospital e rede de farmácias e drogarias; e
  - custo unitário do material elaborado.
- resultados:
  - custos diretos por item;
  - custos diretos de reposição por item;

- formação de preços por grupo de produtos e embalagem;
- lucro bruto: por produto, por embalagem, por distribuidor, por hospital, por grupo de farmácia/drogaria e por região; e
- volume vendido: por produto, por embalagem, por natureza de venda, por região e por mês e trimestre.

- mercados: tamanho/valor, movimento/tendência, preços de matérias-primas, preços de produtos acabados, principais produtos, bem como imagem dos produtos; e
- despesas administrativas: orçado x realizado de despesas por unidade organizacional, tais como viagens e pesquisas de mercado.

b) *Quanto ao assunto vendas*

- volume estimado (quotas x realizado): por produto, por embalagem, por distribuidor, por grupo farmácia/drogaria, por cliente direto (hospital, pronto-socorro etc.), por região, por mês, por trimestre, bem como por vendedor-território-região;
- faturamento estimado e realizado: por tabela de preço, por mês, por semana, por produto, por embalagem, bem como por natureza de vendas;
- descontos, bonificações e operações de apoio: por cliente *vip*, por natureza de venda, por região de venda, por produto, bem como por embalagem;
- processo de venda diária: pedidos, faturamento, estoques disponíveis, pendências, datas marcadas e créditos rejeitados;
- distribuição: prazo real da entrega por cliente;
- mercado, concorrência e negócios: movimento a curto prazo, preços e descontos praticados pelos concorrentes e perspectivas a curto prazo; e
- despesas administrativas: por vendedor e por região.

Tendo em vista os objetivos do trabalho e os benefícios esperados do sistema, bem como considerando as características da empresa, estruture um sistema que propicie as informações necessárias para a Orfarma.

Para tanto, você deve estruturar as *saídas* – formulários –, explicitar as políticas necessárias e desenhar o fluxograma, bem como tecer comentários sobre o organograma representativo da estrutura organizacional da Orfarma, o qual é apresentado a seguir.

E, tudo isso respeitando determinada característica de um sistema eficiente e eficaz, devidamente estabelecida por você.

Formulários 345

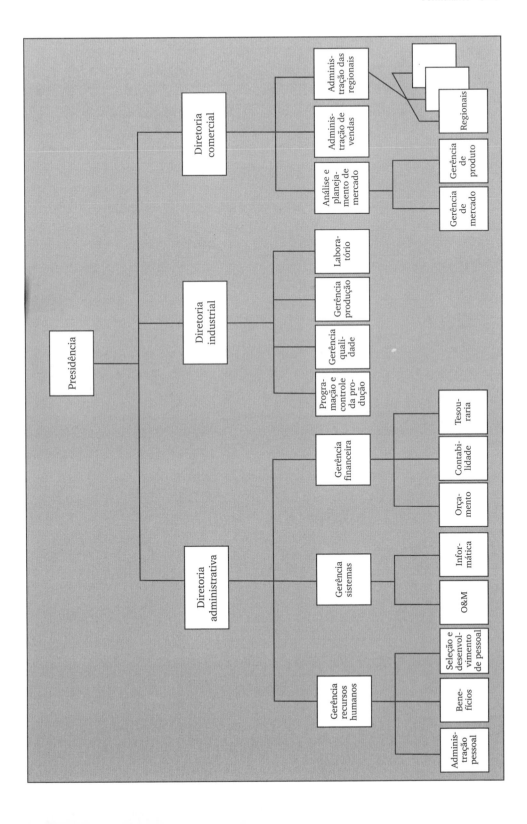

12
Arranjo físico

"As ideias não se conservam.
É preciso fazer alguma coisa por elas."

Alfred North Whitehead

12.1 INTRODUÇÃO

Principalmente pela evolução tecnológica aplicada nas empresas, o estudo de arranjo físico ou *layout* tem assimilado importância maior.

A preocupação principal neste capítulo é a abordagem dos aspectos básicos do arranjo físico nos escritórios, o que está de acordo com as atividades profissionais do analista de sistemas, organização e métodos.

O arranjo físico adequado proporciona para a empresa maior economia e produtividade, com base na boa disposição dos instrumentos de trabalho e por meio da utilização otimizada dos equipamentos de trabalho e do fator humano alocado no sistema considerado.

O arranjo físico apresenta um dinamismo correlacionado à evolução dos sistemas, bem como ao aprimoramento técnico-profissional dos funcionários alocados no sistema considerado. Portanto, representa um assunto para o qual o analista de sistemas, organização e métodos deve proporcionar forte atenção.

Um aspecto a ser evidenciado é que o arranjo físico também pode afetar o comportamento das pessoas, pela alteração nos métodos e nos processos de trabalho.

No fim deste capítulo, o leitor estará em condições de responder a algumas perguntas, tais como:

- O que representa o estudo do arranjo físico para a empresa, em termos de vantagens e contribuições para a produtividade?
- Como o analista de sistemas, organização e métodos pode desenvolver o estudo do arranjo físico?
- Quais os princípios e os aspectos básicos que o analista de sistemas, organização e métodos deve considerar na elaboração e na aplicação do arranjo físico na empresa?

12.2 OBJETIVOS DO ARRANJO FÍSICO

Quando o analista de sistemas, organização e métodos está desenvolvendo o estudo de arranjo físico, deve ter como objetivos desse trabalho alguns aspectos, dentre os quais podem ser citados:

- proporcionar um fluxo de comunicações entre as unidades organizacionais de maneira eficiente, eficaz e efetiva;
- proporcionar melhor utilização da área disponível da empresa;
- tornar o fluxo de trabalho eficiente;
- proporcionar facilidade de coordenação;
- proporcionar redução da fadiga do funcionário no desempenho da tarefa, incluindo o isolamento contra ruídos;
- proporcionar situação favorável a clientes e visitantes;
- ter flexibilidade ampla, tendo em vista as variações necessárias com o desenvolvimento dos sistemas correlacionados;
- ter flexibilidade, em caso de modificações nas tecnologias dos processos; e
- ter um clima favorável para o trabalho e o aumento da produtividade.

Portanto, a empresa pode decidir estudar seu arranjo físico atual se estiverem ocorrendo alguns dos aspectos, entre outros:

- demora excessiva no desenvolvimento dos trabalhos;
- excessivo acúmulo e concentração de pessoas e formulários;
- fluxo de trabalho inadequado;
- projeção espacial inadequada dos locais de trabalho, gerando descontentamentos e baixa produtividade; e
- problemática na locomoção das pessoas em suas atividades profissionais na empresa.

12.3 ETAPAS DE UM PROJETO DE ARRANJO FÍSICO

Para o desenvolvimento de um estudo de arranjo físico, o analista de sistemas, organização e métodos pode seguir as seguintes etapas:

- levantamento da situação atual;
- estudo das soluções alternativas;
- consolidação da solução escolhida; e
- implementação e avaliação do arranjo físico escolhido.

A seguir, são apresentadas algumas considerações a respeito dessas quatro etapas.

12.3.1 Levantamento da situação atual

Para tanto, o analista deve desenvolver as seguintes tarefas:

a) Estudo do local, no qual o analista pode considerar os seguintes aspectos:
- planta baixa do espaço disponível (escala preferível: 1:50);
- vias de acesso;
- análise da adequação do ponto de localização (bom, regular, sofrível);
- preço do metro quadrado, tanto para compra quanto para locação;
- possibilidades de adaptações e níveis de reforma possíveis (grande, média, pequena);
- possibilidade de ampliações e nível de flexibilidade do imóvel (alto, médio, baixo);
- análise das instalações do imóvel (ar-condicionado, elevadores, sanitários, saídas de emergência, geradores próprios, áreas de circulação etc.); e
- limite de carga suportado pelo imóvel.

b) Estudo das divisões, móveis e equipamentos, considerando os seguintes aspectos:
- formatos e amplitude das salas;
- medidas e quantidade dos móveis e equipamentos;
- forma de uso de salas, móveis e equipamentos identificados; e
- aparência e ambiente proporcionado.

c) Levantamento do fluxo de trabalho e das atividades correlacionadas, no qual o analista de sistemas, organização e métodos pode considerar os seguintes aspectos, entre outros:
- identificação e análise das atividades dos funcionários (ver Capítulo 6);
- estudo do fluxo de trabalho (ver Capítulo 10);
- estudo dos movimentos efetuados pelos funcionários no desempenho de suas tarefas;
- estudo dos tempos de execução das várias operações (ver seção 6.5); e
- estudo da adequação do uso de máquinas e equipamentos.

352 Sistemas, Organização e Métodos • Rebouças

d) Análise do ambiente para a execução das atividades, em que o analista de sistemas, organização e métodos pode considerar os seguintes aspectos básicos, entre outros:

- temperatura (ideal entre 18° e 22°);
- umidade (ideal é a baixa);
- ventilação;
- espaço;
- ruído;
- tipo e cores das pinturas;
- poeira; e
- iluminação.

De maneira geral, observa-se que esses aspectos do ambiente de trabalho podem aumentar, significativamente, a produtividade dos funcionários.

e) Preparação da lista de checagem, quando o analista consolida uma série de itens a serem considerados no estudo e na implementação do novo arranjo físico. Essa lista de checagem pode ser apresentada de forma simples, mas completa, e será de grande valia para o analista de sistemas, organização e métodos quando da implementação do novo arranjo físico da empresa ou de parte dele.

f) Preparação de miniaturas dos móveis e equipamentos, de acordo com a escala da planta baixa. Esse procedimento é importantíssimo, principalmente quando do estudo de alternativas do arranjo físico. Se o analista não realizar esse trabalho, seguramente a qualidade de sua proposta de arranjo físico estará comprometida. Portanto, esse trabalho deve ser efetuado desde a etapa inicial de levantamento da situação atual.

Não é intenção, neste livro, apresentar todas as convenções para plantas baixas, mesmo porque esse é um trabalho de arquitetura ou de engenharia civil. Entretanto, o analista de sistemas, organização e métodos deve ter conhecimento dos principais símbolos que pode utilizar em seu estudo de arranjo físico, conforme apresentado no Quadro 12.1.

Portanto, essa etapa inicial do levantamento da situação atual serve para o analista de sistemas, organização e métodos familiarizar-se com o plano de organização da empresa e os principais procedimentos adotados.

Quadro 12.1 | *Principais símbolos para plantas baixas.*

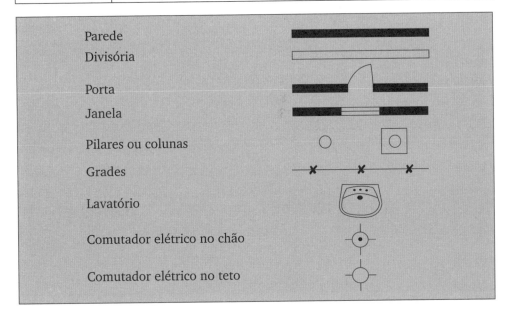

Fica evidente que, para uma série de aspectos, o analista já obteve todas as informações necessárias por meio de outros assuntos inerentes à atividade de sistemas, organização e métodos, conforme apresentado neste livro em outros capítulos.

12.3.2 Estudo das soluções alternativas

O analista deve iniciar seu estudo considerando as medidas-padrão para o desenvolvimento dos trabalhos.

Existe dificuldade em estabelecer, neste livro, as medidas-padrão para cada situação. Entretanto, considera-se como válida a situação apresentada pelos Quadros 12.2 e 12.3.

Salienta-se que a metragem apresentada no Quadro 12.2 refere-se ao necessário e válido por funcionários da empresa, considerando o nível hierárquico. Entretanto, as adaptações devem ser realizadas por cada empresa em sua realidade específica.

Quadro 12.2	Padrões de área para arranjo físico de escritórios.

Nível hierárquico	Discriminação	Áreas em m²
Presidente e diretores (alta administração)	Salas Sala de reuniões Sala de assessores Sala de espera	30 15 15 12
Gerentes (média administração)	Salas, com mesas de reuniões Sala de assistentes Sala de auxiliares Sala de espera	20/25 10 6/7 6
Chefes (baixa administração) e demais funcionários	Chefias Nível superior (por pessoa/ sala coletiva) Demais funcionários (por pessoa/ sala coletiva)	16 7/8 5

Quadro 12.3	Padrões de distância para arranjo físico de escritórios.

Função	Distância entre	Metros
Alta administração	Mesa e armário Mesas (com passagem de funcionários) Mesas (sem passagem) Mesa e parede Armários	1,60 1,90 1,60 1,40 2,40
Média administração	Mesa e armário Mesas (com passagem de funcionários) Mesas (sem passagem) Mesa e parede Armários	1,20 1,60 1,20 1,20 2,00
Baixa administração	Mesa e armário Mesas (com passagem de funcionários) Mesas (sem passagem) Mesa e parede Armários	1,00 1,40 1,00 1,00 1,80

O Quadro 12.3 apresenta as distâncias básicas que têm sido utilizadas em boa parte dos estudos de arranjo físico pelas empresas. Vale, entretanto, a ressalva de que essas medidas representam, única e exclusivamente, padrões para a tomada de decisão por parte do analista de sistemas, organização e métodos.

Outras medidas bastante utilizadas em arranjo físico são:

- bebedouros: 10 m de distância máxima para cada funcionário;
- corredores internos: largura de 0,85 a 1,00 m; e
- circulação principal: 2 m de largura.

Como os padrões apresentados nos Quadros 12.2 e 12.3 são apenas indicadores-base para análise, eles podem ser alterados de empresa para empresa, tendo em vista determinados aspectos, a saber:

- recursos da empresa;
- características da empresa;
- natureza do trabalho ou serviço desenvolvido pela empresa; e
- natureza do trabalho ou serviço desenvolvido pela área (serviços médicos, arquivos, bibliotecas, almoxarifado etc.).

O analista também deve considerar o quadro representativo das interligações preferenciais para o arranjo físico, tendo em vista avaliar os pares resultantes dessas ligações. Ele é usado quando não se dispõe de dados quantitativos, mas somente se pode avaliar a intensidade de fluxo, entre pessoas e/ ou áreas, quando não há um fluxo a ser estabelecido. Nesse caso, é utilizada uma matriz triangular e se coloca nos cruzamentos um código indicativo da espécie de ligação desejável. Por exemplo, podem ser usados os quatro códigos apresentados no Quadro 12.4:

Quadro 12.4	*Interligações preferenciais.*

Tipo de ligação	Código	Representação gráfica
Essencial	2	-------------------------------
Desejável	1	
Não importante	0	-•-•-•-•-•-•-•-•-•-•-•-•-
Indesejável	x	-------------------------------

A análise de interligações preferenciais indica o posicionamento relativo entre as várias unidades organizacionais da empresa. Com base nela, pode-se chegar a uma localização esquemática dessas unidades organizacionais na planta baixa do arranjo físico.

Um exemplo do resultado das interligações preferenciais, com a indicação dos códigos anteriormente evidenciados, é apresentado no Quadro 12.5:

Quadro 12.5	*Exemplo de interligações preferenciais.*

Uma forma que estrutura melhor esse processo é o método dos elos, que deve ser realizado de acordo com as seguintes etapas (Faria, 1977, p. 236):

- enumeração de todos os postos de trabalho de um centro de produção, utilizando letras do alfabeto ou codificação numérica;
- enumeração de todos os produtos ou componentes que passam por esse centro de produção, empregando codificação numérica ou letras do alfabeto;
- levantamento dos fluxos de produção, elaborando a respectiva sequência para cada tipo de produção ou componente produzido. A frequência com que cada elo é utilizado deve ser estudada para que possa ser definida. Desse modo, precisa-se dispor de dados adicionais referentes aos diversificados volumes de produção e dos meios de transporte utilizados para a movimentação – deslocamento – dos materiais;

- determinação da frequência de cada fluxo, de modo que abranja todos os tipos de unidades produzidas. Pode-se pressupor que só é produzido um produto de cada tipo, por dia de trabalho;
- cálculo do número de vezes em que cada posto de trabalho é envolvido em transportes (deslocamentos); e
- projeção de uma rede ou malha de módulos triangulares, para que se possa posicionar, em um ponto central da rede, os postos de trabalho que apresentam maior frequência. Posteriormente, posicionar em volta desses, aqueles postos que tiverem de manter o maior número de ligações com eles.

Diversas tentativas de posicionamento devem ser feitas, até que se consiga a melhor solução possível, devendo-se, inclusive, considerar os postos de início e fim do processo, a flexibilidade necessária a uma futura expansão, os custos da implantação do arranjo físico e o grau de segurança para o equipamento, bem como para o pessoal que irá utilizá-lo.

Um cálculo que pode ajudar o analista de sistemas, organização e métodos no estudo do arranjo físico é o da superfície total.

Para seu cálculo, o analista deve considerar:

Superfície estática (Se): projeção do móvel sobre o solo.

Superfície de gravitação (Sg): superfície utilizada pelo funcionário em torno do posto de trabalho.

$$Sg = Se \times N$$

N = Número de lados do móvel utilizado pelo funcionário.

Superfície de circulação (Sc): superfície necessária à circulação do pessoal entre os postos de trabalho.

$$Sc = (Se + Sg)\,K$$

K = Coeficiente de circulação que varia entre 0,05 e 3,00. Em geral, utiliza-se 1,5.

ST = Superfície Total

$$ST = Se + Sg + Sc$$

$$ST = Se + NSe + (Se + Sg)\,K$$

$$ST = Se\,(N + 1) + (Se + NSe)\,K$$

$$ST = Se\,(N + 1) + Se\,(N + 1)\,K; \text{ portanto:}$$

$$ST = Se\,(N + 1)\,(1 + K)$$

12.3.3 Consolidação da solução escolhida

Nessa etapa, o analista deve consolidar e apresentar o arranjo físico, utilizando as seguintes ferramentas, entre outras:

- desenhos – gráfico de linha, representando os fluxos;
- maquetes – miniaturas dos móveis e equipamentos;
- planta baixa; e
- cronograma da implantação – indicando dias, horas e prazo total.

Nessa etapa, também deve ocorrer a discussão das diversas soluções, com as várias chefias e, eventualmente, funcionários diretamente afetados pelas mudanças propostas.

12.3.4 Implantação e avaliação do arranjo físico escolhido

Nessa etapa, o analista de sistemas, organização e métodos deve efetuar a implantação de acordo com o cronograma e acompanhamento das medidas propostas, por meio da análise do volume de trabalho, rapidez de sua execução e conforto do funcionário.

Para concretizar, de maneira mais adequada, a implementação do arranjo físico na empresa, o analista de sistemas, organização e métodos deve verificar a lista de checagem anteriormente elaborada, para concretizar uma situação tal como o processo de mudança de um escritório, conforme exemplo ilustrativo:

- fornecimento de cópias das plantas aprovadas para os diversos profissionais envolvidos: pintor, carpinteiro, encanador, técnico de divisórias, coordenador da mudança, técnico de telefones etc.;
- entrega das informações e características básicas para a equipe de trabalho;
- estabelecimento das datas para conclusão de cada serviço;
- véspera da mudança: cada funcionário deverá desocupar as gavetas das mesas, colocando os utensílios em caixas sobre a mesa;
- numeração de cada caixa, mesa, armário, cadeira etc., com indicação do nome do funcionário e da unidade organizacional em que trabalha;
- colocação de caixas, mesas, armários, cadeiras etc. em seus novos lugares; e
- cada funcionário deve colocar seus utensílios nas gavetas de suas mesas.

O controle e a avaliação de resultados permitem acompanhar a mudança efetuada, a fim de verificar se a solução foi a melhor ou se ainda há necessidade de pequenas adaptações.

12.4 PRINCÍPIOS DO ESTUDO DO ARRANJO FÍSICO

Quando do desenvolvimento do estudo de arranjo físico na empresa, o analista deve considerar alguns princípios básicos, entre os quais podem ser citados:

- as unidades organizacionais que têm funções similares e correlacionadas devem ser colocadas perto umas das outras, para redução do tempo e distância de transporte;
- os grupos de serviços centrais, tais como Expedição e Recebimento de Correspondência, Arquivo, Secretaria Geral etc., devem ser localizados próximos às unidades organizacionais que os utilizam com mais frequência;
- dentro de cada unidade organizacional, o trabalho deve seguir um fluxo contínuo e para a frente, o mais próximo possível, em linha reta;
- o mobiliário e os equipamentos devem ser arrumados em linha reta ou em simetria, sendo que a colocação angular de mesas e cadeiras – cotovelo – deve ficar restrita ao pessoal de supervisão;
- deve-se evitar, sempre que possível, a colocação de postos de trabalho frontais – frente a frente –, ou seja, os funcionários devem ser alocados numa mesma direção;
- os padrões de espaço devem ser adequados às necessidades de trabalho e de conforto dos funcionários lotados na unidade organizacional;
- as mesas devem ser dispostas de modo que nenhum funcionário fique, continuamente, voltado para uma fonte de luz intensa. Sempre que possível, a iluminação deve atingir o posto de trabalho – ligeiramente acima –, à esquerda – se o funcionário for destro – ou atrás do funcionário. Essa consideração é válida para os casos mais simples; entretanto, para uma análise global da empresa, é válido contratar os serviços especializados de uma empresa específica;
- os móveis e equipamentos de tamanho uniforme e mesma marca permitem maior flexibilidade no remanejamento do espaço, melhor aparência estética, reduzindo, também, o custo de compra e manutenção;

360 Sistemas, Organização e Métodos • Rebouças

- as unidades que utilizam equipamentos que provocam ruídos podem necessitar de certo isolamento, a fim de não perturbarem as outras unidades ou funcionários;
- devem-se destinar salas ou compartimentos isolados para funcionários cujo trabalho exija grande concentração ou tratamento de assuntos sigilosos;
- as unidades organizacionais e/ou funcionários que mantêm contato permanente com o público devem estar situados em local de fácil acesso e isolados das demais unidades organizacionais e/ou dos funcionários;
- os blocos grandes e retangulares de espaço facilitam o fluxo de trabalho e permitem maior flexibilidade no remanejamento do espaço;
- o conhecimento prévio da capacidade de suportação de carga de peso é imprescindível para o estudo da localização de equipamentos pesados;
- a instalação de equipamentos de combate a incêndio é necessária em locais de concentração de material de fácil combustão e nas demais dependências do edifício, segundo exigência legal; e
- deve-se evitar o recobrimento, com material refletor de luz – vidro ou superfícies brilhantes –, dos tampos de mesa ou outro móvel utilizado para trabalhos em que se escreve permanentemente.

12.5 ARRANJO FÍSICO DE FÁBRICAS

Neste livro, existe a preocupação básica com o estudo do arranjo físico direcionado para escritórios. Entretanto, não se devem deixar de considerar alguns aspectos abordados para o arranjo físico de fábricas.

De acordo com um trabalho de James Moore (1966, p. 19), aprovado pela American Society of Mechanical Engineers e apresentado em Cury (1981, p. 199), são pontos que devem ser observados no desenvolvimento de um arranjo físico de fábrica:

- estudar o programa de produção, a fim de determinar o número e a variedade das unidades acabadas, ou pré-acabadas, a serem produzidas;
- fazer uma relação dos materiais e partes que integrarão o produto, separando aqueles produzidos na própria fábrica, dos que serão adquiridos fora;
- relacionar as operações necessárias nos diferentes processos para completar uma unidade de produto;

- programar as operações da unidade organizacional de produção, permitindo sempre a existência de máquinas e ferramentas suficientes para atender às necessidades de produção;
- decidir sobre a capacidade desejada da fábrica e dos equipamentos para a linha dos produtos que serão feitos ou propostos, estimando a capacidade futura;
- programar as operações das unidades de produção e de montagem, fazendo com que as unidades organizacionais e os equipamentos se situem de modo lógico e racional, favorecendo o estabelecimento de um fluxo progressivo e conveniente dos materiais;
- selecionar equipamentos, máquinas e facilidades necessárias para produzir as variedades e quantidades programadas. Fazer previsão sobre a possibilidade de futuras alterações estruturais e adições, visando aumentar a produção;
- determinar o intervalo de tempo porventura existente entre sucessivas operações, a fim de serem feitas previsões para o armazenamento entre operações (bancas de materiais em fase de processamento);
- verificar se durante o processamento haverá alguma operação que ofereça riscos à integridade do material ou a pessoas da fábrica. Caso afirmativo, providenciar instalações adequadas e segregá-las do conjunto, para a execução da operação;
- estabelecer, sumariamente, as necessidades em espaço que serão provavelmente exigidas no futuro, levando em conta a tendência do mercado num razoável espaço de tempo; e
- reservar o espaço necessário em cada unidade organizacional para a guarda e localização dos equipamentos, ferramentas, depósitos, zonas de circulação e facilidades auxiliares.

Essencialmente, o projeto de arranjo físico pode ser iniciado com rigorosa análise do produto, avaliação da sequência de operações, visando estabelecer o fluxo mais racional possível, tanto de materiais, quanto das operações de trabalho.

O arranjo físico, basicamente em instalações industriais, pode ser de três tipos:

- por produto, em que as pessoas, bem como as máquinas e equipamentos, ficam parados em seus locais de trabalho, enquanto os produtos, com seus componentes e partes, se movem entre os locais de trabalho. Como exemplo, tem-se a produção de veículos em uma indústria automobilística;

362 Sistemas, Organização e Métodos • Rebouças

- por processo, em que principalmente as pessoas podem se locomover, com seus equipamentos leves, ao longo do processo produtivo, pela sua maior especialização em um assunto específico mas, normalmente, as máquinas ficam paradas. Como exemplo, há os vários momentos de aplicação de rebites – uma especialidade – em uma indústria fabricante de bolsas femininas de grife; e
- fixo, em que as pessoas, com suas máquinas e equipamentos, se locomovem entre os diversos locais de trabalho, mas o produto fica parado. Como exemplo, há a produção de um navio em um estaleiro.

RESUMO

Neste capítulo, foram analisados os aspectos básicos do arranjo físico, que representa um instrumento que o analista de sistemas, organização e métodos pode e deve utilizar para aumentar a produtividade e a qualidade dos trabalhos das várias unidades organizacionais das empresas.

Foram analisados seus objetivos e, principalmente, os aspectos básicos que o analista de sistemas, organização e métodos pode considerar em sua análise, elaboração e implementação.

QUESTÕES PARA DEBATE

1. Listar e explicar as vantagens básicas que a empresa pode obter com um adequado estudo de arranjo físico.
2. Debater o arranjo físico ideal para a unidade organizacional onde você trabalha, ou de uma área da faculdade onde você estuda.
3. Fazer o estudo acima pelo método dos elos.

EXERCÍCIO: Estudo de arranjo físico

Desenvolver um estudo de arranjo físico para o seu local de trabalho ou de estudo, considerando todas as questões apresentadas neste capítulo.

Parte IV
CONSOLIDAÇÃO

*"As pessoas espertas falam por experiência.
As pessoas sábias, por experiência, não falam."*

Autor desconhecido

13
Manuais administrativos

"O passado nunca morre.
Você o esquece e vive o presente;
mas lá está ele, esperando o regresso."

Corey Ford

13.1 INTRODUÇÃO

Neste capítulo, são analisados os aspectos básicos dos manuais administrativos, que consolidam e criam condições de apresentação e entrega aos usuários dos sistemas desenvolvidos pela equipe de sistemas, organização e métodos da empresa.

> Manual é todo e qualquer conjunto de normas, procedimentos, funções, atividades, políticas, objetivos, instruções e orientações que devem ser obedecidos e cumpridos pelos executivos e funcionários da empresa, bem como a forma como esses assuntos devem ser executados, quer seja individualmente, quer seja em conjunto.

Não se consideram, neste capítulo, as divulgações das informações por meio de memorandos, circulares etc., que são, apenas, instrumentos que servem para informações normalmente mais instáveis, enquanto os manuais estão mais preocupados em divulgar, pela empresa, aspectos mais estáveis que, geralmente, estão correlacionados com a estrutura organizacional e seus métodos, rotinas e procedimentos administrativos básicos.

No fim deste capítulo, o leitor estará em condições de responder a algumas perguntas, tais como:

- Quais os aspectos básicos na utilização dos manuais administrativos pelo analista de sistemas, organização e métodos?
- Quais as vantagens e as desvantagens do uso dos manuais administrativos?
- Quais os tipos mais comuns de manuais administrativos?
- Quais as fases básicas de elaboração dos manuais administrativos?
- Como os manuais administrativos podem ser atualizados? E avaliados?

13.2 VANTAGENS E DESVANTAGENS DO USO DE MANUAIS ADMINISTRATIVOS

Tanto o analista, quanto o usuário do sistema, ao verificarem o manual administrativo, devem ter em mente quais são as principais vantagens e des-

368 Sistemas, Organização e Métodos • Rebouças

vantagens em seu uso. Na relação a seguir não houve preocupação em hierarquizar os vários aspectos considerados, mas apenas apresentar as vantagens e as desvantagens mais comuns, conforme salientado por profissionais da área.

13.2.1 Principais vantagens do uso de manuais administrativos

As principais vantagens dos manuais administrativos, são:

- correspondem a uma importante e constante fonte de informações sobre os trabalhos na empresa;
- facilitam o processo de efetivar normas, procedimentos e funções administrativas;
- ajudam a fixar critérios e padrões, bem como uniformizam a terminologia técnica básica do processo administrativo. Com isso, possibilitam a normatização das atividades administrativas;
- possibilitam adequação, coerência e continuidade nas normas e nos procedimentos, pelas várias unidades organizacionais da empresa;
- evitam discussões e equívocos, muito frequentes nas empresas em que não se estabeleceu a versão oficial sobre os temas suscetíveis de pontos de vista conflitantes (Saroka e Gaitán, 1979, p. 44);
- possibilitam treinamento aos novos e antigos funcionários da empresa;
- possibilitam efetivo crescimento na eficiência e eficácia dos trabalhos realizados;
- representam um instrumento efetivo de consulta, orientação e treinamento na empresa;
- representam uma restrição para a improvisação inadequada que aparece na empresa nas mais variadas formas;
- aprimoram o sistema de autoridade da empresa, pois possibilitam melhor delegação mediante instruções escritas, proporcionando ao superior controlar apenas os fatos que saem da rotina normal, ou seja, o controle por exceção;
- representam um instrumento que pode elevar o moral dos funcionários, pois possibilita que os mesmos tenham melhor visão de sua representatividade na empresa;
- representam um elemento importante de revisão e avaliação objetivas das práticas e dos métodos e processos institucionalizados nas empresas;

Manuais administrativos **369**

- aumentam a predisposição do pessoal para assumir responsabilidades, uma vez que aquilo que tem de ser feito está claramente estabelecido por escrito; e
- representam um legado histórico da evolução administrativa da empresa.

13.2.2 Principais desvantagens do uso de manuais administrativos

As principais desvantagens dos manuais administrativos, são:

- constituem um ponto de partida, porém não a solução para todos os problemas administrativos que possam ocorrer na empresa;
- sua preparação, quando malfeita ou pouco cuidadosa, traz, paralelamente, sérios inconvenientes ao desenvolvimento normal dos trabalhos pelas várias unidades organizacionais da empresa;
- o custo de preparação e de atualização pode ser elevado, dentro de uma relação de custos *versus* benefícios identificada pela empresa;
- quando não são utilizados adequada e permanentemente, perdem rapidamente sua validade;
- são, em geral, pouco flexíveis;
- incluem, somente, os aspectos formais da empresa, deixando de lado os aspectos informais, cujas vigência e importância para o dia a dia da empresa são muito grandes;
- quando muito sintéticos, tornam-se pouco úteis e, por outro lado, quando muito detalhados, correm o risco de se tornarem obsoletos diante de quaisquer mudanças pequenas;
- diminuem a incidência do julgamento pessoal, tornando-se, muitas vezes, um *freio* para a iniciativa e a criatividade individuais; e
- seu uso pode ficar muito prejudicado e difícil devido a uma redação pouco clara, prolixa, deficiente e inadequada.

13.2.3 Requisitos básicos de utilização de manuais administrativos

Com base na análise das vantagens e das desvantagens da utilização dos manuais, pode-se deduzir que alguns dos requisitos aos quais eles devem atender são:

- necessidade real e efetiva da empresa;

- diagramação estruturada e adequada para suas finalidades;
- redação simples, curta, eficiente, clara e inteligível, bem como bom índice ou sumário;
- instruções autênticas, necessárias e suficientes;
- distribuição a todos os funcionários que dele necessitem;
- racional, adequada e aprimorada utilização pelos usuários dos sistemas abordados no manual;
- adequada flexibilidade; e
- um processo contínuo de revisão, atualização e distribuição.

13.3 ROTEIRO PARA A ELABORAÇÃO DO MANUAL ADMINISTRATIVO

Quando o analista de sistemas, organização e métodos elaborar um manual administrativo, poderá utilizar um roteiro de trabalho correspondente a uma análise preliminar que considere, entre outros, os seguintes aspectos:

- identificação dos sistemas a serem analisados;
- seleção dos sistemas e subsistemas;
- seleção dos tópicos, assuntos ou atividades de maior importância nos sistemas analisados;
- estudo dos campos dos problemas;
- pesquisa e classificação das fontes de informações;
- reconhecimento e definição dos problemas;
- diferenciação dos diversos elementos dos problemas;
- análises esquemáticas dos problemas identificados;
- avaliação dos critérios e padrões de avaliação dos problemas;
- apreciação e avaliação dos fatores dos problemas;
- avaliação dos dados levantados;
- reunião, ordenação e análise de registros, fatos e informações reco-lhidos;
- ensaios de possíveis soluções para os problemas analisados;
- ordenação e sistematização da exposição dos processos, dados e in-formações; e
- escolha do estilo, forma de apresentação e redação.

É evidente que esse conjunto de aspectos não pode esgotar o assunto inerente a um roteiro básico para a elaboração do manual administrativo. É importante, porém, o analista de sistemas, organização e métodos ter conhecimento dos aspectos básicos, para que possa desenvolver seu trabalho com melhor sustentação técnica.

A preparação de um manual deve respeitar alguns aspectos, tais como:

- reconhecimento da necessidade, pela alta administração, de a empresa necessitar de manuais;
- estabelecimento dos títulos e das finalidades dos manuais;
- fixação dos objetivos específicos de cada manual e respectivo conteúdo;
- atribuição de responsabilidades pelo preparo e atualização de cada manual; e
- critério sobre o uso de cada manual, bem como a quem se destina cada tipo.

13.4 TIPOS DE MANUAIS ADMINISTRATIVOS

Existem alguns tipos de manuais administrativos que atendem a diferentes categorias de necessidade da empresa, a saber:

- manual de organização;
- manual de normas e procedimentos;
- manual de políticas e diretrizes;
- manual de instruções especializadas;
- manual do empregado; e
- manual de finalidade múltipla.

A seguir, é analisado cada um dos tipos, abordando-se suas finalidades e conteúdos.

13.4.1 Manual de organização

Esse manual também é denominado, em algumas empresas, manual de funções.

Tem por finalidade, enfatizar e caracterizar os aspectos formais das relações entre os diferentes departamentos – ou unidades organizacionais – da empresa, bem como estabelecer e definir os deveres e as responsabilidades correlacionados a cada uma das unidades organizacionais da empresa.

Pode-se afirmar que toda empresa, independentemente de seu tamanho, deve ter o manual de organização. Somente algumas microempresas podem ter uma situação em que a falta desse manual não venha a afetar sua eficiência, eficácia e efetividade.

Para mais detalhes do que deve ser considerado na elaboração do manual de organização, reler o apresentado no Capítulo 3 – Estrutura organizacional –, principalmente quanto a seus componentes (seção 3.3.1).

13.4.1.1 *Finalidades*

As principais finalidades do manual de organização são:

- estabelecer as várias unidades organizacionais da empresa;
- identificar o plano organizacional da empresa, incluindo sua filosofia de gestão e de atuação;
- identificar, de maneira formal e clara, como a empresa está organizada;
- estabelecer os níveis de autoridade e as responsabilidades inerentes a cada unidade organizacional da empresa;
- estabelecer o sistema de comunicações entre as diversas unidades organizacionais da empresa;
- estruturar o processo decisório básico que deve ser respeitado na empresa;
- fazer com que as informações referentes à empresa sejam elaboradas em conformidade com as políticas, as estratégias e os objetivos gerais da empresa; e
- servir como base para a avaliação do plano organizacional estabelecido para a empresa.

13.4.1.2 *Conteúdo*

Os principais aspectos que devem fazer parte integrante do manual de organização são:

- estabelecimento dos objetivos gerais e dos objetivos setoriais da empresa;
- organograma geral e organogramas parciais, por grande área ou divisão da empresa;

- relação das funções principais a serem executadas pelas unidades organizacionais;
- relações das atividades de linha e de assessoria;
- níveis hierárquicos e amplitude de controle;
- grau de autoridade que cada executivo da empresa recebe e pode delegar;
- aspectos de centralização e descentralização;
- interação com o sistema de comunicações; e
- interação com o sistema de informações e de decisões.

13.4.2 Manual de normas e procedimentos

Normalmente, esses manuais são mais numerosos, bem como de utilização mais acentuada na empresa.

Têm como objetivo descrever as atividades que envolvem as diversas unidades organizacionais da empresa, bem como detalhar como elas devem ser desenvolvidas.

Correspondem ao manual da parte dos métodos, dentro da atividade de organização e métodos (O&M).

13.4.2.1 Finalidades

O manual de normas e procedimentos tem as seguintes finalidades principais (Cury, 1981, p. 89):

- veicular instruções corretas aos preparadores das informações para serem processadas por um centro de custos ou de resultados;
- proporcionar, por intermédio de uma ou mais unidades organizacionais, métodos que possibilitem a execução uniforme dos serviços;
- atribuir às unidades organizacionais competência para definição das informações que são incluídas no manual; e
- coordenar as atividades das unidades organizacionais, permitindo a consecução racional dos propósitos da empresa.

13.4.2.2 Conteúdo

Os elementos principais que fazem parte do manual de normas e procedimentos, são:

a) Normas: é a indicação de quem executa ou pode executar – pessoa ou unidade organizacional – os diversos trabalhos do processo administrativo.

b) Procedimentos: é a indicação de como são executados os trabalhos dentro do processo administrativo.

c) Fluxogramas: é a indicação dos gráficos representativos dos diversos procedimentos descritos (para mais detalhes, ver Capítulo 10).

d) Formulários: é a indicação dos documentos que circulam no processo administrativo, bem como da forma de manipulação (para mais detalhes, analisar Capítulo 11).

e) Anexos.

Como a parte dos anexos é a única a não ser detalhada em outras partes deste livro, apresentam-se, a seguir, os aspectos básicos que o analista de sistema, organização e métodos deve considerar em seu desenvolvimento.

Os anexos podem conter:

- tabelas, as quais devem ser apresentadas englobando os seguintes itens:
  - legenda: constituída do número da tabela seguido por seu título;
  - cabeçalho: com os títulos das colunas e/ou linhas;
  - corpo: constituído por colunas separadas entre si por traços verticais; e
  - notas explicativas: numeradas e escritas abaixo do corpo da tabela, quando necessário. Caso a tabela tenha continuação em outra página, ela deve ser interrompida por traço horizontal, seguido da palavra *continua* entre parênteses. Na página seguinte, a legenda e o cabeçalho devem ser repetidos seguidos da palavra *continuação* entre parênteses;
- figuras: as figuras devem possuir legenda colocada abaixo delas e constituída de número e título; e
- reproduções: envolvem transcrições de textos originários de documentos estranhos à empresa.

13.4.3 Manual de políticas e diretrizes

Uma política ou diretriz pode ser definida como um parâmetro para a tomada de decisão. Portanto, esse manual deve conter a descrição detalhada e completa das políticas que devem ser seguidas pelos executivos e funcionários da empresa, no processo de tomada de decisões que levam aos objetivos estabelecidos.

Na prática, as políticas servem para proporcionar maior qualidade e, principalmente, agilidade ao processo decisório, pois o que está estabelecido pelas políticas, todos os profissionais da empresa estão, antecipadamente, autorizados a fazer.

As políticas devem ser bem fundamentadas e consistentes, bem como baseadas em uma explicação, muito bem-feita, das relações de trabalho na empresa.

13.4.3.1 Finalidades

O manual de políticas e diretrizes tem as seguintes finalidades básicas:

- padronizar, em nível desejável, os procedimentos das atividades da empresa;
- criar condições para um adequado nível de delegação na empresa;
- dar condições para que os executivos gastem tempo apenas com as decisões que fujam dos padrões normais da empresa;
- facilitar a concentração de esforços, visando aos objetivos gerais da empresa; e
- criar condições para melhor avaliação do plano organizacional da empresa.

13.4.3.2 Conteúdo

O conteúdo básico são as políticas dos vários níveis e áreas da empresa, tais como:

- políticas de marketing;
- políticas de tecnologia;
- políticas de logística;
- políticas de recursos humanos;
- políticas de produção; e
- políticas de finanças.

13.4.4 Manual de instruções especializadas

É aquele que consolida normas e instruções de aplicação específica a determinado tipo de atividade ou tarefa, como, por exemplo, "Manual do vendedor" ou "Manual da secretária".

A apresentação desse tipo de manual pela empresa é recomendável quando o número de funcionários que podem utilizá-lo é suficientemente grande para justificar sua preparação (Saroka e Gaitán, 1979, p. 97).

13.4.4.1 Finalidades

As principais finalidades do manual de instruções especializadas, são:

- possibilitar maior e melhor treinamento e capacitação a determinado grupo profissional de funcionários; e
- proporcionar um guia de trabalho e consulta para o grupo profissional considerado.

13.4.4.2 Conteúdo

O manual de instruções especializadas pode ter o seguinte conteúdo básico:

- objetivos a serem alcançados pelo grupo profissional considerado;
- informações básicas sobre o cargo e a função;
- relação das tarefas principais;
- interação dessas tarefas com as tarefas de outros cargos e funções da empresa;
- instruções para execução das tarefas; e
- instruções para avaliação das tarefas.

13.4.5 Manual do empregado

São, particularmente, importantes em empresas médias e grandes e sua utilização aumenta muito nos níveis intermediários e inferiores da empresa.

Normalmente, o empregado recebe o manual em seu primeiro dia de trabalho na empresa. Para propiciar maior motivação no uso, deve ter boa diagramação e redação, bem como ser impresso, de preferência, em *offset*.

13.4.5.1 Finalidades

As principais finalidades do manual do empregado, são:

- propiciar, ao novo funcionário, seu rápido entendimento da empresa;
- padronizar o entendimento geral da empresa por todos os seus funcionários, quer sejam novos ou antigos;

- propiciar bom ambiente de trabalho e interação entre o empregado e a empresa;
- explicitar deveres e direitos do empregado perante a empresa; e
- facilitar o posterior treinamento do novo empregado.

13.4.5.2 Conteúdo

O conteúdo do manual do empregado varia de empresa para empresa; entretanto, uma forma usual é abordar os seguintes grandes itens:

- atividades desenvolvidas pela empresa;
- breve resumo histórico da empresa;
- objetivos gerais perseguidos pela alta administração;
- contribuição que as diversas áreas da empresa devem proporcionar para o alcance dos objetivos estabelecidos;
- explicação do sistema de autoridades;
- regime de incentivos;
- direitos e obrigações do empregado, de forma geral;
- regime de sanções;
- formas de recorrer à administração da empresa diante de eventuais conflitos;
- normas de comportamento básico e de cumprimento obrigatório para todo o pessoal; e
- serviços que a empresa proporciona a seus empregados.

13.4.6 Manual de finalidade múltipla

Em algumas situações, pode ser interessante fazer um único manual, que atenda aos vários aspectos considerados pelos cinco tipos apresentados anteriormente.

Geralmente isso ocorre devido a:

- volume de atividades;
- número de empregados; e
- simplicidade da estrutura organizacional.

13.4.6.1 Finalidades

Os benefícios básicos do manual de finalidade múltipla, são:

378 Sistemas, Organização e Métodos • Rebouças

- informar os empregados sobre os mais variados aspectos da empresa; e
- servir como base de treinamento e avaliação dos planos organizacional e técnico da empresa.

13.4.6.2 Conteúdo

Num manual de finalidade múltipla, podem-se encontrar os seguintes aspectos, entre outros:

- título;
- índice dos assuntos ou sumário;
- prefácio de apresentação do manual;
- histórico da empresa;
- políticas gerais da empresa;
- aspectos básicos da organização e do funcionamento da empresa;
- unidades organizacionais da empresa, funções, autoridades e responsabilidades;
- regulamento interno;
- equipamentos disponíveis e sua manutenção; e
- observações sobre o pessoal, tais como contratação, promoções, rescisões, faltas, benefícios e atividades sociais.

Foram apresentados os seis tipos básicos de manuais administrativos. É importante o executivo decidir sobre os tipos que sua empresa adotará, bem como o nível de detalhamento e abrangência de distribuição que será utilizado por ela.

13.5 ESTRUTURA DE UM MANUAL

Um manual pode ser elaborado da forma mais completa possível, chegando ao outro extremo de uma situação bastante simplificada.

Com base nessa situação, pode haver diferenças na estruturação de um manual. Entretanto, normalmente, um manual contém as seguintes partes básicas:

- índice numérico ou sumário;
- apresentação;

- instruções para uso;
- conteúdo básico;
- apêndice ou anexo;
- glossário;
- índice temático; e
- bibliografia.

A seguir, são apresentados os aspectos principais dessas oito partes básicas do manual.

A – Índice numérico ou sumário

É o índice básico com a indicação do assunto e do número da página. Deve ser suficientemente detalhado para permitir a rápida localização da informação necessária.

B – Apresentação

Nessa parte do manual é enfocado seu objetivo. Geralmente, essa parte corresponde a uma carta de apresentação assinada pelo Presidente da empresa, que deve redigi-la de forma que seja comunicada a todos os funcionários a obrigatoriedade de respeito ao conteúdo do manual.

C – Instruções para uso

Essa parte deverá ser suficientemente clara e objetiva, para facilitar seu uso pelos vários funcionários envolvidos no processo.

Algumas das instruções básicas devem ser sobre:

- a disposição do conteúdo básico do manual;
- os princípios em que se baseiam os capítulos e, se possível, a interligação entre eles;
- o sistema de codificação utilizado;
- a utilização dos apêndices;
- a utilização do glossário;
- a utilização do índice temático;

- a forma de atualizações e modificações que podem ser efetuadas; e
- a consulta de pontos não considerados ou que não estejam suficientemente explicados.

É interessante que sejam colocados exemplos, para melhor entendimento de cada um desses assuntos.

D – Conteúdo básico

Corresponde à parte do manual que realmente possui todo o conteúdo principal, ou seja, a razão de ser do manual. Como consequência, é a parte mais extensa do manual.

E – Apêndice ou anexo

Nessa parte, normalmente, são colocados formulários, fluxogramas, organogramas, gráficos, exemplos etc.

Geralmente, representam documentos que não devem constar da parte do conteúdo básico, para evitar possível quebra na clareza da leitura.

O apêndice, quando utilizado, é representado por instrumentos auxiliares para melhor entendimento do manual.

F – Glossário

O glossário é uma espécie de dicionário de termos técnicos, que serve para homogeneizar a conceituação dos termos básicos utilizados no manual.

Os termos são colocados em ordem alfabética.

Como exemplo, pode-se afirmar que o manual de organização pode conter definições de termos como: *autoridade, responsabilidade, decisão, cargo, tarefa, atividade* etc.; e o manual de normas e procedimentos pode conter definições de termos como: *norma, procedimento, formulário, fluxograma* etc.

Ao final deste livro, o leitor tem a apresentação de um glossário completo com os termos técnicos inerentes aos assuntos *sistemas, organização e métodos*.

G – Índice temático

É o conjunto de temas relativos ao assunto do manual e sua localização ao longo das páginas do manual. Portanto, cada assunto pode ser localizado em todos os momentos em que é abordado no manual.

H – Bibliografia

É uma lista das referências bibliográficas citadas no texto. É composta, em ordem alfabética, do sobrenome e nome dos autores citados, título da obra, edição, local, editora e ano de publicação, conforme apresentação ao final deste livro.

13.6 FASES DA ELABORAÇÃO DO MANUAL ADMINISTRATIVO

Para a elaboração de um manual administrativo, devem ser seguidas algumas fases, que podem representar um procedimento basicamente padrão.

A seguir, é apresentado um modelo de fases (adaptado de Saroka e Gaitán, 1979, p. 102):

- definição do objetivo do manual;
- escolha do(s) responsável(eis) pela preparação;
- análise preliminar da empresa;
- planejamento das atividades;
- levantamento de informações;
- elaboração propriamente dita;
- distribuição;
- instrução aos usuários; e
- acompanhamento do uso.

São apresentados, a seguir, os aspectos básicos de cada uma das nove fases da elaboração do manual administrativo.

13.6.1 Definição dos objetivos do manual administrativo

É a definição da *razão de ser* do manual.

Essa é a primeira e básica das fases de elaboração, pois do estabelecimento dos objetivos a serem alcançados depende todo o trabalho a ser desenvolvido posteriormente. É importante que os objetivos sejam estabelecidos da melhor maneira possível.

É necessário compreender e transmitir aos usuários que um manual não é a solução mágica de todos os problemas, mas que a solução de muitos problemas pode ser encaminhada por meio de um manual adequado.

13.6.2 Escolha do(s) responsável(is) pela preparação do manual administrativo

Nessa fase, é importante determinar o número de pessoas, bem como o perfil técnico-comportamental dos profissionais que vão trabalhar na elaboração do manual administrativo.

Outro aspecto é que deve ser decidido entre a atuação de analistas internos da empresa e/ou de consultores externos. Sobre as vantagens e as desvantagens de cada situação, ver seção 15.6.1.

Outro aspecto é o inerente ao uso de comitês ou comissões de trabalho, sendo que mais detalhes são apresentados na seção 6.3.4.

13.6.3 Análise preliminar da empresa

Essa é a fase inicial de contato dos analistas internos e/ou externos à empresa com os futuros usuários do manual.

Os responsáveis pela tarefa devem realizar entrevistas com os principais profissionais, visitas às instalações da empresa, estudos de documentação, tais como organogramas, manuais preexistentes, balanços, demonstrativos de custos etc., e, em geral, todo o tipo de atividades que lhes permita um conhecimento global da empresa na qual têm de desenvolver suas atividades.

13.6.4 Planejamento das atividades

Nessa etapa, o analista deve projetar seu trabalho no tempo, devendo para isso definir, claramente, a qualidade de informação a ser levantada, as fontes da mesma, os colaboradores de que vai necessitar e outros recursos materiais.

Essa fase serve de base de sustentação para todo o desenvolvimento posterior dos trabalhos.

13.6.5 Levantamento de informações

Como o analista, nesse ponto, já tem conhecimento do tipo, da quantidade, da qualidade e da fonte de informações, nessa fase ele utiliza determinadas técnicas para levantamento das mesmas.

As principais técnicas de levantamento de informações são:

a) Entrevistas, em que os analistas procuram obter, entre outras, as seguintes informações da empresa considerada:
- objetivos da empresa e da unidade organizacional analisada;
- políticas a serem respeitadas pela empresa;
- estratégias;
- estrutura hierárquica;
- autoridade;
- centralização do processo decisório;
- descentralização do processo decisório;
- delegação de autoridade para os subordinados;
- funções a serem desempenhadas pelas diversas unidades organizacionais da empresa;
- responsabilidades;
- relacionamentos entre as diversas áreas da empresa;
- procedimentos;
- tarefas;
- normas;
- métodos;
- colaboração do pessoal para o desenvolvimento dos diversos trabalhos individuais e em grupos; e
- fluxo de desenvolvimentos dos trabalhos.

b) Observação direta, na qual os analistas procuram obter, principalmente, as seguintes informações:
- cumprimento de normas;
- disciplina;
- atividades;
- disposição de máquinas e equipamentos;
- circulação de formulários;
- manejo e utilização de arquivos e registros; e
- maneira de trabalho.

c) Questionário, em que as informações levantadas, geralmente, são:
- relações de hierarquia;
- funções;
- tarefas;

384 Sistemas, Organização e Métodos • Rebouças

- informações recebidas e emitidas;
- arquivos e registros utilizados;
- métodos de trabalho;
- delegação;
- descentralização; e
- níveis de competência.

d) Análise da documentação, em que são obtidas as mais variadas informações mediante as seguintes fontes de informações, entre outras:

- manuais utilizados anteriormente pela empresa;
- manuais ainda vigentes na empresa e que tenham objetivos diferentes daqueles que estão em preparação;
- manuais de outras empresas;
- arquivos de formulários e comprovantes;
- registros diversos;
- boletins e circulares;
- organogramas;
- fluxogramas; e
- estatutos e regulamentos.

Mais informações sobre as técnicas de levantamento de informações podem ser obtidas na seção 9.2.3.1.

13.6.5.1 *Relevância e veracidade das informações*

É muito importante que, ao final da fase de levantamento das informações, o analista estabeleça dois aspectos muito importantes:

- relevância da informação obtida, por meio da análise mais adequada possível; e
- veracidade da informação obtida, por intermédio de algum processo de verificação.

Somente com base nos resultados dessas análises, é que a informação obtida deve ser passada para as fases seguintes como válida e definitiva.

13.6.6 Elaboração propriamente dita

Na fase de preparação definitiva do manual, sete fatores devem ser considerados pelos analistas.

São eles:

- redação;
- diagramação;
- formato;
- codificação;
- impressão;
- encadernação; e
- teste-piloto.

Os aspectos básicos desses fatores são apresentados, de forma resumida, a seguir.

13.6.6.1 Redação

Nesse ponto, o analista deve ter em mente que um estilo de redação que seja pesado, complexo, confuso, prolixo pode levar o usuário a fugir de sua leitura e, consequentemente, de sua utilização como base para seu método de trabalho.

Portanto, o analista deve efetivar uma redação de texto de forma clara e curta, evitar ambiguidades, utilizar um tom formal, ter uniformidade de estilo, somente utilizar terminologias técnicas quando for imprescindível e inteligível, ser específico e não geral, ser concreto e não abstrato, bem como preferir os verbos na forma ativa e não na forma passiva.

Existem diversos tipos de redação que podem ser utilizados com êxito, segundo o tipo de manual que se tem em mente. De acordo com Schrader (1974, p. 79), estes são os mais importantes:

- *livro de cozinha*;
- narrativa convencional;
- estilo teatral;
- títulos e cabeçalhos;
- matriz; e
- fluxogramas.

386 Sistemas, Organização e Métodos • Rebouças

Os aspectos básicos destes seis tipos de redação dos manuais administrativos são apresentados a seguir:

A – *Livro de cozinha*

Esse tipo de redação é ideal para manuais de instruções ou para todos aqueles de cuja leitura se espera ação imediata. Caracteriza-se pela utilização da abordagem ativa, modo imperativo, que guia a forma pela qual a tarefa deve ser executada. Esse estilo reduz, ao mínimo, a possibilidade de julgamento da pessoa à qual está dirigido.

A título de exemplo, apresentam-se a seguir algumas frases redigidas dessa forma:

- controle, diariamente, a ficha de estoque;
- quando o estoque chegar ao nível de pedido, prepare uma solicitação de compra em duas vias; e
- envie a primeira via ao departamento de compras e arquive a segunda via.

B – Narrativa convencional

É o estilo ideal para transmitir informações a serem levadas em conta durante as atividades do leitor, porém não incita a ação apenas por meio de sua leitura. Tem caráter enunciativo, sendo o mais adequado para manuais de políticas ou de organização.

A seguir, são apresentados dois exemplos desse tipo de redação:

- Em um manual de políticas: "É política da empresa vender pelos preços mais baixos do mercado".
- Em um manual de organização: "Cada chefe executivo possui autoridade delegada suficiente e a total responsabilidade pela gestão que se realiza na área sob sua coordenação".

C – Estilo teatral

É uma adaptação do estilo de redação utilizado nas obras de teatro, com a diferença de que os diálogos são substituídos pelas diversas tarefas a realizar e os atores, por funcionários, quando se está descrevendo um procedimento interno de uma unidade organizacional, ou mesmo se o processo se desenvolve entre várias unidades organizacionais da empresa.

O exemplo a seguir é um fragmento de um manual de procedimentos na parte relativa à reposição de estoques:

Seção de almoxarifado
1. Controla a existência física de mercadorias por meio da ficha de estoque. Quando essa se aproxima do nível mínimo, prepara uma solicitação de compra em duas vias.
2. Envia a primeira via para compras e arquiva a segunda via.

Departamento de compras
3. Analisa a solicitação e a aprova ou recusa.
4. Se recusá-la, arquiva a solicitação e comunica à seção de almoxarifado a realização da recusa.
5. Se aprová-la, consulta o registro de fornecedores, para determinar quais estão em condições de fazer o suprimento.

D – Títulos e cabeçalhos

Esse tipo de redação possibilita rápida localização do tema procurado no manual. Dentro desse estilo, cada tema importante contido no manual fica sob um título que o separa, claramente, do restante; sendo que esses cabeçalhos permitem localizar o tema procurado, sem necessidade de ler folhas inteiras.

Eis um exemplo desse estilo:

Departamento de Almoxarifado:

Estrutura

Localização estrutural: depende, hierarquicamente, da gerência de produção e, funcionalmente, da gerência financeira e de controle interno.

Objetivos: prover, de forma eficaz e eficiente, os materiais solicitados pelo departamento de fabricação, bem como manter níveis ótimos de materiais em estoque, reduzindo, ao máximo, as perdas por danificação ou extravio.

Funções:

1. Recebimento dos materiais.
2. Controle da qualidade e das quantidades dos materiais.
3. Conservação dos estoques em perfeito estado.
4. Atendimento das requisições de materiais provenientes do departamento de produção.
5. Controle de estoque mediante sistema de inventário permanente.
6. Realizações de contagens físicas periódicas.

| Classificação de produtos | Os produtos em estoque devem ser classificados, de acordo com a incidência que tenham no custo total de armazenamento, numa das seguintes categorias:

1. Categoria A: entram nessa categoria todos os produtos com pequena percentagem de incidência no volume físico total, porém com grande percentagem no valor total do estoque.
2. Categoria B: compreende os produtos cuja incidência percentual no volume físico e no valor do estoque esteja equilibrada.
3. Categoria C: compreende os produtos cuja incidência percentual no volume físico do estoque seja elevada e cuja incidência percentual no valor total do estoque seja baixa. |

| Inventário permanente | O controle físico dos estoques de produtos é efetuado por meio de um sistema de inventário permanente para o qual todos, e cada um dos produtos, devem contar com uma ficha individual na qual são anotados as entradas, as saídas e o saldo em existência. Cada uma dessas fichas deve, por sua vez, conter os níveis máximos e mínimos de estoque, assim como o nível de pedido dos respectivos produtos. |

| Contagens físicas | Devem ser realizados, pelo menos, duas vezes por ano inventários físicos globais dos produtos em estoque. As contagens ficam a cargo do departamento de finanças e controle interno, que envia o pessoal necessário para tal trabalho. As contagens são efetuadas com a máxima colaboração do pessoal do departamento de almoxarifado. Esse controle é complementado com comprovações semanais dos estoques, baseadas em amostras de itens retiradas das categorias A e B. |

E – Matriz

Esse estilo é, algumas vezes, utilizado em manuais de procedimentos para orientar atividades cuja realização é consequência de múltiplas variáveis. Possibilita a rápida identificação das variáveis às quais está sujeita a ação.

Como exemplo, apresenta-se uma matriz para o cálculo de salários, de acordo com o cumprimento das normas sobre ausência e pontualidade, conforme consolidado na Figura 13.1:

Planos	Matriz para cálculo de salários			Data: _/_/_					N°		
Hierarquia	Frequência total	Faltas					Atrasos				
Situação geral		1	2	3	4	5 ou +	1	2	3	4	5 ou +
Administração											
Chefe de setor											
Subchefe											
Encarregados											
Empregados											
Fábrica											
Chefe de Setor											
Subchefe											
Capatazes											
Etc.											

Figura 13.1	*Redação de matriz (para cálculo de salários).*

F – Fluxogramas

A representação gráfica dos diversos procedimentos administrativos é uma ferramenta imprescindível, que permite visão completa do fluxo do trabalho, dentro e entre as diversas unidades organizacionais da empresa. Gráficos desse tipo são encontrados na maioria dos manuais de procedimentos.

Muitos procedimentos que, expressos em forma de narrativa, parecem muito complicados, quando representados graficamente, simplificam muito sua compreensão. Os detalhes dessa técnica são apresentados no Capítulo 10.

Os fluxogramas representam a melhor forma de redação dos manuais de normas e procedimentos. Seus símbolos devem ser entendidos, não só pelo analista que o desenha, como também pelos usuários, que devem utilizar o fluxograma como instrumento de trabalho.

Cada vez mais as empresas estão procurando apresentar os manuais de normas e procedimentos com fluxogramas bem elaborados e dispensando a parte descritiva dos procedimentos administrativos. Isso, porém, só é possível se todos – analistas e usuários – conhecerem, perfeitamente, a técnica de fluxogramas, incluindo o significado dos diversos símbolos utilizados.

13.6.6.2 Diagramação

Na etapa de redação, o analista definiu o conteúdo e a linguagem utilizada no manual. Passa, então, a fazer a distribuição, da melhor maneira possível, em capítulos, em seções, em folhas.

Essas folhas devem ser pré-impressas, para facilitar a identificação, ser uniformes e possibilitar a inclusão de todas as informações necessárias.

Na Figura 13.2, apresenta-se um modelo de folha pré-impressa para um manual.

Planos – Indústria e Comércio S.A. Manual de Procedimentos			Folha Nº		
			Capítulo	Seção	Tema
Análise pelos usuários	Aprovação	Vigência	Revisão	Substitui	Responsável

Figura 13.2	*Modelo de folha de um manual de procedimentos.*

Uma disposição lógica dos temas é uma garantia de leitura rápida e de fácil compreensão e, para que se consiga isso, é importante que:

- seja realizada uma distribuição estética, harmoniosa, clara e prática das informações essenciais;
- a visualização da informação seja feita de maneira rápida e fácil;
- exista uma sequência ordenada das informações incluídas; e
- cada tema possa ser, facilmente, identificado por meio da inserção de títulos adequados.

13.6.6.3 Formato

O formato do manual está, basicamente, correlacionado com o formato dos formulários, folhas, desenhos etc., que fazem parte integrante do mesmo. Esse assunto é tratado, com detalhes, na seção 11.4.2.4.

Normalmente, não são elaborados manuais com folhas de dimensões pequenas, visto que pode provocar grande aumento em seu volume, dificultando seu uso. Algumas vezes, os analistas procuram resolver os problemas causados pelo maior volume do manual pela diminuição do tipo de impressão, o que pode provocar maior dificuldade de leitura.

13.6.6.4 Codificação

O analista procura, pelo uso de um sistema de codificacão, facilitar o acesso à informação dentro do manual. Portanto, além do nome por extenso para cada uma das partes do manual – capítulo, seção, tema etc. –, deve ser colocado o código correspondente.

Os sistemas básicos de codificação são: alfabético, numérico e alfanumérico. De maneira geral, pode-se afirmar que o melhor sistema de codificação para os manuais é o numérico (com algarismos arábicos e/ou romanos).

Nas codificações dos manuais, deve ser considerada a identificação dos temas e das folhas.

O sistema escolhido deverá possibilitar a satisfação de ambos os aspectos, evitando confusões. Para isso, é recomendável que se adotem os seguintes procedimentos:

- dividir o conteúdo do manual em capítulos (parte primária);
- designar cada capítulo com um número identificador (romano);
- subdividir cada capítulo em seções (parte secundária);
- designar cada seção com um número (arábico) colocado à direita do algarismo romano que identifica o capítulo separado por uma barra (/). Dessa forma, obtém-se a codificação a ser utilizada tanto para as folhas como para os temas (parte terciária);
- cada seção do manual necessita de uma ou mais folhas, e, para identificá-las, usa-se um algarismo arábico colocado à direita daquele que identifica a seção (parte quaternária);
- o código assim obtido é colocado na margem superior direita da folha; e
- dentro das páginas, os temas são identificados com a mesma base de codificação à qual se agregam os números necessários, de acordo com o grau de análise de cada tema.

A parte escrita do processo pode ser representada por:

- seção primária: letras maiúsculas grifadas;
- seção secundária: letras maiúsculas sem grifo;
- seção terciária: letras minúsculas grifadas; e
- seção quaternária: letras minúsculas sem grifo.

Exemplo:

4 *PROCEDIMENTOS GERAIS.*

4.1 DESIGNAÇÃO.

4.1.1 *Estrutura do Código.*

4.1.1.1 Exemplo de Codificação.

Do ponto de vista da codificação dos sistemas que são tratados nos manuais administrativos, sua estrutura geral de codificação dá-se conforme apresentado na Figura 13.3:

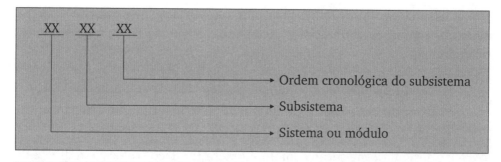

Figura 13.3 | *Codificação dos sistemas.*

13.6.6.5 Impressão

Nesse ponto, o analista de sistemas, organização e métodos deve estar atento aos aspectos de custo e de qualidade do manual.

Os principais parâmetros que afetam a decisão sobre a forma de impressão, são:

- quantidade de cópias;
- qualidade de impressão;

- custo de impressão;
- forma de utilização do manual;
- vigência estimada do conteúdo do manual;
- tempo necessário para impressão;
- equipamentos de impressão que são de propriedade da empresa;
- disponibilidade na empresa de matéria-prima para elaboração do manual; e
- disponibilidade no mercado de matéria-prima para elaboração do manual.

Os métodos mais comuns de reprodução são os seguintes:

- cópias com máquinas de escrever;
- fotocópias;
- tipografia; e
- *offset*.

Os sistemas que utilizam cópias feitas em máquinas de escrever e fotocópias são usados quando o número de cópias necessário é muito pequeno.

Os métodos tipográficos são bem mais caros do que os anteriores, porém a qualidade das cópias é bem melhor. Implica o uso de máquinas automáticas de impressão.

O sistema *offset* é muito caro, porém possibilita a obtenção de cópias com o máximo possível de perfeição e qualidade, inclusive o uso intenso de cores. Recomenda-se seu uso para manuais cujo conteúdo não esteja, continuamente, sujeito a mudanças.

Quando o conteúdo do manual é muito volumoso, pode ser conveniente a impressão em ambos os lados da folha; porém isso impõe restrições técnicas quanto à espessura e qualidade do papel, bem como quanto ao método a ser utilizado.

Principalmente para os métodos mais caros, é importante o analista testar o conteúdo antes de imprimir. Para tanto, pode ser utilizado um método mais barato para a fase de testes.

Mais informações sobre os aspectos da impressão dos manuais são apresentadas na seção 11.4.3.

13.6.6.6 Encadernação

Tendo em vista o processo de atualização e modificação, é interessante que o analista de sistemas, organização e métodos decida por um método de encadernação tipo fichário de folhas substituíveis, evitando, ao máximo, o sistema de encadernação utilizado para os livros comuns.

13.6.6.7 Teste-piloto

O analista de sistemas, organização e métodos deve efetuar teste-piloto sobre a validade do conteúdo, bem como o alcance do objetivo estabelecido para o manual. Nessa etapa, podem ficar evidenciadas algumas modificações que necessitam ser efetuadas, visando a uma situação mais adequada.

13.6.7 Distribuição

O analista deve estabelecer, da maneira mais completa, a relação dos destinatários do manual.

Uma distribuição reduzida pode levar a:

- falta de conhecimento por parte de determinados usuários; e
- falhas na operação do sistema.

Uma distribuição excessiva e indiscriminada pode levar a:

- gastos inúteis; e
- interferências desnecessárias de quem não está envolvido no assunto.

Normalmente, quem recebe os manuais são os responsáveis pelas unidades organizacionais, os quais determinam depois os meios de acesso a seus subordinados.

Um formulário de controle de distribuição é apresentado na Figura 13.4:

Planos	Ficha de controle de distribuição de manuais								Nº

Nome do Manual: _____

Sigla da unidade organiza-cional	Nome do responsável	Manual completo		Alterações					
		Visto	Data	Doc.	Visto	Data	Doc.	Visto	Data

Figura 13.4	*Modelo de controle de distribuição de manuais.*

Uma ideia interessante é que os responsáveis pelos diversos manuais que tenham subordinados sob suas ordens mantenham um registro de consultas com finalidades estatísticas, de forma que possam contribuir para a análise permanente da eficiência dos manuais.

13.6.8 Instrução aos usuários

Essa tarefa é de responsabilidade dos analistas e dos chefes das unidades organizacionais envolvidas no processo. Em alguns casos, pode ser envolvida a área de treinamento da empresa.

Uma forma prática e interessante de cumprir essa tarefa é criar situações cujas soluções dependam da utilização do manual e mostrar, então, aos usuários como recorrer a ele.

13.6.9 Acompanhamento do uso

Essa fase é de suma importância para verificar a eficiência e a eficácia do manual. O analista deve utilizar várias técnicas para verificação, tais como entrevistas, observações, elaboração de registros estatísticos etc.

O processo de acompanhamento, para ter maior validade, deve ser feito de forma sistemática e contínua.

13.7 PROCESSO DE ATUALIZAÇÃO DO MANUAL

Nessa etapa, o analista de sistemas, organização e métodos deve estabelecer as medidas necessárias para manter a validade dos manuais.

Não obstante o caráter permanente dos sistemas sobre os quais dispõe o manual administrativo, a dinâmica da empresa pode impor alterações em seu contexto. Assim, as alterações devem ocorrer por meio de:

- revisão;
- reemissão; e
- cancelamento.

A seguir, são analisadas as três situações básicas de adequação dos manuais administrativos à dinâmica empresarial.

A – Revisão

Sempre que houver alterações que afetem parte do manual administrativo, devem ser emitidas revisões para substituir as partes emendadas.

A revisão é uma nova impressão das folhas corrigidas. Nesse caso, as folhas revistas substituem as de número correspondente nas publicações existentes.

A revisão do manual deve ser realizada com a antecedência necessária em relação à data de entrada em vigor, com o objetivo de que as pessoas envolvidas – usuários – tomem conhecimento da mudança ocorrida.

A inserção de folha revisada pode ser realizada:

- adiante ou atrás da instrução a ser substituída; ou
- em uma seção especial do manual, dedicada a instruções que devem entrar em vigência em datas futuras.

Se uma revisão contiver matéria adicional que não possa ser inteiramente incluída na folha revista, devem ser emitidas folhas adicionais identificadas com o mesmo número da folha revista, acrescido de uma letra do alfabeto.

B – Reemissão

A reemissão é uma nova edição completa do corpo do manual administrativo e/ou dos elementos adicionais, que substitui a publicação original e inclui todas as revisões.

A reemissão de uma instrução administrativa deve ocorrer sempre que as revisões afetarem mais de 2/3 da publicação anterior.

C – Cancelamento

O cancelamento de um manual administrativo ou parte dele pode ocorrer com a publicação da folha de cancelamento.

13.8 AVALIAÇÃO DOS MANUAIS ADMINISTRATIVOS

Geralmente, as empresas não adotam uma política de avaliar, periodicamente, seus manuais.

Objetivando facilitar a avaliação de um manual existente, é apresentada a seguir uma lista de controle que ajuda a cumprir essa tarefa (Saroka e Gaitán, 1979, p. 111):

- o que pensam os usuários sobre o manual?
- o título do manual é adequado e claro para suas finalidades?
- é de fácil leitura (linguagem, referências, revisão)?
- com que frequência é consultado?
- a encadernação é adequada? Ela permite leitura e inserção fáceis dos materiais?
- em que casos é consultado?
- contém instruções para sua utilização? Estas são compreensíveis? Contém exemplos ilustrativos?
- contém índice temático? Está bem ordenado? Permite localizar, facilmente, a informação necessária?

398 Sistemas, Organização e Métodos • Rebouças

- que sistema de codificação de folha é utilizado? É o mais adequado?
- os temas do corpo principal foram distribuídos de acordo com uma ordem lógica?
- as folhas são pré-impressas?
- existem ilustrações, exemplos, modelos que facilitam a compreensão?
- está sempre atualizado? Qual o procedimento de atualização adotado? Quem são os responsáveis pela atualização?
- a diagramação é boa? Foram observados aspectos como: formato de tipos de impressão adequados, espaço suficiente entre as linhas, qualidade da impressão?
- foi prevista a inclusão de um glossário com a definição dos principais termos? O glossário é suficientemente amplo e claro?
- foram colocados nos apêndices aqueles assuntos cuja inclusão no corpo principal interrompe a fluidez da leitura?
- foi previsto espaço em branco suficiente para permitir a anexação de novos parágrafos?
- existe número suficiente de exemplares?
- desde que o manual entrou em vigência, foram observadas mudanças positivas na forma de execução das atividades?
- o conteúdo do manual fornece as soluções de todas as situações que se apresentam, ou é necessário interpretar soluções por analogia?
- suas dimensões permitem fácil manuseio e arquivamento cômodo?
- as normas recém-elaboradas são inseridas no manual com antecedência em relação à data de início de sua vigência? Com que antecedência?
- qual o critério adotado para diferenciar as normas recém-elaboradas daquelas que serão substituídas?
- o que é feito com as normas substituídas?

13.9 ALGUNS FORMULÁRIOS PARA MANUAIS ADMINISTRATIVOS

A seguir, são apresentados modelos de formulários para manuais administrativos dentro da empresa fictícia Planos – Indústria e Comércio S.A.

Para facilitar, foram considerados os manuais mais comuns nas empresas, ou seja, o manual de organização e o manual de normas de procedimentos.

A – Formulário para o manual de organização

Um modelo de manual de organização, cuja estrutura geral segue os critérios abaixo descritos, pode ser utilizado como exemplo para qualquer empresa.

O manual é dividido em três partes:

I. Na primeira parte, são descritas as atribuições gerais das chefias, em função dos níveis hierárquicos que ocupam na estrutura organizacional (Figura 13.5).

Planos	Manual de organização	Página: Data: __/__/__
	Atribuições gerais	Pág. substituta
Unidade: Gerência		
Relativas a planejamento, direção e controle		

01. Procurar aperfeiçoar, continuamente, sua capacidade de liderança, iniciativa, julgamento, decisão, convicção, entusiasmo e integridade pessoal.
02. Manter-se atualizado com as modernas técnicas relativas às atividades que desenvolve na empresa, transmitindo aos seus subordinados os conhecimentos necessários à boa execução dos trabalhos.
03. Promover e manter elevado espírito de colaboração entre seus subordinados.
04. Transmitir a seus subordinados diretos as diretrizes básicas para elaboração dos planos de trabalho de suas unidades.
05. Analisar os planos de trabalho das unidades que lhe são diretamente subordinadas, procedendo às alterações, inclusões e exclusões julgadas necessárias.
06. Colocar à apreciação de seu superior imediato o plano de trabalho elaborado para a gerência e providenciar as alterações que lhe forem transmitidas.
07. Colaborar com seu superior imediato, quando solicitado, na apresentação do plano de trabalho proposto à sua chefia mediata ou unidades organizacionais responsáveis pelo planejamento da empresa.

Figura 13.5	*Exemplo de folha de atribuições gerais de uma unidade organizacional.*

II. Na segunda parte, estão descritas as atribuições específicas (Figura 13.6) de cada uma das chefias, compreendendo:

- ligações hierárquicas imediatas;
- responsabilidade básica;
- atividades relativas a:
    - planejamento;
    - organização;
    - direção;
    - pessoal; e
    - controle.

III. Na terceira e última parte, é apresentado o organograma geral da empresa e os organogramas parciais.

B – Formulário para o manual de normas e procedimentos

Um modelo de manual de normas e procedimentos, cuja estrutura geral orienta-se pelos critérios a seguir descritos, pode ser utilizado como exemplo para qualquer empresa:

- o manual é dividido em sistemas, os sistemas em subsistemas e esses em rotinas;
- cada rotina é objeto de uma norma, cuja estrutura é a seguinte:
    a) Texto compreendendo:
    - objetivo;
    - campo de aplicação;
    - conceitos básicos; e
    - procedimentos gerais.
    b) Anexos, incluindo:
    - fluxogramas;
    - formulários;
    - tabelas; e
    - figuras.

Planos	Manual de organização	Página: Data: __/__/__
	Atribuições gerais	**Pág. substituta**
Unidade: Gerência de informática	**Sigla** **Ginf**	**C. Custos** **4.220-3**

1. Ligações hierárquicas imediatas:

Unidade Superior:
– Superintendência de sistemas

Unidades subordinadas:
– Divisão de programação e análise de processamento de dados
– Divisão de operação de processamento de dados
– Divisão de banco de dados

Ligações funcionais:
– Gerência de organização e métodos

2. Responsabilidade básica:

– Responder por todas as atividades de informática e sistemas de informação da empresa.
– Responder pela seleção de equipamento, análise de sistemas, programação e operação.
– Responder pelo desenvolvimento de sistemas administrativos, financeiros, científicos, de informações e banco de dados.

3. Atribuições:

a) Relativas a planejamento
b) Relativas a organização
c) Relativas a direção
d) Relativas a pessoal
e) Relativas a controle

Figura 13.6	*Exemplo de folha de atribuições específicas de uma unidade organizacional.*

Na Figura 13.7, é apresentado um exemplo de uma folha de manual de normas e procedimentos.

Planos	Sistema	Código
	Subsistema	Página
	Rotina	Página substituta
		Data __/__/__

Figura 13.7	*Exemplo de uma folha de manual de normas e procedimentos.*

RESUMO

Manual é todo e qualquer conjunto de normas, procedimentos, funções, políticas, objetivos, instruções, atividades que devem ser obedecidos e cumpridos pelos executivos e funcionários da empresa, bem como sobre a forma como serão executados, quer individualmente, quer em conjunto.

Os manuais, como todo instrumento administrativo, têm vantagens e desvantagens, as quais devem ser avaliadas pelos encarregados de suas preparações e aplicações; tal procedimento permite obter melhores resultados em sua utilização.

Para que os manuais cumpram com eficiência e eficácia sua finalidade, devem reunir uma série de requisitos, aos quais o analista deve estar sempre atento.

Os tipos de manuais analisados foram: manual de organização, manual de políticas, manual de normas e procedimentos, manual de instruções especializadas, manual do empregado e manual de propósitos múltiplos.

Também foi analisada a estrutura do manual e ficou evidenciado que esse deve dividir-se em partes clara e didaticamente diferenciadas, a saber: índice numérico, apresentação, instruções para uso, conteúdo básico, apêndice, glossário, índice temático e bibliografia.

A elaboração de um manual implica o desenvolvimento de um processo integrado por uma série de etapas ligadas entre si sequencialmente: definição do objetivo a ser atingido, escolha do responsável pela preparação, análise preliminar da empresa, planejamento, levantamento da informação, elaboração propriamente dita, diagramação, formato, codificação, impressão, encadernação, distribuição e acompanhamento.

À medida que o processo de atualização do manual for cumprido adequadamente, a vigência dos manuais está garantida. A validade dos manuais deve ser controlada periodicamente. Para tanto, é recomendável o uso de listas de controle.

QUESTÕES PARA DEBATE

1. Qual o significado e a importância dos manuais administrativos?
2. Quais as principais vantagens do uso de manuais?
3. Quais as principais desvantagens do uso de manuais?
4. Quais os requisitos básicos de utilização dos manuais?
5. Explicar o roteiro básico para a elaboração de um manual.
6. Identificar e explicar os aspectos básicos de cada um dos tipos de manuais.
7. Identificar e explicar os itens básicos que fazem parte da estrutura de um manual.
8. Identificar e explicar as fases de elaboração de um manual.
9. Quais os aspectos básicos da redação do manual?
10. Quais os aspectos básicos da diagramação do manual?
11. Quais os aspectos básicos da formatação do manual?
12. Quais os aspectos básicos da impressão do manual?
13. Quais os aspectos básicos da encadernação do manual?
14. Quais os aspectos básicos do teste de validade do manual?
15. Explicar, resumidamente, o processo de atualização do manual.
16. Explicar os aspectos básicos da avaliação dos manuais.
17. Discutir alguns modelos de manuais.

EXERCÍCIO: Estruturação de manual administrativo

Com base em uma empresa de seu conhecimento ou na faculdade onde você estuda, estruturar o manual administrativo considerando os diversos aspectos apresentados neste capítulo.

14
Controle e avaliação

"Se pudéssemos saber, em primeiro lugar, em que ponto nos encontramos e até que ponto avançaremos, estaríamos em melhores condições para julgar o que fazer e como fazê-lo."

Abraham Lincoln

14.1 INTRODUÇÃO

Neste capítulo, são abordados os aspectos básicos da função controle e avaliação inerentes ao sistema de informações gerenciais (Parte I deste livro – "Sistemas"), à estrutura organizacional (Parte II – "Organização") e das rotinas, métodos e procedimentos administrativos (Parte III – "Métodos").

A todo processo de controle, o analista de sistemas, organização e métodos deve efetuar, e sempre, a avaliação dos resultados apresentados. Portanto, embora nem sempre apareça o termo *avaliação* quando dos comentários dessa função administrativa, fica evidente a consideração automática. Esse mesmo comentário vale em relação ao termo *controle*.

No fim deste capítulo, o leitor estará em condições de responder a algumas perguntas, tais como:

- Qual a finalidade e a importância da função *controle e avaliação* para o analista de sistemas, organização e métodos?
- Quais os aspectos básicos da função *controle e avaliação* que o analista de sistemas, organização e métodos deve considerar no desenvolvimento de seus trabalhos (sistemas de informações gerenciais, estrutura organizacional e métodos administrativos)?
- Como o analista de sistemas, organização e métodos pode otimizar suas atividades inerentes ao processo de controle e avaliação?

14.2 CONCEITOS BÁSICOS

O papel desempenhado pela função controle e avaliação para o analista de sistemas, organização e métodos é, basicamente, acompanhar o desempenho dos sistemas de informações gerenciais, da estrutura organizacional e dos métodos, rotinas e procedimentos administrativos, por meio da comparação entre as situações alcançadas e as previstas; e, nesse sentido, a função controle e avaliação é destinada a assegurar que o desempenho real possibilite o alcance dos padrões que foram anteriormente estabelecidos.

Essa situação pode ser visualizada na Figura 14.1:

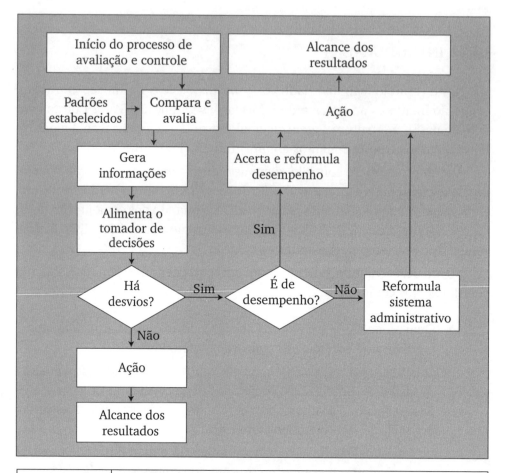

Figura 14.1 | *Conceituação geral da função controle e avaliação.*

> Controle é a função do processo administrativo que, mediante a comparação com padrões previamente estabelecidos, procura medir e avaliar o desempenho e o resultado das ações, com a finalidade de realimentar os tomadores de decisões, de forma que possam corrigir ou reforçar esse desempenho ou interferir em funções do processo administrativo, para assegurar que os resultados satisfaçam aos desafios e aos objetivos estabelecidos.

Portanto, a atividade de controlar deve ser entendida como o processo de coletar e retroalimentar informações sobre o desempenho, de maneira que os responsáveis pelas tomadas de decisões possam comparar os resultados realizados com os resultados planejados e decidir o que fazer a respeito de distorções ou problemas diagnosticados.

Assim como diferentes empresas têm de desenvolver distintos estilos administrativos que melhor atendam ao seu contexto, também os sistemas de controles devem ser modelados para adequar-se à empresa a que devem servir.

O resultado final do processo de controle é a informação. Portanto, o analista deve procurar estabelecer um sistema de informações que permita constante e efetiva avaliação da estrutura organizacional e dos métodos, normas e procedimentos.

Antes de iniciar o controle e a avaliação dos itens da "organização" e dos "métodos", deve-se estar atento a determinados aspectos de motivação, capacitação, informação e tempo.

Com referência à motivação, deve-se verificar se o nível de motivação está adequado para o desenvolvimento do processo de controle e avaliação. Para tanto, verificam-se, entre outros, os seguintes aspectos:

- se os trabalhos atendem à real conceituação e aplicação dos sistemas administrativos considerados; e
- se os níveis de envolvimento e de comprometimento dos profissionais da empresa estão adequados.

Quanto à capacitação, deve-se verificar se a empresa e, consequentemente, seus executivos e funcionários estão habilitados para realizar o processo de controle e avaliação.

Deve-se verificar se há todos os dados e informações necessários ao controle e se foram, devidamente, comunicados a todos os interessados.

Quanto ao tempo, é preciso verificar se todos os executivos e funcionários da empresa, em seus diferentes níveis, têm o tempo adequado para se dedicarem à função de controle e avaliação.

14.3 FINALIDADES DA FUNÇÃO CONTROLE E AVALIAÇÃO

A função controle e avaliação para os sistemas de informações gerenciais, a estrutura organizacional, bem como os métodos, normas e procedimentos da empresa têm algumas finalidades, mencionadas a seguir:

- identificar problemas, falhas e erros que se transformam em desvios do planejado, com a finalidade de corrigi-los e de evitar sua reincidência;

410 Sistemas, Organização e Métodos • Rebouças

- fazer com que os resultados obtidos com a realização das operações estejam, tanto quanto possível, próximos dos resultados esperados e possibilitem o alcance dos objetivos previamente estabelecidos;
- fazer com que a empresa trabalhe de forma mais adequada; e
- proporcionar informações gerenciais periódicas, para que seja rápida a intervenção no desempenho do processo.

Com base em suas finalidades, a função controle e avaliação pode ser utilizada como instrumento gerencial para:

- corrigir ou reforçar o desempenho apresentado;
- informar sobre a necessidade de alterações nas funções administrativas de planejamento, organização e direção;
- proteger os ativos da empresa – financeiros, tecnológicos, humanos etc. – contra furtos, roubos, desperdício etc.;
- garantir a manutenção ou o aumento de eficiência e eficácia na consecução dos objetivos, desafios e metas da empresa;
- informar se os programas, projetos e planos de ação estão sendo desenvolvidos de acordo com o estabelecido e apresentando os resultados desejados; e
- informar se os recursos estão sendo utilizados da melhor maneira possível.

Um aspecto que pode reforçar seu uso como instrumento gerencial é o nível da relação da função controle e avaliação em relação a eficiência, eficácia e efetividade.

Existem três conceitos básicos inerentes à ideia de controle e avaliação, a saber:

- a eficiência, que se refere à otimização dos recursos utilizados para a obtenção dos resultados;
- a efetividade, que se refere à relação entre os resultados alcançados e os objetivos propostos ao longo do tempo; e
- a eficácia, que se refere à contribuição dos resultados obtidos para o alcance dos objetivos globais da empresa.

Normalmente, a eficiência é difícil de ser avaliada, visto que podem ocorrer diferenças de opiniões a respeito da maneira com que os recursos foram utilizados.

Existem alguns aspectos que podem prejudicar a eficiência, a eficácia e a efetividade do sistema de controle e avaliação, tais como:

- lentidão e deficiência nas informações;
- insuficiência de informações;
- inadequação no processo de *feedback* aos profissionais envolvidos nos trabalhos;
- sistemas de controles complicados;
- planos mal elaborados e mal implantados;
- estrutura organizacional inadequada; e
- incapacidade dos recursos humanos.

14.4 INFORMAÇÕES NECESSÁRIAS AO CONTROLE E AVALIAÇÃO

Na consideração das informações que são necessárias ao controle e avaliação da estrutura organizacional e dos métodos, rotinas e procedimentos, devem-se analisar quatro aspectos:

- tipos das informações;
- frequência das informações;
- qualidade das informações; e
- fontes das informações.

A seguir, são apresentados breves comentários sobre cada um desses aspectos:

A – Tipos de informações

Os tipos de informações necessárias ao processo de controle e avaliação são os mais variados possível, abrangendo, entre outros, os seguintes aspectos:

- datas de ocorrência dos eventos, como os evidenciados por meio dos relatórios de progresso de realização das atividades de acordo com o que foi planejado;
- quantificação temporal das atividades;
- interação das atividades dentro de uma relação causa *versus* efeito;
- quantificação da mão de obra alocada nas atividades; e
- quantificação da qualidade de trabalho.

412 Sistemas, Organização e Métodos • Rebouças

B – Frequência das informações

Não é muito fácil estabelecer a frequência das informações, mas pode-se estabelecer, por meio de experiência própria, que pode ser julgada válida, a seguinte situação:

- a estrutura organizacional deve ser avaliada a cada ano;
- os métodos, rotinas e procedimentos devem ser avaliados a cada seis meses, ou fugindo a essa fixação prévia, sempre que um fato maior o exigir; e
- a avaliação do sistema de informações gerenciais deve estar correlacionada às duas avaliações anteriores, bem como à mudança no modelo de gestão da empresa.

C – Qualidades das informações

O analista de sistemas, organização e métodos deve dispensar muita atenção ao conteúdo, forma, canais, periodicidade, velocidade e precisão das informações para avaliação e controle.

De maneira geral, pode-se partir das seguintes situações:

- em termos de controle estratégico – alta administração –, pode-se ter baixo grau de detalhamento e alto grau de consolidação de informações;
- em termos de controle tático – setorial –, pode-se ter baixo grau de detalhamento e alto grau de sínteses; e
- em termos de controle operacional – projeto e plano de ação –, pode--se ter alto grau de detalhamento.

D – Fontes de informações

São duas as fontes de informações sobre o desenvolvimento da estrutura organizacional e dos métodos, rotinas e procedimentos:

- analistas de sistemas, organização e métodos; e
- usuários.

Como podem ocorrer inadequações quanto a essas informações, é necessário *cruzar* as informações dos usuários do sistema considerado com as dos analistas. As possíveis divergências de informações devem ser analisadas e equacionadas.

Entretanto, as fontes básicas de informações podem ser dos seguintes tipos, de maneira cumulativa:

- fontes internas à empresa;
- fontes externas à empresa;
- fontes passadas;
- fontes presentes; e
- fontes futuras.

14.4.1 Decisão e processo de controle e avaliação

As informações são necessárias para o processo de controle e avaliação, sendo que esse processo gera informações. Um dos aspectos bastante salientados neste livro é o processo decisório. Portanto, torna-se válida a análise da relação entre o processo decisório e o processo de controle.

Essa situação pode ser visualizada na Figura 14.2:

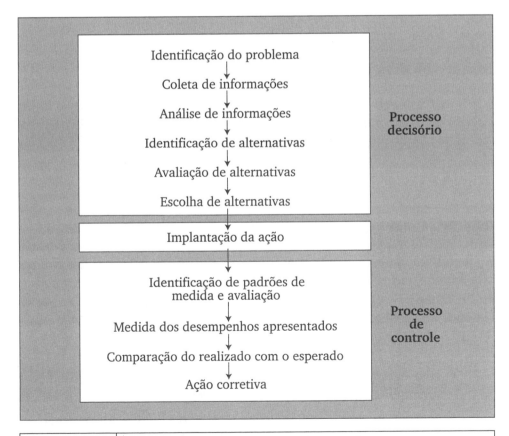

Figura 14.2 | *Processo decisório e processo de controle.*

14.5 FASES DO PROCESSO DE CONTROLE E AVALIAÇÃO

Para que o executivo possa efetuar, de maneira adequada, o controle e a avaliação da estrutura organizacional e dos métodos, rotinas e procedimentos, é necessário que siga quatro fases:

Fase I – Estabelecimento de padrões de medida e avaliação

Esses padrões são decorrentes da estrutura organizacional, bem como dos métodos administrativos.

Portanto, os padrões são a base para a comparação dos resultados desejados. Podem ser tangíveis ou intangíveis, vagos ou específicos, explícitos ou implícitos, bem como se referem à quantidade, qualidade e tempo.

Esses padrões de medida e avaliação devem estar correlacionados aos objetivos, desafios e metas estabelecidos pelo planejamento estratégico da empresa.

Fase II – Medida dos desempenhos apresentados

O processo de medir e avaliar desempenho significa estabelecer o que medir e selecionar como medir, mediante critérios de quantidade, qualidade e tempo.

Esses critérios podem variar entre os analistas, mas uma empresa deve procurar ter homogeneidade e integração em seus critérios de medição de desempenho; caso contrário, o processo de controle e avaliação fica prejudicado.

Fase III – Comparação do realizado com o esperado

O resultado dessa comparação pode servir a vários usuários, tais como a alta administração, os chefes das unidades organizacionais, os funcionários etc. Portanto, devem-se identificar, com um critério de coerência, os vários usuários das comparações estabelecidas.

As comparações podem apresentar algumas situações:

- se o desvio apresentado estiver dentro das "fronteiras do que for esperado", o analista não deve se preocupar;
- se o desvio exceder um pouco as "fronteiras do que era esperado", o analista deve continuar sua ação, mas com alguns ajustes que possibilitem retornar à situação adequada, ou seja, estar dentro da fron-

teira que delineava o que era esperado ou possível de ser esperado acontecer; e

- se o desvio exceder em muito as "fronteiras do que era esperado", o analista deve interromper as ações, até que as causas sejam identificadas, analisadas e eliminadas.

Fase IV – Ação corretiva

Essa ação corresponde às medidas ou providências que são adotadas para eliminar os desvios significativos que o analista de sistemas, organização e métodos detectou, ou mesmo para reforçar os aspectos positivos que a situação apresenta.

O analista deve, sempre, ter em mente alguns princípios do processo de controle e avaliação, a saber:

- o sistema de controle e avaliação deve estar focalizado em pontos críticos, para evitar perda de tempo e aumento de custo;
- o sistema de controle e avaliação deve estar bem explicitado para facilitar seu entendimento e aceitação pelos vários executivos e funcionários da empresa;
- o sistema de controle e avaliação deve ser rígido e preciso, mas ao mesmo tempo apresentar alguma flexibilidade, tendo em vista que a empresa está em um ambiente que, normalmente, é incerto, dinâmico e flexível;
- o sistema de controle e avaliação deve ser realista e operacionalizável, pois deve produzir informações rápidas e corretas para o processo decisório e posterior ação por parte dos executivos, tendo em vista reconduzir o processo ao estado desejável, sempre que desvios forem identificados;
- o sistema de controle e avaliação deve apresentar um custo de realização menor do que os benefícios que consegue proporcionar para a empresa, e, para tanto, pode basear-se no princípio da exceção;
- o sistema de controle e avaliação deve ser ágil e proporcionar medidas de correção de maneira rápida, e, para tanto, deve basear-se em padrões de controle claros, definidos, precisos, entendidos e aceitos; e
- o sistema de controle e avaliação deve ter objetividade, de forma que sempre desencadeie uma ação corretiva ou de reforço ao processo.

14.5.1 Estágios do processo de controle e avaliação

O controle e a avaliação podem ser exercidos em três estágios ou momentos:

a) Controle preliminar ou prévio: refere-se às atividades de controle e avaliação efetuadas antes da ocorrência do evento ou fato que se pretende controlar. Portanto, procura evitar que ocorram variações no plano, bem como minimizar o surgimento de problemas.
b) Controle corrente ou em *tempo real*: refere-se às atividades de controle e avaliação efetuadas ao mesmo tempo da ocorrência do evento ou fato que se pretende controlar. Portanto, procura corrigir o desempenho durante sua execução.
c) Pós-controle: refere-se às atividades de controle e avaliação efetuadas após a ocorrência do evento ou fato que se pretende controlar. Portanto, avalia os desvios ocorridos, determina as causas dos mesmos, bem como corrige o desempenho programado.

Normalmente, esses diferentes estágios de controle são independentes entre si e os critérios e padrões estabelecidos podem ser divergentes entre si. Entretanto, isso não invalida o processo, pois o analista deve possuir vários instrumentos eficazes de controle e avaliação.

14.5.2 Níveis de controle e avaliação

O analista de sistemas, organização e métodos pode efetuar o controle em relação ao desempenho de toda a empresa, em relação ao desempenho de cada uma das áreas funcionais, bem como em aplicações bem mais específicas dentro de cada área funcional.

Essa situação pode ser visualizada na Figura 14.3:

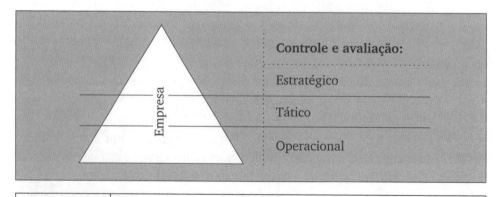

Figura 14.3 | *Níveis de controle e avaliação.*

A seguir, são apresentadas as considerações básicas sobre cada um dos três níveis de controle e avaliação numa empresa:

A – Controle e avaliação em nível estratégico

Esse tipo de controle e avaliação decorre do processo de planejamento estratégico e envolve, primordialmente, as relações da empresa com o ambiente – onde estão os fatores e variáveis não controláveis –, avaliando o desempenho de toda a empresa.

Normalmente, esse nível de controle envolve decisões como:

- alteração dos objetivos estabelecidos em função de alterações ambientais, com reflexos em oportunidades ou ameaças para a empresa;
- alteração de estratégias e políticas estabelecidas, porque as ações estão sendo mal conduzidas; e
- revisão da estrutura organizacional, para melhor adequação da empresa a seu ambiente.

B – Controle e avaliação em nível tático

Nesse caso, os padrões de controle e avaliação são estabelecidos com base em objetivos setoriais ou departamentais, para avaliar os resultados de cada área e dos sistemas administrativos. Portanto, o foco do controle é o resultado global da área, mediante visão integrada de todas as operações.

Esse nível de controle pode envolver decisões como:

- alteração da alocação de recursos numa área funcional – por exemplo, marketing –, para melhor alcançar os objetivos da empresa; e
- revisão dos sistemas de informações entre as grandes áreas para melhorar a eficácia da empresa.

C – Controle e avaliação em nível operacional

Nesse caso, o controle e a avaliação são realizados em termos de execução das operações, ou seja, considerando a própria execução das tarefas das empresas.

Algumas decisões nesse nível podem ser:

418 Sistemas, Organização e Métodos • Rebouças

- alteração da estrutura em termos operacionais;
- alteração de um método administrativo;
- revisão do quadro de pessoal;
- alteração do sistema de controle de vendedores;
- alteração dos relatórios de análise de custos; e
- determinação do processo de controle de qualidade de produção.

14.5.3 Periodicidade das revisões

As revisões dos sistemas de informações gerenciais, da estrutura organizacional e dos métodos, normas e procedimentos podem ser:

a) Ocasionais: ocorrem quando se julgar que as alterações no ambiente e na empresa invalidam as premissas estabelecidas e que, portanto, deve haver revisão do que foi feito. Entretanto, nesse caso, há uma tendência à omissão, pois as revisões só ocorrerão se os resultados apresentados forem muito diferentes do planejado.

b) Periódicas: embora sejam mais trabalhosas, são melhores porque requerem um sistema mais estruturado do acompanhamento da realidade. O ideal é que haja certa periodicidade para a revisão do sistema considerado e que ela ocorra sempre que for constatada a necessidade. Para isso, é necessário que o analista esteja atento às mutações ambientais – externas – e empresariais.

14.6 ANÁLISE DE CONSISTÊNCIA

Nesse ponto, a estrutura organizacional, bem como os métodos administrativos considerados estão prontos e implementados. Entretanto, antes de iniciar o processo de implementação, é necessário verificar a consistência, tanto interna, quanto externa da empresa.

Para efetuar a análise de consistência, devem-se considerar alguns aspectos, dentre os quais podem ser citados:

a) Consistência interna, analisada quanto a:
- capacitação da empresa;
- recursos da empresa;

Controle e avaliação **419**

- objetivos e metas estabelecidos; e
- cultura organizacional.

b) Consistência externa, analisada quanto aos seguintes fatores:
- consumidores;
- fornecedores;
- legislação;
- concorrentes;
- distribuidores;
- planos do governo; e
- conjuntura econômica e política.

c) Riscos envolvidos, considerando:
- riscos financeiros;
- riscos econômicos;
- riscos tecnológicos;
- riscos sociais; e
- riscos políticos.

d) Horizonte de tempo, enfocando:
- impactos recebidos e exercidos a curto, médio e longo prazos.

e) Praticidade dos sistemas de informações gerenciais, da estrutura organizacional e dos métodos, normas e procedimentos.

f) Aceitabilidade dos sistemas de informações gerenciais, da estrutura organizacional e dos métodos, normas e procedimentos.

14.7 AVALIAÇÃO DE SISTEMAS

O básico da avaliação de sistemas deve ser a relação custos *versus* benefícios, ou seja, o analista de sistemas, organização e métodos precisa analisar e avaliar os custos incorridos ou a serem incorridos na obtenção de um sistema de informação gerencial, estrutura organizacional ou métodos e procedimentos administrativos em relação aos benefícios reais ou potenciais que o sistema deve apresentar para determinada situação.

Na realidade, existem outras técnicas para se efetuar essa avaliação. Entretanto, em toda e qualquer técnica, geralmente, há dificuldades para a avaliação de determinados benefícios que possam ser intangíveis.

420 Sistemas, Organização e Métodos • Rebouças

A seguir, são apresentadas algumas técnicas desenvolvidas com a finalidade de avaliar sistemas, salientando que o processo de avaliação pode variar em função do:

- grau de objetividade do processo de avaliação; e
- instante, no tempo, em que é realizada a avaliação.

E, nesse processo, podem ser utilizadas sete técnicas:

A – Identificação de ocorrências registráveis

Nesse caso, devem-se registrar as situações que sejam relevantes, bem como correlacionadas com os impactos provocados pelo sistema de informações gerenciais, pela estrutura organizacional ou pelos métodos administrativos na empresa. Normalmente, a relação desses eventos depende de um julgamento com relativa subjetividade.

De maneira geral, pode-se usar essa técnica quando:

- os efeitos das ocorrências podem ser avaliados usando-se medidas quantitativas;
- é necessário conhecer uma série de ocorrências ao longo do tempo; e
- o analista identificou várias ocorrências simultaneamente.

Suas desvantagens estão correlacionadas a:

- grande volume de dados e informações gerados;
- consequente dificuldade de interpretação e tratamento dos dados e das informações geradas;
- nível de subjetividade relativamente elevado; e
- impossibilidade de estruturar a técnica.

B – Identificação das atitudes das pessoas em relação ao sistema considerado

Nesse caso, são utilizados questionários autoaplicáveis e/ou entrevistas estruturadas, visando obter informações sobre as opiniões dos usuários do sistema considerado (ver detalhes na seção 9.2.3.1).

Alguns problemas dessa técnica podem ser resumidos em:

- o desenvolvimento de um questionário para mensurar atitudes pode significar uma tentativa de se quantificar o que é inquantificável;
- os entrevistados podem interpretar as questões diferentemente do esperado, e as respostas a algumas questões podem influenciar as respostas das outras; e
- a aplicação dos questionários pode trazer inconvenientes para os entrevistados e implicar num custo elevado, em termos das horas perdidas, tanto pelos entrevistados quanto pelos entrevistadores.

C – Estabelecimento de parâmetros e pesos de avaliação

Essa técnica se caracteriza pelo desenvolvimento de um conjunto de parâmetros correlacionados ao sistema e aos impactos a serem medidos, estabelecimento de um peso para esses parâmetros em função de sua importância relativa, e posterior estabelecimento de pontos por cada funcionário envolvido no sistema.

Portanto, é uma técnica bastante estruturada e o analista de sistemas, organização e métodos deve utilizá-la, sempre que for possível.

D – Avaliação quantitativa de sistemas

Nesse caso, procura-se quantificar os impactos do sistema considerado, a partir de uma comparação entre o desempenho existente antes e após a implantação do referido sistema, levando-se em conta algumas características ou fatores, perfeitamente identificáveis e quantificáveis.

Entretanto, essa característica fica prejudicada quando se está procurando avaliar o desempenho dos usuários do sistema.

E – Análise prescritiva de sistemas

Essa técnica é utilizada para avaliar um sistema antes de seu desenvolvimento e consiste, basicamente, numa descrição ou comparação de descrições sobre o que será o sistema e seus impactos prováveis.

F – Análise de custos *versus* benefícios

Nesse caso, tem-se a avaliação dos sistemas, em termos monetários, quanto aos custos e aos benefícios apresentados.

Algumas das vantagens dessa análise podem ser:

- redução dos custos administrativos;
- melhoria na utilização dos recursos da empresa;
- melhoria do ciclo de um produto ou serviço;
- redução no tempo de resposta a clientes, fornecedores etc.;
- melhoria das relações com outros grupos externos à empresa (comunidade, governos, sistema financeiro, concorrentes etc.);
- redução das necessidades de capital de giro;
- melhoria no processo de comunicação interna na empresa;
- melhoria das informações gerenciais;
- melhoria no processo decisório; e
- melhoria da imagem da empresa.

Entretanto, o analista de sistemas, organização e métodos não deve restringir-se aos aspectos monetários da relação custos *versus* benefícios. Deve, portanto, considerar outros aspectos nesse processo de avaliação, conforme apresentado no item a seguir.

G – Análise dos custos *versus* eficácia

Uma solução para esse aspecto é a análise dos custos *versus* eficácia, a qual possibilita ao analista de sistemas, organização e métodos desenvolver uma avaliação do sistema considerado, em que os benefícios são medidos, primariamente, em termos de contribuição para o alcance de determinados objetivos ou desafios, ou mesmo para os propósitos e a missão da empresa. Nesse caso, os custos, à semelhança da análise de custos *versus* benefícios, são medidos e avaliados, geralmente, em termos monetários.

A análise dos custos *versus* eficácia é especialmente dirigida a problemas de avaliação, nos quais os benefícios gerados por um sistema não podem ser quantificados, em termos de um preço de mercado ou qualquer outro meio de valoração monetária.

A análise dos custos *versus* eficácia apresenta os seguintes elementos básicos:

- os objetivos, os desafios e as metas, pois uma das primeiras e mais importantes tarefas do analista de sistemas, organização e métodos, quando considera a relação custos *versus* eficácia, é tentar descobrir quais os objetivos, desafios e metas que o tomador de decisão está tentando atingir e como medir seu alcance. A partir dessa situação, são estabelecidos planos, estratégias, táticas e sistemas que são comparados e escolhidos com base em sua eficácia e custo correspondente para alcançar esses objetivos, desafios e metas fixados pelos administradores do sistema considerado;
- as alternativas possíveis, que representam as operações pelas quais os objetivos, desafios e metas podem ser alcançados;
- os custos incidentes, pois a escolha de uma alternativa para alcançar os objetivos, desafios e metas estabelecidos implica que certos recursos específicos, alocados à alternativa escolhida, deixem de ser usados para alcançar outro fim, ou seja, implica em um custo de cada alternativa, bem como de sua eficácia; e
- um critério, que é uma regra ou padrão pelo qual as alternativas são pontuadas ou hierarquizadas de modo a se permitir a escolha daquela mais eficaz ou desejável. O critério fornece o meio pelo qual são medidos os custos contra os níveis de eficácia.

Portanto, um critério ou regra de decisão faz-se necessário para que as alternativas sejam ordenadas de acordo com o grau de desejabilidade e seja escolhida a mais promissora.

Para o desenvolvimento de uma análise de custos *versus* eficácia, o analista de sistemas, organização e métodos pode seguir algumas fases básicas:

- análise dos propósitos que se pretende alcançar com o sistema, em que se procura determinar os objetivos, desafios e metas a serem atingidos, como o sistema atual pode ser utilizado, quais as inadequações desse sistema e o ambiente em que deverá operar;
- análise funcional de forma estruturada, para que o analista de sistemas, organização e métodos obtenha o entendimento das atividades que compõem o sistema considerado ou para a geração de sistemas alternativos;
- construção de um modelo de avaliação, a partir do estabelecimento de algumas premissas, bem como de alguns painéis de possibilidades de

ocorrências. Nesse aspecto, o analista não deve esquecer de considerar as interações do sistema considerado com seu ambiente;

- identificação e estimativa dos dados e parâmetros a serem usados, como base numérica para entrada no modelo acima citado;
- simulação do sistema considerado, com base no modelo desenvolvido e nos dados e parâmetros estimados;
- estimativa dos custos do sistema de avaliação das incertezas;
- criação de sistemas alternativos adicionais;
- seleção do sistema escolhido; e
- implementação do sistema escolhido.

Com base nesse processo, o sistema escolhido será avaliado quanto a sua eficácia, ou seja, quanto ao alcance dos propósitos, objetivos, desafios e metas estabelecidos na primeira fase do processo.

Nesse ponto, deve-se lembrar que, ao considerar os sistemas de informações gerenciais, a estrutura organizacional e os métodos administrativos, que são os assuntos deste livro, esses não precisam, sempre, ser medidos quanto aos aspectos monetários.

Para esses sistemas, os parâmetros podem ser outros, tais como:

- flexibilidade;
- simplicidade;
- tempo de resposta;
- qualidade do resultado apresentado (informação);
- confiabilidade;
- aceitabilidade;
- comunicabilidade;
- relevância;
- segurança; e
- disponibilidade.

Naturalmente, não se deve esquecer de que não adianta o analista ficar atento aos aspectos da relação dos custos *versus* eficácia se não considerar outros aspectos para a avaliação, tais como o valor que os usuários do sistema considerado atribuem ao mesmo e que esse valor depende, principalmente, do nível de utilização que os tomadores de decisão na empresa têm para com os sistemas considerados.

Esse grau de utilização sofre influência da metodologia utilizada, da forma de utilização e até de aspectos psicológicos de como os tomadores de decisão visualizam os sistemas de informações gerenciais, a estrutura organizacional e os métodos administrativos.

14.8 RESISTÊNCIAS AO PROCESSO DE CONTROLE E AVALIAÇÃO

Um dos aspectos mais importantes a que o analista de sistemas, organização e métodos deve estar constantemente atento refere-se às possíveis resistências ao processo de controle e avaliação. Isso porque os controles existentes podem gerar cooperação quando são entendidos e aceitos, bem como gerar resistências e conflitos quando são desnecessários ou impossíveis de ser aplicados ou não são entendidos pelos profissionais envolvidos no referido processo.

Essa resistência tem como base o fato de os vários assuntos tratados neste livro serem abordados de forma sistêmica; isso cria uma situação em que falhas numa unidade organizacional repercutem, de maneira explícita, em outras unidades organizacionais da empresa. E essas falhas podem criar problemas em alguns métodos administrativos; e assim por diante.

Portanto, os vários chefes começam a sentir-se vulneráveis e passam a apresentar, na maior parte das vezes, atitude agressiva para com os controladores ou total apatia e indiferença quanto aos resultados apresentados pelos sistemas de controle e avaliação.

Além desses aspectos, as pessoas podem apresentar resistências ao controle, com base nos seguintes aspectos:

- falta de conhecimento sobre o sistema de controle;
- falta de retorno de informações aos profissionais controlados;
- padrões de controle inadequados;
- avaliações incorretas; e
- ações corretivas com críticas pessoais.

Diante desses aspectos, o analista deve estudar muito bem o processo de controle e avaliação que será operacionalizado para o sistema considerado.

Mais detalhes sobre as resistências que as pessoas podem apresentar são abordados no Capítulo 15.

426 Sistemas, Organização e Métodos • Rebouças

RESUMO

Neste capítulo, foram apresentados os aspectos básicos do processo de controle e avaliação dos sistemas de informações gerenciais (Parte I deste livro – "Sistemas"), da estrutura organizacional (Parte II – "Organização") e das rotinas e dos procedimentos (Parte III – "Métodos").

O analista deve desenvolver vários instrumentos de controle e avaliação, bem como criar um *clima* adequado para sua operacionalização, tendo em vista eliminar as resistências, ativas ou passivas, que podem *derrubar* os sistemas de informações gerenciais, a estrutura organizacional e os métodos, rotinas e procedimentos da empresa.

QUESTÕES PARA DEBATE

1. Desenvolver um processo simplificado de controle e avaliação da estrutura organizacional de uma empresa.
2. A correta administração do projeto de sistemas depende, entre outros, de permanente acompanhamento e controle das atividades em andamento. Tomando por base um trabalho que venha sendo desenvolvido e do qual você tenha os conhecimentos necessários, definir os aspectos básicos do projeto a serem controlados para assegurar alto nível de administração do mesmo. Explicar, pormenorizadamente, como seriam realizados esses controles e comente sobre sua utilidade em termos de projeto e em âmbito institucional. Quais as possíveis desvantagens associadas à implementação desses controles?
3. Com base na empresa em que você trabalha ou faculdade onde estuda, identificar e analisar as possíveis resistências ao processo de controle e avaliação de um sistema administrativo qualquer. Explicar algumas ações que poderiam ser adotadas visando reduzir o nível de resistência.

CASO: SISTEMA DE INFORMAÇÕES DA OTRAN – OFICINA DE TRANSMISSÃO AUTOMÁTICA LTDA.

Durante os últimos 10 anos, Carlos Cardoso, proprietário e presidente da Otran – Oficina de Transmissão Automática Ltda., defronta-se com uma situação que é típica de muitas empresas nacionais de pequeno porte.

Nesse período, as vendas de sua empresa cresceram em ritmo rápido, enquanto a margem de lucro decresceu. Além do mais, durante o mesmo período, Carlos Cardoso expandiu suas operações, passando de empresa sem filiais para uma oficina principal com três outros estabelecimentos distribuidores.

Devido a esse processo de desenvolvimento e à severa competição que está encontrando, Carlos Cardoso contratou os serviços da Planos – Planejamento, Organização e Sistemas, empresa de consultoria da qual você faz parte, para realizar uma revisão de suas operações. Você deve determinar o tipo de sistema de informações e o consequente processo de controle e avaliação que satisfaçam, da melhor maneira possível, às necessidades da Otran.

Em uma primeira entrevista, Carlos Cardoso, por alguma razão, deixou de lhe fornecer uma série de informações necessárias ao desenvolvimento do sistema de informações da empresa.

As operações da Otran são executadas por uma matriz e três filiais distribuídas na área metropolitana da cidade de São Paulo. Suas principais atividades são a restauração e a instalação de transmissões automáticas em automóveis. Além disso, são executados consertos gerais em motores durante os períodos de menor atividade da empresa, para evitar picos de ociosidade de seus equipamentos e da equipe de profissionais.

Na matriz existem três setores de trabalho diferentes. O setor de restauração de transmissões automáticas mantém o estoque de peças e o estoque de transmissões automáticas restauradas. O supervisor, dois mecânicos e um auxiliar trabalham em horário integral, restaurando transmissões automáticas para o estoque e para as necessidades de instalação correntes.

O setor de instalação de transmissões automáticas e de consertos gerais é a área de trabalho dominante. O gerente do setor e sete mecânicos fazem rodízio na instalação de transmissões automáticas restauradas ou na execução de consertos gerais em automóveis, dependendo das necessidades de cada momento.

O terceiro setor é o escritório central da empresa. Além de Carlos Cardoso, há um gerente de vendas, um comprador, um caixa e um contador. Há também um funcionário, na oficina principal, que faz entregas aos estabelecimentos filiais.

O estabelecimento distribuidor Martins Fontes tem um gerente de oficina e três mecânicos; o estabelecimento Lapa tem um gerente de oficina e dois mecânicos; e o estabelecimento Pinheiros tem um gerente de oficina e um mecânico. Os estabelecimentos Lapa e Pinheiros recebem todas as suas transmissões automáticas restauradas do centro principal da Rua Martins Fontes.

428 Sistemas, Organização e Métodos • Rebouças

Sempre que um cliente chega aos estabelecimentos Lapa e Pinheiros para substituir uma transmissão automática num automóvel, se o tipo apropriado de transmissão não estiver disponível no estoque do estabelecimento, o gerente da oficina telefona para a oficina principal. A transmissão automática desejada será entregue sob responsabilidade do estabelecimento central (Rua Martins Fontes). Quando há um período de menor atividade nos estabelecimentos Lapa ou Pinheiros, os mecânicos e os gerentes das oficinas fazem consertos gerais em automóveis.

Os mecânicos do estabelecimento distribuidor Martins Fontes restauram transmissões automáticas apenas nos períodos de menor atividade, sob a coordenação de um especialista. Se o volume dos negócios for grande e o tipo de transmissão automática necessário à instalação não puder ser conseguido no estoque, é solicitada a transmissão desejada para a oficina principal, mesmo procedimento seguido pelos estabelecimentos Lapa e Pinheiros. Uma vez que os mecânicos da Martins Fontes restauram transmissões, o gerente de oficina precisa manter um estoque de peças para serem utilizadas na restauração.

O contador da oficina principal mantém todos os registros. Os gerentes das oficinas dos outros três estabelecimentos enviam relatórios diários ao contador informando suas transações financeiras e seus saldos finais de caixa. Os gerentes das oficinas têm permissão para fazer pequenas compras em dinheiro de acordo com as necessidades das operações e, no fim do dia, o gerente da oficina faz um depósito bancário de todo o dinheiro que tenha sobrado, com exceção de uma pequena reserva para as compras do dia seguinte.

Existem registros de estoque em base regular e não se acumulam dados de custos relativos às transmissões automáticas restauradas. Um inventário físico é realizado anualmente.

O negócio de transmissões automáticas experimenta flutuações sazonais, como as viagens de férias. Nesse contexto, está-se considerando a possibilidade de equilibrar o volume de suas operações assinando contratos a longo prazo com duas ou três das maiores oficinas de reparos de veículos da área metropolitana de São Paulo. Assim, só haveria custos variáveis associados às transmissões automáticas restauradas para os clientes regulares da Otran.

Com base nas informações apresentadas, bem como em outras que você julgue válido acrescentar para dar um *toque pessoal* ao caso, apresente um processo de controle e avaliação para a Otran, apoiado em um sistema de informações estruturado por você.

15
Mudança planejada

*"Tenho em mim que existe em todos os homens
uma oposição inata contra qualquer coisa que
eles próprios não hajam sugerido."*

Barnes Wallis

15.1 INTRODUÇÃO

Neste capítulo, são apresentados alguns aspectos da metodologia administrativa denominada desenvolvimento organizacional, a qual é, costumeiramente, chamada DO.

A necessidade de se estudar DO prende-se ao fato de o analista de sistemas, organização e métodos ter de conhecer determinados instrumentos que possam minimizar os tipos básicos de resistências às mudanças. E, considerando os assuntos tratados neste livro, podem ocorrer determinadas resistências à implantação dos sistemas de informações, da estrutura organizacional e/ou dos métodos administrativos.

No fim deste capítulo, o leitor estará em condições de responder a algumas perguntas, tais como:

- O que é desenvolvimento organizacional ou aplicação da mudança organizacional de forma planejada, e qual sua importância para o analista de sistemas, organização e métodos?
- Como o analista de sistemas, organização e métodos pode usar o DO na empresa?
- Quais as vantagens e as precauções em seu uso?
- Como o analista de sistemas, organização e métodos pode atuar perante as resistências às mudanças, por parte dos usuários dos sistemas de informações gerenciais e/ou da estrutura organizacional e/ou dos métodos, normas e procedimentos?

15.2 CONCEITO DE DESENVOLVIMENTO ORGANIZACIONAL

Desenvolvimento Organizacional – DO – é o processo estruturado para a mudança planejada dos aspectos estruturais e comportamentais nas empresas, com a finalidade de otimizar os resultados anteriormente estabelecidos nos planos estratégicos, táticos e operacionais.

Com isso, DO objetiva aplicar o conhecimento da ciência do comportamento à moldagem dos processos de formação de grupos e das relações intergrupais,

432 Sistemas, Organização e Métodos • Rebouças

a fim de assegurar a eficácia da empresa. Fica evidente que esse processo deve ter como base de sustentação alto nível de eficiência e eficácia no processo empresarial.

Por meio de adequado processo de aplicação do DO, o analista de sistemas, organização e métodos obtém os seguintes resultados mais comuns:

- desenvolvimento da competência interpessoal, pois as pessoas aprendem a trabalhar com os outros;
- mudança nos valores pessoais, de modo que os fatores e os sentimentos humanos sejam mais válidos para o sistema considerado;
- desenvolvimento de crescente compreensão entre as e dentro das equipes de trabalho envolvidas no sistema considerado, com o objetivo de reduzir tensões e atritos;
- geração de informações objetivas e subjetivas, válidas e pertinentes, sobre as realidades da empresa, bem como assegurar o retorno analisado dessas informações aos usuários do sistema considerado;
- criação de um ambiente de aceitação e receptividade para o diagnóstico e a solução de problemas da empresa;
- estabelecimento de um ambiente de confiança, respeito e não manipulação entre chefes, colegas e subordinados no sistema considerado, incluindo o analista de sistemas, organização e métodos;
- maior integração de necessidades e objetivos e dos indivíduos que fazem parte da empresa, dentro do sistema considerado;
- desenvolvimento de um processo de *afloração* de conflitos, atritos e tensões e posterior tratamento de modo direto, racional e construtivo;
- criação de ambiente favorável para o estabelecimento de objetivos, sempre que possível quantificados e bem qualificados, que norteiem a programação de atividades e a avaliação de desempenhos, de forma adequada e mensurável, de unidades organizacionais, equipes e indivíduos;
- desenvolvimento da empresa pelo aprimoramento das pessoas envolvidas nos vários sistemas inerentes à empresa; e
- aperfeiçoamento de sistemas e processos de informação, decisões e comunicações (ascendentes, descendentes, diagonais e laterais).

Portanto, a capacidade de perceber, analisar e entender as mudanças e seus efeitos sobre o indivíduo, o sistema considerado e a empresa, a de adaptar-se às exigências de novas realidades e, se possível, antecipar-se à chegada das mudanças e dos novos fatos, são aspectos de suma importância para o analista de sistemas, organização e métodos.

Naturalmente, considera-se, neste capítulo, a mudança planejada, e não outros tipos de mudanças que podem ocorrer na empresa, tais como:

- mudança por acomodação, por meio de uma série de pequenas mudanças de maneira não sistematizada, com sucessivos esforços de adaptação sem ter como base um planejamento coerente e estruturado. É o chamado *ir na onda dos outros*;
- mudança por crise, em que ocorre a mudança de emergência, visando *apagar incêndio*; e
- mudança de impacto, que ocorre com base na ameaça de uma situação caótica e incontrolável, provocando uma mudança radical e revolucionária, com sacrifícios desastrosos e questionáveis.

Com base na conceituação de DO e nos benefícios que pode apresentar para a empresa, é possível estabelecer algumas de suas características básicas, tais como:

- é uma estratégia comportamental que visa a uma mudança organizacional planejada, geralmente considerando toda a empresa;
- as mudanças devem estar correlacionadas com exigências ou necessidades da empresa, e não das pessoas;
- os agentes de mudanças são, geralmente, externos ao sistema cliente; e, nesse caso, o agente de mudanças considerado é o analista de sistemas, organização e métodos. No caso do sistema cliente ser toda a empresa, o agente de mudanças pode ser o consultor externo (ver seção 5.6);
- é necessário alto nível de relacionamento, colaboração e respeito profissional entre os agentes de mudanças e os membros envolvidos pelo sistema cliente (ou sistema usuário); e
- o agente de mudanças – analista de sistemas, organização e métodos – deve ter muito clara e definida sua filosofia de atuação para com o sistema cliente, ou foco onde ele deve atuar na empresa.

15.3 PREMISSAS DO DESENVOLVIMENTO ORGANIZACIONAL

O DO parte de determinadas premissas, entre elas podem ser citadas:

a) Existe uma forma organizacional e de métodos administrativos mais adequada à época considerada e à empresa em si. Esse aspecto está

434 Sistemas, Organização e Métodos • Rebouças

correlacionado às constantes mudanças que a empresa sofre ao longo do tempo; ou seja, o analista de sistemas, organização e métodos sempre tem trabalho a fazer.

b) A única maneira de mudar a empresa é alterando sua cultura, a qual é entendida como:

- sistemas dentro dos quais as pessoas trabalham e vivem; e
- modos de vida, crenças e valores, formas de interação e relacionamento.

Salienta-se que mais informações sobre a cultura organizacional são apresentadas na seção 15.4.1, quando do estudo do *iceberg* organizacional.

c) É necessária uma nova conscientização social das pessoas que trabalham na empresa, pois somente dessa forma seus resultados podem ser otimizados.

Fica evidente que todo esse processo deve buscar fortalecer o lado positivo da burocracia nas empresas.

Nesse ponto, podem-se lembrar os componentes da burocracia (Bennis, 1972, p. 11), que podem ser resumidos em:

- cadeia de comando bem definida;
- sistema de regras e procedimentos amplo e rígido;
- divisão do trabalho baseada na especialização;
- promoção e seleção baseadas na competência técnica; e
- impersonalidade nas relações humanas, ou seja, as pessoas interagem pela similaridade de suas atividades na empresa.

Na realidade, quando se considera o processo de otimização de uma empresa, é necessário considerar algumas variáveis que influem nesse processo, conforme pode ser visualizado na Figura 15.1.

O executivo deve analisar cada um dos aspectos das variáveis de forma particular, para obter maior eficiência e eficácia no processo.

Portanto, o processo de mudança planejada deve representar, para o analista de sistemas, organização e métodos, um conjunto de aspectos conforme, resumidamente, apresentado na Figura 15.2, onde se verifica que a estrutura organizacional – Parte II do livro – e os métodos administrativos – Parte III do livro – representam importantes instrumentos para se consolidar um otimizado desenvolvimento organizacional nas empresas.

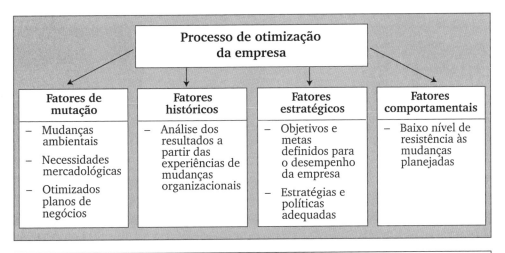

Figura 15.1 | *Variáveis no processo de otimização das empresas.*

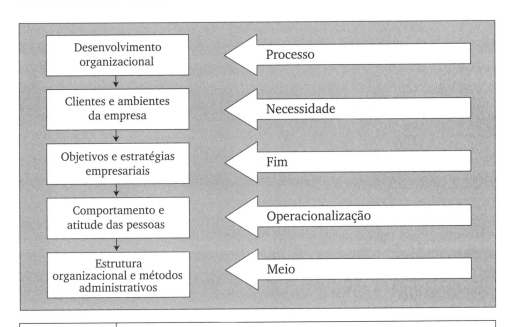

Figura 15.2 | *Aspectos da mudança planejada nas empresas.*

Um aspecto que deve ser analisado é o do processo de condicionamento do comportamento humano, que parte da cultura e chega aos comportamentos, passando pelas percepções. O resultado desse processo é o indivíduo apresentando diferentes atitudes perante as pessoas e o sistema considerado.

Essa situação pode ser visualizada na Figura 15.3:

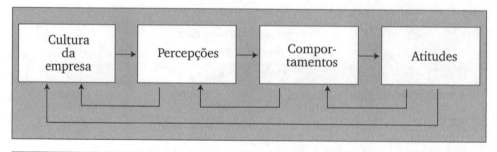

Figura 15.3 | *Processo de condicionamento do comportamento humano.*

Por exemplo, se houver uma crença na empresa, ou numa área específica dela, de que as mudanças nos sistemas podem *criar problemas* para as pessoas envolvidas, esse aspecto pode provocar uma percepção de que os resultados serão desfavoráveis para essas pessoas, o que gera comportamentos passivos, os quais se operacionalizam por meio de atitudes inativas ou, mesmo, de atitudes de rejeição às mudanças.

Portanto, o analista de sistemas, organização e métodos deve procurar *atacar* o início da linha, por intermédio do efetivo conhecimento da cultura da empresa.

Outro aspecto importante que o analista de sistemas, organização e métodos deve considerar é que as mudanças comportamentais têm diferentes dificuldades envolvidas, bem como demandam períodos de tempo diferentes, conforme apresentado na Figura 15.4 (Hersey e Blanchard, 1974, p. 69):

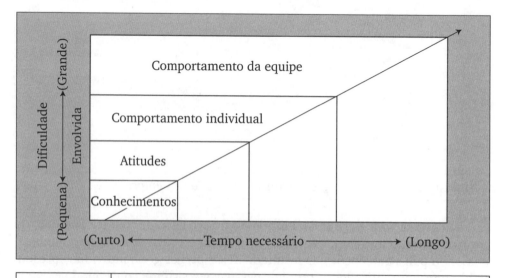

Figura 15.4 | *Mudanças comportamentais.*

15.4 SUBSISTEMAS DA EMPRESA

Já foi verificado que a empresa é um sistema aberto, bem como se compõe de vários subsistemas.

A empresa pode ser visualizada como um sistema sociotécnico aberto, conforme apresentado na Figura 15.5:

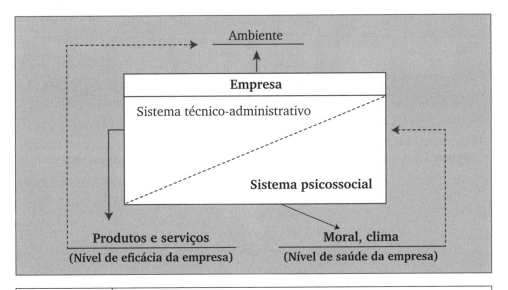

Figura 15.5 | *A empresa como sistema sociotécnico aberto.*

Pela Figura 15.5, verifica-se que a empresa tem a retroalimentação direta do resultado de seu subsistema psicossocial, por meio de seu nível de moral e clima empresarial.

Fica evidente que, caso o analista de sistemas, organização e métodos não considere o sistema psicossocial em seu trabalho, poderá ter alto nível de resistência quando da implementação do sistema considerado.

Existem outras maneiras de representar os subsistemas da empresa, que pode ser uma simples divisão em unidades organizacionais que compõem essas partes (Figura 15.6), até se chegar a outra situação que foi desenvolvida por French e Bell (1973, p. 27), conforme apresentado na Figura 15.7.

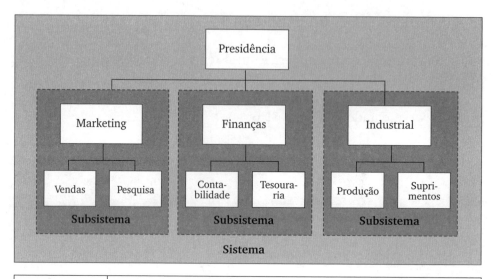

Figura 15.6 | *Subsistemas de uma empresa por meio de suas unidades organizacionais.*

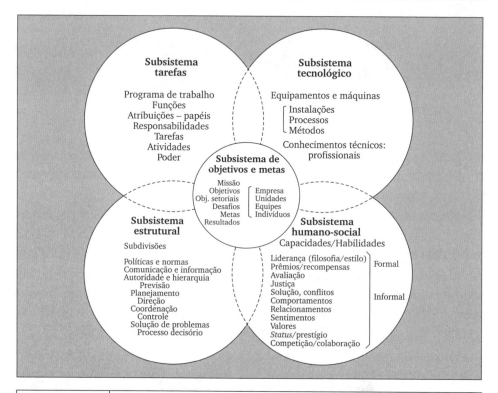

Figura 15.7 | *Principais subsistemas e suas dimensões.*

É importante verificar que cada um desses subsistemas está interagindo na empresa, e o analista de sistemas, organização e métodos deve estabelecer os graus desse processo.

Como essa interação é completa e total, é necessário analisar cada uma das causas e dos efeitos dentro do esquema.

Fica evidente, também, a necessidade de perfeita interligação de cada um dos subsistemas considerados e de cada uma das decomposições possíveis de ser efetuadas pelo analista de sistemas, organização e métodos.

15.4.1 *Iceberg* organizacional

Verificou-se que o analista tem de trabalhar com o subsistema técnico-administrativo, bem como com o subsistema psicossocial.

Saliente-se que a menor parte do subsistema técnico-administrativo fica na parte visível do *iceberg* organizacional, enquanto o subsistema psicossocial corresponde à parte invisível – e maior – do *iceberg*, conforme mostrado na Figura 15.8 (Selfridge e Sokolik, 1975, p. 43):

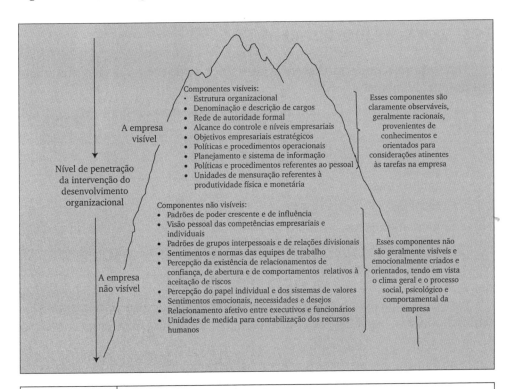

| Figura 15.8 | Iceberg *organizacional*. |

O analista de sistemas, organização e métodos deve procurar conhecer os aspectos *invisíveis* da empresa, tendo em vista o processo da transação indivíduo *versus* empresa.

A identificação do *iceberg* organizacional é básica para o analista efetuar o estudo da cultura organizacional.

A cultura organizacional é composta de padrões prevalecentes de valores, crenças, sentimentos, atitudes, normas, interações, tecnologia, métodos e procedimentos de execução de atividades e suas influências sobre as pessoas da empresa. Inclui-se, ainda, na cultura organizacional, a estrutura informal, ou seja, todo o sistema de relações informais, com seus sentimentos, ações e interações, grupos de pressão, valores e normas das equipes etc.

Assim, DO enfoca os dois sistemas, o formal e o informal – ver seção 3.2.1 – mas a estratégia de intervenção que o analista de sistemas, organização e métodos deve usar, normalmente inicia-se pelo sistema informal, porque as atitudes e os sentimentos das pessoas são, usualmente, as primeiras informações a ser confrontadas.

15.5 DOENÇAS EMPRESARIAIS

Uma empresa pode apresentar alguns tipos de doenças que vão prejudicar seu desenvolvimento.

As doenças empresariais podem ser classificadas em seis tipos (Mello, 1978, p. 101):

- econômicas;
- financeiras;
- técnicas;
- mercadológicas;
- administrativas; e
- comportamentais.

Para cada uma dessas doenças, o executivo pode identificar determinados sintomas, ou seja, aspectos que podem conduzir a empresa às referidas doenças.

É evidente que essas várias doenças interligam-se, tendo em vista o enfoque sistêmico; e o analista de sistemas, organização e métodos deve estar atento para evitar a reação em cadeia, a qual pode consolidar uma situação insustentável para a empresa.

No Quadro 15.1, são apresentados alguns exemplos de doenças e sintomas empresariais.

Quadro 15.1	*Exemplos de doenças e sintomas empresariais.*

Doenças	Sintomas
Econômicas	– Retorno nulo ou irrisório sobre o capital investido – Retorno baixo sobre o ativo total
Financeiras	– Despesas financeiras elevadas – Alta necessidade de capital de giro – Alta influência de capital de terceiros
Técnicas	– Alto nível de reclamações e devoluções de clientes – Alta dependência tecnológica externa
Mercadológicas	– Processo de distribuição inadequado – Preços inadequados para os produtos vendidos – Falta de competitividade no mercado – Baixo retorno nas campanhas promocionais
Administrativas	– Inadequada utilização de recursos disponíveis – Trabalhos repetidos
Comportamentais	– Falta de motivação – Baixo nível de coesão – Alto nível de atritos – Alto nível de rejeição às mudanças

Note-se que, para cada um dos sintomas constatados, devem-se analisar quais são suas causas, pois somente com base nessa situação o analista de sistemas, organização e métodos pode trabalhar, adequadamente, no processo.

15.5.1 Diagnóstico da saúde organizacional

Tendo em vista o processo de desenvolvimento organizacional, o analista de sistemas, organização e métodos deve saber quais os principais sintomas de saúde organizacional, entre os quais podem ser citados:

- alto nível de adaptabilidade às demandas internas e externas;
- objetivos amplamente compartilhados;
- conhecimento profundo, pela empresa e por seus membros, sobre o que ela foi, o que é e o que pretende ser;

- liberdade de expressão;
- ênfase na resolução prática de problemas específicos;
- pontos de decisão determinados em função de competência, responsabilidade, acesso às informações, volume de trabalho e não pelo nível hierárquico;
- alto nível de orientação para os resultados esperados;
- espírito de equipe;
- consideração da opinião de todos;
- consideração das necessidades e dos sentimentos pessoais;
- colaboração espontânea e bem aceita;
- conflitos administrados de forma eficaz, direta e aberta;
- possibilidade de progresso e desenvolvimento pessoais;
- motivação no trabalho;
- liderança flexível;
- confiança, liberdade e responsabilidade mútuas;
- risco aceito como condição para o desenvolvimento e a mudança;
- estrutura organizacional, políticas e processos flexíveis;
- clima de ordem, mas com alto grau de inovação;
- percepção da realidade;
- alto nível de criatividade;
- flexibilidade operacional;
- pessoas abertas a inovações; e
- alto nível de integração.

Ressalte-se que a saúde da empresa é a base para seu alto nível de eficácia e, portanto, de seus objetivos alcançados.

A saúde organizacional é resultante do grau de intervenção e de desenvolvimento individual, grupal e organizacional. Portanto, o analista de sistemas, organização e métodos pode e deve estudar, com profundidade, esses aspectos, tendo em vista otimizar os resultados da empresa.

15.5.2 Disfunções nas empresas

Outro aspecto importante a ser analisado é o das disfunções na empresa, as quais têm elevada influência na qualidade administrativa das empresas.

A seguir, são apresentados alguns exemplos de disfunções na estrutura organizacional:

- estrutura organizacional com alto grau de ambiguidade quanto à divisão do trabalho ou à autoridade para a tomada de decisão;
- medidas e critérios de desempenho, controle e recompensas pouco correlacionados aos resultados a ser medidos;
- sistemas de informações nos quais existem grandes distâncias entre as fontes de informações necessárias para decisão e os pontos de tomada de decisão; e
- alta incongruência entre papéis e funções formais (intenções explicitadas) e reais (utilizadas na prática) pelos diversos profissionais da empresa.

Percebe-se que esses aspectos podem prejudicar, em alto grau, a saúde da empresa, sendo que o leitor pode analisar algumas disfunções que podem ocorrer nos métodos administrativos.

De nada adianta o analista de sistemas, organização e métodos concentrar esforços para desenvolver adequada estrutura organizacional e/ou sistema de informações e/ou métodos administrativos se não considerar, de forma equilibrada, essas e outras disfunções existentes na empresa.

15.6 AGENTE DE DESENVOLVIMENTO ORGANIZACIONAL

Agente de desenvolvimento organizacional é aquele capaz de desenvolver comportamentos, atitudes e processos que possibilitem à empresa transacionar, proativa e interativamente, com os diversos aspectos do ambiente e do sistema cliente (ou sistema considerado).

O agente de DO – desenvolvimento organizacional – deve apresentar determinados requisitos, entre os quais podem ser citados:

- autoconhecimento;
- conhecimento da empresa;
- conhecimento do sistema considerado;
- bom relacionamento; e
- flexibilidade de ação.

444 Sistemas, Organização e Métodos • Rebouças

Naturalmente, o agente que tem essas qualificações torna o processo de mudança planejada muito mais viável.

É importante que o executivo saiba contratar o agente ideal, pois só assim a empresa terá possibilidade de usufruir de todas as vantagens do DO.

Pode-se afirmar que agente ideal de DO é aquele que, entre outros aspectos, trabalha *com* o cliente e não *para* o cliente.

Mello (1978, p. 117) apresenta as seguintes funções do agente de DO para bem desenvolver seus trabalhos:

- obter dados sobre o funcionamento do sistema;
- ouvir pessoas e compreendê-las;
- ajudar pessoas com dificuldades pessoais e funcionais;
- diagnosticar situações e comportamentos que estão ocorrendo no momento considerado;
- traçar estratégias e escolher táticas de DO;
- estimular comportamentos e ações condizentes com os objetivos de DO;
- treinar pessoas e equipes;
- confrontar pessoas ou equipes, dando-lhes *feedback* construtivo;
- sugerir soluções e orientar ações;
- intervir diretamente, assegurando-se de que certas providências sejam tomadas;
- liderar ou dirigir pessoas ou equipes;
- planejar, organizar, coordenar e controlar atividades de DO; e
- avaliar resultados e desempenhos baseados em objetivos e desafios estabelecidos nos processos de planejamento da empresa.

15.6.1 Agente interno e agente externo

O agente de DO pode atuar como consultor externo ou como consultor interno à empresa.

Antes de se analisar a situação ideal, é necessário examinar algumas vantagens e desvantagens de cada uma das duas posições em que o agente de DO pode atuar no desenvolvimento de seus trabalhos, a saber:

a) Consultor externo

Para essa forma de atuação, os principais aspectos são:

Vantagens:
- maior experiência, por ter realizado serviços em várias empresas;
- maior aceitação nos escalões superiores;
- pode correr certos riscos (dizer e fazer coisas); e
- é mais imparcial.

Desvantagens:
- menor conhecimento dos aspectos informais da empresa;
- não tem poder formal;
- tem menor acesso informal a pessoas e equipes; e
- geralmente, não tem presença diária.

b) Consultor interno (funcionário ou analista de sistemas, organização e métodos)

Para essa forma de atuação, os principais aspectos são:

Vantagens:
- maior conhecimento dos aspectos informais;
- presença diária;
- maior acesso a pessoas e equipes;
- participação na avaliação e no controle dos processos; e
- tem algum poder formal.

Desvantagens:
- menor aceitação nos escalões superiores;
- geralmente, tem menos experiência; e
- menor liberdade de dizer e fazer coisas.

Analisando os vários aspectos, pode-se concluir que o ideal é a empresa conseguir trabalhar, simultaneamente, com o consultor ou agente externo e o analista ou agente interno, procurando melhor usufruir das vantagens de atuação de cada um deles.

Mais considerações a respeito da atuação do consultor são apresentadas no livro *Manual de consultoria empresarial*, dos mesmos autor e editora.

15.6.2 Modelo de intervenção do agente de DO

A atuação do agente de DO pode ser subdividida em etapas, conforme apresentado na Figura 15.9:

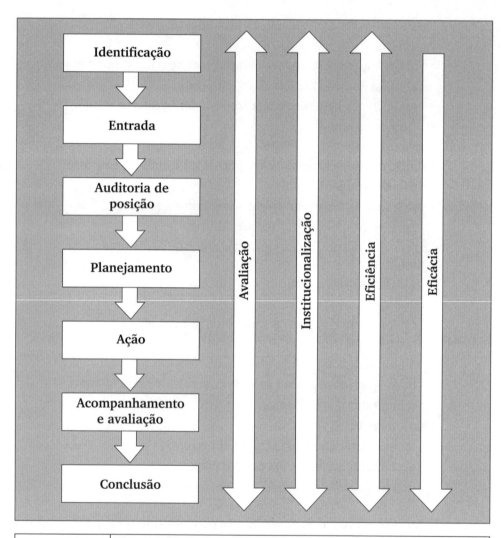

| **Figura 15.9** | *Etapas da intervenção do agente de DO.* |

Esse modelo mostra que, dentro do processo para se institucionalizar o método da mudança planejada na empresa, o agente de DO deve respeitar sete etapas, a saber:

Etapa 1: IDENTIFICAÇÃO
Essa etapa refere-se à sondagem e ao reconhecimento da situação da empresa pelo agente de mudança.
Etapa 2: ENTRADA
Nessa etapa, há os seguintes aspectos:

- contrato (no caso do agente externo);
- estabelecimento das expectativas e dos compromissos mútuos;
- estabelecimento do sistema-alvo;
- testar receptividade, confiança etc.;
- sentir o clima, a cultura etc.; e
- sondar problemas, insatisfações etc.

Etapa 3: AUDITORIA DE POSIÇÃO

Nessa etapa, o agente de mudança deve:

- realizar entrevistas e levantamentos;
- efetuar análises;
- definir a situação e as necessidades de mudanças;
- identificar e equacionar os problemas;
- analisar causas, alternativas, efeitos, riscos, custos, resistências, acomodações etc.;
- avaliar potencial de mudança; e
- identificar os pontos fortes e os fracos do sistema-alvo.

Etapa 4: PLANEJAMENTO

Nessa etapa, o agente de mudança deve:

- definir as estratégias e políticas para ação;
- definir os participantes do processo de mudança; e
- estabelecer os programas de trabalho, com as atividades, sequência, tempo, recursos etc.;

Etapa 5: AÇÃO

Nessa etapa, o agente de mudança deve:

- implementar o plano estabelecido;
- agir sobre o sistema considerado;
- treinar as pessoas envolvidas; e
- consolidar efetiva institucionalização da mudança, por meio de atitudes e métodos de solução de problemas.

Etapa 6: ACOMPANHAMENTO E AVALIAÇÃO

Nessa etapa, há os seguintes aspectos:

- controle dos resultados;
- autoavaliação pelos usuários;

448 Sistemas, Organização e Métodos • Rebouças

- avaliação pelo agente da mudança (analista de sistemas, organização e métodos); e
- estudo da necessidade de nova auditoria de posição.

Etapa 7: CONCLUSÃO

Nessa etapa, o agente desliga-se do processo, pelo menos temporariamente.

O agente de DO deve, também, fazer a análise dos ciclos para solução de problemas, que parte de determinados pressupostos e procura alguns objetivos (Mello, 1978, p. 128).

Os principais pressupostos, são:

- os problemas assumem importância relativa e diferenciada para determinada situação;
- os problemas podem ser categorizados com base em seu poder de gerar outros problemas; e
- à medida que são solucionados os sintomas, o problema pode manifestar-se sob outras formas e, até mesmo, agravar-se.

Os principais objetivos da análise dos ciclos para solução de problemas, são:

- estabelecimento de relação de causas *versus* efeitos entre as diversas manifestações de problemas;
- categorização de problemas segundo sua importância relativa (causas *versus* efeitos);
- proposição de normas alternativas de tratamento para problemas em seus diversos graus; e
- explicitação, *a priori*, das principais consequências advindas da intervenção em um problema específico da empresa.

15.7 MUDANÇAS ORGANIZACIONAIS E DAS PESSOAS

Neste item, os aspectos básicos a serem analisados são:

- efeito das mudanças sobre as pessoas;

- causas de resistências às mudanças; e
- processos para reduzir a resistência às mudanças.

A seguir, são apresentados comentários a respeito de cada um desses três aspectos das mudanças nas empresas:

15.7.1 Efeito das mudanças sobre as pessoas

As mudanças organizacionais podem provocar uma série de efeitos sobre as pessoas e, com base nessa situação, pode-se ter o início de um processo de resistência a essas mudanças.

Muitas mudanças não chegam a provocar o real efeito sobre as pessoas conforme é esperado, mas a simples expectativa desse efeito pode ocasionar a resistência.

Alguns desses efeitos são:

- econômicos, tais como mudanças nos salários ou nos benefícios;
- organizacionais, tais como mudanças no poder, mudanças no *status*, na autonomia ou na carga de trabalho; e
- sociais, tais como mudanças no relacionamento com o chefe, com os subordinados, com os pares ou com fatores do ambiente empresarial.

Entretanto, esses efeitos pessoais sofrem influência de duas variáveis:

- características pessoais; e
- grau de poder do indivíduo.

Com base nessa situação, o indivíduo pode enquadrar-se em uma das três situações perante as mudanças na empresa:

- situação de aceitação;
- situação de alienação (ignorar ou acomodar-se); ou
- situação de resistência.

Esses aspectos são apresentados na Figura 15.10:

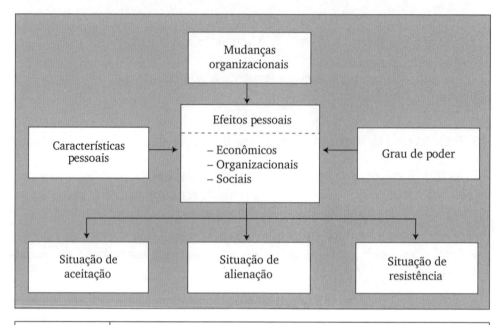

Figura 15.10 | *Efeito das mudanças sobre as pessoas.*

O analista de sistemas, organização e métodos deve estar atento a todo esse processo, para evitar uma quantidade maior de situações que fujam de seu controle.

15.7.2 Causas de resistência à mudança

Dentre as causas de resistência às mudanças na empresa, podem-se relacionar (Mello, 1978, p. 41):

- não aceitar o que incomoda;
- tendência a só perceber o que convém;
- desconfiança;
- receio de perder coisas boas atuais;
- insegurança pessoal (por desconhecimento ou falta de controle);
- dependência de ação para com outra pessoa; e
- necessidade de reagir *contra*.

O analista de sistemas, organização e métodos deve saber trabalhar com essas causas de resistência às mudanças nas empresas.

15.7.3 Processos para reduzir a resistência às mudanças

Tendo em vista as causas de resistência às mudanças nas empresas, é possível estabelecer alguns processos que podem reduzi-la (Mello, 1978, p. 47), tais como:

- informar fatos, necessidades, objetivos e prováveis efeitos da mudança;
- persuadir sobre os fatores que levaram à decisão da mudança; e
- solicitar colaboração no diagnóstico, na decisão e no planejamento de ações decorrentes.

Verifica-se que esses processos, desde que adequadamente trabalhados, não representam maiores dificuldades para o analista competente.

15.8 ATUAÇÃO DO EXECUTIVO PERANTE AS MUDANÇAS

Uma empresa está em constante mudança e adaptação dentro de seu ambiente organizacional, e os executivos devem estar atentos a esses aspectos.

Judson (1972, p. 62) apresentou alguns aspectos a que os executivos devem atentar:

- antecipar a forma pela qual os afetados pela mudança podem reagir;
- compreender quais os fatores situacionais sobre os quais se pode exercer maior influência; e
- compreender em que direção e de que modo dirigir seus esforços.

Para tanto, o analista deve:

- saber de que modo as pessoas ordenam suas atitudes com relação a uma mudança;
- saber como as pessoas deveriam comportar-se;
- saber qual a relação entre atitudes e comportamentos de resistência;
- entender o significado das forças que derivam da empresa, bem como sua importância; e
- saber em que empregar seus esforços mais produtivamente.

Na realidade, é praticamente impossível ter um único enfoque padronizado para os analistas de sistemas, organização e métodos introduzirem e executarem uma mudança, pois:

- existem diferentes estilos pessoais de administrar; e
- seria impossível um único modelo considerar todas as variáveis do problema.

15.9 CONDIÇÕES PARA O FRACASSO E PARA O SUCESSO DO DESENVOLVIMENTO ORGANIZACIONAL

Quando o executivo decide implementar o DO na empresa, deve estar atento a algumas condições que podem levar tanto ao fracasso, quanto ao êxito dessa metodologia administrativa.

As principais condições para o fracasso de DO são (Beckard, 1972, p. 44):

- contínua discrepância entre as afirmações da alta administração quanto a seus valores e estilos e seu efetivo comportamento administrativo;
- um grande programa de atividades sem qualquer base sólida quanto às metas de mudanças na empresa;
- confusão de fins e de meios;
- estrutura de trabalho de curto prazo;
- nenhuma ligação entre esforços de mudança orientados para as atitudes e comportamentos das pessoas, e esforços de mudança orientados para a administração de resultados e questões operacionais;
- excesso de dependência de auxílio externo;
- excesso de dependência de especialistas internos;
- um grande degrau entre o esforço de mudança na alta administração e os níveis intermediários;
- tentar introduzir importante mudança organizacional em uma estrutura inadequada;
- confundir boas relações como um fim com boas relações como um meio;
- buscar soluções prontas como *livro de receitas culinárias*; e
- aplicação inadequada de uma intervenção ou de uma estratégia.

Por outro lado, algumas das condições para o sucesso de DO, são:

- pressão do ambiente, interno ou externo, para a realização da mudança;
- alguma pessoa estratégica está sendo vítima de um mal-estar;
- alguma pessoa estratégica deseja fazer um diagnóstico real do problema;
- existência de liderança;
- colaboração entre o pessoal de linha e o de assessoria;
- disposição para assumir o risco;
- existência de perspectiva realística e de longo prazo;
- disposição de encarar e trabalhar com os dados da situação;
- o sistema recompensa as pessoas pelo esforço de mudança; e
- existência de resultados intermediários tangíveis.

Tendo em vista a adoção com êxito do DO, o analista de sistemas, organização e métodos deve formular algumas perguntas básicas, tais como (Bennis, 1972, p. 74):

- as metas e o processo de aprendizado do DO são adequados?
- existe receptividade?
- as pessoas-chaves estão envolvidas?
- os profissionais do sistema-cliente estão adequadamente preparados e orientados para o DO?

RESUMO

Desenvolvimento organizacional (DO) pode ser conceituado como uma resposta à mudança, uma complexa estratégia educacional que tem por finalidade mudar crenças, atitudes, valores e a estrutura da empresa, de modo que eles possam melhor adaptar-se a novos mercados, tecnologias e desafios e ao próprio ritmo vertiginoso das mudanças.

Portanto, seu conhecimento e utilização em muito facilitam ao analista de sistemas, organização e métodos otimizar os resultados da empresa, por meio da adequada implementação dos sistemas administrativos envolvidos.

QUESTÕES PARA DEBATE

1. Estabelecer e comentar alguns aspectos que podem levar as pessoas a resistir às mudanças nos sistemas administrativos.

   Fornecer, para cada aspecto, alguns instrumentos que podem ser considerados para amenizar essas resistências, inclusive considerando a forma de interação do analista de sistemas, organização e métodos com os usuários.

2. Indicar e comentar alguns aspectos – positivos e negativos – que podem ser provocados nas pessoas e nos sistemas administrativos pelo maior nível de automação nas empresas.

EXERCÍCIO: Autoavaliação quanto ao processo de mudanças

Fazer uma autoavaliação de como você se posiciona frente às mudanças que surgem na empresa em que trabalha ou na faculdade em que estuda.

Elaborar comentários a respeito e identificar ações para sua melhor atuação neste contexto de mudanças.

Debater essa autoavaliação com seus colegas.

16
Profissional de sistemas, organização e métodos

"O comportamento de uma empresa depende muito mais do desempenho dos homens que a compõem, do que da excelência de seus manuais ou de sua organização."

Hélio Beltrão

16.1 INTRODUÇÃO

Neste capítulo, são abordadas as habilidades e as atividades básicas inerentes ao profissional de sistemas, organização e métodos.

É de suma importância que o analista de sistemas, organização e métodos esteja enquadrado nessas especificações, para o adequado desenvolvimento dos trabalhos.

E, como reforço à melhor atuação do profissional, é necessário que a área de sistemas, organização e métodos tenha uma filosofia de atuação, perante os vários usuários da empresa, de maneira adequada. Portanto, são apresentados os aspectos básicos para a empresa tirar o melhor proveito possível de sua equipe de sistemas, organização e métodos.

No fim deste capítulo, o leitor estará em condições de responder a algumas perguntas, tais como:

- Qual a maneira mais adequada de atuação da área de sistemas, organização e métodos?
- Quais as capacidades e habilidades básicas do analista de sistemas, organização e métodos?
- Quais as atribuições básicas da área de sistemas, organização e métodos?
- Quais os novos rumos profissionais para o analista de sistemas, organização e métodos?

16.2 FILOSOFIA DE ATUAÇÃO DA ÁREA DE SISTEMAS, ORGANIZAÇÃO E MÉTODOS

Existe, na maior parte das empresas, uma filosofia de atuação da área de sistemas, organização e métodos com a qual o autor deste livro não concorda.

Algumas dessas empresas apresentam uma equipe de sistemas, organização e métodos desenvolvendo, *entre quatro paredes*, os vários sistemas que devem ser implementados pelas unidades organizacionais da empresa.

Outras empresas apresentam sua equipe de sistemas, organização e métodos desenvolvendo os sistemas *para* as várias unidades organizacionais usuárias da empresa.

O autor deste livro considera que o ideal é os sistemas serem desenvolvidos *pelas* várias unidades organizacionais usuárias, sob a atuação catalisadora e o princípio sistêmico da área de sistemas, organização e métodos.

Essa filosofia de atuação propicia, dentre outros aspectos:

- melhor entrosamento entre as unidades organizacionais usuárias de um sistema;
- maior qualidade dos trabalhos, pois os próprios usuários atuam em todo o processo de desenvolvimento e implementação do sistema;
- maior facilidade de implementação;
- menor nível de resistência à aceitação do sistema, pois os usuários o conhecem desde o início do desenvolvimento;
- maior conhecimento e treinamento automático dos usuários do sistema; e
- menor custo no desenvolvimento e na implementação dos sistemas da empresa.

16.3 POSICIONAMENTO DA ÁREA DE SISTEMAS, ORGANIZAÇÃO E MÉTODOS NA ESTRUTURA ORGANIZACIONAL DA EMPRESA

Existe determinado questionamento sobre o posicionamento da área de sistemas, organização e métodos na estrutura organizacional das empresas.

O primeiro ponto a ser analisado é a situação da referida unidade organizacional ser estruturada como de linha ou de assessoria.

De acordo com o discutido no Capítulo 5, pode-se chegar à conclusão de que a melhor situação é a área de sistemas, organização e métodos ficar estruturada como uma unidade organizacional de assessoria.

E, tendo em vista o apresentado no Capítulo 8, pode-se concluir que a referida área deve ser alocada nos níveis hierárquicos mais elevados da empresa.

Quanto à sua ligação hierárquica, é opinião deste autor que deve estar subordinada à Diretoria-Geral (ou Superintendência-Geral, ou Vice-Presidência, ou Presidência), ou à Diretoria Administrativa, possibilitando maior amplitude à sua atuação na empresa considerada.

Uma dessas situações é apresentada na Figura 16.1:

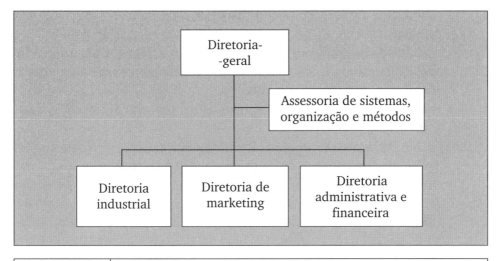

Figura 16.1 | *Hipótese de alocação da área de sistemas, organização e métodos.*

Existe, também, a possibilidade da não existência da área de sistemas, organização e métodos, sendo que suas atividades são alocadas como de responsabilidade das diversas unidades organizacionais da empresa. Dependendo da capacitação dos profissionais da empresa, essa pode ser considerada uma situação evolutiva.

16.4 HABILIDADES DO ANALISTA DE SISTEMAS, ORGANIZAÇÃO E MÉTODOS

Nesse ponto, devem-se tecer alguns comentários sobre as principais habilidades que o analista de sistemas, organização e métodos deve apresentar, tendo em vista a otimização dos resultados de seu trabalho.

Katz (1955, p. 33-42) já afirmava que há, pelo menos, três tipos de habilidades necessárias para que o administrador possa executar, eficazmente, o processo administrativo: a habilidade técnica, a humana e a conceitual. Tais habilidades, com as devidas adaptações, podem ser estendidas aos profissionais de sistemas, organização e métodos.

A habilidade técnica consiste em utilizar conhecimentos, métodos, técnicas e equipamentos necessários para a realização das tarefas específicas, por meio de sua instrução, experiência e educação.

As habilidades técnicas dos profissionais de sistemas, organização e métodos são enumeradas, de forma resumida, a seguir:

460 Sistemas, Organização e Métodos • Rebouças

- habilidade para levantar dados, analisar, elaborar e implantar sistemas administrativos;
- habilidade de lidar com programas, processos, processamentos, métodos e técnicas de análise administrativa, tendo em vista a planificação detalhada do processo de trabalho;
- habilidade para manusear equipamentos específicos, como os computadores, por exemplo;
- habilidade para reunir ideias de forma lógica. Esse esforço de análise exige intensa capacidade de concentração e concisão; e
- habilidade para ter conhecimento das ferramentas e dos processos que a empresa usa. Deve, portanto, ser um generalista que trabalha juntamente com especialistas, sabendo, dessa forma, integrar as informações.

A habilidade humana consiste na capacidade e no discernimento para trabalhar com pessoas, de compreender suas atitudes e motivações e de aplicar uma liderança eficaz.

Para o profissional de sistemas, organização e métodos essa habilidade é de grande importância, pois saber ouvir, observar e argumentar é necessário para a ação de influenciar terceiros, convencendo-os das vantagens de suas recomendações. Nesse sentido deve, também, estar apto para treinar usuários, sabendo lidar com suas resistências.

A habilidade conceitual consiste na capacidade de compreender as complexidades de toda a empresa e de conseguir o ajustamento do comportamento das pessoas dentro do sistema de informações, da estrutura organizacional e dos métodos administrativos da mesma.

Essa aptidão permite que o profissional de sistemas, organização e métodos se comporte de acordo com os objetivos e as necessidades da empresa, promovendo ajustamentos necessários que são evidenciados pelo levantamento e pela análise de dados e informações dos sistemas administrativos.

O profissional de sistemas, organização e métodos que apresentar essas três habilidades de forma equilibrada e evidente terá grande diferencial na empresa.

16.5 NOVOS RUMOS DO PROFISSIONAL DE SISTEMAS, ORGANIZAÇÃO E MÉTODOS

Nesse momento são válidos a apresentação e o debate dos novos rumos que o profissional de sistemas, organização e métodos deverá ter pela frente e, portanto, pode-se considerar as atividades atuais, as atividades futuras, a questão do nível de capacitação e de atuação profissional, bem como o resumo de um plano de carreira.

Para facilitar a apresentação dos assuntos, o foco considerado fica restrito a O & M – Organização e Métodos, pois a parte de sistemas aparece como sustentação básica aos dois assuntos abordados nos novos rumos do profissional.

Para esse estudo apresentar uma abordagem mais prática e realista, a análise da capacitação profissional desejável para o profissional de O&M se baseia nas novas necessidades das empresas, conforme Figura 16.2:

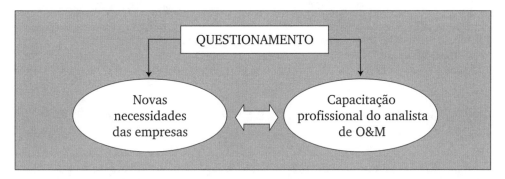

Figura 16.2 | *Interação entre as necessidades das empresas e a capacitação profissional.*

Antes de abordar essa interação, é preciso lembrar que a maior parte das empresas que trabalha com O&M ainda considera, única e exclusivamente, as seguintes atribuições:

a) Quanto às questões de organização:
  - delineamento do organograma da empresa;
  - estabelecimento das principais atribuições – responsabilidades – das unidades organizacionais da empresa; e
  - estabelecimento do quadro de competências – autoridades – da empresa.

b) Quanto às questões de métodos:
  - estabelecimento dos fluxogramas inerentes às rotinas e procedimentos da empresa; e
  - estabelecimento dos formulários.

462 Sistemas, Organização e Métodos • Rebouças

Essa realidade simplista terá que evoluir nas empresas, pois essas estão com novas necessidades administrativas, que exigem novas atribuições do profissional de O&M.

Neste contexto, pode-se considerar as seguintes situações inerentes às questões organizacionais das empresas, apresentadas no Quadro 16.1:

Quadro 16.1	*Interação das necessidades organizacionais das empresas e os novos conhecimentos.*

Necessidades organizacionais das empresas	Novos conhecimentos dos profissionais de O&M
Análise e consolidação na estrutura organizacional das novas necessidades de mercado	Organização estratégica (para consolidar a interação empresa *versus* mercado)
Consolidação da cultura de mudanças rápidas e sustentadas	Reengenharia organizacional (para consolidar mudanças fortes, rápidas e sustentadas por processos otimizados)
Administração generalista e integrada	Desenvolvimento de modelos de gestão em que todos os assuntos administrativos estejam estruturados e interligados
Administração focada nas pessoas	Processos estruturados de análise da capacitação decisória

Verifica-se que esses novos conhecimentos que os profissionais de O&M deverão consolidar, preferencialmente a curto prazo, possibilitam a sustentação e a evolução de suas carreiras, pois estarão capacitados a ocupar novas funções em atividades mais *nobres* que propiciam mais satisfação e realização profissional.

Com referência às questões de métodos administrativos, pode-se considerar os novos conhecimentos apresentados no Quadro 16.2:

Profissional de sistemas, organização e métodos **463**

| Quadro 16.2 | *Interação das necessidades de métodos das empresas e os novos conhecimentos.* |

Necessidades de métodos administrativos das empresas	Novos conhecimentos dos profissionais de O&M
Plena interação entre todas as atividades da empresa	Desenvolvimento e consolidação de processos administrativos
Maior amplitude nas análises e na consolidação dos métodos administrativos	Aplicação da economia dos custos de transação (para possibilitar a interação entre os mercados fornecedores, a empresa e os mercados compradores)
Foco em resultados previamente estabelecidos	Aplicação de objetivos e metas, bem como de indicadores de desempenho
Maior abordagem do setor de atuação da empresa	Aplicação de técnicas para análise da capacitação profissional

Como decorrência destas situações, verifica-se um processo evolutivo da capacitação e atuação do profissional de O&M, conforme resumidamente apresentado no Quadro 16.3:

| Quadro 16.3 | *Capacitação atual e futura do analista.* |

Assunto	Capacitação atual	Capacitação futura
Amplitude	Especialista	Generalista com especialidades
Foco	Tarefas	Processos
Visão técnica	Trabalho	Sistêmica e de negócios
Atuação	Empregado	Empreendedor
Aplicação	Rigidez	Conciliação
Abordagem	Tático-operacional	Estratégica
Resultado	Projeto de trabalho	Solução do problema
Estrutura	Execução das tarefas	Catalisação de conhecimentos

464 Sistemas, Organização e Métodos • Rebouças

É evidente que alguns profissionais já estão na "situação futura" apresentada no Quadro 16.3 o qual é, portanto, apenas uma referência para autoanálise por parte dos profissionais de O&M.

E, de forma resumida, o profissional pode fazer o seguinte plano de carreira:

1º Momento (considerar os aspectos controláveis pelo profissional de O&M):

a) Elaboração do plano de carreira, considerando, no mínimo, os seguintes aspectos:
   - identificação das capacitações e habilidades necessárias, tendo em vista as realidades atuais e futuras das empresas;
   - autoavaliação e análise dos resultados;
   - estabelecimento da vantagem competitiva que vai proporcionar o seu diferencial perante os outros profissionais;
   - estabelecimento das prioridades quanto aos conhecimentos necessários;
   - forma de obtenção dos conhecimentos necessários; e
   - cronograma de trabalho.
b) Consolidação das capacitações e habilidades básicas para ter toda a sustentação de desenvolvimento da carreira.

2º Momento (considerar os aspectos não controláveis pelo profissional de O&M):

a) Desenvolvimento e consolidação das capacitações e habilidades específicas que foram, anteriormente, identificadas e planejadas quanto à sua obtenção.
b) Atuar do *outro lado da mesa*, ou seja, como se fosse o usuário de seus serviços.

E não esqueça:

- seja vivo, isto é, saiba *vender* os seus conhecimentos; e
- esteja vivo, isto é, tenha *algo mais* a oferecer para os usuários de seus serviços.

Para mais detalhes a respeito desse importante assunto, analisar o livro *Plano de carreira*: foco no indivíduo, dos mesmos autor e editora.

16.6 ATRIBUIÇÕES DA ÁREA DE SISTEMAS, ORGANIZAÇÃO E MÉTODOS

Não é intenção apresentar as atribuições da área de sistemas, organização e métodos de forma efetiva, mas apenas como ideia a ser considerada.

Na descrição, procurou-se seguir o esquema apresentado no Capítulo 6, "Atribuições das unidades organizacionais". Para facilitar, a área é denominada Departamento de Sistemas, Organização e Métodos.

As atribuições são apresentadas no Quadro 16.4:

Quadro 16.4	*Atribuições do departamento de sistemas, organização e métodos.*

UNIDADE: Departamento de Sistemas, Organização e Métodos

SIGLA: SOM

CENTRO DE CUSTOS:

UNIDADE SUPERIORA:

UNIDADES SUBORDINADAS:

LIGAÇÕES FUNCIONAIS:

PERFIL DE ATUAÇÃO:

RESPONSABILIDADE BÁSICA:

Executar as atividades de levantamento, análise, elaboração e implementação de sistemas administrativos na empresa, abordando, principalmente, as questões organizacionais e dos métodos de realização dos trabalhos.

ATIVIDADES:
- Exercer as atividades comuns em nível de Departamento.

RELATIVAS A PLANEJAMENTO, DIREÇÃO E CONTROLE:
- procurar aperfeiçoar, continuamente, sua capacidade de liderança, iniciativa, julgamento, decisão, convicção, entusiasmo e integridade pessoal;
- manter-se atualizado com as modernas técnicas relativas às atividades que desenvolve na empresa, transmitindo a seus subordinados os conhecimentos necessários à boa execução dos trabalhos;
- promover e manter elevado espírito de colaboração entre seus subordinados;

466 Sistemas, Organização e Métodos • Rebouças

| **Quadro 16.4** | *Continuação.* |

- transmitir a seus subordinados diretos as diretrizes básicas para elaboração dos planos de trabalho necessários ao adequado desenvolvimento das atividades;
- analisar os planos de trabalho realizados por seus subordinados, procedendo a alterações, inclusões e exclusões julgadas necessárias;
- colocar à apreciação de seu superior imediato o plano de trabalho elaborado para o departamento e providenciar as alterações que lhe forem transmitidas;
- colaborar com seu superior imediato, quando solicitado, na apresentação do plano de trabalho proposto à sua chefia imediata ou às áreas responsáveis pelo planejamento da empresa;
- transmitir a seus subordinados diretos os planos de trabalho aprovados pela alta administração da empresa e providenciar a elaboração da programação das atividades de seus subordinados;
- analisar as programações das atividades, verificando que tenham sido elaboradas de forma que sejam cumpridas as metas e atingidos os objetivos do plano de trabalho aprovado pela alta administração da empresa;
- colocar as programações das atividades do departamento à apreciação de seu superior imediato e providenciar alterações que lhe forem transmitidas;
- acompanhar o desenvolvimento dos planos de trabalho de seu departamento e estabelecer soluções para corrigir eventuais desvios entre o previsto e o realizado, recorrendo a seu superior imediato quando estiverem fora de sua alçada;
- analisar e colocar à apreciação de seu superior imediato projetos não incluídos no plano de trabalho do departamento, propostos *a posteriori* por seus subordinados, e providenciar sua inclusão no plano de trabalho da empresa;
- orientar, acompanhar e analisar os aspectos inerentes a seus subordinados, cuidando para que as recomendações emanadas da área de orçamentos da empresa sejam acatadas na execução;
- colocar os orçamentos propostos à apreciação de seu superior imediato e providenciar as alterações por este transmitidas;
- acompanhar o desenvolvimento do orçamento aprovado, fornecendo as diretrizes para corrigir eventuais desvios entre o orçado e o realizado; e
- estabelecer ou aprovar padrões de desempenho para o cumprimento de prazos e qualidade dos trabalhos desenvolvidos pelo departamento.

Profissional de sistemas, organização e métodos **467**

| **Quadro 16.4** | *Continuação.* |

RELATIVAS A PESSOAL:
- aplicar a política de relações humanas entre o pessoal do departamento, de acordo com as diretrizes estabelecidas, dando especial atenção ao reconhecimento de realizações, méritos individuais e sugestões para melhor aproveitamento dos recursos humanos alocados no departamento;
- treinar seus subordinados para assumirem responsabilidades maiores;
- indicar substitutos de seus subordinados na ausência ou impedimento destes;
- cooperar com a área de recursos humanos da empresa na seleção, substituição e qualificação de pessoal para o departamento;
- receber de seus subordinados as propostas de admissão, demissão, promoção e aumento de pessoal, dando-lhes o encaminhamento devido;
- atender às reivindicações de seus subordinados e procurar saná-las, tomando as providências que o caso exigir; e
- cooperar com e participar de programas de treinamento de pessoal promovidos pela empresa.

RELATIVAS À ORGANIZAÇÃO:
- responsabilizar-se, perante seu superior imediato, pela conduta do departamento, de acordo com os padrões estabelecidos pela empresa;
- manter um núcleo de pessoal, dotado dos requisitos necessários ao desenvolvimento dos trabalhos e dimensionado, rigorosamente, de acordo com as condições oferecidas pela empresa ao seu departamento;
- desenvolver suas atividades em concordância com os princípios de organização indicados no manual de organização e colaborar em sua atualização;
- exercer as funções específicas do cargo e as que lhe forem confiadas por seu superior, podendo delegá-las aos seus subordinados, sem, entretanto, eximir-se da responsabilidade pela execução das mesmas;
- manter informadas as chefias das unidades organizacionais da empresa sobre as atividades desenvolvidas em sua área, se dependentes desses conhecimentos, para bem executar seus trabalhos;
- zelar pelo cumprimento dos métodos, rotinas e procedimentos administrativos referentes ao departamento;
- cumprir e fazer cumprir as normas internas da empresa no departamento;
- exercer suas atribuições com responsabilidade e lealdade à empresa, agindo de forma tal que seus subordinados façam o mesmo;

468 Sistemas, Organização e Métodos • Rebouças

Quadro 16.4	*Continuação.*

- comparecer aos comitês dos quais for membro efetivo e àqueles em que for solicitada sua participação em caráter eventual;
- manter em dia a correspondência do departamento;
- apresentar ao seu superior imediato relatórios sobre desenvolvimento e atividades do departamento; e
- colaborar, em cada oportunidade, na aplicação do programa de relações públicas, defendendo e difundindo as políticas e as diretrizes da empresa.

RELATIVAS ÀS ATIVIDADES ESPECÍFICAS DO DEPARTAMENTO:

- desenvolver e manter os sistemas de conformidade com o plano diretor de sistemas, aprovados pela alta administração da empresa;
- elaborar, em conjunto com os usuários, projeto para cada sistema a ser desenvolvido ou atualizado, colocando-o ao conhecimento da área de desenvolvimento de sistemas informatizados, quando prevista sua participação;
- detalhar os procedimentos manuais para atender ao anteprojeto do sistema;
- fornecer para a unidade de análise e programação de sistemas as informações necessárias à sua participação no trabalho;
- manter todos os contatos necessários com as unidades organizacionais da empresa;
- documentar o sistema, atendendo aos padrões de apresentação estabelecidos, exceto a documentação dos sistemas informatizados;
- providenciar a aprovação dos sistemas pela alta administração da empresa;
- implantar, em conjunto com os usuários, o sistema desenvolvido ou que sofreu manutenção;
- dar conhecimento do novo sistema ou da manutenção do sistema para a empresa;
- proceder aos acertos necessários na documentação;
- manter os originais da documentação dos sistemas no que for de sua responsabilidade;
- providenciar a inclusão no estoque de formulários que atendem aos requisitos para tal;
- manter arquivo de artes-finais de formulários utilizados na empresa;
- assistir a empresa na elaboração de formulários não originários de desenvolvimento ou manutenção de sistemas;
- orientar os funcionários da empresa sobre assuntos abordados nas normas e procedimentos;

| Quadro 16.4 | *Continuação.* |

- tomar as providências para a divulgação das decisões normativas da alta administração, quando necessário seu conhecimento por toda a empresa;
- estabelecer critérios de codificação e controlar a distribuição de normas e procedimentos referentes aos projetos desenvolvidos pela empresa;
- exercer controle qualitativo sobre a impressão e reimpressão de todos os formulários da empresa;
- participar ou efetuar levantamento de dados, análise, elaboração e implantação dos sistemas administrativos;
- analisar e providenciar alterações nos sistemas administrativos implantados, visando adaptá-los às reais condições da empresa e objetivando a melhor eficácia do sistema; e
- executar as demais tarefas, não especificadas nesta ficha e nem constantes das atribuições gerais, desde que inerentes à sua unidade organizacional.

RESUMO

Neste capítulo, foram analisados os aspectos básicos inerentes ao profissional de sistemas, organização e métodos.

Fica evidente a necessidade do enquadramento do referido profissional em uma atuação de *catalisador* dos sistemas administrativos da empresa.

A empresa que conseguir uma equipe de sistemas, organização e métodos diferenciada em qualidade e postura terá importante ferramenta para otimizar seus resultados operacionais e sustentar suas vantagens competitivas.

QUESTÕES PARA DEBATE

1. Explicar a melhor forma de atuação da área de sistemas, organização e métodos nas empresas.
2. Tendo em vista a empresa em que você trabalha, ou faculdade onde estuda, detalhar as atribuições inerentes à área de sistemas, organização e métodos.

EXERCÍCIO: Plano de carreira como analista de sistemas, organização e métodos

Considerando o que foi apresentado neste capítulo, e também nos outros capítulos deste livro, elaborar um plano de carreira para que você tenha sucesso como profissional de sistemas, organização e métodos.

Glossário

"Um bom aforismo é a sabedoria de um livro inteiro condensado em uma frase."

Theodor Fontane

A seguir, são apresentadas as definições básicas dos principais termos utilizados neste livro.

Ao abordar algum conceito básico, partiu-se da própria bibliografia, cujos principais autores foram mencionados, juntamente com suas ideias, no decorrer do livro. Também se trabalhou com definições próprias, que, no entender do autor, se apresentam como válidas.

Salienta-se que a pesquisa bibliográfica evidenciou que, acima de diferenças semânticas e terminológicas, existem profundas divergências conceituais e que não se pretendeu saná-las no presente livro, por escapar aos objetivos propostos.

Adaptação do sistema: habilidade do sistema em se modificar – adaptação passiva – e/ou a seu ambiente – adaptação ativa –, quando, pelo menos, um deles se altera.

Área Estratégica de Negócios (AEN): parte ou segmento do mercado com o qual a empresa, por meio de suas – Unidades Estratégicas de Negócios (UEN), se relaciona de maneira estratégica, ou seja, de forma otimizada.

Agente de desenvolvimento organizacional: aquele capaz de desenvolver comportamentos, atitudes e processos que possibilitem à empresa transacionar, proativa e interativamente, com os diversos aspectos do ambiente e do sistema considerado.

Ambiente: conjunto de todos os fatores que, dentro de um limite específico, se possa conceber como tendo alguma influência sobre a operação do sistema considerado. Também chamado meio ambiente, meio externo, meio ou entorno.

Amplitude de controle (também denominada amplitude administrativa ou amplitude de supervisão): número de subordinados que um chefe pode supervisionar pessoalmente, de maneira efetiva e adequada.

Análise estruturada de sistemas: técnica que consiste em construir, graficamente, um modelo lógico para o sistema de informações gerenciais, o qual permite que usuários e analistas de sistemas, organização e métodos encontrem uma solução clara e única para o sistema, de modo que esse transmita as reais necessidades dos usuários.

Atividade: conjunto de tarefas necessárias à realização do trabalho atribuído às unidades organizacionais e aos cargos e funções da empresa.

Autoridade: direito estabelecido de se designar o que – e, se necessário, como, por quem, quando e por quanto – deve ser realizado em sua área de responsabilidade na empresa.

Autoridade formal: representa a estabelecida pela estrutura hierárquica da empresa, e pode ser delegada pelo superior hierárquico imediato.

Autoridade informal: espécie de autoridade adquirida que é desenvolvida por meio de relações informais entre as pessoas da empresa, que o fazem voluntariamente e por deferência a sua posição ou *status*.

Carga de trabalho: volume de trabalho atribuído a uma unidade organizacional durante uma unidade de tempo preestabelecida.

Centralização: maior concentração do poder decisório na alta administração de uma empresa.

Comitê ou comissão: grupo de pessoas, especificamente designadas para desempenhar determinado ato administrativo. Corresponde à reunião de várias pessoas para emitir, mediante discussão organizada, uma opinião a respeito de um assunto previamente fixado, a qual, nascida dos debates, seja a mais adequada à realidade da empresa.

Comunicação: processo interativo em que dados, informações, consultas e orientações são transacionados entre pessoas, unidades organizacionais e agentes externos à empresa.

Controle: função do processo administrativo que, mediante a comparação com padrões previamente estabelecidos, procura medir e avaliar o desempenho e o resultado das ações, com a finalidade de realimentar os tomadores de decisões, de forma que possam corrigir ou reforçar esse desempenho ou interferir em funções do processo administrativo, para assegurar que os resultados satisfaçam aos desafios e aos objetivos estabelecidos.

Criatividade: capacidade de criar coisas novas ou dar novas situações a coisas velhas.

Critério: regra ou padrão pelo qual as alternativas são pontuadas ou hierarquizadas de modo que se permita a escolha daquela mais eficaz ou desejável.

Dado: elemento identificado em sua forma bruta que, por si só, não conduz à compreensão de um fato ou situação.

Decisão: descrição de um futuro estado de coisas, que pode ser verdadeiro ou falso, em função dos elementos que o tomador de decisão tem em mãos e que lhe permitem ter visão factual da situação presente e futura. Corresponde a uma escolha entre vários caminhos alternativos que levam a determinado resultado.

Decisão não programada: caracteriza-da pela não estruturação e pela novidade; isso porque não é possível estruturar o método-padrão para serem acionadas, dada a inexistência de referências procedentes ou, então, porque o problema a ser resolvido, devido a sua estrutura, é ambíguo ou complexo, ou, ainda, porque é importante que sua resolução implique adoção de medidas específicas.

Decisão programada: caracterizada pela rotina e repetitividade, para as quais é possível estabelecer um procedimento-padrão para ser acionado cada vez que ocorra sua necessidade.

Delegação: processo de transferência de determinado nível de autoridade de um chefe para seu subordinado, criando o correspondente compromisso pela execução da tarefa delegada.

Delineamento da estrutura: atividade que tem por objetivo criar uma estrutura organizacional para uma empresa ou aprimorar a existente.

Departamentalização: agrupamento, de acordo com um critério específico de

Glossário **475**

homogeneidade, das atividades e dos correspondentes recursos – humanos, financeiros, tecnológicos, materiais e equipamentos – em unidades organizacionais.

Descentralização: menor concentração do poder decisório na alta administração da empresa, sendo, portanto, mais distribuído por seus diversos níveis hierárquicos.

Desenvolvimento organizacional (DO): processo estruturado para a mudança planejada dos aspectos estruturais e comportamentais nas empresas, com a finalidade de otimizar os resultados anteriormente estabelecidos nos planos estratégicos, táticos e operacionais.

Efetividade: relação entre os resultados alcançados e os objetivos propostos ao longo do tempo.

Eficácia: medida do rendimento global do sistema. É fazer o que é preciso ser feito. Refere-se à contribuição dos resultados obtidos para o alcance dos objetivos globais da empresa.

Eficiência: medida do rendimento individual dos componentes do sistema. É fazer certo o que está sendo feito. Refere-se à otimização dos recursos utilizados para a obtenção dos resultados.

Entrada do sistema: força de partida que fornece ao sistema os insumos de operação.

Entropia: estado de desordem e de caos a que tende um sistema.

Entropia negativa: empenho dos sistemas que se organizam para a sobrevivência, mediante maior ordenação. É uma função que representa o grau de ordem existente num sistema.

Equifinalidade: obtenção de um mesmo estado final de um sistema, partindo de diferentes condições iniciais e por meios distintos.

Estratégia: definição do caminho mais adequado para alcançar o objetivo.

Estruturação de sistemas (diferenciação): processo de substituição de configurações globais por funções mais especializadas, hierarquizadas e altamente diferenciadas.

Estrutura formal: deliberadamente planejada e formalmente representada, em alguns de seus aspectos, pelo organograma.

Estrutura informal: rede de relações sociais e pessoais que não aparecem no organograma.

Estrutura organizacional: instrumento administrativo resultante da identificação, análise, ordenação e agrupamento das atividades e dos recursos das empresas, incluindo o estabelecimento dos níveis de alçada e dos processos decisórios, visando ao alcance dos objetivos estabelecidos pelos planejamentos das empresas.

Evolução tecnológica: processo gradativo e acumulativo dos conhecimentos que têm influência direta ou indireta sobre os negócios, produtos e serviços de um conjunto de empresas.

Ficha de funções: descrição da linha de subordinação e do conjunto de atribuições – inerentes às funções administrativas de planejamento, organização, direção, gestão de pessoas e avaliação –, bem como dos níveis de alçada decisória de cada unidade organizacional da empresa.

Filosofia de atuação da empresa: crenças básicas que as pessoas da empresa devem ter e pelas quais devem ser dirigidas.

Fluxograma: representação gráfica que apresenta a sequência de um trabalho de forma analítica, caracterizando as operações, os responsáveis e/ou unidades organizacionais envolvidos no processo.

Formulário: instrumento do processo administrativo composto de palavras que, por sua vez, são compostas de dados fixos (impressos antes do uso) e de dados variáveis (anotados *a posteriori*). O formulário é, ainda, composto de espaços ou campos, linhas, colunas e formato.

Função: conjunto de atividades convergentes e afins, que caracterizam as atribuições das unidades organizacionais e dos cargos, servindo como critério para a departamentalização da empresa.

Governança corporativa: modelo de gestão que, a partir da otimização das interações entre acionistas ou cotistas, conselhos – administração e fiscal –, auditorias – externa e interna – e diretoria executiva, proporciona a adequada sustentação para o aumento da atratividade da empresa no mercado – financeiro e comercial – e, consequentemente, incremento no valor da empresa, redução do nível de risco e maior efetividade da empresa ao longo do tempo.

Heterostase: processo de passagem de uma homeostase para outra homeostase diferente.

Homeostase: manutenção das variáveis do sistema dentro de uma faixa estabelecida, mesmo na ocorrência de estímulos para que ultrapassem os limites desejados.

Incerteza: estado de conhecimento no qual um ou mais cursos de ação resultam em um conjunto de resultados específicos, cuja probabilidade de ocorrer não é conhecida.

Informação: dado trabalhado que permite ao executivo tomar uma decisão.

Instrumento organizacional: técnica que a teoria da administração proporciona para o desenvolvimento do processo administrativo.

Limite de sistema: amplitude dentro da qual se estuda como o ambiente influi ou é influenciado pelo sistema considerado.

Manual: todo e qualquer conjunto de normas, procedimentos, funções, atividades, políticas, objetivos, instruções e orientações que devem ser obedecidos e cumpridos pelos executivos e funcionários da empresa, bem como a forma como esses assuntos devem ser executados, quer seja individualmente, quer em conjunto.

Manual de organização: relatório formal das atividades e do respectivo organograma da empresa.

Métodos administrativos: meios manuais, mecânicos ou eletrônicos pelos quais as operações administrativas individuais e/ou das unidades organizacionais são executadas.

Modelo: descrição simplificada de um sistema que explica seu funcionamento. É uma representação abstrata e simplificada de uma realidade em seu todo ou em partes dela.

Natureza da atividade: para o alcance de seus objetivos, as empresas executam inúmeras atividades, necessárias ao atendimento de aspectos legais, de produção, financeiros, contábeis etc. Desse modo, tais aspectos determinam a natureza das atividades, ou seja, pode-se dizer que uma atividade possui natureza jurídica quando sua execução busca satisfazer a aspectos legais da empresa; diz-se que possui natureza financeira quando objetiva satisfazer às necessidades do subsistema financeiro adotado pela empresa, e assim por diante.

Níveis hierárquicos: representam o conjunto de cargos na empresa com o mesmo nível de autoridade.

Objetivo: alvo ou situação que se pretende alcançar.

Objetivo funcional: objetivo intermediário, correlacionado com as áreas funcionais e que deve ser alcançado com a finalidade de se concretizarem os objetivos da empresa.

Operação: parte indivisível da execução de uma tarefa, podendo ser executada manualmente ou por intermédio de instrumentos, ferramentas, máquinas etc.

Organização: ordenação e agrupamento de atividades e recursos, visando ao alcance dos objetivos e resultados estabelecidos.

Organograma: representação gráfica de determinados aspectos da estrutura organizacional.

Planejamento: identificação, análise, estruturação e coordenação de missões, propósitos, objetivos, desafios, metas, estratégias, políticas, programas, projetos e atividades, bem como de expectativas, crenças, comportamentos e atitudes, a fim de se alcançar, de modo mais eficiente, eficaz e efetivo, o máximo de desenvolvimento possível, com a melhor concentração de esforços e recursos pela empresa.

Planejamento estratégico: metodologia administrativa que permite estabelecer a direção a ser seguida pela empresa, visando ao maior grau de interação com o ambiente.

Planejamento operacional: formalização das metodologias de desenvolvimento e implantação de resultados específicos a serem alcançados pelas áreas funcionais da empresa.

Planejamento tático: metodologia administrativa que tem por finalidade otimizar determinada área de resultado da empresa.

Plano: formulação do resultado final da utilização de determinada metodologia. Documento formal que consolida informações, atividades e decisões desenvolvidas no processo administrativo.

Política: parâmetro ou orientação para a tomada de decisão. Definição dos níveis de delegação, faixas de valores e/ou quantidades-limite e de abrangência das estratégias para a consecução das metas e objetivos.

Processo: conjunto estruturado de atividades sequenciais que apresentam relação lógica entre si, com a finalidade de atender às necessidades dos clientes internos e externos da empresa.

Processo do sistema: atividade que possibilita a transformação de um insumo (entrada) em um resultado (saída).

Produtividade: quociente entre o total produzido e aceito pelo usuário do bem ou serviço e a quantidade consumida de um fator de produção.

Produto: o que é capaz de satisfazer a uma necessidade. Representa um sentimento de carência em uma pessoa, que gera um desconforto e um desejo de aliviá-lo.

478 Sistemas, Organização e Métodos • Rebouças

Projeto: trabalho a ser executado, com responsabilidade de execução, resultado esperado com quantificação de benefícios e prazos de execução preestabelecidos, considerando os recursos humanos, financeiros, tecnológicos, materiais e de equipamentos, bem como as áreas envolvidas necessárias a seu desenvolvimento.

Quadro de competências: ilustra o nível de autoridade e de responsabilidade dos titulares dos cargos que compõem a estrutura organizacional da empresa, visando obter maior agilidade, uniformidade e segurança no processo de tomada de decisões.

Realimentação (retroalimentação ou *feedback*) do sistema: processo de comunicação que reage a cada informação entrada e incorpora o resultado da "ação resposta" desencadeada por meio de nova informação, a qual afetará seu comportamento subsequente, e assim sucessivamente.

Rede de integração de empresas: cooperação estruturada visando consolidar fortes e internacionais vantagens competitivas, sustentadas por otimizadas tecnologias, melhor utilização dos ativos, bem como maiores produtividades, flexibilidade, qualidade, rentabilidade e lucratividade das empresas participantes.

Rentabilidade: relação percentual entre o lucro de determinado período ou negócio e o volume de capital aplicado.

Responsabilidade: atuação profissional de qualidade nos trabalhos e na busca de resultados, com ou sem a cobrança por parte de terceiros.

Risco: estado do conhecimento no qual cada ação alternativa leva a um conjunto de resultados, sendo a probabili-

dade de ocorrência de cada resultado conhecida do tomador de decisão.

Saída do sistema: resultado do processo de transformação das entradas do sistema.

Sinergia negativa: ação conjunta de vários elementos de um sistema, de tal modo que a soma das partes é menor do que o efeito obtido, isoladamente, por cada elemento.

Sinergia positiva: ação coordenada entre vários elementos que compõem um sistema, de tal modo que a soma das partes é maior do que o efeito obtido, isoladamente, de cada elemento.

Sistema: conjunto de partes interagentes e interdependentes que, conjuntamente, formam um todo unitário com determinado objetivo e efetuam função específica.

Sistema aberto: possui ambiente. Troca com o ambiente matéria e/ou energia e/ou informações.

Sistema de autoridade: alocação das autoridades inerentes a uma obrigação ou tarefa.

Sistema de comunicação: rede por meio da qual fluem as informações que permitem o funcionamento da estrutura organizacional de forma integrada e eficaz.

Sistema de informações: processo de transformação de dados em informações.

Sistema de informações gerenciais: processo de transformação de dados em informações que são utilizadas no processo decisório das empresas.

Sistema de responsabilidade: alocação das responsabilidades inerentes a cada uma das unidades organizacionais da empresa.

Sistema fechado: não possui ambiente.

Subsistema: partes do sistema.

Supersistema: o todo considerado no estudo; o sistema é uma parte dele.

Tarefa: agrupamento de operações interligadas mediante determinada ordem sequencial, levando-se em consideração a subdivisão do trabalho entre os indivíduos de uma unidade organizacional.

Tecnologia: conjunto de conhecimentos que são utilizados para operacionalizar, de forma otimizada, as diversas atividades da empresa.

Tomada de decisão em condições de incerteza: as probabilidades associadas aos resultados são desconhecidas.

Tomada de decisão em condições de risco: cada alternativa possível conduz a um conjunto de resultados específicos associados a probabilidades conhecidas.

Tomada de decisão em condições de certeza: cada curso de ação possível conduz, invariavelmente, a um resultado específico.

Unidade Estratégica de Negócio (UEN): unidade ou divisão da empresa responsável por desenvolver uma ou mais Áreas Estratégicas de Negócios (AEN). Corresponde à estruturação por resultados de cada um dos negócios da empresa.

Bibliografia

"É um axioma legal que, por mais complexo que seja um acontecimento, nunca pode haver mais de uma pessoa em sua origem primitiva."

Lloyd Frankenberg

A seguir são apresentadas as referências bibliográficas que proporcionaram maior sustentação a esta obra, bem como outras referências que podem ajudar o leitor a se desenvolver no assunto inerente aos sistemas, à estrutura organizacional e aos métodos administrativos das empresas.

ACKOFF, Russel L. *Planejamento empresarial*. Rio de Janeiro: Livros Técnicos e Científicos, 1974.

ADDISON, Michael E. *Fundamentos de organização e métodos*. 3. ed. Rio de Janeiro: Zahar, 1979.

ALVAREZ, Maria E. B. *Organização, sistemas e métodos*. São Paulo: McGraw-Hill, 1990.

ARAUJO, Luis César G. *Organização, sistemas e métodos*. São Paulo: Atlas, 2001.

BECKHARD, Richard. *Desenvolvimento organizacional*: estratégia e modelos. São Paulo: Edgard Blücher, 1972.

BENNIS, Warren G. *Desenvolvimento organizacional*: sua natureza, origens e perspectivas. São Paulo: Edgard Blücher, 1972.

BERNARDES, Cyro. *Teoria geral das organizações*: os fundamentos da administração integrada. São Paulo: Atlas, 1991.

BINGHAM, John E.; DAVIS, Garth W. P. *Manual de análise de sistemas*. Rio de Janeiro: Interciência, 1972.

BLAU, Peter M.; SCOTT, W. Richard. *Formal organizations*. San Francisco: Chandler, 1962.

BUTLER, Richard. *Designing organizations*: a decision making perspective. Londres: Routledge, 1991.

CERVO, Amado L.; BERVIAN, Pedro. A. *Metodologia científica*. São Paulo: McGraw--Hill do Brasil, 1978.

CHANDLER JR., Alfred D. *Strategy and structure*: chapters in the history of the industrial enterprise. Cambridge, Massachusetts: MIT Press, 1962.

_____. *O advento da grande empresa*. São Paulo: PEA/EA/ESP/FGV, 1975. [Mimeografado].

CHURCHMAN, C. West. *Introdução à teoria de sistemas*. Petrópolis: Vozes, 1971.

COASE, Ronald N. The nature of the firm. *Ecomica*, nº 4, p. 386-405, 1937 (reimpresso como: *The firm, the market and the law*. Chicago: University of Chicago Press, 1988.

CORDINER, Ralph J. *Decentralization at General Electric*: new frontiers for professionals managers. New York: McGraw-Hill, 1956.

484 Sistemas, Organização e Métodos • Rebouças

CURY, Antonio. *Organização e métodos*: uma perspectiva comportamental. São Paulo: Atlas, 1981.

DALE, Ernest. Centralization *versus* decentralization. *Advanced Management*, New York, nº 20, June 1955.

DRUCKER, Peter F. *Prática de administração de empresas*. Rio de Janeiro: Fundo de Cultura, 1962.

────── . *Administração*: tarefas, responsabilidades e práticas. São Paulo: Pioneira, 1975.

FARIA, Antonio N. *Organização de empresas*. 6. ed. Rio de Janeiro: LTC, 1977. v. 2.

FAYOL, Henry. *Administração industrial e geral*. 9. ed. São Paulo: Atlas, 1976.

FISCHMANN, Adalberto A.; SPINO, José Luiz M.; KIRSCHNER JR., Paulo. *Modelo de análise e planejamento do sistema administrativo*. (Apostila) São Paulo: FEA/USP, 1977.

FLEISHMAN, Edwin A. *Studies in personal and industrial psychology*. Homewood, Il.: The Dorsey Press, 1961.

FLEURY, Afonso C. *Contribuição ao estado da empresa como sistema*. Dissertação (Mestrado) – Epusp, São Paulo, 1994.

FRENCH, Wendell L.; BELL JR., Cecil. H. *Organizational development*. Behavioral science interventions for organization improvement. Englewood Cliffs: Prentice Hall, 1973.

GANE, Chris; SARSON, Trish. *Structured systems analysis*: tools and techniques. Improved System Technologies Inc., 1977.

GOODE, William J.; HATT, Paul K. *Métodos em pesquisa social*. São Paulo: Nacional, 1977.

GRAICUNAS, A. Vytautas. Relationships in organization. In: GULLICK, Luther; URWICK, Lyndall F. *Papers on the science of administration*. New York: Columbia University, 1975.

HERSEY, Paul; BLANCHARD, Kenneth. *Psicologia para administradores de empresa*. São Paulo: Pioneira, 1974.

JUCIUS, Michael J.; SCHELENDER, William. E. *Introdução à administração*. São Paulo: Atlas, 1968.

JUDSON, Arnold S. *Relações humanas e mudanças organizacionais*. São Paulo: Atlas, 1972.

KAPLAN, Abrahan. *A conduta na pesquisa*: metodologia para as ciências do comportamento. São Paulo: EPU: Edusp, 1975.

KATZ, Daniel; KAHN, Robert L. *Psicologia social das organizações*. 2. ed. São Paulo: Atlas, 1973.

KATZ, Robert L. Skills of an effective administration. *Harvard Business Review*. Jan./Feb. 1955.

KAUFMANN, Arnold. *A ciência da tomada de decisão*. Rio de Janeiro: Zahar, 1975.

KNOX, Frank M. *Design and control business form*. New York: McGraw-Hill, 1952.

KOONTZ, Harold; O'DONNELL, Cyril. *Princípios de administração*. 9. ed. São Paulo: Pioneira, 1973.

LERNER, Walter. *Organização, sistemas e métodos*. 4. ed. São Paulo: Atlas, 1982.

LIKERT, Rensis. *Novos padrões de administração*. São Paulo: Pioneira, 1971.

LITTERER, Joseph A. *Análise das organizações*. São Paulo: Atlas, 1970.

LODI, João Bosco. Administração por objetivos. São Paulo: Pioneira, 1972.

MACHLINE, Claude. Racionalização de formulários. *Revista de Administração de Empresas*, São Paulo: FGV, set. 1974.

MARCOVITCH, Jacques. *Contribuição ao estudo da eficiência organizacional*. Tese (Doutorado) – Faculdade de Economia e Administração, Universidade de São Paulo, São Paulo, 1972.

MELLO, Fernando Achilles de Faria. *Desenvolvimento das organizações*: uma opção integradora. Rio de Janeiro: Livros Técnicos e Científicos, 1978.

MILLER, Harry. *Organização e métodos*. 6. ed. Rio de Janeiro: FGV, 1988.

MINNICH, Charles J.; NELSON, Oscar S. *Administração por sistemas*. São Paulo: Atlas, 1971.

MIRANDA, Mac-Dowell dos Passos. *Manual de organização*. São Paulo: Atlas, 1981.

MOORE, James Mendon. *Plant layout and design*. New York: Macmillan, 1966.

NEWMAN, William H. *Ação administrativa*. 4. ed. São Paulo: Atlas, 1976.

O'SHAUGANESSY, John. *Organização de empresas*. São Paulo: Atlas, 1968.

PINTO, Nelson Martins. *Estrutura organizacional*. Apostila do CEAPOG – Centro de Estudos de Aperfeiçoamento e Pós-Graduação do IMES. São Caetano do Sul, 1981.

PRINCE, Thomas R. *Sistemas de informação*. Rio de Janeiro: Livros Técnicos e Científicos, 1975.

SAROKA, Raúl H.; GAITÁN, Pablo A. Manuales administrativos. Buenos Aires: *Revista de Administración de Empresas*, 1979.

486 Sistemas, Organização e Métodos • Rebouças

SCANLAN, Burt K. *Princípios de administração e comportamento organizacional*. São Paulo: Atlas, 1979.

SCHRADER, Achim. *Introdução à pesquisa social empírica*: um guia para o planejamento, a execução e a avaliação de projetos de pesquisa não experimentais. Porto Alegre: Globo, 1974.

SELFRIDGE, Richard J.; SOKOLIK, Stanley L. A comprehensive view of organization development. *MBU – Business Topics*, 1975.

SELLTIZ, Claire; JAHODA, Marie; DEUTSCH, Morton; COOK, Stuart W. *Métodos de pesquisa nas relações sociais*. São Paulo: EPU: Edusp, 1974.

SIMERAY, Jean Paul. *A estrutura da empresa*. Rio de Janeiro: Campus, 1970 (Coleção de Administração e Gerência).

SIMON, Hebert A. *Comportamento administrativo*. 2. ed. Rio de Janeiro: FGV Serviços de Publicações, 1971.

THOMPSON, James D. *Dinâmica organizacional*. São Paulo: McGraw-Hill, 1976.

THOMPSON, Victor A. *Moderna organização*. Rio de Janeiro: USAID, 1967.

VASCONCELLOS, Eduardo P. G. *Contribuições ao estudo da estrutura administrativa*. Tese (Doutorado) – Faculdade de Economia e Administração, Universidade de São Paulo, São Paulo, 1972.

————. Centralização *versus* descentralização; uma aplicação para laboratórios de instituições de pesquisa e desenvolvimento. *Revista de Administração*, São Paulo: IA/FEA/USP, n² 2, v. 14, p. 101-124. abr./jun. 1979.

————. *Gerência de projetos multidisciplinares*: problemas e sugestões. Apostila do IA/FEA/USP, São Paulo, mar. 1980.

————; HENSLEY, James; SBRAGIA, Roberto. *Organização matricial numa sociedade em desenvolvimento*: estudo de casos do Brasil. São Paulo: FEA/USP, 1977.

————; KRUGLIANSKAS, Isak; SBRAGIA, Roberto. Organograma linear: um instrumento para o delineamento de estrutura. *Revista de Administração*, São Paulo: IA/FEA/USP, v. 16, n² 4, p. 8-20, out./dez. 1984.

VON BERTALANFFY, Ludwig. *Teoria geral de sistemas*. Petrópolis: Vozes, 1972.

ROTAPLAN
GRÁFICA E EDITORA LTDA
Rua Álvaro Seixas, 165
Engenho Novo - Rio de Janeiro
Tels.: (21) 2201-2089 / 8898
E-mail: rotaplanrio@gmail.com